应用型高等教育市场营销类课程规划教材

市场营销

（第三版）

SHICHANG YINGXIAO

新世纪应用型高等教育教材编审委员会 组编

主　编　潘金龙
副主编　黄元碧　陈金山
　　　　黄挺顺

大连理工大学出版社

图书在版编目(CIP)数据

市场营销 / 潘金龙主编. — 3版. — 大连 : 大连理工大学出版社, 2018.8(2019.12重印)
新世纪应用型高等教育市场营销类课程规划教材
ISBN 978-7-5685-1463-7

Ⅰ. ①市… Ⅱ. ①潘… Ⅲ. ①市场营销学—高等学校—教材 Ⅳ. ①F713.50

中国版本图书馆CIP数据核字(2018)第100201号

大连理工大学出版社出版
地址:大连市软件园路80号 邮政编码:116023
发行:0411-84708842 邮购:0411-84708943 传真:0411-84701466
E-mail:dutp@dutp.cn URL:http://dutp.dlut.edu.cn
大连永盛印业有限公司印刷 大连理工大学出版社发行

幅面尺寸:185mm×260mm 印张:19.75 字数:455千字
2009年8月第1版 2018年8月第3版
2019年12月第2次印刷

责任编辑:白 璐 责任校对:王凌翀
封面设计:张 莹

ISBN 978-7-5685-1463-7 定 价:49.80元

前　言

《市场营销》(第三版)是新世纪应用型高等教育教材编审委员会组编的市场营销类课程规划教材之一。

本教材力求以企业营销工作的实际需要为主线,以理论服务于实践为出发点,以必需、实用为原则,充分体现应用型高等教育市场营销课程教学改革的需要。对于市场营销学理论的介绍以深度够用为原则,突出其系统性、科学性、前瞻性、实践性,同时强调如何将理论应用于对实际问题的分析。本教材可供应用型高等院校经济管理类专业、市场营销类专业作为专业课程教材使用,也可作为相关行业人员自学的参考用书。本教材主要有以下特点:

1.知识完整

本教材完整介绍市场营销的知识体系与应用方法,注重帮助学生掌握市场营销的基本理论、基本知识、基本方法,使学生牢固树立以顾客为中心的市场营销观念。

2.内容实用

本教材遵循"理论深度够用"的基本原则,突出对学生应用能力的培养。重视理论联系实际,密切结合企业的市场营销实践。要求学生在学习过程中将课程内容同企业市场营销活动联系起来,加强研究性学习和营销实战训练。突出营销职业基础综合素质训练、营销技术应用能力执行训练和营销技术综合能力策划训练。

3.编写体例新颖

每章都有教学目标和要求、导入案例、小资料、本章小结、课后题,有助于提高学生学习的兴趣,提高学生的实践技能。同时,每章前面新增了知识结构图,列出了本章需要掌握的知识点。

本教材由福建江夏学院潘金龙任主编，由厦门南洋职业学院黄元碧、漳州理工学院商学院陈金山、黎明职业大学黄挺顺任副主编，福建农业职业技术学院林丽金、厦门海洋职业技术学院张臻参与了部分章节的编写，石家庄信息工程职业学院韩玉、厦门华天涉外职业技术学院苗慕时、厦门华厦职业学院谢芳提供了部分文字素材。具体编写分工如下：潘金龙编写第一、四、五、十、十一、十二、十三章，林丽金编写第二、三章，陈金山编写第六章，张臻编写第七章，黄元碧编写第八章，黄挺顺编写第九章。潘金龙负责完成再版教材修订工作，制定了全书编写内容框架，修改、删减与补充了各章节内容。

在编写本教材的过程中，编者参考、引用和改编了国内外出版物中的相关资料以及网络资源，在此表示深深的谢意！相关著作权人看到本教材后，请与出版社联系，出版社将按照相关法律的规定支付稿酬。

限于水平，书中仍有疏漏和不妥之处，敬请专家和读者批评指正，以使教材日臻完善。

编　者

2018 年 8 月

所有意见和建议请发往：dutpbk@163.com

欢迎访问教材服务网站：http://www.dutpbook.com

联系电话：0411-84708445　84708462

第 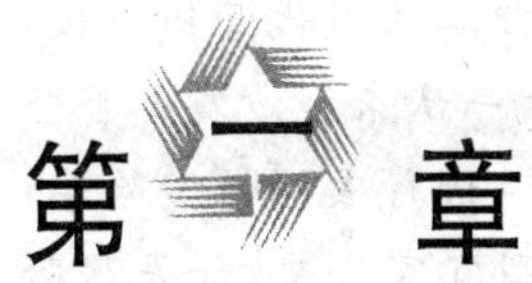 章

导论

教学目标和要求：

1. 掌握市场及市场营销的含义
2. 初步树立现代营销观念
3. 理解顾客让渡价值理论和顾客满意的基本含义

知识结构图

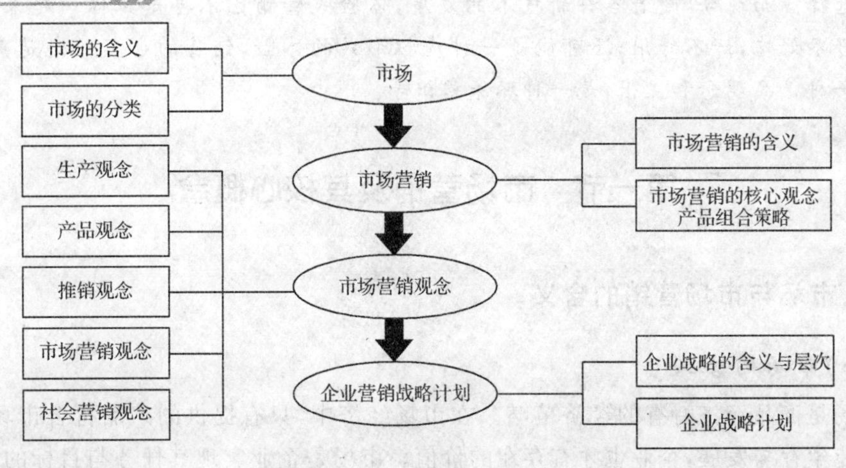

导入案例

宜家家居的体验营销：顾客扮演非传统角色

瑞典的宜家公司是一家跨国家居用品大型连锁零售企业，成立于1943年。宜家公司是一家分公司遍布全世界44个国家，拥有180家连锁店和8.4万多名员工的大型跨国集团，年接待顾客2亿人次，销售额年平均增长率达到15%。

宜家的服务理念是："使购买家具更为快乐。"因此，在宜家商场布局和服务方式的设

计上，宜家公司尽量使其显得自然、和谐，让每个家庭到宜家就像是“出外休闲的一次旅行”。宜家商场都建在城市的郊区，为了给顾客营造一次难忘的购物经历，宜家商场内设有一些附属设施，如咖啡店、快餐店和儿童的活动空间。作为返璞归真的现代营销手段，宜家鼓励顾客在卖场“拉开抽屉，打开柜门，在地毯上走走”，或者试一试床和沙发是否坚固。这种体验式营销包括消费者免费使用产品、无条件退换、对产品进行破坏性实验等。在睡眠者日，宜家给三百多人提供在商店内过夜的机会来试验新型宜家床垫，如果试验者第二天买了被试验的床垫，即可以享受十分优惠的折扣。在宜家商场，用于对商品进行检测的测试器也非常引人注目。在厨房用品区，宜家商场出售的厨柜从摆进卖场的第一天就开始接受测试器的测试，厨柜的柜门和抽屉不停地开、关着，数码计数器显示了门及抽屉可承受开关的次数：至今已有 209440 次！而在单个产品上宜家公司也设计了消费者自己动手体验的过程，宜家商场出售的大件产品都是可以拆分的，因此消费者可以将部件带回家自己组装，宜家公司还会提供各种各样的工具来帮助安装，并配备有安装的指导手册和宣传片。比如就纺织品来说，宜家公司就制作了一个搭配宣传片，教会消费者怎样去买、去搭配、去选择。宜家公司还在商场的入口处提供给顾客产品目录、尺、铅笔和便条，帮助顾客在没有销售人员的情况下自助购物。

宜家公司的顾客自我服务方式恰当地把握了现代家居个性化的大趋势，满足了人们追求自在、自我，渴望成为主角和支配者的心理需求，因此能赢得很多消费者的喜爱。

总结：现在的产品将消费者的地位摆得越来越高，提供他们一定的体验形式并让他们自主选择。而现今，随着各种新技术的发展，体验式营销已不再是拉你一起来试试这个产品好不好吃，好不好用，还可能是一种虚拟形式的体验，销售的也不一定是产品，也可能是一种产品理念和主张，是一种环保意识等。

第一节　市场营销及其核心概念

一、市场与市场营销的含义

（一）市场的含义

市场是商品经济特有的经济范畴。在市场经济中，只有提供的产品符合市场需要，企业才能生存与发展，企业也才有存在的价值。市场是企业实现其任务与目标的关键所在，是企业一切活动的外部基础。因此，企业只有认识市场，深刻地理解市场的需要，根据市场的需要有效地配置资源和培养企业的能力，才能更有效地开展市场营销活动。

1. 古典定义

市场是商品交换的场所，是买主和卖主聚集在一起进行交换的场所。《易・系辞下》记载：“日中为市，致天下之民，聚天下之货，交易而退，各得其所。”

2. 经济学定义

现代经济学家认为，市场是所有交换关系的总和，是买者和卖者相互作用并共同决定商品或劳务的价格和交易数量的机制。市场是社会分工和商品生产的产物。

3. 营销学定义

营销学大师菲利普·科特勒教授提出著名的市场三要素理论:市场是由那些具有特定的需要或欲望,愿意并且能够(即有货币支付能力的)通过交换来满足这种需要或欲望的全部潜在顾客所构成的。

市场=人口+购买力+购买欲望

(1)人口(消费者)

人口指使用和消耗物质资料或劳务,以满足生活和生产需要的买方群体或个人。消费者市场主要包括以居民个人和家庭形式出现的生活资料和劳务的消费者。

(2)购买力

购买力指消费者购买商品和劳务的支付能力。生活资料的购买力主要取决于个人或家庭货币收入的多少;而生产资料的购买力主要取决于国家的投资方向、生产群体的规模扩大在生产中资金积累的多少。

(3)购买欲望

购买欲望即消费者对所购买商品和劳务的需要的强烈程度。购买欲望归根到底产生于人类的生理和心理需要,即满足人们物质和文化生活的需要。

(二)市场的分类

1. 根据市场出现的先后划分

根据市场出现的先后,可将市场划分为现实市场、潜在市场和未来市场。

(1)现实市场。指对企业经营的某种商品有需要、有支付能力,又有购买欲望的现实顾客。

(2)潜在市场。指有可能转化为现实市场的市场。

(3)未来市场。指暂时尚未形成或只处于萌芽状态,但在一定条件下必将形成并发展成为现实市场的市场。

2. 根据顾客的性质划分

根据顾客的性质,可将市场划分为消费者市场和组织市场。

(1)消费者市场。指为了个人或家庭消费需要而购买或租用商品或劳务的市场。

(2)组织市场。指购买者由各类组织所组成的市场。组织市场又可分为生产者市场、中间商市场和政府市场。

3. 从经济学角度划分

(1)完全垄断市场。指不存在或基本不存在竞争的市场。

(2)寡头垄断市场。指由少数几家大企业控制的市场。

(3)垄断性竞争市场。这是最常见的一种企业市场模式。垄断性竞争是指在一个行业中有许多企业生产和销售有差别的产品,不同企业之间的产品可以相互替代又不能完全替代。

(4)完全竞争性市场。指在某一个行业里,存在许多独立决策的经营企业,他们都以相同的方式向市场提供同类的、标准化的产品,任何一个企业只能是价格的“接受者”(Price Taker),而不是价格的“制定者”(Price Maker)。

（三）市场营销的含义

市场营销学产生和发展于美国。市场营销学作为一门学科，是研究以满足市场需求为中心的企业市场营销活动及其规律性的科学，它是建立在经济科学、行为科学、现代管理理论基础之上的综合性的应用科学。市场营销指企业一整套的经济活动，是企业在占领市场、扩大销售、实现预期目标的过程中所进行的一系列商务活动，它既包括企业在流通领域进行的销售活动，也包括属于生活过程的产前活动和流通过程结束后的售后活动。美国市场营销协会（AMA）认为，市场营销是“对思想、产品及劳务进行设计、定价、促销及分销的计划和实施的过程，从而产生满足个人和组织目标的交换”。菲利普·科特勒教授认为，市场营销是个人和群体通过创造并同他人交换产品和价值，以满足需求和欲望的一种社会活动过程。可以从以下几个方面来理解这一定义：

（1）“交换”是市场营销的核心。

（2）市场营销是一种满足双方需要和欲望的社会活动过程。

（3）市场营销的最终目标是使个人和群体的需求和欲望得到满足。

（4）个人和群体是通过“创造并同他人交换产品和价值”这一手段来达到其目标的。

二、市场营销的核心概念

菲利普·科特勒的市场营销概念包含了下列几项核心概念：

（一）需要、欲望和需求

1. 需要（Need）

需要是市场营销活动的基石和出发点。需要是指没有得到某些基本满足的感受状态，是与生俱来的基本需要，是一种缺乏状态。例如，人们为了生存和繁衍，需要食品、衣服、住所等，这些是人类的生理需要。此外，人类还有安全、归属、受人尊重、自我实现等方面的需要。我们可以将这些需要划分为生理性需要和社会性需要。需要存在于营销活动出现之前，市场营销者不能凭空创造它们。

2. 欲望（Want）

欲望是人们想得到基本满足物的愿望，是对需要的特定追求。欲望受个人所处的不同文化及社会环境的影响。虽然营销者不能创造需要，但是他们可以影响消费者的欲望，可以通过创造、开发、销售产品来满足消费者的欲望。

3. 需求（Demand）

需求是指人们有货币支付能力并且愿意购买某个具体产品的欲望。需求是对特定产品的市场需求。营销管理的实质就是需求管理。因为需求是企业营销的起点及终点，它指导企业营销的方向。市场营销者可以通过推出消费者喜欢的产品、为产品制定合适的价格、积极地宣传产品和使消费者更容易得到等各种营销手段来影响需求。例如，某个消费者想要交通工具，这是他的需要；他想要一辆奔驰轿车，这是他的欲望；如果他有能力购买奔驰轿车，那么我们可以认为他对奔驰轿车有需求。

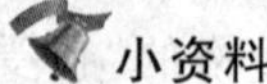

根据需求水平、需求时间的不同，需求有以下八种形态。在不同的需求状况下，营销

管理的任务有所不同。而营销管理的实质是需求管理,见表1-1。

表1-1　　八种不同类型需求的营销管理

需求形态	营销任务	营销管理类型
充分需求:指某种商品的目前需求水平和时间与企业期望的需求水平和时间相一致,这是一种很理想的需求状态	维持需求:营销者必须高度重视消费者需求偏好的变化和竞争者。营销者的任务是保持、不断稳定和提高产品质量,经常测量消费者的满意程度,密切关注消费者偏好的变化和竞争对手的动态,设法维持现有的需求水平	维持性营销
有害需求:指消费者对某种有害于个人或社会的商品或服务产生的需求。对烟、酒、色情暴力小说和电影、毒品、手枪等的需求都是不健康的需求	消除需求:营销者的任务是令喜欢这些产品的消费者放弃这些产品。营销者可以通过提高某些产品的价格和限制其供应与宣传,使消费者减少对这些产品的消费。对于另外一些产品如毒品和色情电影,营销者应该坚决地抵制和积极地宣传其危害性	抵制性营销
不规则需求:指需求与供给之间在时间和空间范围上的错位,造成企业忙闲不均的状态	调节需求:企业营销管理者的任务就是通过同步性(Synchro-marketing)的营销配合需求,通过灵活定价及有效的促销手段,使需求与供给在时空上的矛盾减至最低程度,从而充分利用资源,降低运营成本	同步性营销
下降需求:指市场对一个或几个产品的需求呈下降趋势的情况。很多下降需求是由消费者需求的变化、新产品的替代引起的	恢复需求:营销管理者要分析需求下降的原因,决定能否通过开辟新的目标市场、改变产品特色或采用更有效的促销手段来重新刺激需求,扭转需求下降的趋势	恢复性营销
过度需求:指某产品的需求超过了企业所能或所愿提供的产品数量	限制需求:营销者的任务是实施"逆营销"(Demarketing),即想办法降低消费者的需求水平,如提高产品的价格、减少服务和促销活动	限制性营销
潜在需求:指顾客对产品存在强烈需求,而现在的产品不能满足其需求,如人们对无害香烟的需求	实现需求:营销者首先要正确评估潜在市场的容量,努力研究开发有效的产品来满足潜在需求,使之成为现实需求	开发性营销
无需求:指目标市场对产品毫无兴趣或漠不关心,其主要原因在于消费者没有把商品的功效与自己的利益联系在一起	激发需求:营销者的任务是设法把产品的好处和人的自然需要、兴趣联系起来,刺激需求,使原来无需求的消费者产生需求	刺激性营销
负需求:绝大多数人讨厌某种产品,甚至愿意付出一定代价来回避这种产品,负需求产生的原因可能是消费者认为产品的价格太高及对产品缺乏了解	扭转需求:营销者的任务是分析消费者不喜欢这种产品的原因,通过重新设计产品、降低价格和更积极促销的营销方案,改变消费者的态度和观念,使之成为企业的现实顾客	扭转性营销

(二)产品、服务与体验

从营销角度看,产品是能够满足人们某种需要的一切东西,有实物、劳务、人、活动、场所、思想等多种形式,包括有形产品和无形产品(服务)。有形产品即实物形态的商品,包括人们购买的食物、饮料、衣服、商品房、汽车等;无形产品即无形的商品,包括服务、劳务、财产权和信息等。随着经济的发展,服务业在经济中所占的比重越来越大。体验是企业通过安排服务和商品,推进和实施营销品牌的活动。体验是可以被生产和销售,满足消费者需要的,如世界著名的主题公园——迪士尼乐园。

案例1-1

索尼的创始人盛田昭夫认为,新产品的发明来源于灵感,曾经流行于全世界的便携式立体声单放机的诞生,就出自一种必然中的"偶然"。一天,井深抱着一台索尼公司生产的便携式立体声盒式录音机,头戴一副标准规格的耳机,来到盛田昭夫的房间。从一进门,井深便一直抱怨这台机器如何沉重。盛田昭夫问其原因,他解释说:"我想欣赏音乐,又怕妨碍别人,但又不能为此而整天坐在这台录音机前,所以就带上它边走边听。不过这家伙太重了,实在受不了。"井深的烦恼点亮了盛田昭夫酝酿已久的构思。他连忙找来技师,希望他们能研制出一种新式的小型放音机。

然而,索尼公司内部几乎众口一词地反对盛田昭夫的新创意。但盛田昭夫毫不动摇,坚持研制。结果不出所料,该产品投入市场,空前畅销。索尼为这一产品取了一个通俗易懂的名字"沃可曼(Walkman)"。正是这一不起眼的小产品,改变了世界上几百万、几千万人的音乐欣赏方式。

索尼公司在"创立旨趣书"上写着这样一条经营哲学:"最大限度地发挥技术人员的技能,自由开朗,建设一个欢乐的理想工厂。这就是'创造需求'的哲学依据。"

(三)顾客让渡价值

在现代市场营销观念指导下,企业应努力让顾客满意。管理学大师彼得·德鲁克指出,公司的首要任务就是"创造顾客"。在买方市场条件下,顾客满意与否将变得非常重要,而顾客的满意是与顾客对某产品的让渡价值紧密相关的。提高顾客的让渡价值,使之最大化,一般说来,有两条途径:一是降低顾客总成本;二是提高顾客总价值。

顾客让渡价值是指整体顾客获得的总价值与整体顾客付出的总成本之间的差额。顾客总价值是指顾客购买某一产品所期望获得的总利益,它包括产品价值、服务价值、人员价值和形象价值。顾客总成本是指顾客为购买某一产品所消耗的货币成本、时间成本、精神成本和体力成本的总和。顾客让渡价值的具体内容如图1-1所示。

顾客总是希望把各项成本包括货币成本、时间成本、精神成本和体力成本降到最低限度,而同时又希望获得具有更高价值的产品,以使自己的需要得到最大限度的满足,因此,顾客在选购产品时,往往从价值与成本两个方面进行比较分析,从中选择出价值与成本之间的差额最大的产品,即"顾客让渡价值"最大的产品作为优先选择的对象。

企业要在竞争中战胜对手,吸引更多的潜在顾客,就必须向顾客提供比竞争对手具有更大"顾客让渡价值"的产品。要提高顾客满意程度,使顾客更多地购买本企业的产品以及向亲友推荐该产品,企业可以通过改进产品、服务、人员与形象,提高产品的总价值的方式;也可以通过降低价格,改善服务、分销与促销系统,减少顾客购买产品的货币、时间、精神与体力的耗费的方式,从而降低顾客总成本。

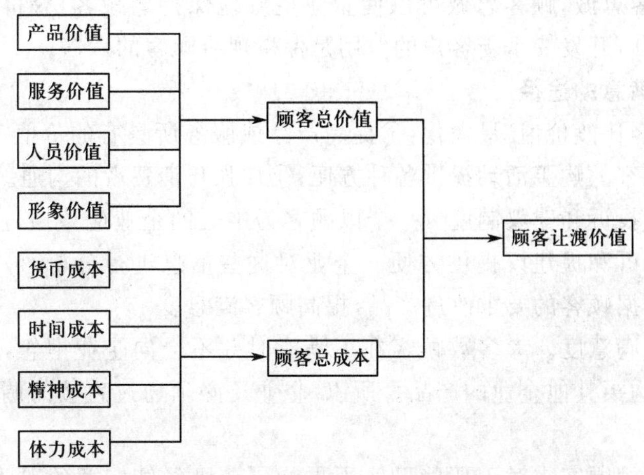

图 1-1 顾客让渡价值的具体内容

1. 顾客总价值

顾客总价值由产品价值、服务价值、人员价值和形象价值所构成，增加顾客购买的总价值是使顾客获得更大“顾客让渡价值”的途径之一。

(1)产品价值。产品价值是由产品的质量、功能、式样、可靠性、特色、耐用性等因素所产生的价值。

(2)服务价值。服务价值是指伴随产品实体的出售，企业向顾客提供的各种附加服务，包括产品介绍、送货、安装、维修、技术培训、产品保证等所产生的价值。

(3)人员价值。人员价值是指企业员工的经营思想、知识水平、业务能力、工作效率与质量、责任心、应变能力等所产生的价值。

(4)形象价值。形象价值是指企业及其产品在社会公众中形成的总体形象所产生的价值。

2. 顾客总成本

降低顾客总成本是使顾客获得更大“顾客让渡价值”的另一途径。顾客总成本包括货币成本、时间成本、精神成本、体力成本，其中后三者属于非货币成本。通常情况下，顾客购买产品时首先要考虑货币成本的大小，因而货币成本是构成顾客总成本大小的最主要和最基本的因素。

(四)顾客满意

1. 顾客满意(CS)的含义

顾客满意是指顾客通过对一种产品可感知的绩效(或结果)与其期望值相比较后，所形成的愉悦或失望的感觉状态。$S=f(E,P)$，如果感知绩效(P)低于期望(E)，顾客就会不满意；如果感知绩效和期望相匹配，顾客就会满意；如果感知绩效超过期望，顾客就会高度满意，达到惊喜程度。所以，企业要使顾客满意，一方面应提高顾客对企业产品实际绩效的感知；另一方面应尽量使顾客对企业的产品产生一个合理的期望。如果顾客的期望过低，他们可能不会关注企业的产品；如果顾客的期望过高，他们很容易不满。顾客高度满意会形成顾客忠诚,顾客忠诚可以使企业更好地保持老顾客,获得更大的利益。据美国管理学会估计,开发一个新客户的费用是保持现有顾客的六倍。

2. 实现顾客满意的途径

(1)实现"顾客让渡价值"最大化:①提高产品或服务所具有的价值;②降低顾客购买成本;③尽力为顾客的购买活动提供各种方便;④加强与消费者的沟通。

(2)建立顾客投诉和建议制度。一个以顾客为中心的企业应该通过开设免费的服务热线,为其顾客投诉和提建议提供方便。企业对这些信息进行分析,可以了解顾客的满意状况,还可以根据顾客的要求改进产品,提高顾客满意度。

(3)调查顾客满意度。大多数顾客在不满意时并不会向企业抱怨,而是可能会对亲友抱怨产品以及购买其他企业的产品。所以,企业还必须通过直接的调查方法了解顾客的满意状况。

(4)分析流失的顾客。对于那些已经不再购买或已经转向竞争对手产品的顾客,企业应通过与这些顾客的接触了解产生这种情况的原因。

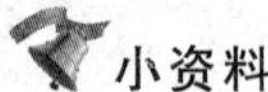

顾客满意度(CSI)来源于市场营销理论的基本概念。"满意度"是客户满足情况的反馈。导入"顾客满意"经营,不单单是经营理念上的转变,更是经营战略上的转变,必须将CS纳入整个经营体系之中,要求所有员工密切合作,切实将顾客的需要作为日常活动的"轴心",积极地提供令顾客满意的服务。

顾客满意度测评指标体系是一个多指标的结构体系,运用层次化结构设定测评指标,能够由表及里、深入清晰地表述顾客满意度测评指标体系的内涵。通过长期的实践总结,人们认为将测评指标体系划分为四个层次较为合理。每一层次的测评指标都是由上一层次的测评指标展开的,而上一层次的测评指标则是通过下一层次的测评指标的测评结果反映出来的,其中顾客满意度指数是总的测评目标,为一级指标,即第一层次;顾客满意度模型中的顾客期望、顾客对质量的感知、顾客对价值的感知、顾客满意度、顾客抱怨和顾客忠诚等六大要素是二级指标,即第二层次;根据不同的产品、服务、企业或行业的特点,可将六大要素展开为具体的三级指标,即第三层次;三级指标可以展开为问卷上的问题,形成了测评指标体系的四级指标,即第四层次。

案例1-2

一个风雪交加的晚上,一家特快专递公司要送一个非常重要的包裹给客户,送包裹的员工快到客户家时才发现,这位客户住在山顶上。此时大雪已经封住了上山的必经之路,而约定包裹送达的最后期限马上就要到了!于是这位员工当机立断,在没有请示公司的情况下自己做主雇了一架直升机,并且用自己的信用卡支付了所有费用,将包裹送到了住在山顶的客户手中。客户感动万分,马上向当地媒体通报了这件事,于是这家公司声名大噪。

(五)交换、交易与关系

1. 交换

市场营销以交换为前提。交换是指以某种东西作为回报,从他人那里取得所需要的东西的行为。交换的发生,必须具备五个条件:

(1)至少要有交换的双方。

(2)双方都有对方想要的东西。

(3)双方都有沟通和传送产品的能力。

(4)双方都可以自由地接受或拒绝对方的产品。

(5)双方都认为与对方进行交易是令人满意的。

2. 交易

交换是一种过程。如果在这个过程中,双方达成一项协议,交易行为便由此发生。交易是交换双方之间的价值交换,是交换活动的基本组成单位。

3. 关系

传统的市场营销是建立在交易基础上的,被称为交易营销。关系营销理论是在传统营销理论基础上产生的新营销理论之一。关系营销是为了满足企业和相关利益者的目标而进行的识别、建立、维持、促进同消费者的关系,并在必要时终止关系的过程,这只有通过交换和承诺才能实现。与顾客建立长期合作关系是关系营销的核心内容。与顾客、分销商、经销商、供应商等建立、保持并加强良好的关系要靠长期承诺和提供优质产品、良好服务和公平价格,以及加强经济、技术和社会各方面联系来实现。

(六)市场营销者

在交换过程中,如果一方比另一方更主动积极地寻求交换,我们就将前者称为市场营销者,将后者称为潜在顾客。换句话说,市场营销者可以是卖方,也可以是买方。当买卖双方都在积极寻求交换时,我们就把双方都称为营销者,并将这种情况称为双边市场营销。

第二节 市场营销观念

企业的营销活动总是受一定的营销观念支配。所谓营销观念是企业开展营销活动的基本指导思想和经营哲学,是企业对市场的根本态度和看法,即营销主体开展营销活动的价值观和信念。企业的市场营销活动是在特定的营销观念指导下进行的。它是企业营销活动的出发点,对营销的成败具有决定性的影响,一定的营销观念是一定的社会经济运行的产物,它不是一成不变的,会随着经济的发展而不断演变。

一、营销观念的演进过程

纵观西方发达国家的市场营销历史,可以发现市场营销观念的演进可大致分为五个阶段:生产观念、产品观念、推销观念、市场营销观念和社会营销观念。各个阶段皆有其产生的历史背景及任务。

营销观念的演进受内外环境的影响，它的演变是动态的、顺应竞争潮流的。

(一)生产观念

生产观念的基本假设是顾客总是喜欢那些随处买得到和买得起的产品。企业取得竞争优势的基本策略是不断扩大生产规模，提高生产效率，降低生产成本，从而使产品价格下降；健全分销网络，使顾客随处都能方便地购买产品。

生产观念产生于工业革命初期，当时生产力水平较低，产品大多是生活、生产必需品，产品供不应求，选择性少，销售不成问题。该观念是以生产为中心的指导思想。企业的重心在于大量生产，力求产品标准化，通过降低成本而获利。生产观念时期的著名口号是"我生产什么，消费者就买什么"。

案例1-3

1908年秋，福特汽车公司推出了T型车。在大型总装车间，流水线装配法被发展成由机械传送带运送零件和工具，极大地提高了工作效率。T型车推出时，每辆车只售850美元，后又降至360美元。"旧时王谢堂前燕，飞入寻常百姓家"。福特汽车公司也获得了巨大的成功。1923年，福特汽车公司在美国汽车市场上所占的份额约为57%。他们的营销理念是："不管消费者需要什么样的汽车，反正我的汽车是黑的。"

(二)产品观念

产品观念的基本假设是顾客总是喜欢那些质量高、款式新、有特色的产品。产品观念容易使人患上营销近视症，其典型形式是"酒香不怕巷子深"。

产品观念产生于生产观念后期，同类产品不止一家生产，消费者开始比较产品质量的差异，愿意出高价购买更优质的产品。产品观念以品质为中心，企业管理重心在于产品创新和不断提高产品质量。

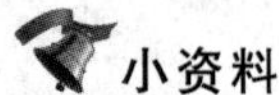

小资料

营销近视症

营销近视症(Marketing Myopia)是由著名的市场营销专家、美国哈佛大学商学院秦德·李维特(Theodore Levitt)教授在1960年提出的一个理论。营销近视症就是不适当地把主要精力放在产品或技术上，而不是放在市场需要(消费需要)上，其结果导致企业丧失市场，失去竞争力。一旦有更能充分满足消费需要的新产品出现，现有的产品就会被淘汰。李维特断言：市场的饱和并不会导致企业的萎缩；造成企业萎缩的真正原因是营销者目光短浅，不能根据消费者的需求变化而改变营销策略。

营销近视症的具体表现是：自认为只要生产出最好的产品，不怕顾客不上门；只注重技术的开发，而忽略消费需求的变化；只注重内部经营管理水平，不注重外部市场环境和竞争。最容易滋生营销近视症的时机莫过于公司发明一项新产品，营销管理层过分迷恋产品本身而失去了正确观察事物相互关系的能力，陷入了"最好捕鼠器的谬误"之中，幻想只要造出一个最好的捕鼠器，消费者就会踩平门前的路。

（三）推销观念

推销观念认为，顾客都有购买惰性，若不加以刺激，就很难足量购买。大规模的促销或推销是企业的基本策略。

推销观念产生于20世纪30年代后期，由于科技进步和科学管理，生产大规模发展，产量迅速增加，从卖方市场向买方市场过渡，逐渐出现某些产品供过于求的情况。该观念以销售为中心，企业的重心在于推销，用尽各种推销手段和工具，通过提高销售量而获利，不考虑产品是否符合消费者的需要。推销观念的著名口号是"我卖什么，消费者就买什么。"

（四）市场营销观念

市场营销观念的基本思想是以顾客为中心，以需求为导向。发现顾客需要，满足顾客需要；顾客永远是对的。该观念产生于20世纪50～70年代买方市场形成后，注重消费者需求导向和竞争导向。消费者需求是市场营销活动的起点及中心，企业的任务在于认清消费者的需求，比竞争对手更快地开发产品以满足市场需要。营销观念的著名口号是"消费者需要什么，我就生产什么。"即中国企业的"以销定产"。

案例1-4

向和尚推销梳子的故事

某单位招聘业务员，考试题目是要他们向和尚推销梳子，这看似是一项不可能完成的任务。结果只有三个人愿意试试。第三天，他们回来了。

第一个人卖了1把梳子。他对经理说："我看到一个小和尚，头上生了很多虱子，很痒，在那里用手抓。我就建议他用梳子抓，于是我卖出了一把梳子。"

第二个人卖了10把梳子。他对经理说："我找到庙里的主持，对他说如果上山礼佛的人头发被山风吹乱了，就表示对佛不敬，是一种罪过，假如在每个佛像前摆一把梳子，游客来了梳完头再拜佛就更好了！于是我卖了10把梳子。"

第三个人卖了3 000把梳子！他对经理说："我到了最大的寺庙里，直接跟方丈讲，你想不想增加收入，方丈说：'想。'我就告诉他，在寺庙最繁华的地方贴上标语，捐钱有礼物拿。什么礼物呢？一把功德梳。这个梳子有个特点，一定要在人多的地方梳头，这样就能梳去晦气，梳来运气。于是很多人捐钱后在人多的地方梳头，这又吸引了更多人去捐钱。这样一下子就卖出了3 000把。"

（五）社会营销观念

社会营销观念强调企业不仅要满足顾客需要，而且要关注社会公众利益，不仅要满足顾客的当前需要，而且要树立经济和社会的可持续发展的观念。该观念产生于20世纪70年代西方资本主义出现能源危机、通货膨胀、失业增加、环境污染严重、消费者保护运动盛行的新形势下，企业以兼顾顾客眼前利益和长远利益、顾客个人利益和社会整体利益为中心而开展营销活动。总之，要统筹兼顾三方利益，即企业利润、消费者需要的满足和社会利益。

小思考

美国的汉堡很好吃，味道好极了。然而，却遭到了美国公众的批评，人们认为长期吃汉堡对身体健康有害，容易引发高血脂、高血压、心脏病等疾病。请从经营观念角度来分析，汉堡公司应确立什么样的营销导向，从而改进它的产品？

二、对观念演进的哲学思考

（一）五种营销观念的比较

从上述五种观念的变化，可以看出工商企业逐渐从小发展壮大的成长历程，同时其观念也在不断进步，由以企业为中心，以生产为中心的旧观念逐渐转变成兼顾企业、消费者和社会三方利益，以社会和消费者需求为中心的新观念，这是历史发展的必然结果（表1-2）。

表 1-2　　五种营销观念的比较

营销观念		重点	方法	目标
旧观念	生产观念	产品	提高生产效率	通过扩大销售量增加利润
	产品观念	产品	提高产品质量	
	推销观念	产品	加强推销	
新观念	市场营销观念	市场需求	整体营销	通过满足消费者需要而获利
		企业利益		
	社会营销观念	市场需求	整体营销	通过满足消费者需要、增进社会福利而获利
		企业利益		
		社会利益		

西奥多·莱维特曾对推销观念和市场营销观念做过深刻的比较，指出：推销观念注重卖方需要；市场营销观念则注重买方需要。推销观念以卖方需要为出发点，考虑如何把产品变成现金；而市场营销观念则考虑如何通过制造、传送产品以及与最终消费产品有关的所有事物，来满足顾客的需要。可见，市场营销观念的四个支柱是：市场中心、顾客导向、协调的市场营销和利润。推销观念的四个支柱是：工厂、产品导向、推销和赢利。从推销观念到营销观念的转变，标志着新旧观念的分水岭，它是一场营销革命，即营销史上“哥白尼式的革命”，企业经商哲学发生了质的飞跃。社会营销观念是对市场营销观念的修改和补充。社会营销观念要求市场营销者在制定市场营销政策时，要统筹兼顾三方面的利益，即企业利润、消费者需要的满足和社会利益。

（二）营销观念的新发展

营销观念是指营销企业以什么观念或者看法来看待组织、顾客和社会的关系，并以此来指导组织的营销活动。市场营销观念属于上层建筑的范畴，是一种意识形态，也就是指以什么样的指导思想、什么样的态度和什么样的思想方法去从事市场营销活动。因此市场营销观念是一种观点和态度。

随着经济全球化的发展、人们需求的多样化、数字时代的到来以及可被无限分割、定制和个性化的市场的形成，那种以产品为中心，紧盯国内市场，通过广告打造品牌，规模化、单向化的营销观念和方式已不再适应当前的营销形势，市场营销观念的创新已成必然。因此，要通过对企业营销观念的了解和创新，在理论基础上指导企业的营销行为，增加企业的营销绩效，为企业带来更多的价值。在营销过程中，企业在广告、产品中注入一定的知识含量与文化内涵，通过向消费者传播新产品所包含的科学技术文化知识以及知识对人们生活的影响，提高他们的消费与生活质量，从而达到推销产品、树立形象、提升品牌竞争力、促成消费者产生对产品的需求的目的。知识营销的创新点在于以知识的传播、运用、增值为流通商品或商品的一个组成部分。而消费者则得到更多的知识，能更有效地消费产品。

国内外关于企业营销观念的创新主要体现为以下几个方面：

1. 文化营销观念

文化走进营销，营销融入文化。文化营销是指把商品作为文化的载体，通过市场交换进入消费者的意识，它在一定程度上反映了消费者对物质和精神追求的各种文化要素。企业卖的是什么？麦当劳卖的仅仅是汉堡吗？答案是否定的，它卖的是快捷、时尚、个性化的饮食文化。中秋节为什么吃月饼？难道吃的是它的味道吗？不是，我们吃的是中华民族的传统文化——团圆喜庆。就是说，文化营销是企业有意识地通过发现、甄别、创造某些核心价值观念，对目标消费者加以因势利导，从而达成企业目标的一种营销观念。文化营销的创新点在于：将对文化差异、不同文化发展的关注注入营销全过程中，而消费者在消费过程中得到文化层面上的认可和尊重。

小资料

有人说可口可乐的品牌值300多亿美元，万宝路的品牌也值300亿美元左右，美国百威啤酒的品牌值100多亿美元。可口可乐公司总裁甚至说，即使可口可乐公司的财产一夜之间全部丧失，但只凭它的品牌，很快就可重振雄风。这是名牌效应，也是产品文化的效应，是根植于消费者心目中的对产品文化的认同效果。产品文化效应的实质是社会公众在选择商品时，对具有自己的产品文化的产品或企业更偏爱、更容易接纳、更感兴趣，独特的产品文化可以使人产生愉快感、信赖感、可靠感和安全感。它一旦在人们心目中确立，就能够保持其相对稳定性，而不为企业一时的经营好坏所左右。企业经营者把握好这种心理现象，全面实施产品文化战略，在市场竞争中就可脱颖而出。

产品文化是企业形象的内核，是产品形象的基础。好的产品文化和好的产品形象是产品优质的证明，它是时尚的凝聚，是身价的标志，是企业的无形财富。

塑造产品文化是一项长期、复杂而艰巨的企业系统工程。创业者必须采用战略的思考方式、战略性的手法，才能找到创造优秀产品文化的途径。

案例1-5

羽西娃娃——唯一的东方娃娃

邻居让羽西带一个漂亮的中国娃娃回来。可羽西在偌大的中国竟然找不到一个娃娃可以代表中国娃娃的形象，所见的都是蓝眼睛、红头发的洋娃娃。这使羽西萌生了要造一个在中国人眼里最漂亮的属于中国人自己的娃娃的念头。就这样，“羽西娃娃”诞生了。这个娃娃融入了东方的文化，成了中国人心目中自己的、最畅销的娃娃。

可见，企业的竞争力靠企业文化来承载，企业的竞争优势要靠企业文化来凸显。

2. 知识营销观念

知识营销指的是向大众传播的科学技术以及它们对人们生活的影响，通过科普宣传，让消费者不仅知其然，而且知其所以然，重新建立新的产品概念，进而使消费者萌发对新产品的需要，达到拓宽市场的目的。在知识经济时代，知识成为发展经济的资本，知识的积累和创新，成为促进经济增长的主要动力源，因此，企业在搞科研开发的同时，就要想到知识的推广，使一项新产品研制成功的市场风险降到最低，而要做到这一点，就必须运用知识营销。比尔·盖茨的“先教电脑，再卖电脑”的做法是典型的知识营销。他斥资 2 亿元，成立了盖茨图书馆基金会，为全球一些低收入地区的图书馆配备最先进的电脑，又捐赠软件让公众接受电脑知识。

3. 个性化营销观念

个性化营销观念即企业把对人的关注、人的个性释放及人的个性需求的满足推到空前中心的地位，企业与市场逐步建立一种新型关系，建立消费者个人数据库和信息档案，与消费者建立更为个人化的联系，及时地了解市场动向和顾客需求，向顾客提供一种个人化的销售和服务，顾客根据自己的需要提出商品性能要求，企业尽可能按顾客要求进行生产，迎合消费者的个别需求和品位，并应用信息，采用灵活战略适时地加以调整，以生产者与消费者之间的协调合作来提高竞争力，以多品种、中小批量混合生产取代过去的大批量生产。这有利于节省中间环节，降低销售成本。不仅如此，由于社会生产计划性增强，资源配置接近最优、商业出现“零库存”管理，企业的库存成本也节约了。

4. 网络营销观念

网络营销观念即利用网络进行营销活动。当今世界信息发达，信息网络技术被广泛运用于生产经营的各个领域，尤其是营销环节，形成网络营销。商户在电脑网络上建立自己的主页，开设虚拟商店，陈列商品，顾客通过网络可以进入虚拟商店，挑选商品，下订单、支付都可以在网上完成，商户接到订单就送货上门。同样通过网络顾客可以将自己的意见反馈到生产过程中，这样生产者可以降低企业产品生产的互动成本。比如通用汽车公司别克汽车制造厂，让客户自己设计所喜欢的车型，并且可以由客户自己选择车身、车轴、发动机、轮胎、颜色及车内结构。客户通过网络可以看到自己选择的部件组装出来的汽车的样子，并可继续更换部件，直到客户满意为止。这种营销方式在现代市场条件下运作得越来越普遍。据国际电信联盟统计显示，全球网络商业的营业额，近几年来达上百亿美元，网上广告业务达十几亿美元。网络营销可以促进企业通过网络快速地了解市场动向和顾客需求，节省中间环节，降低销售成本。我国企业在这方面也应该行动起来，大力开展网上交易。

5. 绿色营销观念

绿色营销观念是指企业在整个营销过程中充分体现环保意识和社会意识，向消费者

提供科学的、无污染的、有利于节约资源使用和符合良好社会道德准则的商品和服务，并采用无污染或少污染的生产和销售方式，引导消费者产生有利于环境保护及身心健康的需要并加以满足。其主要目标是通过营销实现生态环境和社会环境的保护及改善。保护和节约自然资源，实行养护式经营，确保消费者使用产品的安全、卫生、方便，以提高人们的生活质量，优化人类的生存空间，实施绿色营销战略，重视研究企业对环境污染的对策：减少或消除有害废弃物的排放；对废旧物进行回收处理和再利用。变普通产品为绿色产品；积极参与社区的环保活动，树立环保意识。实施绿色营销是国际营销战略的大趋势，我国企业在这方面应该努力，并积极付诸行动。企业要以绿色营销组合的观念和方式去组织生产和销售活动，采用 ISO4000 系列标准组织生产，并及时了解目标市场的有关绿色信息、发展动向、新技术和新方法，不断调整企业活动加以适应。

6. 发展战略观念

处于国内外经营环境不断变革中心的企业，要掌握自己的前途命运就不能走一步看一步，而必须把握好发展的前景与方向。然而前景中存在着很多当前尚不明朗的不定因素，因此研究企业的发展战略就显得格外重要。

发展战略是对企业具有全局性和前瞻性的思路和方针，指导企业在今后一段时期的前进方向，这些年来我们不断看到在改革开放的挑战与机遇面前，很多企业发展壮大，独占鳌头，同时也有更多企业由盛到衰。从一定意义上来说这都反映了他们战略的成败。正可谓成也战略，败也战略。企业经营者要腾出时间把主要精力用到企业的发展战略上来，对企业要做具体研究，要着眼于未来的变化去做具体分析，准备对策，而不是等到企业发生危机，在现实面前措手不及。

企业之间的竞争，体现为经济实力的竞争。但在经济实力的背后，则是经营观念的较量。要想到别人没有想到，或还没来得及想到的新点子，抓住新的机遇，这样才能赢得顾客，占领市场。

7. 体验营销观念

随着生活水平和生活质量的提高，现代社会中人们消费的观念不再停留于仅仅获得更多的物质产品以及获得产品本身；相反，消费者购买商品越来越多是出于对商品象征意义和象征功能的考虑，即人们更加注重通过消费获得个性的满足。企业要想在市场上立于不败之地，必须根据消费者需求的新特点，引导和创造满足个性需求的市场。于是，体验营销应运而生。体验营销，就是企业以满足消费者的体验需求为目标，以服务产品为舞台，以有形产品为载体，生产经营高质量的体验产品，通过对事件和情景的安排和特定体验过程的设计，让消费者沉浸于体验过程中，引爆他们心中的欲望，产生美妙而深刻的印象，并获得最大限度的精神满足的过程。与传统营销相比，体验营销的创新点在于：传统营销更多专注于产品的特色与利益，体验营销则把焦点集中在顾客的“体验”上。

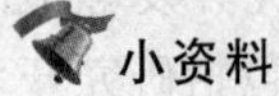

在国外，体验营销是 1998 年由美国战略地平线 LLP 公司的两位创始人 B-josephpineⅡ和 James Hgilmore 提出的。他们对体验营销的定义是:“从消费者的感官、情感、思考、行动、关联五个方面重新定义,设计营销理念。”他们认为,消费者消费时理性和感性兼具,消费者在消费前、消费中和消费后的体验,是研究消费者行为与企业品牌经营的关键。

当咖啡当成“货物”贩卖时,一磅可卖 300 元;当咖啡被包装为“商品”时,一杯就可以卖 10～20 元;当其加入了“服务”,在咖啡厅出售,一杯可以卖几十元到 100 元;但如能让咖啡成为一种香醇与美好的“体验”,一杯就可以卖到 100 元到几百元。

第三节　企业营销战略计划

一、企业战略的含义与企业战略的层次

(一)企业战略的含义

战略是指企业为了获得长期的生存和发展,在对企业内外环境分析的基础上,确定企业战略使命、目标和经营方针,对企业经营活动做长远的、系统的、全局性的规划。

企业战略是指企业在确保实现企业使命的前提下,在充分地分析各种环境机会和威胁的基础上,进一步规定企业拟从事的经营范围、成长方向和竞争对策,并据此合理地配置企业资源,从而使企业获得某种竞争优势的一种长远性发展规划。

(二)企业战略的层次

企业战略的层次包括企业总体战略、企业经营单位战略和企业职能战略。

1. 企业总体战略

企业总体战略主要是决定企业应该选择哪些经营业务,进入哪些经营领域。企业总体战略包括:发展战略、稳定战略、选择战略、紧缩战略四种类型。

企业总体战略的任务包括:企业整个经营范围的确定及如何达成;企业经营单位的划分;获得各经营单位之间的协同效应;确立资源配置的重点。

2. 企业经营单位战略

企业经营单位战略由企业内具有某种经营特征的事业部组成,从属于整个企业的最高主管,通过授权与分工,具有相对独立的经营实力与决策权力,并承担相应的经营风险与责任。企业经营单位战略主要涉及如何在选定的经营领域内与竞争对手展开有效的竞争。按照波特的竞争理论,主要包括成本领先战略、差别化战略、集中化战略三种。

企业经营单位战略的任务包括:明确客户和提供的服务;协调各职能部门的活动,建立有竞争价值的能力;保持可持续的竞争优势。例如,美国 GE 在原来的 175 个事业部的基础上建立了 43 个战略经营单位,并由两名副总裁分别负责管理。

3. 企业职能战略

企业职能战略主要研究企业的营销、财务、人力资源、生产、技术研究开发等不同职能部门如何更好地为各级战略服务,以提高组织效率的问题。职能战略包括研究开发战略、财务战略、营销战略、生产战略、人力资源战略等。

企业职能战略的任务包括：对经营战略提供支持；明确职能目标如何实现；详细说明如何管理关键性的职能部门。

二、企业战略计划

(一)企业使命

企业使命是企业战略的逻辑起点。它源于现实与未来的比较性判断。明确企业使命，就要明确本企业的业务是什么，我们的业务将来是什么以及我们的业务应该是什么。

1. 企业使命(企业宗旨)的定义

企业使命是企业管理者确定的企业生产经营的总方向、总目的、总特征和总的指导思想。它反映了企业管理者的价值观和企业力图为自己树立的形象，揭示本企业与同行企业在目标上的差异，界定企业的主要产品和服务范围，以及企业试图满足的顾客基本需求。

小资料

索尼公司的使命是“为包括我们的股东、顾客、员工，乃至商业伙伴在内的所有人提供创造和实现他们美好梦想的机会”；通用电气的使命是“以科技及创新改善生活品质及在对顾客、员工、社会与股东的责任之间寻求互相依赖的平衡”；微软公司的使命是“计算机进入家庭，放在每一张桌子上，使用微软的软件”；福特汽车公司的使命是“汽车要进入家庭”。

2. 企业使命的基本内容

(1)企业存在的根本目的。

(2)实现根本目的所应从事的经营活动范围。

(3)企业在经营活动中的基本行为规范和原则。

案例1-6

海尔精神：敬业报国 追求卓越　海尔作风：迅速反应 马上行动

美国海尔贸易公司总裁迈克曾接到许多消费者的反映：普通冷柜太深了，取东西很不方便。在2001年“全球海尔经理人年会”上，迈克突发奇想，能否设计一种上层为普通卧式冷柜，下面带抽屉的冷柜，二者合一不就解决这一难题了吗？

冷柜产品本部在得知迈克的设想后，四名科研人员采用同步工程，连夜奋战，仅用17个小时就完成了样机。不但如此，他们还超出用户的想象，又做出了第二代产品。在当晚的答谢宴会上，当这些样机披着红绸出现在会场上时，引来一片惊叹声与经久不息的、热烈的掌声。

冷柜产品本部部长马坚上台推介这一工商互动的共同结晶，并当场以迈克的名字为这一冷柜命名。

(二)企业目标

企业目标是指在企业总体战略框架下，为企业和职工所提供的具体方向，以及企业在一定时期内要达到的预期成果。目标所规定的期限越短，目标内所含具体内容的数量便越多。目的与目标紧密相连，具体如下：

1. 战略目标

战略目标是指通过加强企业战略管理活动，企业所要达到的关于市场竞争地位和管理绩效的目标，包括行业地位、总体规模、竞争能力、技术能力、市场份额、赢利增长率、投资回报率以及企业形象等。

2. 长期目标

长期目标是指在一个相对较长的时期内，企业试图实现的预期生产经营目标，计划期一般为五年。长期目标是企业制定总体战略与经营单位战略的基本出发点。

3. 年度目标

年度目标是指以年度为单位的生产经营目标，是实现企业总体战略目标的一种必要手段。它与企业长期目标有着内在的联系，能够为监督和控制企业的绩效提供具体的衡量依据。

（三）建立战略业务单位（业务组合）

在确定了企业使命和目标后，企业要对现有的业务进行分析和评价。因为大多数的企业同时或准备经营若干项业务。如一家公司既生产汽车，又生产摩托车，还生产空调。因此有必要将企业的各项业务划分为若干个战略业务单位。

战略业务单位通常具有这样一些特征：①它是一项业务或相关业务的集合。②它有自己的竞争者。③它有一位专职经理负责制订和完成战略计划。

在确定战略业务单位后，公司应该为它们制定独特的战略并恰当地分配资源。分析评价企业战略业务单位最著名的方法有波士顿矩阵法和通用矩阵法。

1. 波士顿矩阵法

波士顿咨询公司是由 B. Henderson 在 1963 年创办的一家咨询公司，主要从事国际化战略和一般管理咨询。波士顿矩阵法可以用图 1-2 的模型来说明：

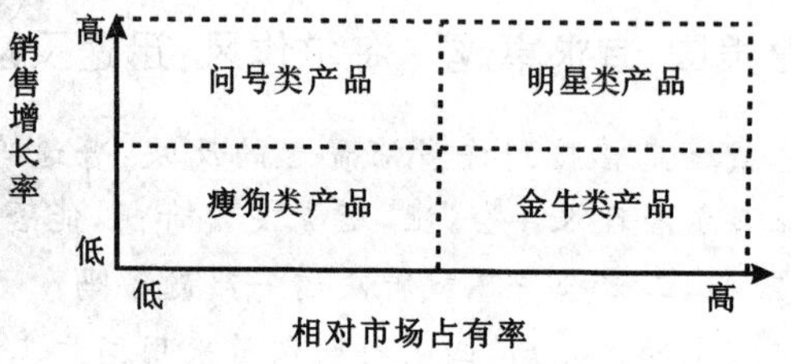

图 1-2　波士顿矩阵法模型

(1) 基本原理

根据有关产品或经营业务的销售增长率和相对市场占有率两个指标，把企业生产经营的全部产品或业务的组合作为一个整体，常用来分析企业相关经营业务之间的现金流量的平衡问题。

(2)不同象限的战略选择与战略实施

①问号类产品

问号类产品市场机会大,前景好;市场营销中存在问题;利润率低,负债比率高。

战略选择:选择性投资战略。采用智囊团式或项目小组结构;选拔有规划能力、敢冒风险、有才干的人负责。

②明星类产品

明星类产品增长较快,略显资金不足;利润率和负债比率处于一般水平。

战略选择:扩大投资战略。采用事业部形式的组织结构;选拔对生产技术和销售都很内行的人负责。

③金牛类产品

金牛类产品的市场增长率低,相对市场份额高;销售量大,产品利润率高,负债比率低,可以为企业提供资金,而且由于增长率低,也无须增大投资,可以为其他业务提供大量现金。

战略选择:收获战略。适合于事业部制组织结构;选拔市场营销型人才来负责。

④瘦狗类产品

瘦狗类产品的市场增长率低,相对市场份额也低;利润率低,处于保本或亏损状态,难以为企业带来收益。

战略选择:撤退战略。减少批量,转移剩余资源;整顿产品系列,最好与其他事业部合并,统一管理。

2. 通用矩阵法

通用矩阵法也称为麦肯锡矩阵法。通用(GE)矩阵法是为美国通用电气公司设计的一种投资组合分析方法。它是对波士顿矩阵法的改进。

根据行业吸引力的大小与企业战略业务单位竞争能力的强弱,可以将矩阵分为九个方格,如图 1-3 所示。左上方的三个方格是最佳区域,位于这些区域中的业务,企业应该追加投资,促进其发展。对角线上的三个方格是中等区域。位于这些区域中的业务,企业应维持现有投资水平和市场占有率。右下角的三个方格是行业吸引力和企业竞争力都低的区域,位于这些区域中的业务,企业应该采取收割或放弃的战略。

企业实力 市场吸引力	强	中	弱
大	绿色区域: 大力发展 力保优势	绿色区域: 增加投资 力争优势	黄色区域: 增加投资 力争发展
中	绿色区域: 改进提高 稳定发展	黄色区域: 维持现状 保持稳定	红色区域: 选择投资 收回投资
小	黄色区域: 收回投资 准备撤退	红色区域: 停止投资 准备淘汰	红色区域: 计划撤退 淘汰转产

图 1-3　通用矩阵法模型

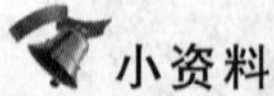

小资料

通用矩阵与波士顿矩阵的比较

通用矩阵比波士顿矩阵在以下三个方面表现得更为成熟：

1.市场吸引力代替了市场增长率被吸纳进来作为一个评价维度。市场吸引力较之市场增长率显然包含了更多的考察因素。

2.企业实力代替了市场份额作为另外一个维度，由此对每一个企业的竞争地位进行评估分析。同样，企业实力较之市场份额也包含了更多的考察因素。

3.通用矩阵有九个象限，而波士顿矩阵只有四个象限，使得通用矩阵结构更复杂、分析更准确。

（四）市场发展战略

可供企业选择的市场发展战略有三种：密集型发展战略、一体化发展战略和多样化发展战略。

1.密集型发展战略

密集型发展战略是指企业在现有的业务领域里寻找未来的发展机会。这种战略包括以下三种方式：

(1)市场渗透

市场渗透是企业在原有产品和市场上，采取种种措施，如改进广告宣传和推销工作，在某些地区增设商业网点等，逐步扩大销售，以占领更大的市场。

决策依据：销售量＝产品使用人数×每个人的使用频数

①通过各种促销努力，增加使用量，促使现有顾客更多地购买本企业的现有产品，扩大产品使用人的使用频率。

②把竞争者的顾客吸引过来，使之购买本企业的现有产品。

③转向非使用人，努力发掘潜在顾客。

④增加产品的新特性、新用途。

(2)市场开发

市场开发是指用企业现有的产品去满足新的市场需求从而增加销售，关键在于分析特定地区消费者的消费层次、消费类型、消费习俗、消费特点等。

一般市场开发的方法主要有以下几种：

①通过现有产品的新用途，开拓现有顾客的新需求，增加消费者使用的频率，提高销售量。

②市场开发，在新市场寻找潜在的用户，寻找新顾客，开拓新用途。例如，黄麻以前的用途主要是制造麻袋，现在有些地毯厂用黄麻编织地毯、床单等，使之成为别具一格的产品，为黄麻发现了新市场。

③考虑增加新的销售渠道，适应新的市场需要，开拓新市场。

(3)产品开发

产品开发是指向现有市场提供新产品或改进型产品，满足现有顾客的潜在需求，增

加销售。产品开发的关键在于分析消费者的产品需求层次、需求类型和需求特点等。

开发新产品的方式一般有两种：

①对现有产品进行更新换代，以满足老用户的需求。

②在产品系列中增加新的品种，适应现有顾客(或老用户)的多种需要。

当企业尚未完全开发现有产品的潜在市场和没有充分利用现有市场机会时，可考虑采取密集型发展战略。

2. 一体化发展战略

一体化发展战略是指生产企业、供应商、销售商实行一定程度的联合，融供应、生产、销售于一体，提高企业的发展与应变能力。企业充分利用自身在产品(业务)生产、技术、市场等方面的优势，沿着其产品(业务)生产经营链条的纵横向，不断以扩大其业务经营的深度和广度来扩大经营规模，提高其收入和利润水平，使企业得到发展壮大。当企业的基本业务很有发展前途，在供产或产销方面实行一体化，能提高效益，增强竞争力，扩大销售时，可运用一体化发展战略，促进企业发展。一体化发展战略有三种形式，如图1-4所示。

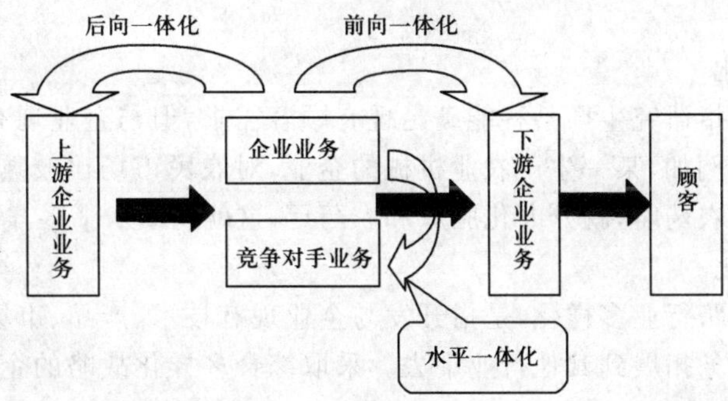

图 1-4 一体化发展战略的三种形式

(1)后向一体化

后向一体化是指企业通过收购或兼并若干原材料供应企业，拥有和控制其供应系统，实行供产一体化。例如，某拖拉机厂以前向橡胶和轮胎公司采购所需轮胎，现在该厂决定自己生产轮胎，这就属于后向一体化。

(2)前向一体化

前向一体化是指企业通过收购或兼并若干商业企业或者投资，拥有和控制其分销系统，实行产销一体化，自产自销。例如，某油田过去是生产原油卖给其他炼油厂加工，现在自己开办了炼油厂，这就属于前向一体化。

(3)水平一体化

水平一体化是指企业收购、兼并竞争者的同类型企业或者在国内外与其他类型企业合资生产经营。例如，一个彩电生产企业，根据市场状况，兼并一个同类型的彩电生产企业或者与其他彩电生产企业合资经营，都属于水平一体化。

3. 多样化发展战略

多样化发展战略也叫多角化发展战略或多元化发展战略，是指企业尽量增加产品大类和品种，跨行业经营多种多样的产品和业务，扩大企业的生产经营范围。使企业的特长发挥出来，人力、物力、财力等资源得到充分利用，从而提高企业的经营效益，保证企业能长期生存和发展。例如，近几年来，我国的许多工商企业也实行多元化经营，取得了较好的经营效益。

小资料

广州白云山制药厂除了主要生产药品外，还生产兽药、护肤用品、滋补品、医疗器械、塑料餐具，经营美术工艺装修、汽车配件和酒家，还有足球队和轻歌剧团，其产值比建厂初期增加了5～6倍。该厂管理层认为，这种多元化经营犹如"多脚餐桌"，比"独脚餐桌"更加稳固。

多样化发展战略也有三种形式。

(1)同心多样化

同心多样化是指开发与本企业现有产品线的技术和营销有相同关系的新产品，吸引新的顾客，从同一圆心向外扩大业务经营范围。例如，某拖拉机厂利用原有的技术、设备、零件等生产小货车、农用汽车；某电视机厂利用原有技术、设备等生产冰箱、空调等多种家用电器。

(2)水平多样化

水平多样化是指研究生产某种能满足现有顾客需求，但与企业现有产品在技术上关系不大的新产品。例如，某一生产农业机械的企业，对农民市场比较熟悉，当该企业了解到农民急需化肥和农药时，就开办化肥厂和农药厂，这就属于水平多样化。

(3)综合多样化

综合多样化即跨行业多样化，是指开发与企业现有技术、产品、市场都毫无关系的新业务、新产品，把业务拓展到其他行业中去。采取综合多样化战略的企业，一般都是实力雄厚的大企业。

本章小结

1.市场营销是计划和执行关于商品、服务和创意的设计、定价、促销和分销，以创造符合个人和组织目标交换的一种过程。

2.市场可以根据出现的先后划分为现实市场、潜在市场和未来市场；根据顾客的性质划分为消费者市场和组织市场。从经济学角度划分市场模式：完全垄断市场、寡头垄断市场、垄断性竞争市场、完全竞争性市场。

而营销学意义上的市场是指某种商品的现实购买者和潜在购买者的总和。

市场构成三要素＝人口＋购买力＋购买动机(欲望)

3.市场营销观念是随着社会生产力水平的提高而逐步演进的，已经经历了生产导向阶段、销售导向阶段、市场导向阶段，现在又进入了社会市场营销阶段。营销观念的发展经历了生产观念、产品观念、推销观念、市场营销观念、社会营销观念五个阶段。

4.客户满意、保持顾客忠诚是实现企业利润持续增长的有效方法。顾客让渡价值是指整体顾客获得的总价值与整体顾客付出的总成本之间的差额。顾客总价值是指顾客购买某一产品所期望获得的总利益，它包括产品价值、服务价值、人员价值和形象价值。顾客总成本是指顾客为购买某一产品所消耗的货币成本、时间成本、精神成本和体力成

本的总和。顾客让渡价值最大化就是努力降低客户总成本,提高客户总价值。

5.企业战略规划的过程:(1)明确企业的任务与目标;(2)划分战略业务单位;(3)评价业务单位,确定投资组合;(4)选择成长战略:企业可供选择的市场发展战略有:密集型发展战略、一体化发展战略和多样化发展战略。

一、复习思考题

1.如何理解"营销的最终目的是使推销成为多余"?

2.试分析"满意的顾客就是最好的广告"这句话。

3.试论述协调竞争者导向和顾客导向的必要性。

4.市场营销观念对企业的经营活动有什么指导意义?

5.如何理解"没有饱和的市场,只有饱和的思想"?

二、单项选择题

1.以(　　)为导向的公司应把重点放在企业的内部能力上,而不是放在市场愿望和需求上。

A.促销　　B.生产　　C.市场营销　　D.顾客

2.国际知名品牌"胜家"缝纫机在1985年还生产它们19世纪设计的缝纫机,这表明"胜家"持有的是(　　)。

A.生产导向　　B.推销导向　　C.市场营销导向　　D.产品导向

3.夏季,"波司登"羽绒服通过打折等促销活动创造了淡季热销的局面。可见,该厂家深刻领悟到羽绒服的需求属于(　　)。

A.潜伏需求　　B.充分需求　　C.不规则需求　　D.过量需求

4.许多冰箱生产厂家近年来高举"环保""健康"旗帜,纷纷推出无氟冰箱。它们所奉行的市场营销观念是(　　)。

A.推销观念　　B.生产观念　　C.市场营销观念　　D.社会营销观念

5.在微波炉行业,格兰仕占据一半以上的市场份额,财源滚滚。根据波士顿矩阵法,微波炉是格兰仕的(　　)。

A.问号类产品　　B.明星类产品

C.金牛类产品　　D.瘦狗类产品

6.顾客让渡价值中的顾客总成本是(　　)。

A.时间成本　　B.产品成本

C.货币和非货币成本的总和　　D.精力成本

7.山东"三联"的经营业务是家电销售,近年来其将触角伸向餐饮、房地产、旅游等业务,这种多样化增长方式属于(　　)。

A.集团多样化　　B.同心多样化　　C.水平多样化　　D.关联多样化

8.作为市场营销理论核心和基础的概念是(　　)。

A.市场　　B.交换　　C.需求　　D.促销

9.许多经营者奉行"酒香不怕巷子深"的经商之道,这种市场营销观念属于(　　)。

A.推销观念　　B.产品观念　　C.生产观念　　D.市场营销观念

10. 北京某电脑公司计划在本地区市场上提高市场份额，用同一产品除巩固原有顾客外，还争取更多的新顾客购买。该公司实施的这种战略称为（　　）战略。

A. 市场渗透　B. 市场开发　C. 产品开发　D. 多角化经营

三、多项选择题

1. 生产观念产生和流行的客观经济条件是（　　）。

A. 产品供不应求　B. 产品供过于求　C. 产品质量高　D. 产品成本高

2. 市场营销观念主要包括以下哪几种类型（　　）。

A. 生产观念　B. 产品观念　C. 推销观念

D. 市场营销观念　E. 社会营销观念

3. 作为一个市场，至少包括相互联系、相互制约的以下因素（　　）。

A. 有某种需要的若干人群　B. 有可供交换的商品

C. 有一定的购买力　D. 有适当的交换场所

E. 有购买商品的欲望

4. 以社会营销观念为指导思想的企业，在制定营销决策时应同时考虑（　　）因素。

A. 重视产品质量　B. 消费者需求的满足　C. 企业经济效益

D. 降低成本　E. 社会长期整体利益

5. 在卖方市场条件下，一般容易产生（　　）。

A. 推销观念　B. 生产观念　C. 市场营销观念

D. 社会营销观念　E. 产品观念

6. 一体化发展战略的类型有（　　）。

A. 前向一体化　B. 后向一体化　C. 双向一体化

D. 水平一体化　E. 垂直一体化

7. 顾客让渡价值中的顾客总成本是（　　）。

A. 时间成本　B. 产品成本　C. 货币成本

D. 精力成本　E. 精神成本

8. 在通用矩阵法中，评价企业战略业务单位的标准是（　　）。

A. 相对市场占有率　B. 行业吸引力　C. 市场占有率

D. 业务力量　E. 市场增长率

9. 密集型市场发展战略适用的情况是（　　）。

A. 现有市场——新产品　B. 新市场——现有产品

C. 现有市场——现有产品　D. 新市场——新产品

10. 完全垄断性的市场具有（　　）等几个方面的特点。

A. 企业没有竞争者　B. 企业可以定高价

C. 其他企业无法进入市场　D. 少数企业可参与竞争

四、判断题

1. 所谓需求是指没有得到某些基本满足的感受状态。（　　）

2. "一招鲜，吃遍天"是产品观念的体现。（　　）

3. 在销售者看来，其他销售者不是市场而是竞争者，只有购买者才构成市场。( )

4. 冰箱厂兼并压缩机厂是前向一体化。( )

5. 推销观念更注重卖方需求，而市场营销观念则兼顾买卖双方的需要。( )

6. 当多个竞争企业同时存在时，这一市场就是完全竞争性市场。( )

7. 保持顾客忠诚是实现企业利润持续增长的有效方法。( )

8. 以市场营销观念作为经营哲学的企业，往往把市场占有率目标作为销售利润目标的前提。( )

9. 企业评价市场营销机会主要是从是否符合企业目标和企业内部资源两方面加以考虑。( )

10. 市场营销观念和社会营销观念的最大区别在于后者强调了社会和消费者的长远利益。( )

五、案例分析题

1987 年，铱星公司开始了一项通信史上前所未有的浩大工程——铱星系统计划。整个工程预计 11 年完成，累计耗资 50 多亿美元。铱星公司的目标是利用 66 颗卫星，组成一个包围地球的"卫星圈"，从而使无线通信网络覆盖全世界的每个角落，包括两极与各大海域。11 年后，它的梦想得以实现，这是世界上第一个大型低轨卫星通信系统，也是全球最大的无线通信网络。

铱星系统的诞生，可以说是移动通信领域的一个里程碑。人类第一次实现了不依赖于地面网而直接通信，对于科技、军事、远洋等方面也有着非凡的意义。当年，它被美国的《大众科学》列为年度百项最佳科技成果之一，某些权威机构甚至将它评为 1998 年世界十大科技成就之一。在稍后的科索沃战争和台湾大地震中，铱星系统都发挥了积极的作用。

铱星移动通信系统为用户提供的主要业务是：移动电话（手机）、寻呼和数据传输。从技术角度看，铱星移动通信系统已突破了星间链路等关键技术问题，系统基本结构与规程已初步建成，系统研究发展的各个方面都取得了重要进展，在此期间全世界有几十家公司参与了铱星计划的实施，应该说铱星计划初期的确立、运筹和实施是非常成功的。

铱星系统开创了全球个人通信的新时代，被认为是现代通信的一个里程碑，使人类在地球上任何"能见到的地方"都可以相互联络。其最大特点就是通信终端手持化，个人通信全球化，实现了 5 个"任何"(5W)，即任何人(Whoever)在任何地点(Wherever)、任何时间(Whenever)与任何人(Whomever)采取任何方式 (Whatever)进行通信。

由于没有进行深入的市场调研，铱星系统成为一件华而不实的摆设，系统定位远离了市场需求。鉴于自己高昂的建设与维护成本，铱星公司把高科技与"贵族科技"画上了等号。铱星手机每部售价高达 3 000 美元，通话费亦高出普通手机数倍。过高的费用吓跑了许多崇尚高科技的手机消费者。按市场经验推算，铱星公司要达到赢利水平，至少要发展 65 万个用户，而实际情况是开业前两个季度，它仅吸引了 1 万个用户，亏损达到 10 亿美元。尽管铱星后来调低了收费标准，可惜为时已晚。

2000 年 3 月 18 日，铱星背负 40 多亿美元债务正式破产，被美国《时代》周刊评为 10 年来 IT 业十大败笔之一，也是美国有史以来二十大破产案之一。

问题:从营销观念和市场角度分析铱星系统计划失败的原因。

六、实训题

新世纪科技发展公司是一家位于北京高新技术产业开发试验区的高科技企业,生产用于人体保健的电子按摩枕,年产值达4.6亿元,利润3.2亿元。公司由生产部、营销部、行政部组成,各部经理兼任公司副总,总经理是曾任中科院某研究所所长的李教授。近日来,李教授心绪欠佳,愁眉不展,原因是本来公司发展得十分顺利,可就在前天经理办公会上,生产部经理和营销部经理就营销与生产谁更重要的问题发生了争执,而且各不相让,进而"上纲上线",产生了矛盾,影响了团结,两人见面形同陌路。调解了半天,也没见什么效果。这样下去,可如何是好?

忽然,李教授眼前一亮:何不利用休整一两天的机会,搞一次营销培训,顺便再开展深入的讨论,进而统一领导层的认识呢?主讲人就请国家著名营销权威人士高博士,就让他来说说营销与生产孰轻孰重!

(一)实训目的

以上述案例资料为背景,进行课堂实训练习,使学生从中理解市场营销观念、协调营销在企业营销中的重要性。

(二)实训要求

1. 以小组为单位,讨论营销与生产孰轻孰重。

2. 各组先形成书面材料,以PPT形式汇报。

3. 结合理论,要求各组能自圆其说,论点、论据及论证要充分。

(三)实训方法

1. 案例讨论法。

2. 角色扮演法:A组扮演营销部经理;B组扮演生产部经理;C组扮演总经理李教授;D组扮演营销权威高博士。

(四)实训程序

1. 仔细阅读相关理论和背景资料。

2. 小组讨论背景资料反映的理论要点。

(五)评价总结

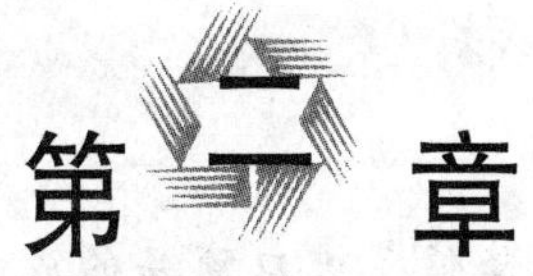

市场营销环境

教学目标和要求：

1. 明确市场营销环境的含义，了解市场营销环境的构成及特点
2. 了解微观营销环境与宏观营销环境对营销活动的影响
3. 认识市场营销环境与营销活动的动态适应关系，明确企业如何制定营销组合策略去适应营销环境
4. 学会对市场机会和环境威胁分析的思路与方法，知道如何应对市场环境的变化，运用所学方法对营销环境进行分析，并提出对策

知识结构图

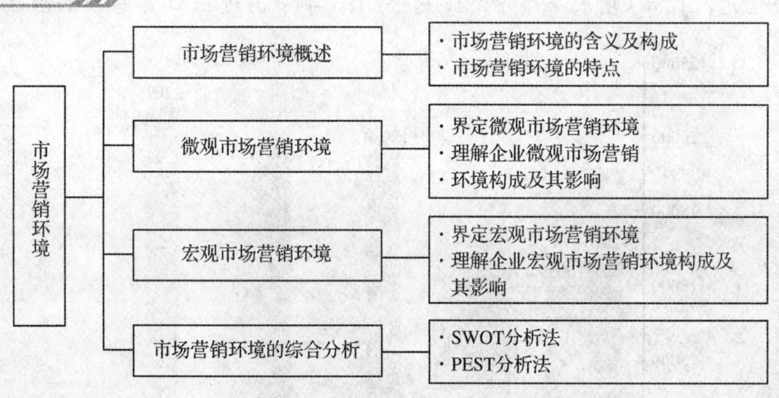

导入案例

中国跨境电商宏观环境分析

在国家政策支持下，跨境电商快速发展，2013年中国跨境电商市场交易额为2.7万亿元人民币，较上年增长28.8%。传统零售、电商平台、支付机构等纷纷利用各自优势，大规模进入跨境电商市场，实体零售商中开设跨境电商体验的店有华润、摩登百货、奥园

等，跨境电商平台有阿里巴巴、敦煌网、洋码头、小红书、亚马逊、易贝等。除此之外，作为服务商的 PayPal、中国邮政、支付宝和微信支付都是整个跨境电商产业链中重要的组成要素。

1. 政治环境

(1)国家政策支持跨境电商发展

近年来，国家政策鼓励跨境电商的发展，优惠政策相继出台，降低了进口商品的成本，使消费者在国内能购买与国外同等价位的商品。李克强在国务院常务会议中提出了实施“互联网+流通”行动计划，旨在推动实体与网络市场融合发展。支持企业建设境外营销、支付结算和仓储物流网络，鼓励流通企业与制造企业集群式走出去。

(2)跨境电商相关法规不断完善

随着跨境电商的高速发展，国家出台跨境电商相关政策并完善相关流程规范，支持跨境电子商务零售出口健康发展。2013 年 8 月 26 日，《关于实施支持跨境电子商务零售出口有关政策意见的通知》颁布实施，这是国家第一次将跨境电商提高到国家政策扶持的高度。2014 年第 1 季度，国务院颁布了《关于支持外贸稳定增长的若干意见》，首次明确出台跨境电子商务贸易便利化措施。《十三五跨境电商行业研究与产业战略规划分析报告》，解读了更多最新跨境电商行业国家政策。

2. 经济环境

(1)世界经济回暖，中国进出口形势稳中有升

2015 年，发达国家继续表现出稳定复苏的态势，经济复苏的范围不断扩大，世界经济整体呈现回暖迹象。根据国家统计局数据显示，2013 年中国全年货物进出口总额 258 267亿元人民币，比上年增长 7.8%。其中，出口 137 170 亿元人民币，增长 7.9%；进口 121 097 亿元人民币，增长 7.9%。2009—2013 年中国进出口贸易额如图 2-1 所示。

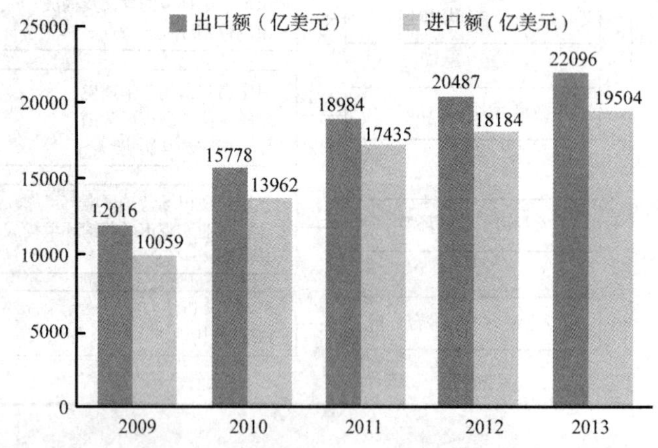

图 2-1　2009—2013 年中国进出口贸易额

(2)跨境电商市场发展潜力巨大

根据海关总署和中国电商研究中心统计的数据，2014 年中国海淘人群约 1 800 万人，成交规模 1 400 亿元人民币，预计在 2018 年，市场规模将达万亿元级别，消费规模和市场增长迅速。此外，消费需求和消费观念也在不断升级，中国中产阶级电商用户目前

在5亿人左右。

3. 社会环境

(1)“中国创造”国外市场认可度逐渐提高

从中国加入WTO到“中国制造”遍布全世界，再到“中国创造”逐渐被国外消费者所熟知，中国经济发展进入了崭新的阶段。以联想、华为为代表的优秀企业走出国门，通过自己的技术优势和优质产品不断抢占外国市场，逐渐得到了外国消费者的信任，从“中国制造”到“中国创造”，中国企业逐渐实现了“走出去”战略。

(2)跨境电子商务服务体系逐渐完善

近年来，推广、物流、支付等中国跨境电商服务体系逐渐完善。国内的大型跨境电商，包括物流企业，纷纷建立海外仓；针对出口电商的服务创新，还体现在金融服务方面，如中国平安和eBay合作为其平台上的出口电商提供小额融资服务；PayPal与北京邮政联合推出的“贝邮宝”国际物流解决方案等。

(3)消费者购物习惯的转变给跨境电子商务带来新的机遇

发达国家的电子商务市场发展较为成熟，随着用户网购习惯的形成，中国物美价廉的商品在发达国家市场具有相当强的竞争力。同时在新兴市场，“中国制造”具有相当高的市场认知度，借助跨境电子商务的快速发展，中国商家可以便捷地进行出口贸易，跨境电子商务对中国出口贸易具有非常好的带动作用。

4. 技术环境

(1)推广服务紧跟国际趋势

跨境电子商务的海外推广和国内明显不同，除了文化差异外，国外市场更多运用Google搜索及Facebook、Linkedin、twitter等SNS社交类推广工具，跨境电商服务企业应不断提升自身系统研发能力，帮助中国跨境电商企业提升营销能力，让世界重新定位中国产品，提升中国出口业务竞争力。

(2)物流信息化和海外仓建设成为物流发展趋势

物流服务是跨境贸易的重要环节，由于其在跨境贸易产业链中的特殊地位，支持跨境贸易的物流企业纷纷建设海外仓；另外，物流的信息化和货物可追溯技术也是物流发展的重点，物流信息化可以有效减少跨境贸易中的纠纷和欺诈行为，对跨境电子商务的发展具有非常重要的意义。

(3)国际电子支付业务的运用促进了跨境电子商务高速发展

由于跨境电子商务牵涉国际结算和支付，国家和央行在相关领域都是非常谨慎的。随着跨境电子商务的快速发展，国际支付规模不断扩大，2013年2月中国人民银行颁布《支付机构跨境电子商务外汇支付业务试点指导意见》，指导各类跨境电子商务企业及相关服务机构安全、规范地进行跨境电子商务支付业务。支付宝和微信支付都已向境外商户全面开放，为跨境电商提供便捷的支付服务。

(4)大数据运用对跨境电子商务意义重大

在跨境贸易中，不同市场拥有各自不同的特征，商家在进行出口贸易时，对国外市场的理解和把握很重要，大数据的运用在帮助商家理解国外市场，做有针对性的商品销售和策略方面具有非常重要的意义；另外，海外仓的运营，同样依赖大数据的支持。

第一节 市场营销环境概述

一、市场营销环境的含义及构成

(一)市场营销环境的含义

市场营销环境是指影响、制约企业营销活动的各种因素和力量的总和。企业是个开放性的系统,其市场营销是在一定的环境之中进行的。在不断变化的环境中,同样要受"适者生存,不适者淘汰"的社会进化规律支配。企业营销活动要以环境为依据,发现营销环境中的机会与威胁,采取对策趋利避害。企业要主动地适应环境,而且要通过努力去影响外部环境,使环境有利于企业的生存和发展,有利于提高企业营销活动的有效性。

(二)市场营销环境的构成

市场营销环境由微观营销环境和宏观营销环境两部分构成,如图 2-2 所示。

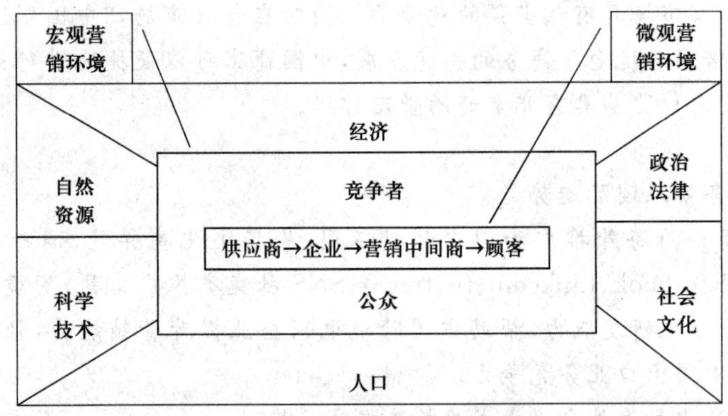

图 2-2 市场营销环境的构成

微观营销环境是指对企业服务其顾客的能力构成直接影响的各种力量,包括企业内部环境、营销渠道企业、顾客、竞争者、公众。微观营销环境具有直接性,也称为直接营销环境。

宏观营销环境是指那些给企业带来机会和威胁的主要社会力量,包括人口、经济、自然资源、科学技术、政治法律、社会文化。宏观营销环境具有间接性,也称为间接营销环境。

二、市场营销环境的特点

(一)客观性

企业市场营销环境是不以营销者意志为转移而客观存在的,有着自己的运行规律和发展趋势。一般来说,营销部门无法摆脱和控制营销环境,特别是宏观环境。但企业可以主动适应环境的变化与要求,制定并调整市场营销策略。

（二）差异性

不同国家或地区之间，宏观环境存在着巨大的差异；不同的企业，微观环境也千差万别。而且同样一种环境因素的变化对不同企业的影响也不相同。由于外界环境因素的差异性，因而企业必须采取不同的营销策略才能应对和适应这种情况。企业要做好对客观环境的调研与预测，提高预测能力，才能更好地采取措施适应环境。

（三）相关性

市场营销环境是一个系统，在这个系统中，各个影响因素相互依存、相互作用和相互制约。因此，要充分注意各种因素之间的相互作用。

（四）多变性

市场营销环境总是处在一个不断变化的过程中，它是一个动态的概念。经过近30年改革开放和市场经济的竞争发展，中国的商品市场和营销环境发生了很大的变化。营销环境的变化，既会给企业提供机会，也会给企业带来威胁。虽然企业难以准确无误地预见未来环境的变化，但可以通过预警系统，追踪不断变化的环境，及时调整营销策略。

由以上可以看出，影响市场营销环境的因素是多方面的，也是复杂的。但企业对营销环境并非无能为力和束手无策，完全可以充分发挥自己的主观能动性，通过对内部环境要素的调整与控制，对外部环境施加一定的影响，最终促使某些环境要素向预期的方向转化。

案例2-1

有两家皮鞋厂的推销员到某岛推销皮鞋。他们都发现当地人没有穿皮鞋的习惯，两人却随即做出了不同的决定：一位推销员认为，情况不好，大事不妙，此岛无人穿皮鞋，决定马上离开；而另一位推销员则认为，机不可失，如果能通过自己的促销努力改变人们不穿皮鞋的习惯，市场规模将是巨大的，因而决定长驻下去开发这块“处女地”。认识不同，效果迥异：长驻下来的那位推销员努力开拓了这个皮鞋市场的“处女地”，从而取得了推销的成功；而离开此岛的那位推销员显然失去了这个极好的机遇。

小资料

网络环境五要素

互联网络自身构成了一个市场营销的整体环境，从环境构成上来讲，它具有以下五个方面的要素：

1. 提供资源

信息是市场营销过程的关键资源，是互联网的血液，通过互联网可以为企业提供各种信息，指导企业的网络营销活动。

2. 全面影响力

环境要与体系内的所有参与者发生作用，而非个体之间的互相作用。每一个上网者都是互联网的一分子，人们在便捷地接触到互联网的同时也要受到互联网的影响。

3. 动态变化

整体环境在不断变化中发挥其作用和影响，不断更新和变化正是互联网的优势所在。

4. 多因素互相作用

整体环境是由互相联系的多种因素有机组合而成的，涉及企业活动的各因素在互联网上通过网址来实现。

5. 反应机制

环境可以对其主体产生影响，同时，主体的行为也会改造环境。企业可以将自己企业的信息通过公司网站存储在互联网上；也可以通过互联网上的信息，自己决策。因此，互联网已经不只是传统意义上的电子商务工具，而是独立成为新的市场营销环境。而且它以其范围广、可视性强、公平性好、交互性强、能动性强、灵敏度高、易运作等优势给企业市场营销创造了新的发展机遇与挑战。

第二节　微观市场营销环境

企业的微观市场营销环境包括企业内部环境、营销渠道企业、顾客、竞争者和社会公众，如图 2-3 所示，营销活动能否成功，除营销部门本身的因素外，还要受这些因素的直接影响。

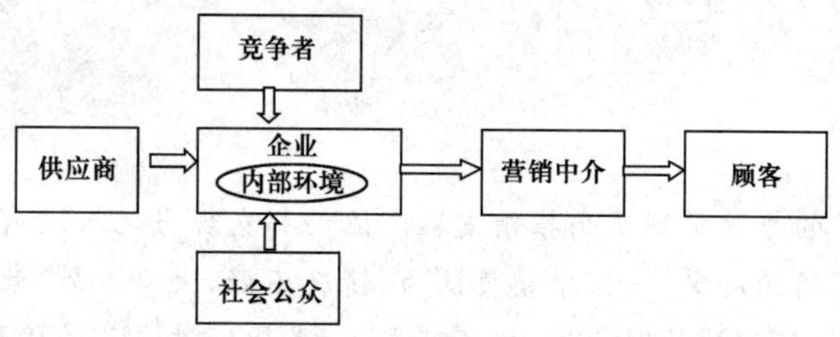

图 2-3　企业的微观市场营销环境

一、企业内部环境

企业内部环境，即企业内部状态。任何一个企业的市场营销活动都不是企业某个部门的孤立行为，而是企业整体实力与能力的体现，是企业内部各部门科学分工与密切协作的组织行为。仅仅靠企业分管具体销售业务的一个部门的努力不可能将市场营销工作做好，因为企业市场营销活动实质上是企业科研能力、制造能力、销售能力、资金能力和适应能力等企业综合实力的具体体现，它是企业各部门（如调查研究与发展部门、计划与采购供应部门、生产制造部门、财务会计部门、行政管理部门、销售部门等）、各阶层（高级管理人员、一般管理人员、职工）通力合作、密切配合的结果。

二、营销渠道企业

（一）供应商

供应商是向企业及其竞争者供应原材料、辅助材料、设备、能源和劳动力等资源的一

切供货单位和个人。供应商的资源供应能力包括供应的稳定性与及时性、供应的价格波动情况、质量保证等。其直接影响企业产品的数量和质量，直接影响产品的成本、利润和价格，并最终影响到企业的营销计划和营销目标的完成。特别是在现代化生产方式下，企业的许多成品、半成品都是由众多企业合作生产的，如美国波音公司的飞机零部件、戴尔公司的电脑配件在不同的国家进行生产，这就要求企业必须选择好合作伙伴。

(二)营销中介

营销中介主要指协助企业促销、销售和经销其产品给最终购买者的机构，包括中间商、实体分配公司、营销服务机构和财务中介机构。实质上起到了联系企业和消费者的桥梁作用，营销中介的工作效率和服务质量直接影响到企业产品的销售状况。

案例2-2

2001年8月，小天鹅集团与中远集团、科龙集团共同决定组建第三方物流公司——广州安泰达物流有限公司，其目的是对小天鹅、科龙两家企业的产品供应链进行一体化改造，将物流业务从两家企业的主体业务中剥离出去，最大限度地降低物流成本，从而使企业的主要力量转向技术开发和市场扩张。

"小天鹅"引入第三方物流后，年物流费用从原来的8 000多万元降低到5 000万元，物流成本降低了38%，而运输可靠率则达到99.2%，资金周转速度平均提高了5%。

三、顾客

顾客就是企业的目标市场，是企业服务的对象，也是营销活动的出发点和归宿。同时也是产品销售的市场和企业利润的来源。

企业的顾客有消费者、生产者、中间商、政府和国际市场五种(图2-4)。顾客是市场的主体，任何企业的产品和服务，只有得到了顾客的认可，才能赢得市场。因而顾客对企业营销的影响程度远远超过前面述及的环境因素。顾客市场可以分为：

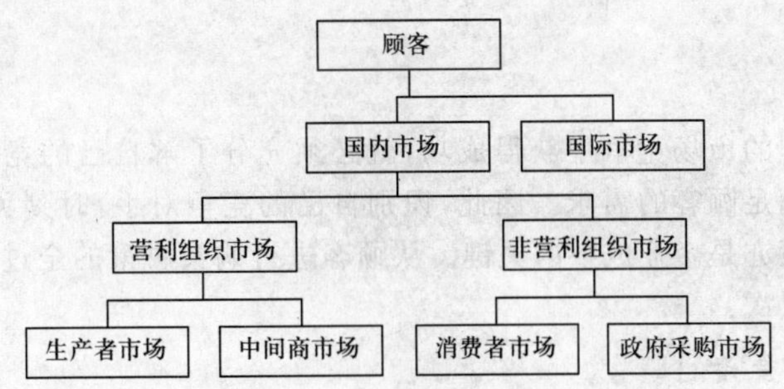

图2-4　顾客的构成

①消费者市场：消费者市场是指个人或家庭为了生活消费而购买或接受服务的市场。

②生产者市场：生产者市场是指生产者为了进行再生产购买产品或服务的市场(主要是生产设备和物资材料)。

③中间商市场：中间商市场是指批发商、零售商等中介机构为了转售，从中赢利才购买商品的市场。

④政府采购市场：政府采购市场是指政府机关、社会团体、部队、事业单位及各种集体组织用国家拨付的经费或集体资金，购买公用消费品（主要是办公用品和设施）的市场。

⑤国际市场：国际市场是指把产品卖给国外的消费者、生产者、政府、中间商等形成的跨国性市场。

以上五类市场的顾客需求各不相同。他们的要求、欲望、偏好直接影响着企业营销目标的实现。因此，企业应针对目标市场顾客的特点，制定适宜的营销策略，不断为顾客创造更有价值的商品，以赢得并维系顾客。

案例 2-3

肯德基开始卖米饭

《北京青年报》记者朱鹰 2002 年 4 月 13 日报道，肯德基将在洋快餐中首开先河，推出中式快餐最具代表性的食品——米饭。肯德基将此款米饭命名为“寒稻香蘑饭”，它是在米饭上浇盖蘑菇蔬菜汁，每份重 180 克，售价仅 4 元。据了解，肯德基此前在香港的门店已有蘑菇饭和鸡茸饭出售。

“寒稻香蘑饭”是肯德基继“榨菜肉丝汤”后在内地市场推出的又一款中式快餐。2001 年 7 月，该公司推出了中国口味的“盐酥半翅”，2001 年 8 月份又推出了配有中式五香牛肉、橙香排骨和烤肉口味调料的“薯条摇摇乐”。很显然，肯德基加快了食品本土化的步伐。同样，麦当劳也一直在研究中国消费者的口味。新品不断上市能否被看成是保持竞争优势的一种重要手段？肯德基中国公司徐女士表示：“肯定是。”她说，如果消费者每次到店里吃到的都是同一种食品，那最好的品种也会被吃厌。

肯德基与麦当劳的中式快餐说明了企业应始终以顾客为出发点，研究顾客、了解顾客，只有比竞争对手让顾客更满意，才能赢得顾客与市场。

四、竞争者

企业要在激烈的市场竞争中获得成功，就必须充分了解自己的竞争对手，并要比竞争对手更有效地满足顾客的需求。因此，识别自己的竞争对手，时刻关注竞争对手并随时做出相应的对策亦是企业成败的关键。从顾客进行购买决策的全过程分析，企业的竞争者可分为四个层次：

（一）愿望竞争者

愿望竞争者指提供不同产品、满足不同需要，但是与自己争夺同一顾客财力的竞争者。如“凯越”等小汽车制造商与房地产商之间的竞争。

（二）属类竞争者

属类竞争者是提供不同产品以满足同一种需要的竞争者，也称为平行竞争者。小汽车制造商与摩托车、电动自行车、自行车甚至卡车制造商之间同为属类竞争者，它们都能

满足方便交通的需要。短途航空公司被视为长途客车公司的属类竞争者。

(三)形式竞争者

形式竞争者指满足同一需要的产品的各种形式间的竞争者。满足同一需要的产品，规格、型号不同，性能、质量、价格各异，会对消费者购买决策产生影响。例如，消费者要买海尔冰箱，首先要从规格、性能、质量、价格等方面进行比较分析后再做出决策。

(四)品牌竞争者

品牌竞争者指满足同一需要的同种形式产品的不同品牌之间的竞争者。消费者购买手机时，是购买华为、OPPO，还是购买小米？提供种类相同，但牌子不同的产品的知名企业之间就在这一部分市场上形成了竞争关系，互为品牌竞争者。

2017 年国产手机品牌销量排行榜见表 2-1。

表 2-1　　2017 年国产手机品牌销量排行榜

排序	品牌	2016 年出货量/百万台	2017 年出货量/百万台	2016 年市场份额	2017 年市场份额
1	华为(含荣耀)	139.41	153.41	7.00%	7.52%
2	OPPO	104.30	116.20	5.24%	5.70%
3	传音	89.75	112.50	4.51%	5.51%
4	小米	49.89	98.07	2.51%	4.81%
5	vivo	78.29	92.70	3.93%	4.54%
6	联想(含摩托罗拉)	49.40	52.38	2.48%	2.57%
7	中兴(含努比亚)	50.50	42.85	2.54%	2.09%
8	TCL(含阿尔卡特、黑莓)	58.80	37.21	2.94%	1.82%
9	金立	34.00	27.26	1.91%	1.34%
10	魅族	17.79	16.30	0.89%	0.8%
11	垦鑫达	12.31	11.97	0.62%	0.59%
12	百立丰	8.90	8.84	0.45%	0.43%
13	赛博宇华	13.96	8.48	0.70%	0.42%
14	酷派	17.60	7.54	0.88%	0.37%
15	天珑	7.34	7.20	0.37%	0.35%
16	海信	5.10	6.80	0.26%	0.33%
17	小辣椒	6.96	6.72	0.35%	0.33%
18	海尔	3.80	4.10	0.19%	0.20%
19	诺亚信	5.52	3.93	0.28%	0.19%
20	360	5.01	3.80	0.25%	0.19%
21	一加	2.55	3.78	0.13%	0.19%
22	领歌	3.78	3.62	0.19%	0.18%
23	锤子	0.44	3.40	0.02%	0.17%
24	康佳	3.58	3.27	0.18%	0.16%
25	酷比	2.80	3.10	0.14%	0.15%
26	朵唯	2.84	2.26	0.14%	0.11%
27	美图	0.62	1.52	0.03%	0.07%

企业首先要善于识别竞争者,包括现实与潜在的竞争者,通过对竞争者能力的分析,可以发现自己的优势与劣势,从而制定正确的营销策略,创造竞争优势。

案例2-4

某个服装店老板在确定开店地址时,面临两个选择:是开在还没有服装店的街上,还是开在已经有许多服装店的街上。如果是前者,其有利之处是没有同行的竞争者,"独此一家,别无分店"。由于没有竞争者,所以到这条街上购买服装的顾客都会光临这个店。但同时存在的问题是:由于服装店太少,给顾客选择的余地就少,顾客很可能在一家店中买不到他所需要的服装。所以他就有可能不再到这条街上买服装,而转向其他选择余地多的街上购买。所以,尽管没有竞争者,但来的顾客也会比较少。如果开在服装店较多的街上,尽管顾客可能会在任何一家店购买,其他的同行店会抢走许多生意。但由于来这条街买服装的顾客多,即使只有其中一部分光临该店,业务量也不会少。在这个案例中,服装店老板实际上面临着竞争者多少这个营销环境问题,"店多隆市"和"店多对手多"的情况是同时存在的。

五、社会公众

社会公众指对本组织实现其营销目的具有实际的或潜在的影响力的群体。社会公众对企业的态度,会对其营销活动产生巨大的影响。因而,企业应争取社会公众的支持和偏爱,为自己营造和谐的社会环境。社会公众的内涵相当广泛,主要公众有以下五种:

(一)金融公众

金融公众指能够影响企业融资的机构,如银行、投资公司、保险公司、证券交易所等。

(二)媒介公众

媒介公众指掌握传媒工具,能直接影响社会舆论对企业的认知和评价的传播实体。如报纸、杂志、电台、电视等传播媒介。

(三)政府公众

政府公众指与企业营销活动有关的各级政府机构部门,他们所制定的方针、政策,对企业营销活动或是限制,或是机遇。包括行业主管部门、财政、工商、税务、物价、商品检验等部门。

(四)群众团体

群众团体指与企业营销活动有关的非政府机构。如消费者协会、保护环境团体及其他有影响力的团体。这些群众团体的意见、建议,往往对企业营销决策有着十分重要的影响作用。

(五)内部公众

内部公众指企业内部的决策层、管理人员、职工等。处理好内部公众关系是搞好外部公众关系的前提。当企业雇员对自己的企业感到满意时,他们的态度也会感染企业以

外的公众。

社会公众可能有助于增强一个企业实现自己目标的能力，也可能妨碍这种能力。鉴于社会公众会对企业的命运产生巨大的影响，精明的企业就会采取具体的措施，成功地处理与主要公众的关系，而不是消极等待。

第三节　宏观市场营销环境

宏观市场营销环境是间接影响和制约企业营销活动的社会性力量和因素，是企业的外部环境因素。影响企业宏观市场营销环境的因素可以归为六大类：人口环境、经济环境、政治法律环境、社会文化环境、自然环境、科技环境(图 2-5)。

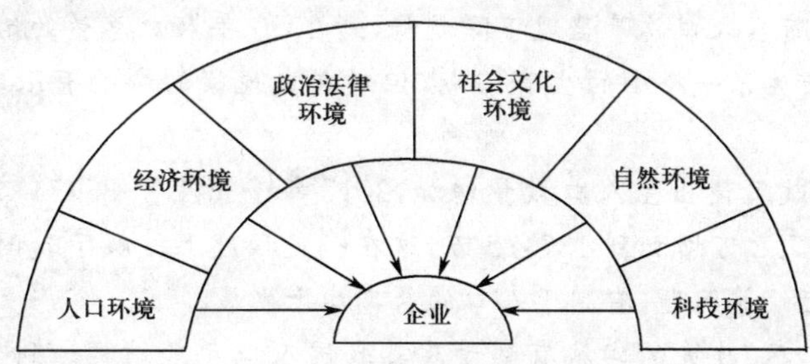

图 2-5　企业宏观市场营销环境

一、人口环境

人口是构成市场的第一因素，人口数量直接决定市场规模和潜在容量。人口规模、人口结构、人口分布等会对市场格局产生深刻影响。

(一)人口规模

人口规模是影响需求的重要因素。一般来说，人口规模越大，市场规模也就越大。例如，我国十几亿人口，无疑是一个巨大的市场。人口数量的增长预示着市场容量与发展潜力的增大，尤其是对生活必需品的需求和数量影响很大，给企业带来了新的商机。

(二)人口结构

人口结构主要包括人口的年龄结构、性别结构、家庭结构、受教育程度与职业结构等。

1. 年龄结构

消费者由于年龄的不同，在收入、社会阅历、生活方式、价值观念等方面存在差异，必然会产生截然不同的消费需求和消费方式，形成独具特色的消费群体。

随着经济发展和科学技术的进步，人口的年龄结构也在发生变化，变化的趋势主要呈现在两个方面：一方面，人口趋于老龄化。由于人口老龄化趋势的加剧，使老年人市场成为一个很有潜力的市场，老年人的医疗和保健用品、娱乐、旅游、服装等的市场需求会迅速增加，这给经营老年人用品的行业提供了广阔的市场机会。另一方面，随着世界各国计划生育和控制人口增长等一系列政策的实行，儿童在总人口中所占的比例下降，尤其是发达国家，人口出生率下降，儿童减少。但由于儿童在家庭中的地位的上升，并且过去对儿童市场未充分开发，如教育方面的市场。企业应针对这一市场人口的变化而调整其市场营销策略。

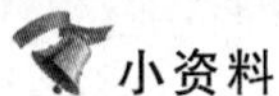

二胎政策与人口变化预测

2015年12月27日，第十二届全国人民代表大会常务委员会第十八次会议审议通过了《关于修改〈中华人民共和国人口与计划生育法〉的决定》，"国家提倡一对夫妻生育两个子女"，自2016年1月1日起执行。

二胎政策实施后，我国人口的变化及预测如下。

第一，我国人口持续低速增长。在"单独二孩"政策全面实施的前提下，到2045年达到峰值14.37亿，随后人口总量呈现下降趋势，到2050年人口总量约为14.32亿。新生育政策的调整虽产生了一个小的生育回潮，但对人口规模的影响有限，人口数量不会出现大幅增长。

第二，新生育政策使出生人口数量增加，2017年多出生了230.4万人，2050年出生人口数量将由1347.2万增加到1374.2万，这在一定程度上缓解了我国的超低生育水平以及未来劳动力短缺等问题，有利于人口的长期均衡发展。

第三，"单独二孩"政策的实施有利于改善我国人口年龄结构。到2050年我国老龄化水平将从36.56%降到36.23%，延缓了老龄化。今后30年，我国劳动力数量快速下降，而生育政策调整将使新增人口在一定程度上补充劳动年龄人口数量，到2050年我国15～59岁劳动年龄人口数量将从8.05亿增加到8.13亿。

第四，"单独二孩"可以在政策上终止"421"家庭结构，增强家庭养老照料功能，有利于提升家庭抵御风险的能力，促进家庭幸福与社会和谐。

从预测数据上看，该政策的实施还无法在短期内明显奏效，但就长期而言，不但能为中国劳动力添加动能，更能延缓中国高龄化社会的到来，促进人口与经济社会均衡发展，总体上是利大于弊的。

2. 性别结构

由于男女性别的差异，往往导致消费需求、购买习惯与行为有很大的差别。一般来说，女性的需求偏向于服装、化妆品、家庭生活用品等。由于女性还担负着抚育儿女的重任，儿童商品也可纳入女性市场。男性的需求多偏向于运动型商品、烟、酒等。企业可以针对性别的不同导致的需求差异，制定有效的营销策略，挖掘市场。

3. 家庭结构

家庭是社会的细胞。家庭环境包括家庭数量、家庭人口、家庭生命周期、家庭居住环境等因素，这些都与生活消费品的数量、结构密切相关。例如，单身家庭和单亲家庭数量的增加，必然带动较小公寓，小型的家具陈设、家庭器皿、家电以及分量较小的包装食品需求量的上升。家庭规模小型化的趋势带来了一个需求巨大的独生子女市场。其经济条件相比多子女的家庭更优越，对教育、医疗、养老等需求更大。

4. 受教育程度与职业结构

人的受教育程度与职业不同，对市场需求也表现出不同的倾向。一般来说，受教育

程度高的职业消费者，购买商品追求高雅、美观，对名牌商品、电脑、报刊、书籍、高级娱乐、旅游等方面的消费多；相反，受教育程度相对低的职业消费者购买商品时则讲究价廉、实用。因此，企业开展营销活动时，应考虑当地的教育水平，采取相适应的策略。

（三）人口分布

人口有地理分布上的区别。例如，我国人口最密集的地方是东部沿海地区。近几十年来，我国人口地理分布变化呈现两个趋势：一是人口从农村涌向城市，据《广州时报》报道，2015年有2.5亿左右农民工进入城市，使城市人口集中和扩大；二是内地人口向沿海经济开放地区流动，促使城市和发达地区市场迅速增长。企业营销应关注这些地区消费需求不仅在量上增加，在消费结构上也发生相应的变化，这是潜力很大的市场。

（四）其他

在人口因素中，还需对民族与宗教、文化、人口的出生率、增长率等因素加以考虑。这些因素都会引起消费需求、消费方式、购买行为上的差异，从而深刻影响企业的营销活动。因而企业应密切关注影响人口环境的诸多因素，适时采取相对应的市场营销策略。

二、经济环境

经济环境是影响企业营销活动的主要环境因素，是企业所面临的外部社会经济条件，其运行状况和发展趋势会直接或间接地对企业市场营销活动产生影响，其主要指标是社会购买力。社会购买力＝收入－储蓄＋信贷。收入、消费者支出和消费结构、消费者储蓄和信贷等是影响社会购买力的直接因素。

（一）收入

收入是构成市场的重要因素，甚至是最为重要的因素。因为市场规模的大小归根结底取决于消费者购买力的大小，而消费者的购买力取决于他们收入的多少。从市场营销的角度来看，收入主要受以下五种因素影响。

1. 国民收入

国民收入即一个国家物质生产部门的劳动者在一定时期内新创造的价值的总和。这是决定收入水平的重要指标，而年人均国民收入大体上反映了一个国家经济发展的水平和社会购买力的大小。一般来说，人均国民收入越高，对商品的需求和购买力就越大，反之就越小。

2. 个人收入

个人收入是指消费者个人的工资、红利、租金、退休金、馈赠等形式以及从其他来源所获得的总收入。个人收入是影响社会购买力、市场规模大小以及消费者支出的一个重要因素。

3. 个人可支配收入

个人可支配收入是指个人收入中扣除个人缴纳的各种费用和缴给政府的非商业性开支（如个人所得税）之后剩余的部分，是可用于消费或储蓄的那部分个人收入，它构成实际的购买力。这是影响消费者购买力和消费者支出的决定性因素。

小资料

一方面，伴随着经济的稳定发展，中国居民人均可支配收入持续增长，2016 年达到近 2.4 万元。收入的提升，直接驱使中国居民对更高层次消费的追求。另一方面，21 世纪以来，中国基尼系数仍居于高位。2016 年中国基尼系数为 0.465，仍高于世界 0.4 的警戒线水平，中国的贫富差距水平依然在高位徘徊，新晋中间阶层逐渐向金字塔尖和腰部以上流动壮大，成为消费主力。2011－2016 年中国居民人均可支配收入走势如图 2-6 所示。

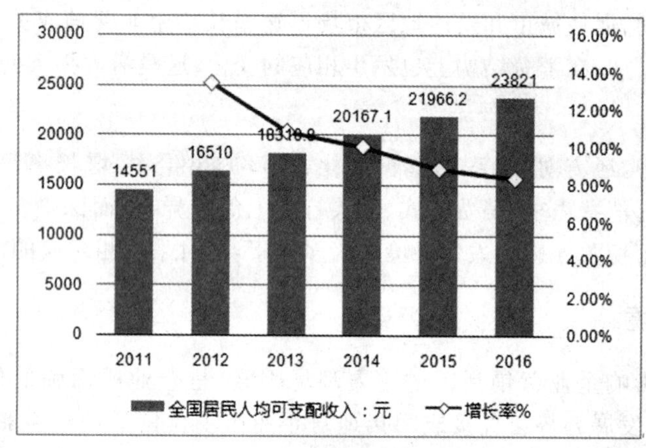

图 2-6　2011－2016 年中国居民人均可支配收入走势

相关报告：智研咨询网发布的《2018－2024 年中国个性化消费市场专项调研及行业前景预测报告》

1. 中国高收入家庭分析

2010 年中国第六次人口普查结果显示，中国人口主要集中在两个年龄段：30～45 岁、15～25 岁。国际经验认为 46 岁是人口消费支出的峰值点，所以综合中国员工职业发展、家庭环境、社会保障等因素，35～45 岁人群是中国消费力最高的人群；2010 年，15～25 岁年龄段的人群为 85 后、90 后，这一部分人群伴随着互联网成长，具有个性化的消费观念和猎奇心理，2010－2017 年，他们渐渐走向社会并开始具有一定的消费能力，虽然购买力有限，但具有不同的消费观念和消费需求，逐渐成为引领消费潮流的灯塔人群。最高购买力和引领潮流人群的双因素驱动，带动了当前消费的变革。与我国人口增长相对应的是，中国中等收入群体的逐步扩大。2015 年，我国家庭每月可支配收入在 8 300 元到 24 000 元区间的中等收入人群，共计 104.2 百万户。预计到 2020 年，这一群体在中国将达到 158.1 百万户，相比 2015 年会有 53.9%的增幅。2010 年、2015 年、2020 年中国中等收入家庭规模分析如图 2-7 所示。

在第六次人口普查中，80 后、90 后人群年龄分布在 11～30 岁，占比约为 30.6%；到 2017 年，这部分人群年龄集中在 18～37 岁，最小的一批刚刚进入大学时代，较大的一批已经在职场工作十多年，大多数成为职场的中高级管理人员。数量较多的一代，叠加较强的购买力和超前的消费观念，成为引领当前消费的重要力量。

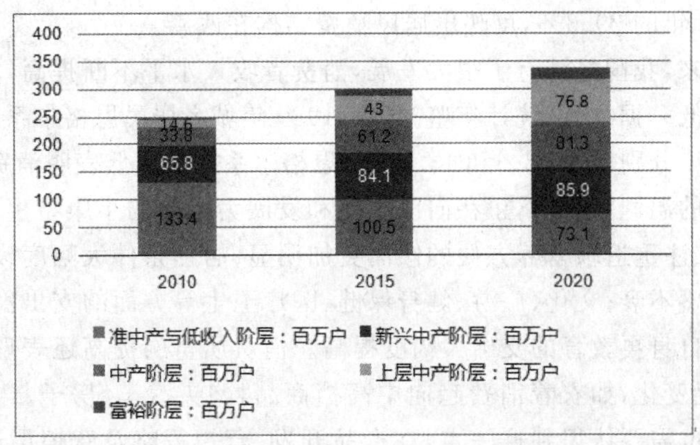

图 2-7　2010 年、2015 年、2020 年中国中等收入家庭规模分析

4. 个人可任意支配收入

个人可任意支配收入是指在个人可支配收入中减去消费者用于购买生活必需品的支出(如房租、水电费、保险费、食物、衣服等)后所剩余的部分，这部分收入是消费需求变化中最活跃的因素，也是企业开展营销活动时所考虑的主要对象，这部分收入一般用于购买高档消费品、娱乐、旅游等，它是影响非生活必需品或服务销售的主要因素。

5. 家庭收入

家庭收入的高低会影响消费者对商品的需求。一般来讲，家庭收入高，对消费品需求大，购买力也大；反之，需求小，购买力也小。

另外需要注意的是，分析消费者收入时，要区分“货币收入”和“实际收入”。货币收入是指消费者所获得的货币总量；实际收入是指所获得的货币总量能够购买商品的实际数量。实际收入受通货膨胀、失业及税收等因素的影响，如果出现通货膨胀、税率提高，实际收入就会下降。

(二)消费者支出和消费结构

随着消费者收入的变化，消费者支出模式会发生相应变化，继而使一个国家或地区的消费结构也发生变化。西方一些经济学家常用恩格尔系数来反映这种变化。恩格尔系数是衡量一个国家、地区、城市、家庭生活水平高低的重要参数。

恩格尔定律：当收入增加时，食品支出占总支出的比率趋向减少，教育、卫生与休闲支出占总支出的比率迅速上升。

恩格尔系数(%)＝ 食品支出总额/家庭或个人消费支出总额×100%

一个国家或家庭生活越贫困，恩格尔系数就越大；反之，生活越富裕，恩格尔系数就越小。

联合国粮农组织曾根据恩格尔系数的高低，对世界各国的生活水平进行划分，即一个国家平均家庭恩格尔系数大于 60%为贫穷；50%～60%为温饱；40%～50%为小康；30%～40%属于相对富裕；20%～30%为富足；20%以下为极其富裕。恩格尔系数越低，代表居民生活水平越高。

据新华网北京 2018 年 1 月 18 日电，2017 年全国城乡居民人均可支配收入实际增长 7.3%，跑赢了人均 GDP。消费结构中有一个很重要的变化，是恩格尔系数从 2016 年的

30.1%降到2017年的29.3%，反映出居民消费结构在改善。

改革开放以来，我国经济有了很大发展，消费者收入水平不断提高，城乡居民的恩格尔系数大幅度降低。据《中国统计年鉴》显示，1980年城乡居民恩格尔系数分别是56.9%和61.8%，2007年分别是36.3%和43.1%。恩格尔系数的降低表明消费结构的变化，居民以吃饱为标志的温饱型生活，正在向以享受和发展为标志的小康型生活转变。在吃的方面，吃好、吃精、注重追求营养方便的倾向更加明显；居住条件大幅度改善，家电等耐用消费品的消费长盛不衰；文化、旅游、健身保健、医疗卫生等方面的支出稳步增长；用于子女非义务教育和自身再教育的支出大幅度提高。消费质量的提高还表现在必需品、享乐品、奢侈品的内涵变化，如衣着消费趋向中高档商品，购买汽车、房子、珠宝玉器、电子产品等。营销企业也需要认识到这一点，在产品开发、营销策略及营销渠道上都应当适应消费者需求的变化。

（三）消费者储蓄和信贷

消费者的购买力还受到储蓄和信贷的直接影响。

1. 储蓄

当收入一定时，如果储蓄增加，现实购买力就减少；反之，如果储蓄减少，现实购买力就增加。可见消费者的储蓄行为直接制约着购买力的大小。储蓄目的的不同往往影响到潜在需求量，当然储蓄的最终目的主要也是消费。2016年11月末我国人民币存款余额达150.42万亿元，突破百万亿元大关。截至11月底，我国个人存款余额为65.17万亿元，以全国人口总数13.5亿计算，人均存款近5万元。根据中国人民银行数据显示，2014年我国消费性贷款规模达到15.38万亿元，2015年达到约18.96万亿元，基本维持20%以上的年复合增速。国内居民消费信贷占总的全国信贷之比为20%，其中有将近75%是住房贷款，除去房贷和车贷后居民消费信贷占比仅5%，远低于国外成熟市场平均30%的比例。

影响消费者储蓄的因素有多种，包括居民收入水平、利息率、物价总水平的变动、社会保障体系的健全以及风俗习惯等，当社会的经济发展水平过低，人们对未来不抱信心，储蓄的比例就会高；现代社会经济发达，人们对未来充满信心，储蓄的比例越来越低，而现实消费的比例越来越高，以致出现分期付款的现象。营销人员必须分析和把握这些因素，更好地了解消费者支出和消费水平的变化。

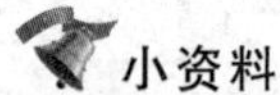

储蓄影响购买力

1979年，日本电视机厂商发现，尽管中国人可任意支配的收入不多，但中国人有储蓄的习惯，且人口众多。于是，他们决定开发中国黑白电视机市场，不久便获得成功。当时，荷兰的飞利浦厂商虽然也来中国调查，却认为中国人均收入过低，市场潜力不大，结果贻误了时机。

2. 信贷

信贷对购买力的影响也很大。允许人们在购买商品时超过自己现实购买力的信贷消费方式在我国逐步流行起来。如分期付款购买房产、机器、汽车；信用卡等信用工具被

广泛使用。这必将对中国的消费需求与消费支出产生深远的影响。

此外，经济环境还包括经济发展阶段和经济形势。企业应关注对经济发展阶段以及经济形势的分析，这有利于企业进行战略决策。企业现阶段应特别关注与经济密切相关的金融对经济形势的影响。

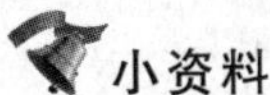小资料

2017年影响中国经济的十大财经事件

一、雄安新区——新中国第三个国家级新区诞生

2017年4月1日拉开大幕的雄安新区，是继深圳经济特区和上海浦东新区之后，又一国家级新区，被誉为千年大计、国家大事。

二、营改增一周年累计减税6 993亿元

2017年5月1日起，中国全面推开营业税改征增值税试点。营改增试点平稳有序推进，既直接为企业减税降负，又促进了经济发展新动能加快成长。营改增试点不仅是一项重大税制改革，也对全国整体经济、财政体制、企业经营行为等产生了深远的影响。

三、C919首飞成功，代表中国高端产品制造进入新的阶段

2017年5月5日，我国首架具有完全自主知识产权的大型喷气式客机C919在上海浦东机场冲上云霄，成功完成首飞任务，圆了国人期盼半个世纪的飞机梦。

四、"一带一路"峰会达成5点重要共识

2017年5月14日至15日，来自100多个国家的1 500多名各界嘉宾齐聚北京，参加"一带一路"国际合作高峰论坛。会议达成了5点重要共识：第一，致力于推动"一带一路"建设合作，携手应对世界经济面临的挑战。第二，支持加强经济政策协调和发展战略对接，努力实现协同联动发展。第三，推动各领域务实合作不断取得新成果。第四，架设各国民间交往的桥梁。第五，坚信"一带一路"建设是开放包容的发展平台，各国都是平等的参与者、贡献者、受益者。

五、住房供应转向"租购并举"

为加快培育和发展住房租赁市场，我国从供给端频频发力增加租赁住房有效供给，住房供应加快向"购租并举"的供应新体系转变。

六、国务院明确人工智能发展战略

5月27日，中国棋手、世界排名第一的柯洁九段中盘认负，最终0比3不敌计算机围棋程序"阿尔法围棋"。7月，国务院印发《新一代人工智能发展规划》，提出了面向2030年我国新一代人工智能发展的指导思想、战略目标、重点任务和保障措施，部署构筑我国人工智能发展的先发优势，加快建设创新型国家和世界科技强国。

七、A股纳入MSCI新兴市场指数，金融市场国际化提速

6月21日，摩根士丹利资本国际公司(MSCI)宣布，从2018年6月开始将中国A股纳入MSCI新兴市场指数和全球基准指数。A股被纳入MSCI新兴市场指数，意味着会有更多的国际机构投资者对A股进行指数性的配置，一方面将改善投资者队伍结构，另一方面将带来更加注重价值投资、长期投资的理念。从受益品种分析，这对价值蓝筹、业绩白马形成利好。

八、最严楼市"限购"

中央经济工作会议提出"房子是用来住的,不是用来炒的"之后,全国各地都迎来了史上最严的楼市"限购"政策:一线城市,北上广深限购升级;二线城市,天津、南京、杭州、成都、武汉等地也都收紧政策;甚至不少三线城市都开启了限购模式。

九、共享经济,在资本风口飞翔或摔死

从单车、汽车、充电宝,再到雨伞、健身仓等,共享项目纷纷诞生,大大提升生活便利度,共享经济也经成为2017年的资本风口。

十、人民币上演精彩"逆袭"

2016年,人民币贬值下的"疯狂换汇大潮"还历历在目,2017年人民币汇率"逆袭"上涨堪称精彩,美元兑人民币下跌超过4.8%。人民币对美元的强势,表示近期美元一直处于弱势,不仅人民币对美元涨,其他非美货币如欧元、英镑也在上涨过程中。

三、政治法律环境

在任何社会制度下,企业的营销活动都要受到政治与法律环境的规范、强制和约束。企业每时每刻都能感受到这些因素的影响,换句话说,企业总是在一定的政治与法律环境下生存发展的。

(一)政治环境

政治环境对企业活动的影响主要表现为国家政府所制定的方针政策,如人口政策、货币政策、物价政策、能源政策、财政政策等。例如,国家通过降低银行货币利率来刺激消费的增长;通过增加对烟酒的消费税来抑制人们的消费需求。这些方针政策不仅影响本国企业的营销活动,而且在国际贸易中,不同的国家也会制定一些相应的方针政策来干预外国企业在本国的营销活动。目前,国际上各国政府采取的政策和干预措施主要有:进口限制、高额税收政策、价格管制、外汇管制、国有化政策等。

(二)法律环境

法律环境是指国家或地方政府所颁布的各项法令、法规和条例等,它是企业营销活动的准则,企业只有进行各种营销活动才能受到国家法律的有效保护。近年来,我国为适应经济体制改革和对外开放的需要,已颁布的法律法规主要有《企业法》《经济合同法》《产品质量法》《商标法》《专利法》《环境保护法》《食品卫生法》《反不正当竞争法》《反垄断法》《消费者权益保护法》《外汇管理条例》《标准计量法》《法人登记条例》等。企业必须了解并熟知有关的法律条文,遵守这些法律法规,才能保证企业经营的合法性。

从事国际营销的企业,不仅要遵守本国的法律,还要了解和遵守国外的法律制度、国际法规、国际惯例和准则。只有了解掌握了这些国家的有关贸易政策,才能在国际营销中争取主动。

四、社会文化环境

社会文化环境是指在一种社会形态下已经形成的由民族特征、价值观念、宗教信仰、生活方式、风俗习惯、伦理道德、教育水平、社会道德风尚、相关群体、社会结构等因素构

成的环境。营销学的泰斗——菲利普·科特勒曾经指出,文化的因素(包括文化、亚文化和社会阶层)是影响购买决策的最基本的因素。文化对消费者的渗透力、对消费者购买心理潜移默化的影响力,在营销过程中显示出惊人的力量。社会文化环境所蕴含的这些因素在不同的地区、不同的社会有所不同,具体反映在以下几个方面:

(一)民族风俗习惯

风俗习惯是由地理、历史以及政治原因,经过长期演化而形成的一种较为固定的、人们普遍接受的风尚。不同国家或民族的居住、饮食、服饰、礼仪、婚丧等物质文化生活方面各有特点,形成风俗习惯差别,不同的风俗习惯又间接地长期制约着人们的生活方式、思维方式,也制约着人们选购商品的形式和准则。

案例2-5

"霸道"广告的失败

在2003年第12期《汽车之友》杂志上,丰田汽车共登了三份广告,分别为其三款新车"陆地巡洋舰""霸道"和"特锐"。

在"霸道"车的广告页上,两只石狮蹲踞路侧,其中一只挺身伸出右爪向"霸道"车做行礼状,该广告的文案为"霸道,你不得不尊敬"。

由于石狮在一定意义上是中华民族传统文化的产物,蕴含着极其重要的象征意义。丰田公司采用这样的画面做广告,有读者认为有损民族尊严。2003年12月4日,《解放日报》以"日本丰田霸道汽车广告有辱民族尊严"为题报道了该事件,同时几大门户网站及相当多的媒体纷纷进行了转载,引起了极大反响。一时间触动了国人的民族情绪,引起了轩然大波。丰田公司不得不及时撤销广告,委婉陈述事实,并诚恳道歉。

(二)宗教信仰

宗教是构成社会文化的重要因素。不同的宗教对商品使用有不同的戒律,影响着人们的消费行为和消费需求,特别是在一些信奉宗教的国家和地区,这一点表现得尤为突出。例如,伊斯兰教食牛羊肉,忌猪肉、烟酒;佛教教徒不杀生,重素食、善行;犹太教有星期五吃鱼肉的习惯等。

案例2-6

"指南针地毯"的问世

指南针和地毯本是风马牛不相及的两件事,比利时一个商人却把它们结合起来,从而赚了大钱。

在阿拉伯国家,虔诚的穆斯林每日祈祷,无论在家还是出门旅行,都守时不辍。穆斯林祈祷的一大特点是祈祷者一定要面向圣城麦加。一个名叫范德维格的比利时地毯商聪明地将扁平的指南针嵌入祈祷地毯。指南针指的不是正南正北,而是麦加方向。新产品一推出，在有穆斯林居住的地区，立即成了抢手货。

范德维格并不满足已取得的成功，在非洲又推出了织有领袖头像的小壁毯。因为他发现，在非洲国家的机关里总要挂元首的照片。由于气候湿热，照片易发黄变形。如根据领袖照片织成壁毯，则既美观又耐久。他已经推出了带有博瓦尼（象牙海岸）、迪乌夫（塞内加尔）、比亚（喀麦隆）头像的壁毯。他推出的阿拉法特头像壁毯，在阿拉伯国家已卖出 3 万块。

（三）文化和亚文化群

文化是影响人的欲望（包括消费需求欲望）、行为（包括消费行为、购买行为）的基本因素之一。它是指某个社会或国家在一定的物质基础上以一种特定的哲学、宗教或处事方式为中心形成的综合体，生活在其中的人们具有一些共同的价值观、信仰、态度、道德法律习俗。每一种社会和文化内部都包括若干亚文化群，亚文化群的概念是相对而言的，在国内营销活动中应考虑不同亚文化群的不同需要，对商品和服务产生特殊要求和需要的亚文化群大致有以下四种：

1. 民族亚文化群

一个国家和地区往往是多民族的融合体，如我国有 56 个民族，这些民族在语言、风俗习惯、饮食、服饰、爱好等方面都有各自的独特之处，由此导致了不同的购买特点。

2. 宗教亚文化群

宗教对消费群的影响前已述及，这里不再赘述，因此，企业在用宗教亚文化群来分析需求时，可以把每一个宗教亚文化群视为一个细分市场。

3. 种族亚文化群

按人种来划分，世界由不同种族构成，有白种人、黑种人、黄种人等。这些不同的种族群在生活习惯、口味、爱好、文化等方面也各有差异，从而导致在购买决策、购买行为方面的差异。

4. 地域亚文化群

同一民族，居住在不同的地区，由于各方面的环境背景不同，也会形成不同的地域亚文化群，表现出语言、生活习惯等方面的差异。例如语言上，广东人讲粤语，闽南人讲闽南语；饮食上，北方人以面食为主，南方人以米饭为主。

（四）价值观念

价值观念是人们对社会生活中各种事物的态度和看法。在不同的文化背景下，人们的价值观念差别很大，消费者对商品的色彩、样式以及购买方式都有自己不同的态度。例如，我国总体上崇尚节俭，以储蓄消费为主；而西方一些国家崇尚享受在先，信贷消费非常流行；同一种色彩的商品，农村居民十分喜爱，城市居民却可能鲜少问津。所以，在研究社会文化环境时，还要重视语言、社会结构、教育水平等对消费者需求的影响，这样可使营销活动产生较好效果。

案例2-7

本田摩托车刚进入美国市场时，许多美国人对摩托车非常反感，他们把摩托车与黑皮夹克、弹簧刀、犯罪等联系在一起，结果可想而知。经过研究，本田公司耗费巨资发动了一场以“骑上本田摩托车去接你最亲近的人”为主题的广告活动，改变了人们的价值观念，成功地打入美国市场。

21世纪，伴随着人类文明的巨大发展，消费水平的迅速提高，人们日益追求丰富多彩的文化生活。在人们的消费结构中，物质消费的比重越来越小，文化消费的比重日渐提高，挖掘文化元素，发展文化营销，也是企业营销人员的主要立足点。

五、自然环境

自然环境是人类最基本的活动空间和物资来源，可以说，人类发展的历史就是人与自然的关系发展的历史，自然环境的变化与人类活动休戚相关。目前自然环境却面临危机，主要表现在：

（一）自然资源逐渐枯竭

地球上的自然资源分成三大类：取之不尽、用之不竭的资源，如空气等；有限但可再生的资源，如森林、粮食等；有限又不可再生的资源、如石油、煤及各种矿物等。目前各类资源都面临资源短缺、枯竭、过度开发的严重问题。因此，营销管理者应注意自然环境面临的难题和趋势，在企业营销战略中实施生态营销和绿色营销。

（二）自然环境受到严重污染

经济模式粗放型的高速增长特点，不仅极大地消耗地球资源，而且使人类生存环境遭到空前污染：土壤沙化、温室效应、物种灭绝、臭氧层破坏等，环境恶化正在使人类付出惨重的代价。

案例2-8

绿色麦当劳

环境污染和恶化问题正引起世界各行各业的关切和重视。全球闻名的快餐王国麦当劳也积极、主动地加入了环境保护的行列。

在美国，从20世纪70年代起，速食业已有饱和之说，但麦当劳却以其不可挡之势风行世界，几乎无处不受欢迎。但时过境迁，到了1988年，麦当劳因为每天都制造垃圾——废弃的包装物，又逐渐成为环保人士攻击的对象。

许多企业面对环保问题，应付的办法不外乎是推、拖、拉，但麦当劳没有这样做。为了平息抗议，他公开地寻求环保人士的协助，1990年8月，麦当劳和“环境防卫基金会”(EDF)签署了一项不寻常的协定。为了实现环保计划，双方同意按减废、重复使用、回收再制的顺序进行。在减废上从三个方面着手：①减少包装。②减少使用有损环境的材料。③使用较易处置、能物化成肥料的材料。

六、科技环境

科学技术是社会生产力中最活跃的因素，人类历史上的每一次技术革命都深刻影响和改变着人类社会的文明和进步。科学技术对企业的营销活动有着巨大的影响。

（一）新技术是一种创造性的毁灭力量

每一种新技术都给某些行业带来新的市场机会，因而会产生新的行业；同时，还会给某个行业造成环境威胁，使这个旧行业受到冲击甚至被淘汰。科学技术和生产资料相结合，就会大幅度地提高工具的效能，从而提高使用这些工具的人们的劳动生产率，帮助人们向生产的深度和广度进军。

（二）新技术革命有利于企业改善经营管理

全球化信息经济和互联网的发展，必然导致信息技术在企业管理中的不断深入应用，传统的企业管理模式显然已不能适应时代的要求。信息时代让企业面临的经营环境发生了翻天覆地的变化，如电子采购、ERP、数据库管理等为企业经营管理由量到质的改善提供了可能。

（三）新技术革命会影响零售商业结构和消费者购物习惯

在许多国家，由于新技术革命的迅速发展，出现了"电子购物"这种在家购物的方式。目前，基于网络的电子商务已成为人们普遍认识的商业模式，人们还可以在家里通过电脑系统订购车票、飞机票和影剧票。企业也可以利用这种系统进行广告宣传、市场营销研究和推销商品。

Placecast 组织的一项研究数据显示，移动技术对消费者购物行为有很大的影响。该组织研究发现，在购买期间有越来越多的消费者，特别是智能手机用户借助手机做出决定。有一半的用户通过手机查找零售位置，有三分之一以上的用户下载零售商应用产品，有四分之一的智能手机用户使用手机获得产品比较价格。

第四节　市场营销环境的综合分析

一、SWOT 分析法

SWOT 分析法是企业内外部经营环境分析的基本架构，分析内部环境主要是找出企业经营的优势（Strength）和劣势（Weakness）；分析外部环境主是找出经营的机会（Opportunity）和威胁（Threat）。将四种因素综合起来分析，就简称为 SWOT 分析。在对企业环境因素进行评价时，通过 SWOT 分析，可以帮助企业制定竞争战略。如图 2-8 所示。

说明：

SO 战略是努力发扬自身优势，充分利用外部机会的竞争战略；如一个资源雄厚（内在优势）的企业发现某一国际市场未曾饱和（外在机会），那么它就应该采取 SO 战略去开拓这一国际市场。

ST 战略是充分依靠自身的优势和实力去抵御外部的威胁，迎接挑战的竞争战略。如一个企业的销售渠道（内在优势）很多，但是由于各种限制又不允许它经营其他商品（外在威胁），那么就应该采取 ST 战略，走集中型、多样化的道路。

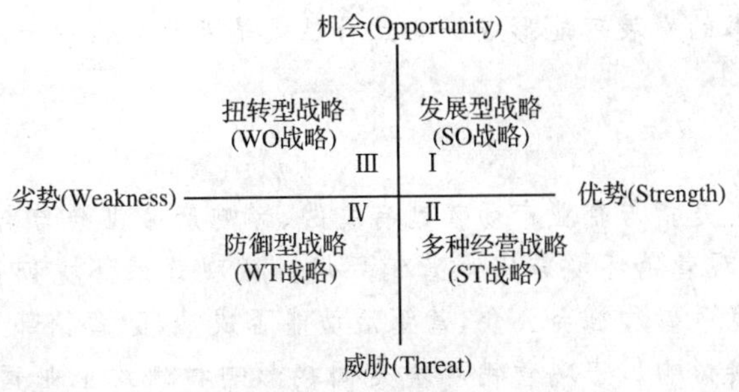

图 2-8 SWOT 分析图

WO 战略是巧妙利用外部机会来克服或补偿内部弱点的竞争战略。如一个面对计算机服务需求增长(外在机会),却十分缺乏技术专家(内在劣势)的企业,就应该采用 WO 战略培养技术专家,或购入一个高技术的计算机公司。

WT 战略是避免暴露自身的弱点,避开外来的威胁,尽可能减少损失,维持生存,等待时机的竞争战略。如一个商品质量差(内在劣势),供应渠道不可靠(外在威胁)的企业应该采取 WT 战略,强化企业管理,提高产品质量,稳定供应渠道,或走联合、合并之路以谋求生存和发展。

二、PEST 分析法

PEST 分析法即分析企业的政治环境(Political)、经济环境(Economical)、社会环境(Social)、科技环境(Technological)。通过 PEST 分析,可以保证企业战略决策的科学性和正确性;保证战略决策的及时性和灵活性;提高战略决策的稳定性和效益性。

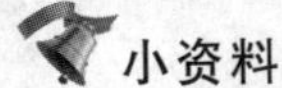

小资料

医药工业的 PEST 分析

一、政策与法律环境

1. 我国正在建立医(院)、药(房)分离制度和非处方药(OTC)的管理制度。

2. 新型的社会保障体系将取代传统的公费医疗制度。我国加入 WTO 以后,中成药产品的出口前景将发生变化。

二、经济环境

1. 城乡居民收入持续上升,居民的保健意识不断提高。

2. 新型的社会保障体系取代传统的公费医疗制度。在经济全球化条件下,作为中国具备比较优势的典型产业,随着中国加入 WTO 步伐的加快,中外经济、文化交流的日益深化,中成药行业具有巨大的发展潜力和出口前景。中医中药材作为中华遗产的重要组成部分,应积极寻找出路,努力扩大出口,实现中药行业的可持续发展。

三、社会环境

1. 国民教育水平逐步提高,越来越多的人愿以科学的眼光看待药品和保健品。

2. 人口结构呈现老龄化,老年人的保健和治疗问题受到重视。

四、技术环境

1. 各种新型的萃取技术可能在制药领域得到广泛的应用。

2. 生物医学技术的发展可能形成一些互补性或是互为替代的产品。

本章小结

1. 市场营销环境是指与企业市场营销有关的、影响产品供给与需求的各种条件和因素的综合，它分为微观营销环境与宏观营销环境。微观营销环境包括企业本身、市场营销渠道企业、顾客、竞争者和社会公众，营销活动能否成功，除营销部门本身的因素外，还要受这些因素的直接影响。宏观营销环境是间接影响和制约企业营销活动的社会性力量和因素，是企业的外部环境因素。影响企业营销的宏观环境因素可以归结为六大类：人口环境、经济环境、政治法律环境、社会文化环境、自然环境、科技环境。

2. 对市场营销环境分析的态度有两种，即消极适应和积极适应。企业应主动地认识、适应和改变营销环境，采用市场营销环境分析法认真分析企业自身的优势与劣势、外部环境的机会与威胁，以趋利避害，谋求发展。

一、复习思考题

1. 什么是市场营销环境？研究市场营销环境有何意义？
2. 如何分析企业的竞争对手？
3. 结合中国市场的实际情况，选择一个方面对目前国内市场营销的环境进行分析。
4. 如何把握市场营销环境的变化趋势及其对企业营销的影响，并采取相应的对策？

二、单项选择题

1. 市场营销环境的特征不包括(　　)。

A. 可控性　　B. 差异性　　C. 相关性　　D. 多变性

2. 影响企业市场营销不可控的因素有(　　)。

A. 居民的货币收入　　B. 本企业商品的价格

C. 销售渠道　　D. 商品包装

3. "捷安特"自行车公司是"桑塔纳"轿车生产厂的(　　)。

A. 愿望竞争者　　B. 平行竞争者

C. 产品形式竞争者　　D. 品牌竞争者

4. 通过市场调查发现，保健品市场的兴起是由人们观念的变化引起的，这一因素属于外部环境因素中的(　　)。

A. 经济因素　　B. 技术因素　　C. 社会因素　　D. 政治因素

5. 我国加入 WTO，这对企业而言，属于 PEST 模型的(　　)因素。

A. 政治法律环境　　B. 经济环境　　C. 社会文化环境　　D. 科技环境

6. 影响消费需求变化的最活跃的因素是(　　)。

A. 个人可支配收入　　B. 可任意支配收入

C. 个人收入　　D. 人均国内生产总值

7. 既是企业服务的对象，也是营销活动的出发点和归宿的是(　　)。

A. 产品　　B. 顾客　　C. 利润　　D. 市场细分

8.消费习俗属于(　　)因素。

A.人口环境　　B.经济环境　　C.文化环境　　D.地理环境

9.小汽车制造商与摩托车、电动自行车、自行车甚至卡车制造商之间是属于(　　)。

A.愿望竞争者　　B.属类竞争者　　C.形式竞争者　　D.品牌竞争者

10.保险公司、证券交易所属于企业的(　　)。

A.政府公众　　B.媒介公众　　C.金融公众　　D.群众团体

三、多项选择题

1.企业面临的社会文化环境有(　　)。

A.民族亚文化群　　B.历史亚文化群　　C.宗教亚文化群

D.种族亚文化群　　E.地理亚文化群

2.经济环境在(　　)方面影响企业营销活动。

A.经济制度与产业结构　B.居民收入状况　　C.居民储蓄

D.消费结构状况　　E.人口结构状况

3.企业市场营销宏观环境包括(　　)。

A.人口环境　　B.竞争者　　C.经济环境

D.技术环境　　E.社会文化环境

4.市场营销中的竞争者包括(　　)。

A.行业竞争者　　B.一般竞争者　　C.形式竞争者

D.品牌竞争者　　E.技术竞争者

5.影响购买力的主要因素有(　　)。

A.居民的实际收入　　B.家庭状况　　C.币值

D.消费者的储蓄和信用　E.消费者的支出模式

6.属于企业微观环境因素的有(　　)。

A.企业本身　　B.竞争者　　C.市场　　D.人口环境　　E.中间商

7.分析营销环境的根本目的是(　　)。

A.扩大销售　　B.对抗竞争　　C.寻求营销机会

D.避免环境威胁　　E.树立企业形象

8.市场营销渠道企业包括(　　)。

A.供应商　　B.商人中间商　C.代理中间商　D.辅助商　　E.运输商

9.分析消费者收入变化要考虑(　　)。

A.消费者全部收入　　B.消费者可支配收入　　C.消费者可随意支配收入

D.消费者货币收入　　E.消费者实际收入

10.营销中间商主要指协助企业推广、销售和分配产品给最终消费者的企业和个人，包括(　　)。

A.中间商　　B.后勤服务公司　　C.营销服务机构

D.物流公司　　E.金融机构

四、判断题

1.由于市场营销环境是企业无法控制的，所以企业研究它没有意义。 （ ）

2.对于环境威胁，企业只能消极应对；有了环境机会，企业抓住并利用了就一定能赚钱。 （ ）

3.人口增长首先意味着人民对生活必需品需求的增加。 （ ）

4.面对目前经济不景气的环境威胁，企业只能等待国家政策的支持和经济形势的好转。 （ ）

5.社会文化因素是影响购买决策的最基本的因素。 （ ）

6.竞争者是营销管理中最重要的关注对象。 （ ）

7.自从我国计划生育政策实施以来，人口出生率下降，新生婴儿和学龄前儿童减少，一方面给儿童食品、童装、玩具等生产经营者带来威胁；另一方面由于家庭小孩数的减少，又给高级益智玩具、儿童营销食品生产经营者带来机会。 （ ）

8.科学技术是第一生产力，给企业营销活动既带来发展机遇又造成不利的影响。（ ）

9.市场营销环境是一个动态系统，每一环境因素都随着社会经济的发展而不断变化。 （ ）

10.在经济全球化的条件下，国际经济形势也是企业营销活动的重要影响因素。（ ）

五、案例分析

假设某烟草公司通过其营销信息系统和市场营销研究了解到以下足以影响其业务经营的动向：

1.一些国家的政府颁布了法令，规定所有的香烟广告包装上都必须印上“吸烟危害健康”的警告语。

2.一些国家的政府禁止在公共场所吸烟。

3.许多发达国家吸烟人数下降。

4.这家烟草公司的研究实验室很快就发明用莴苣叶制造无害烟叶的方法。

发展中国家吸烟人数迅速增加。中国毫无疑问已成为全世界最大的烟草生产国与消费国，雄踞八项指标的“世界第一”：烤烟种植面积、烤烟产量、烤烟增长速度、卷烟产销量、卷烟增长速度、吸烟人数、吸烟人数增加数量与烟税增长速度。目前我国有3.5亿的烟民，占总人口的1/4左右，比烟草起源地的美国的总人口还多，中青年人比例最高，我国烟民每年约消耗全球1/3的卷烟。

思考：请为这家烟草公司提出应对环境的对策。

六、实训练习题

（一）实训项目

采用SWOT分析法对当地某企业进行市场营销环境分析。

（二）实训目的

培养学生在通过各种信息渠道获取相关的信息资料的基础上，能够运用相关的市场营销知识对某一具体的企业内外部环境进行分析，进而认识到企业营销活动与市场营销环境的相互关系。

（三）实训方法

搜集资料法、询问法。

（四）实训步骤

1. 根据教学班级的分组情况，按一定数量的小组分别选择不同的企业进行相应的营销环境分析；

2. 每个小组制订出一份调查方案，确定调查内容；

3. 教师需要为学生与有关企业取得联系，帮助学生了解该企业或取得相关资料；

4. 调查分析结束要求每组采用 SWOT 分析法完成其调查分析报告或论文；

5. 各小组根据组员参与情况、表现情况相互评议；

6. 在课堂上各组代表分组讲述、讨论；再根据提交的报告或论文综合评定实训成绩。

第三章

营销信息系统与市场营销调研、预测

教学目标和要求：

1. 了解营销信息系统的含义与构成

2. 了解市场营销调研的内容和作用，掌握营销调研的方法和技巧，掌握营销调研的步骤

3. 了解市场需求测量的基本概念，掌握估计目前市场需求的基本原理，能够学会站在企业的角度了解和掌握营销调研与预测的基本知识与方法

知识结构图

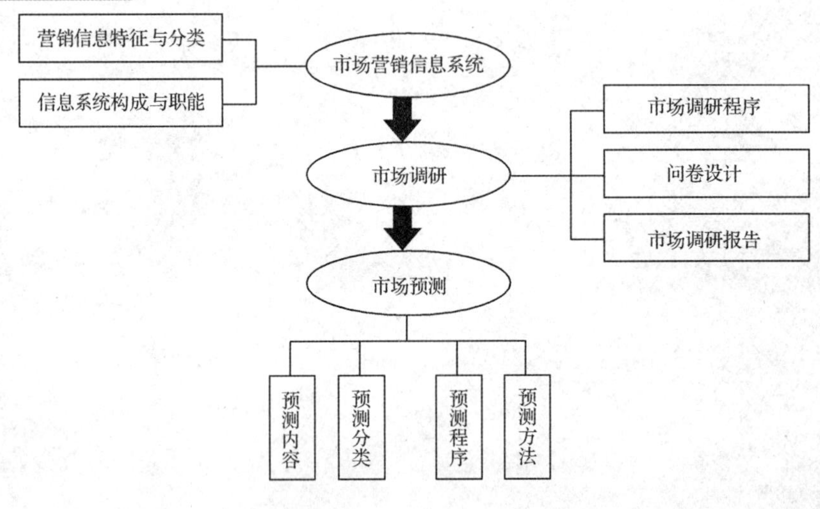

导入案例

企业利润与营销调研

位于英国中部的New制鞋公司，正经历着一个利润下降的痛苦时期。销售主管、技

术主管、生产主管、财务主管相互埋怨。

在New制鞋公司这个信息不充分的案例中，公司中的各个部门都对企业利润的下降有着自己的见解，销售、技术、生产、财务的主管都主观地将企业利润下滑的原因归咎于其他方面。其实，企业真正的问题在于当市场不断变化、市场竞争不断加剧时，它没有及时地进行市场调研，没有清楚地掌握市场的动态及消费者心理的变化，这使得企业以其陈旧的营销策略应对新型的市场，利润下降在所难免。

如果想要抑制住颓势，企业就需要做详细的市场调研，找到症结所在并提出解决问题的答案。公司需要进行市场分析、产品研究、促销研究、定价研究、分销研究和购买行为研究，系统地搜集、整理、分析和报告有关营销信息，以求帮助New公司及时、准确地了解市场机遇，发现市场营销过程中企业真正存在的问题，并正确制定、实施和评估市场营销策略。

当New公司所面对的竞争形势加剧时，它并未充分利用机会扩大市场，而且也无法维持以前的市场占有率，这是因为它未对竞争环境充分了解，未对竞争对手充分认识，而且它的市场策略也未发育成熟，难以获得竞争优势。这时企业应迅速进行市场调研，找到对应的解决方案，企业要对产品一系列的相关因素进行调研，同时企业还要对消费者的购买行为进行调研，在综合了调研结果后企业就能真正地熟悉市场环境，了解消费者心理，明白企业的问题所在了。由此可见，New公司真正需要去做的不是胡乱猜测，而是要实际地进行营销调研去发现企业存在的问题，若New公司能真正利用好市场调研，那么它不仅能够抑制住企业利润下滑的趋势，还能够重新占有市场，获取更高额的利润。

综上所述，企业若想持续获得利润，就必须了解市场环境与竞争者的动向，而营销调研则是企业解决问题和实现目标的最有效途径。

第一节　营销信息系统

菲利普·科特勒曾说过："要管理好一个企业，必须管理它的未来；而管理未来就是管理信息。"因此，从某种意义上说市场经济就是信息经济。当前，竞争环境不确定性的加强以及企业内部对协同性要求的提高使企业的生产经营及营销活动离开信息就寸步难行。企业要在市场中求生存、谋发展，就必须掌握营销信息，进而建立快速反应的营销信息系统。

小资料

宝洁公司汰渍洗衣粉的品牌经理希望每周都能拿到各区域所有洗衣粉品牌的零售资料，需要竞争品牌的每月售价和广告投入量的分析报告，还需要知道哪些人口统计特征变化会对产品销售产生长期影响，除此之外，该品牌经理还要求各区域定期根据现有资料提供专项研究报告。比方说，当计划推出另一种汰渍洗衣粉时，该经理会调查过去五年每季各种洗衣粉品牌的市场份额，并预测未来三年各品牌市场份额的可能变化。

好的营销信息系统可以不断提供这类信息并辅助决策。通过零售商的电子收银机，或者直接和供应商的计算机系统相连，当今的企业都可以很方便地搜集到消费者的购买信息。营销信息系统可以帮助分析长期数据的变化,从中发现消费趋势的变化或消费模式的变化,因此,借助营销信息系统,企业或营销经理可以持续监控产品的销售情况,观察市场的变化、销售人员的业绩表现,以及竞争对手的营销活动。

一、营销信息系统的含义

营销信息系统(Marketing Information System,MIS)是指能够为营销决策者及时准确地搜集、整理、分析评估并分送转达所需信息的人员、设备和程序。图 3-1 展示了营销信息系统,它的起始和终端都是信息用户——营销经理、内部及外部合伙人及其他需要营销信息的人。

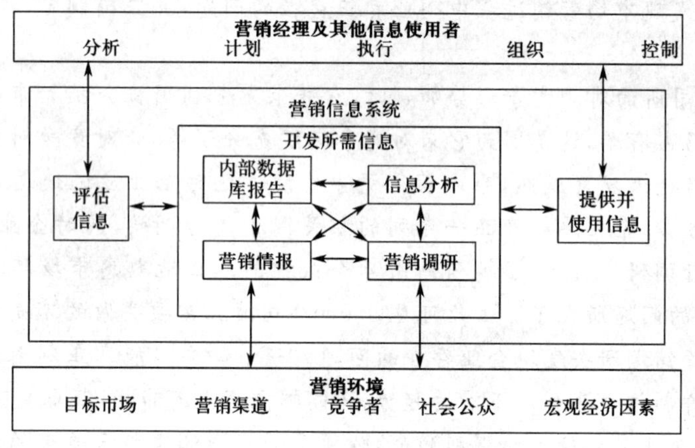

图 3-1 营销信息系统

营销信息系统的运作流程:首先,该系统和信息用户相互作用来评估信息需求;其次,该系统通过公司内部数据库、营销情报搜集、营销调研来开发所需信息;然后,该系统帮助用户分析信息以便将其纳入制定营销决策和管理顾客关系的适当形式中;最后,该系统分送转达营销信息并帮助经理们在制定营销决策过程中使用它。

二、营销信息系统的构成

营销信息系统包括的内容很多,因不同企业的信息需求而不同。大企业对营销信息的需求更为广泛,营销信息系统的功能和组成就较为复杂;中小企业由于投资限制和信息需求有限,营销信息系统的功能和组成就较为简便。不过,营销信息系统一般由以下四个子系统组成:

(一)内部数据库报告系统

营销人员使用的最基本的信息系统是内部数据库报告系统。一些公司建立了庞大的内部数据库,其主要任务是收集由企业内部的财务、生产、销售等部门所产生的企业全部营销活动信息,包括订货、销售、库存、生产进度、成本、现金流量、应收应付账款及盈亏等方面的信息。企业营销管理人员通过分析这些信息,比较各种指标的计划和实际执行情况,可以及时发现企业的市场机会和存在的问题。企业的内部数据库报告系统的关键

是如何提高这一循环系统的运行效率，并使整个内部数据库报告系统能够迅速、准确、可靠地向企业的营销决策者提供各种有用的信息。

公司总是希望迅速和正确地执行这些步骤。其要求销售代表每天下班前送出他们的订单，在某些情况下，应该立刻送出。订单部门应尽快处理这些订单，仓库应尽快发货，各种账单都应尽快地送出。计算机可用以加速订单—装运—开出收款账单循环。

内部数据库报告系统还有助于提高销售报告的及时性。但许多营销经理在销货已经发生后才收到销货报告。在消费食品公司里，仓库提货报告是定期发出的，但实际的零售采购报告，根据特定商店和消费者典型调查的审计得知，往往要费时两个月之久。在汽车业中，经理们每隔十天才能收到一份销售报告。

小资料

通用面粉公司的食品杂货事业部经理每天都收到销售信息。各区域销售经理每天早晨的第一件事，就是用电传打字机向总公司报告其所在地前一天的订单和装运情况。报告中还包括公司实际销售占预定目标的百分比和去年同期的百分比。

新利公司的经理能在几秒钟的时间内检索 400 家经销商中的任何一家的各种品牌和包装尺寸的产品的现在和过去的销售额及存货数字。他们能测出销售落后于预期目标的所有地区。

（二）营销情报系统

企业的营销情报系统是指企业营销人员取得外部市场营销环境中的有关资料的程序或来源。该系统的任务是提供外界市场环境所发生的有关动态信息。企业通过营销情报系统，可能从各种途径取得市场情报信息，如通过查阅各种商业报刊、文件、网上下载；直接与顾客、供应者、经销商交谈；与企业内部有关人员交换信息等方式。也可通过雇用专家搜集有关的市场信息；通过向情报商购买市场信息等。该系统要求采取正规的程序提高情报的质量和数量，必须训练和鼓励营销人员搜集情报；鼓励中间商及合作者互通情报；购买信息机构的情报；参加各种贸易展览会等。

（三）营销调研系统

营销调研系统是完成企业所面临的明确具体的市场营销情况的研究工作程序或方法的总体。其任务是针对确定的市场营销问题搜集、分析和评价有关的信息资料，并对研究结果提出正式报告，供决策者有针对性地用于解决特定问题，以减少由主观判断可能造成的决策失误。因各企业所面临的问题不同，所以需要进行市场研究的内容也不同。根据国外对企业市场营销研究的调查，发现主要有市场特性的确定、市场需求潜量的测量、市场占有率分析、销售分析、企业趋势研究、竞争产品研究、短期预测、新产品接受性和潜力研究、长期预测、定价研究等内容，企业研究得比较普遍。

小资料

在美国，大多数的大公司（73%以上）都有自己的营销调研部门。宝洁公司（P&G）每年的电话与上门访问量超过 100 万次，访问的内容涉及大约 1 000 个调研项目。宝洁公司运用的市场调研方法还有很多，如，使用测试——根据消费者意见改进产品；包装调查——设立模拟货架进行商店试销；广告调查——让消费者选择他们最喜欢的创意；网络调查——及时反馈消费者心理；委托调查——委托第三方专业调查公司做市场占有率调查，全方位收集信息等。惠普公司(HP)在总部设立了市场研究与信息处理中心，专门处理营销信息，它分享世界范围的惠普信息资源，也使世界各地的惠普分部得到有价值的服务。

(四)营销分析系统

营销分析系统是指一组用来分析市场资料和解决复杂的市场问题的技术和技巧。这个系统由统计分析模型和市场营销模型两个部分组成：第一部分是借助各种统计方法对所输入的市场信息进行分析的统计库；第二部分是专门用于协助企业决策者选择最佳的市场营销策略的模型库。

三、营销信息系统的职能

通过以上营销信息系统的四个子系统所研究的内容及对这些子系统之间关系的分析，可以看出企业的营销信息系统具有以下重要职能：

(1)集中——搜寻与汇集各种市场信息资料。

(2)处理——对所汇集的资料进行整理、分类、编辑与总结。

(3)分析——进行各种指标的计算、比较、综合。

(4)储存与检索——编制资料索引并加以储存，以便需要时查找。

(5)评价——鉴定输入的各种信息的准确性。

(6)传递——将各种经过处理的信息迅速准确地传递给有关人员，以便及时调整企业的经营决策。

案例3-1

九芝堂的营销管理信息系统

湖南九芝堂股份有限公司是国家重点中药企业，深交所上市公司。

一、系统情况

九芝堂营销管理信息系统囊括了业务管理、仓库管理、账务管理、客户管理、领导查询、费用管理、计划管理、系统管理等八大子系统，基本涵盖了营销业务领域的方方面面。实现了以事务为基础，以客户为中心，确保账账相符，账实一致的营销管理指导思想。

(1)业务管理：系统以对发货单、发票、结算单、往来凭证的流水线式管理为基础，以客户、产品、仓库、业务员、销售机构、销售区域六大要素的组合报表为延伸，以应收账款管理为核心，是三者的有机构成。

(2)仓库管理：仓库管理的基本事务是各仓库的单据管理，同时通过发货、收料与业务方面紧密相连，通过入库、领料、残损与账务联成一体。

(3)账务管理：账务管理是业务和仓库管理流程的审结者，它调入业务和仓库基本数据来产生成品账、销售账和销售利润账，还要通过与业务方面的对账来发现和规范业务

管理。

(4)客户管理:在建立全面标准化的客户档案的基础上,保证了客户作为最重要业务资源的有效性、可管理性和可指导、制约业务的特性。

(5)领导查询:可以调取领导最为关心的营销信息对比和排比表,实时清晰地了解业务进展情况。

(6)费用管理:按照品牌、业务员和科目将各项费用细分,同时也与业务的实际发生情况进行挂钩。

(7)计划管理:从计划和综合报表(台账等)两个角度,在综合采集业务数据的基础上自动生成。

(8)系统管理:系统管理有两大特色:一在于按岗定职责;二在于可以从数据安全的角度将整套营销系统透明一致地开放给业务员、分(子)公司经理等具有不同数据访问权限的人员使用。

二、系统业务技术特色

营销管理信息系统的特点如下:

(1)充分体现了20/80定律,通过周密细致的客户分析可以使业务会计将注意力集中在20%能带来80%效益的客户上,从而对业务进行指导和监督、审核。

(2)通过实时的库存管理,可以有效地对库存进行控制,从而减少库存损失,减少不合理的库存占用资金,盘活和提高资金的周转率。

(3)进销存财务的一体化、数据的透明性和一致性将确保各部门对账的顺畅,减少错误和增加正确性,提高工作效率。

(4)通过数据的安全性控制可以将过于集中的营销管理职能适当地分离出去,从而减少内勤部的工作压力,提高内勤部的综合效率。

(5)通过各类报表,可以有效地发挥营销中心的指导和监督、审核职能,将一些更严格的管理规则应用到业务实践中去,通过管理产生效益。例如,通过应收账龄和结算账龄分析来控制对客户发货和开票等工作。

第二节 市场营销调研

一、营销调研概述

营销观念要求把顾客满意而不是利润最大化当作企业的目标。换句话说,企业应当具有顾客导向,并设法了解消费者的要求,以对双方都有利的方式迅速高效地满足这些需求。这意味着,任何从事调研活动的企业都应当设法获取关于消费者需求的信息,将营销情报汇集起来,以协调企业有效率地满足这些需求。

营销调研正是这样一个营销情报系统最重要的组成部分,它能提供有用、准确、及时的信息,帮助企业改进管理决策。每一决策都对信息有不同的要求,在营销调研中搜集的信息还能成为制定相关营销战略的依据。例如,宝洁公司的一个品牌每年要进行3~4个重要的营销调研研究;一个医院需要知道在它服务的地区内,人们是否对该医院有一个积极的态度；一个政治组织需要了解投票人对候选人的想法如何。

（一）营销调研的概念和作用

营销调研是指系统地、客观地搜集、整理和分析市场营销活动的各种资料或数据，掌握有关消费者、客户、公众、竞争者以及其他环境因素的各种有用信息，用以帮助营销管理人员制定有效的市场营销决策。这里所谓“系统”指的是对市场营销调研必须有周密的计划和安排，使调研工作有条理地开展下去。“客观”指对所有信息资料，调研人员必须以公正和中立的态度进行记录、整理和分析处理，应尽量减少偏见和错误。“帮助”指调研所得的信息以及根据信息分析后所得出的结论，只能作为市场营销管理人员制定决策的参考，而不能代替他们去做出决策。

市场营销调研的作用可以概述为，市场营销调研为企业营销决策提供依据，即市场营销调研在企业制定营销规划、确定企业发展方向、制定企业的市场营销组合策略等方面有着极其重要的作用。在营销决策执行过程中，为调整营销计划、改进和评估各种营销策略提供依据，有着检验与矫正的作用。具体如下：

(1)市场营销调研可为企业发现市场机会提供依据。

(2)市场营销调研是企业产品更新换代的依据。

(3)市场营销调研是企业制定市场营销组合策略的依据。

(4)市场营销调研是企业增强竞争能力、提高经济效益的基础。

案例3-2

凯斯公司倾听“消费者的呼声”

凯斯(Case)公司是一家建筑设备和农场设备的制造商。1991年和1992年的营业亏损达到90万美元。1994年，公司聘用了一位新的首席执行官琼·皮埃尔·罗索(Jean Pierre Rosso)。他发现公司自20世纪80年代以来，从未将顾客意见纳入它的产品设计决策中。与之相反，产品只为适应工厂生产能力而生产。这造成了产品滞销，如一种新型拖拉机马力太低，不能满足消费者的需要，当经销商发现他们的凯斯产品积压时，公司置之不理，使得交易关系恶化，这又进一步影响了公司的销售情况。

罗索认识到公司必须扭转营销观念，由过去的生产导向转变为市场导向。用公司营销部负责人文森特·巴拉巴的话来说，公司各部门的想法和消费者的想法应该有一个结合点。于是，公司多次请教消费者，将凯斯的设备与主要竞争者——约翰·迪尔和卡特皮勒的设备逐项进行比较，公司的工程师和营销人员对使用竞争者产品的客户和潜在客户进行访问，询问产品特征、优势和问题，然后把搜集的资料纳入新的产品设计之中。罗索的营销调研信息改善了决策的制定，使公司的净收入在1994年翻了两番，销售额增长了14%。1995年，收入达到42亿美元。1996年上半年，凯斯公司的收入和利润比1995年均高出20%。显然，凯斯公司通过营销调研来“倾听消费者的呼声”，制定决策、改进和评估营销活动效果十分明显。

（二）营销调研的类型

按营销调研的目的、性质划分，可以把营销调研分成探索性调研、描述性调研和因果性调研。

1. 探索性调研

探索性调研是为了界定问题的性质以及更好地理解问题的环境而进行的小规模的调研活动。探索性调研特别有助于把一个大而模糊的问题表达为小而精确的子问题，以使问题更明确，并识别出需要进一步调研的信息（通常以具体的假设形式出现）。

2. 描述性调研

描述性调研处理的是总体的描述性特征。描述性调研寻求对“谁”“什么”“什么时候”“哪里”和“怎样”这样一些问题的回答。

描述性调研可以满足一系列的调研目标，描述某类群体的特点，决定不同消费者群体之间在需要、态度、行为、意见等方面的差异，识别行业的市场份额和市场潜力是常见的描述性调研。

3. 因果性调研

因果性调研是调查一个变量是否引起或决定另一个变量的研究，目的是识别变量间的因果关系。

在因果性调研中，一般对要解释的关系有一种期望，如预期价格、包装、广告花费等对销售额有影响。这样，研究人员对研究课题必须要有相当的知识，理想的状况是研究人员能估计一种事件（如店内展示）是产生另一种事件（销售量的增加）的原因。因果性调研试图认定当人们做一种事情时，另一种事情会接着发生。

（三）营销调研的内容

1. 市场需求容量调研

市场需求容量调研主要包括市场最大和最小需求容量；现有和潜在的需求容量；不同商品的需求特点和需求规模；不同市场空间的营销机会以及企业的和竞争对手的现有市场占有率等情况。

2. 可控因素调研

可控因素调研主要包括对产品、价格、销售渠道和促销方式等因素的调研。

（1）产品调研

产品调研包括有关产品性能、特征和顾客对产品的意见和要求的调研；产品生命周期调研，以了解产品所处的生命周期的阶段；产品的包装、品牌、外观等给顾客的印象的调研，以了解这些形式是否与消费者或用户的习俗相适应。

（2）价格调研

价格调研包括对产品价格的需求弹性调研；新产品价格制定或老产品价格调整所产生的效果调研；竞争对手价格变化情况调研；选择实施价格优惠策略的时机和实施这一策略的效果调研。

（3）销售渠道调研

销售渠道调研包括企业现有产品分销渠道状况，中间商在分销渠道中的作用及各自实力，用户对中间商尤其是代理商、零售商的印象等各项内容的调研。

(4)促销方式调研

促销方式调研主要是对人员推销、广告宣传、公共关系等促销方式的实施效果进行分析、对比。

3. 不可控因素调研

(1)政治环境调研

政治环境调研包括对企业产品的主要用户所在国家或地区的政府现行政策、法令及政治形势的稳定程度等方面的调研。

(2)经济发展状况调研

经济发展状况调研主要是调查企业所面对的市场在宏观经济发展中将产生何种变化。调研的内容有各种综合经济指标所达到的水平和变动程度。

(3)社会文化因素调研

社会文化因素调研是指调查一些对市场需求变动产生影响的社会文化因素，如文化程度、职业、民族构成、宗教信仰及民风、社会道德与审美意识等方面的调研。

(4)技术发展状况与趋势调研

技术发展状况与趋势调研主要是为了解与本企业生产有关的技术水平状况及趋势，同时还应把握社会相同产品生产企业的技术水平的提高情况。

(5)竞争对手调研

在竞争中要保持企业的优势，就必须随时掌握竞争对手的各种动向，在这方面主要是关于竞争对手数量、竞争对手的市场占有率及变动趋势、竞争对手已经并将要采用的营销策略、潜在竞争对手情况等方面的调研。

二、营销调研的过程

有效的营销调研包括四个步骤：确定问题和调研目标；制订搜集信息的调研计划；实施调研计划，搜集和分析数据；解释和汇报调研结果，如图 3-2 所示。

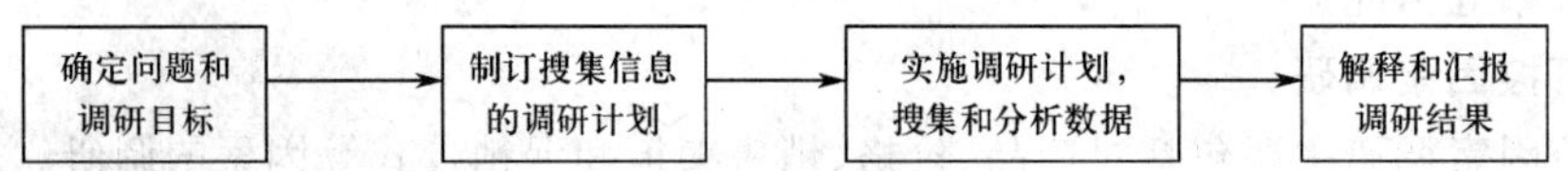

图 3-2　营销调研过程

(一)确定问题和调研目标

调研目的是将调研本身与决策联系起来的纽带，调研目标则起着指导调研的作用，因此调研目的和调研目标的确定就成为调研过程中最重要的步骤。

一个营销调研计划不外乎下列三种目标中的一种：

(1)探索性调研的目标是搜集初步信息以帮助确定要调查的问题并提出假设。

(2)描述性调研的目标是对诸如某一产品的市场潜力和购买某产品的消费者的人口与态度等问题进行详细表述。

(3)因果性调研的目标是检验假设的因果关系。

营销人员常以探索性调研为开端，而后会做描述性或因果性调研，见表 3-1。

表 3-1　　一家消费品生产商的调研

调研项目	调研内容
1. 市场环境	技术？顾客还有什么其他满足自己需求的方式？ 经济发展趋势？可支配收入？ 社会发展趋势？年龄、婚姻状况、现在开始流行什么？ 政治和法律？消费者保护的新动向，今年 3.15 晚会讨论了些什么？
2. 市场特点	市场规模、市场潜量和市场增长率？ 顾客的地理分散程度？ 市场细分：有多少不同的顾客群？哪些正在增长？ 竞争者？谁是直接对手？竞争者规模如何？业绩如何？竞争者的战略、意图和可能采取的行动是什么？
3. 消费者行为	他们买什么？产品还是服务？便利品、选购品还是特别品？抑或买的就是一种满意的感觉？ 谁来进行购买？任何人？只是妇女？十几岁的孩子？（即购买者的人口统计特征、地理特征、心理特征的分类。） 他们在哪里购买？他们是否在购物前四处进行比较？他们光顾哪些类型的商店？ 他们为什么进行购买？购买的动机、对产品和需求的看法、其他人的影响、声望、广告的影响、媒体？ 他们如何购买？冲动型还是货比三家？（即他们购物时经历的过程如何？） 他们何时购买？每周一次？天天购买？还是有季节性变化？ 可期望的变动有哪些？出现新产品的概率？消费者的偏好、需求的变化？

（二）制订搜集信息的调研计划

一旦调研问题和目标确定之后，调研人员必须确定所需的准确信息，制订有效搜集信息的计划并向管理层提交该计划。这个调研计划应简述现存信息的来源，清楚说明具体的调研方法、接触方法、抽样计划和调研人员用来搜集信息的调研工具，见表 3-2。

表 3-2　　调研计划设计

设计项目	设计内容
资料来源	第二手资料、第一手资料
调研方法	文献法、观察法、调查法、实验法
调研工具	调查表、机械装置
抽样计划	抽样单位、样本规模、抽样程序
接触方式	信函、电话、面谈访问、网络

1. 确定资料来源

调研计划要求既搜集第二手资料，又搜集第一手资料：第二手资料就是在某处已经存在并已经为某种目的而搜集起来的资料；第一手资料是为当前的某种特定目的而搜集的原始资料。

2. 确定调研方法

搜集第二手资料一般使用文献法，这种方法是根据一定的研究目的或课题，通过调查文献来获得资料，从而全面、正确地了解掌握所要研究问题的一种方法。文献法被广泛用于各种学科研究中。

搜集第一手资料的方法大致有三种：观察法、调查法和实验法。

(1)观察法是指研究者根据一定的研究目的、研究提纲或观察表，用自己的感官和辅助工具直接观察被研究对象，从而获得资料的一种方法。科学的观察具有目的性和计划性、系统性和可重复性。

(2)调查法是有目的、有计划、有系统地搜集有关研究对象现实状况或历史状况的材料的方法。调查法也是营销调研中常用的基本研究方法，它综合运用历史法、观察法等方法以及谈话、问卷、个案研究、测验等科学方式，对营销活动进行有计划的、周密的和系统的了解，并对调查搜集到的大量资料进行分析、综合、比较、归纳，从而为人们提供规律性的知识。

(3)实验法是最正式的一种调研方法。实验法要求选择相匹配的目标小组，分别给予不同的处理，控制外来的变量和核查所观察到的差异是否具有统计上的意义。在剔除外来因素或加以控制的情况下，观察结果与受刺激的变量有关。实验法的目的是通过排除观察结果中的带有竞争性的解释来捕捉因果关系。

3. 选择调研工具

营销调研人员在搜集第一手资料时，可以选择两种主要的工具：调查表和机械装置。

(1)调查表是用于搜集第一手资料的最普遍的工具。一般来说，一份调查表是由向被调查人提问并征求其回答的一组问题所组成的，分为开放式问题和封闭式问题。开放式问题允许被调查人用自己的话来回答问题，他们可以采取各种形式。一般说来，因为被调查人的回答不受限制，所以开放式问题常常能透露出更多的信息。开放式问题在探测研究阶段特别有用，这个阶段调查人期望的是洞察人们内心所想的，而不是去衡量以某种方式在想的有多少人。另一方面，封闭式问题规定了回答方式，使阐释和制表变得比较容易。

(2)在营销调研中还常使用一些机械装置。例如，电流计可用于测量一个对象在看到一个特定广告或图像后所表现出的兴趣或感情的强度。电流计能测出当感情被激起时产生的细微的流汗程度。

4. 设计抽样计划

营销调研者必须设计一个抽样计划，包括三个内容：

(1)抽样单位，这是回答应向什么人调查的问题。一个适当的抽样单位并不总是很明显的。例如，在美国航空公司的调查中，抽样单位应该是从事商业的旅客，还是享受旅游乐趣的旅客，还是两者兼有。应该是访问 21 岁以下的旅行者，还是应该对丈夫和妻子都访问，将他们区分很难。

(2)样本规模，这是回答应向多少人进行调查的问题。大样本比小样本更能产生可靠的结果。但是，没有必要把全体目标或大部分目标作为样本，以取得可靠的结果。如果采取了可信的抽样程序的话，对一个总体只要抽出少于 1%的样本，常常就能提供良好的可靠性。

(3)抽样程序，这是回答应该怎样选择被调查人的问题。为了获得一个有代表性的样本，应该采用概率抽样的方法。概率抽样可以计算出抽样误差的置信限度。

5. 选择接触方式

与被调查人接触有四种方法可供选择：信函、电话、面谈访问、网络。

（三）实施调研计划，搜集和分析数据

在制订了调研计划后，下一步就是把营销调研计划付诸实施，这一步包括搜集、整理和分析信息。

(1)信息搜集可由公司营销调研人员进行，也可以交给其他公司做（外包）。在现代电信和电子技术的影响下，数据搜集方法正在迅速变化。计算机和电子通信硬件正在为营销调研带来一场革命，有些调研公司已经在购物中心建立了交互式终端。营销调研的另一个主要突破点是在超级市场中使用电子收银机、光学扫描器和通用产品编号。

(2)调查人应整理和分析搜集到的信息，分离出重要的信息和结论。他们需要对问卷表中的数据进行检查以确保其准确性和完整性，并把数据编成代码以便进行计算机分析。例如，把数据列成表格，并制定一向和二向的频率分布。对主要变量计算其平均数和衡量离中趋势。在营销分析系统中，研究人员应努力采用一些先进的统计技术和决策模型，以期能找到更多的调查结果。

（四）解释和汇报调研结果

在这一步，调研人员运用分析资料，提出客观的调查结论。编写原则应该是客观、公正、全面地反映事实，以求最大限度地减少营销活动管理者在决策前的不确定性。调研报告包括的内容有：调研对象的基本情况、对所调研问题的事实的分析和说明、调研者的结论和建议。通常用调研报告的形式将市场调研结果呈送决策者。

案例 3-3

关于飞机上电话服务的调研报告

一、确定问题与调研目标

1. 乘客在航行期间通电话的主要原因是什么？
2. 哪些类型的乘客最喜欢在航行中打电话？
3. 有多少乘客可能会打电话？各种层次的价格对他们有何影响？
4. 这一新服务会使美国航空公司增加多少乘客？
5. 这一服务对美国航空公司的形象将会产生多少有长远意义的影响？
6. 电话服务与其他因素，诸如航班计划、食物和行李处理等相比，其重要性如何？

二、拟订调研计划

假定该公司预计不做任何市场调研而在飞机上提供电话服务，并获得长期利润 5 万美元，而营销经理认为调研会帮助公司改进促销计划而可获得长期利润 9 万美元。在这种情况下，在市场调研上所花的费用最高为 4 万美元。

调研计划包括：资料来源、调研方法、调研工具、抽样计划、接触方式。

三、搜集信息

四、分析信息

五、提出结论

1. 使用飞机上电话服务的主要原因是:有紧急情况,紧迫的商业交易,飞行时间上的混乱等;用电话来消磨时间的现象不多;绝大多数的电话是商人所使用,并且他们要报销单。

2. 每 200 人中,大约有 20 位乘客愿花费 25 美元打一次电话;而约 40 人期望每次通话费为 15 美元。因此,每次收 15 美元(40×15=600)比收 25 美元(20×25=500)有更多的收入。然而,这些收入都大大低于飞行通话的成本保本点 1 000 美元。

3. 推行飞行中的电话服务使美航每次航班能增加 2 个额外的乘客,从这 2 个人身上能得到 400 美元的纯收入,然而,这也不足以帮助抵付成本保本点。

4. 提供飞行通话服务增强了美航作为创新和进步的航空公司的公众形象。

第三节　市场需求测量与预测

某一产品的市场需求,是指一定时期内在特定地区、特定营销环境中,特定顾客群体可能购买该种产品的总量。对于市场需求的测量与预测对企业的经营活动有着重要的指导作用。营销调研人员首先应该在分析不同层次的市场的基础上,测定市场需求和企业需求,然后再进行销售预测。

一、市场需求测量

(一)不同层次的市场

潜在市场可进一步认定为有效市场、合格有效市场、目标市场和渗透市场。市场作为营销领域的范畴,是指某一产品的实际购买者和潜在购买者的总和,是对该产品有兴趣的顾客群体,也称潜在市场。有效市场是对某种产品感兴趣、有支付能力并能获得该产品的顾客群体。同样的产品,往往因购买者必须具备某一特定条件,才能获得该产品,从而构成该产品的合格有效市场。企业可将营销努力集中于合格有效市场的某一细分部分,这便成为企业的目标市场。通过企业及竞争者的营销努力,必能售出一定数量的某种产品,出现购买该产品的顾客群体,便形成渗透市场。

(二)市场需求

某一产品的市场总需求,是指在一定的营销努力水平下,一定时期内在特定地区、特定营销环境中、特定顾客群体可能购买该种产品的总量。对需求的概念,可从八个方面考察:

1. 产品

首先确定所要测量的产品的类型及范围。

2. 总量

可用数量和金额的绝对数值表述,也可用相对数值表述。

3. 购买量

指订购量、装运量、收货量、付款数量或消费数量。

4. 顾客群

明确是总市场的顾客群、某一层次市场的顾客群、目标市场还是某一细分市场的顾客群。

5. 地理区域

根据非常明确的地理界线测量一定的地理区域内的需求。

6. 时期

市场需求测量具有时间性，如年度、5 年、10 年的市场需求。

7. 营销环境

确切掌握宏观环境中人口、经济、政治、法律、技术、文化等因素的变化及其对需求的影响。

8. 营销努力

市场需求受产品改良、产品价格、促销和分销方式等因素影响，表现出某种程度的弹性，因此，市场需求也称为市场需求函数。

（三）企业需求

企业需求指在市场需求总量中企业所占的份额，即市场总需求与企业市场占有率的乘积。在市场竞争中，企业的市场占有率与其营销努力成正比。

（四）公司预测与企业潜量

公司预测指公司销售预测，是与企业选定的营销计划和假定的营销环境相对应的销售额，即预期的企业销售水平。企业潜量即公司销售潜量，指公司的营销努力相对于竞争者不断增大时，企业需求所达到的极限。

二、市场预测的概念

市场预测就是在市场调研的基础上，利用一定的方法或技术，测算一定时期内市场供求趋势和影响市场营销因素的变化，从而为企业的营销决策提供科学的依据。市场预测的内容包括市场需求预测、市场供给预测、市场物价与竞争形势预测等，对企业来说，最主要的是市场需求预测。

市场预测同市场调研和营销决策紧密联系，是一个发展过程的不同阶段。市场调研是市场预测的依据，市场预测是营销决策的基础，调研和预测的目的是为了实现营销决策的精确性和科学性。

三、市场需求预测的程序

掌握市场需求预测的程序，是需求预测工作中最基本的一环，以此为基础才能顺利地将预测工作进行到底。

（一）选择预测目标

进行市场预测首先要明确预测的目标是什么。对市场经济活动可以从不同的目的出发进行预测，预测目标不同，需要的资料、采取的预测方法也不同。

（二）广泛搜集资料

进行预测必须要有充分的市场信息资料，因此，在选择、确定市场预测目标以后，首要的工作就是广泛系统地搜集与本次预测对象有关的各方面数据和资料。在这里，市场调查资料是一个重要的信息来源。

（三）选择预测方法

搜集完资料后，要对这些资料进行分析、判断。常用的方法是首先将资料列出表格，制成图形，以便直观地进行对比分析，观察市场活动规律。分析判断的内容还包括寻找影响因素与市场预测对象之间的相互关系，分析预测市场供求关系，分析判断当前的消费需求及其变化以及消费心理的变化趋势等。

（四）建立模型，进行计算

市场预测是运用定性分析和定量测算的方法进行的市场研究活动。定性预测方法，经过简单的运算，可以直接得到预测结果。而定量预测方法要应用数学模型进行演算、预测。预测中要建立数学模型，即用数学方程式构成市场经济变量之间的函数关系，抽象地描述经济活动中各种经济过程、经济现象的相互联系，然后输入已掌握的信息资料，运用数学求解的方法，得出初步的预测结果。

（五）评价结果，编写报告

通过计算产生的预测结果是初步的结果，这一结果还要加以多方面的评价和检验才能最终使用。检验初步结果，通常有理论检验、资料检验和专家检验。对预测结果进行检验之后，就可以着手准备编写预测报告了。与市场调查报告相似，预测报告也分为一般性报告和专门性报告，每次预测根据不同的要求，编写不同类型的报告。

（六）对预测结果进行事后鉴别

完成预测报告并不是预测活动的终结，下一步还要对预测结果进行追踪调查。市场预测结果是一种有科学根据的“假定”，这种“假定”毕竟仍要由市场发展的实际过程来验证，因此，预测报告完成以后，要对预测结果进行追踪，考察预测结果的准确性和误差，并分析总结原因，以便取得预测经验，不断提高预测水平。

四、市场需求预测方法

市场需求预测方法很多，归纳起来可分为两大类，即定性预测方法和定量预测方法（图 3-3）。

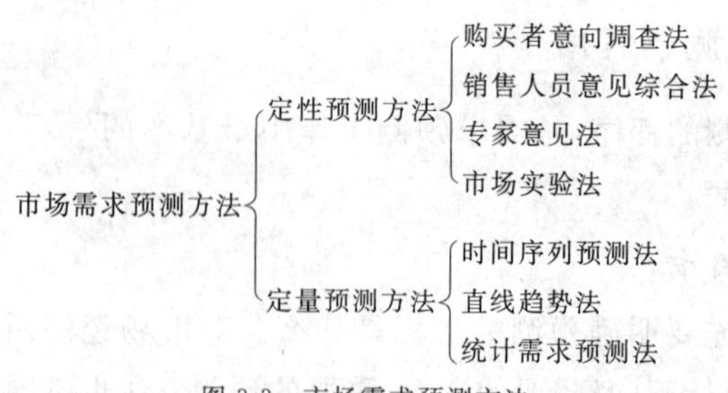

图 3-3 市场需求预测方法

(一)定性预测方法

定性预测主要是通过社会调查,采用少量的数据和直观材料,结合人们的经验加以综合分析,做出判断和预测,它是以市场调研为基础的经验判断法。

1. 购买者意向调查法

市场总是由潜在购买者构成的,预测就是预估在给定条件下潜在购买者的可能行为,即要调查购买者。这种调查的结果比较准确可靠,因为只有消费者自己才知道将来会购买什么和购买多少。在满足以下三个条件下,使用购买者意向调查法比较有效:

(1)购买者的购买意向明确清晰。

(2)这种意向会转化为购买行为。

(3)购买者愿意将其意向告诉调查者。

2. 销售人员意见综合法

在不能与顾客见面时,企业可以通过听取销售人员的意见估计市场需求。

3. 专家意见法

企业也可以利用经销商、分销商、供应商以及其他一些专家的意见进行预测。由于这种方法是以专家为索取信息的对象,用这种方法预测的准确性,主要取决于专家的专业知识和与之相关的科学知识基础,以及专家对市场变化的洞悉程度,因此,依据的专家必须具有较高的水平。

4. 市场实验法

市场实验法也是一种比较常用的预测方法。市场实验法是在具有一定代表性的市场进行销售实验。预测一种新产品的销售情况和现有产品在新地区或通过新的分销渠道的销售情况时,利用这种方法的效果最好。

(二)定量预测方法

定量预测方法是依据市场调查所得到的比较完备的统计资料,运用数学特别是数理统计方法,建立数学模型,用以预测经济现象和未来数量表现的方法的总称。

运用定量预测方法,一般需具有大量的统计资料和先进的计算手段。主要有时间序列预测法、直线趋势法和统计需求预测法三种方法。

1. 时间序列预测法

时间序列预测法的主要特点是以时间推移研究和预测市场需求趋势为主,不受其他外界因素的影响。不过,在外界发生较大变化,如国家政策发生较大变化时,根据过去已发生的数据进行预测往往有较大的偏差。

产品销售的时间序列,可以分为以下四个部分:

(1)趋势。它是人口、资本积累、技术等方面共同作用的结果,利用过去有关销售资料描述出销售曲线就可以看出某种趋势来。

(2)周期。企业销售额往往呈现出某种波动。因为企业销售一般受到宏观经济活动的影响,而宏观经济活动会呈现出某种周期性波动的特点。周期因素在中期预测中尤为重要。

(3)季节。指一年内销售变动的形式。季节可以是按小时、月份或季度周期发生的销售量变动形式。这个组成部分一般同气候条件、节假日、贸易习惯有关。季节形式为短期预测提供了基础。

(4)不确定因素。包括自然灾害、战乱、一时的社会流行风尚和其他干扰因素。这些因素一般无法预测,属不正常因素。应从过去的数据中剔除这些因素的影响,考察较为正常的销售活动。

时间序列分析就是要把过去的销售序列(Y)分解为趋势(T)、周期(C)、季节(S)和不确定因素(E)等部分,通过对未来这几个因素的综合考虑,进行销售预测。这些因素可构成线性模型,即 $Y=T+C+S+E$;也可以构成乘数模型,即 $Y=T\times C\times S\times E$;还可以是混合模型,即 $Y=T\times(C+S+E)$。

2. 直线趋势法

直线趋势法是运用最小平方法进行预测,用直线斜率来表示增长趋势的一种外推预测方法。其预测模型为

$$Y=a+bx$$

式中 Y——销售预测的趋势值;

x——时间;

a——直线在 Y 轴上的截距;

b——直线斜率,代表年平均增长率。

3. 统计需求预测法

时间序列分析把过去和未来的销售看成是时间的函数,即仅随时间的推移而变化,不受其他任何因素的影响。然而,任何产品的销售都受到很多现实因素的影响。统计需求分析就是运用一整套统计学方法发现影响企业销售的最重要的因素以及这些因素影响的相对大小。企业经常分析的因素,主要为价格、收入、人口和促销等。

统计需求分析将销售量 Q 视为一系列独立需求变量 $X_1,X_2,\cdots X_n$ 的函数,即

$$Q=f(X_1,X_2,\cdots X_n)$$

但是,这些变量同销售量之间的关系不能用严格的数学关系表示出来,只能用统计分析来揭示和说明。多元回归技术就是这样一种数理统计方法。

案例3-4

某汽车销售公司对中档家用轿车省内市场需求量的预测

2012 年 8 月～10 月,某汽车销售公司在消费者协会的支持下,对中档家用轿车省内市场需求量进行预测。其过程如下:

1. 确定市场预测目的

在省内对国产中档家用轿车的需求量迅速上升且不断发展的趋势下,为了充分把握市场的需求状况,该公司围绕以下四个目标开展市场预测:

(1)调查全省中档家用轿车销售的基本情况,分析本公司经营产品的市场地位和竞争能力。

(2)做好中档家用轿车省内市场需求量的定量预测，为公司近期安排进货与保持合理库存提供数据。

(3)了解各类型用户使用中档家用轿车的情况和需要，确定推出新产品的方向。

(4)对发展与扩大用户群做出可行性论证。

2. 搜集并整理信息资料

根据确定的预测目标，他们着重搜集了下列资料：

(1)本公司历年的品种、销售量、成本、盈利率指标等资料。

(2)同行业销售资料及国内同类产品的技术性能、价格、成本、产量等情报。

(3)全省中档家用轿车历年社会保有量及各类产品市场占有率资料。

(4)全省历年的汽车进口资料。

(5)汽车行业研究所有的相关报告、文章和研究成果。

(6)有关发展家用汽车工业技术经济政策的文件、社论文章等材料。

通过对这些资料的整理分析，他们对公司经营产品在省内市场的地位、优势和企业发展生产的有利条件、不利因素及国家发展汽车工业、扩大汽车消费群、开拓家用汽车市场的有关政策规定都有了比较清晰的了解，做到了知己知彼、知政策、知市场。

3. 多种方法开展调查

为了补充资料的不足，他们还采取多种方法开展市场调查，以便进一步掌握有关情况。主要有：

(1)重点调查。

(2)访问会谈。

(3)发信征询。

(4)专题调查。

如为了摸清中档轿车消费者最低的心理价位，他们走访了许多中高收入者，获得了消费者对家用轿车的外观、内在质量、价格、售后服务等各方面的翔实资料，并将资料经计算机处理，掌握了省内家用汽车市场的翔实的资料。

4. 回归预测方法的运用

根据调查整理前10年的国产中档家用轿车的年销售量资料，推算全省每年的需求量。做出销售量和年份相互之间的相关图。从中看出，市场需求量和年份这两个变量之间为直线趋势，对他们的相关关系可配以直线方程 $y=a+bt$，进而用最小二乘法求得 a、b 两个参数，并计算相关系数 r 及标准离差。最后测得该省当年中档家用轿车的需求量为6 000辆左右。根据本公司的市场占有率，计算出本公司的预测值。

5. 市场预测结果的运用

(1)为企业的经营决策提供了依据。通过预测，看到了近期中档家用轿车供求趋势，做出了大力促销中档家用轿车的决策。确定了三年的销售计划，设想销量逐年递增30%。

(2)促进新产品开发。通过预测，看到了汽车工业的重点是向环保化、小型化发展，将市场调查与预测的信息反馈给生产企业，建立松散型的产销联合体，最大限度地满足消费者的需求。

本章小结

科学的营销信息系统能形成综合性、全方位的营销信息网络，使营销信息在更高程度上、更广泛的基础上被利用，从根本上提高企业营销科学决策的能力。营销信息系统由内部数据库报告系统、营销情报系统、营销调研系统、营销分析系统构成。内部数据库报告系统以企业内部会计系统为主，辅之以销售信息系统，是营销信息系统中最基本的子系统；营销情报系统是企业日常搜集有关企业营销环境发展变化信息的一些来源或程序；营销调研系统是对企业所面临的特定营销环境的有关资料及研究结果做系统的设计、搜集、分析和报告的活动；营销分析系统由先进的统计步骤和统计模式构成，该系统的作用是利用科学的技术、技巧来分析营销信息，从中得出更为精确的研究结果。

营销信息是指在一定时间和条件下，同营销活动有关的各种消息、情报、数据和资料的总称，一般可以分成外部环境信息和内部管理信息两大部分。营销信息可通过资料研究法和直接调研法来搜集。观察法、询问法、实验法是主要的直接调研法，对营销信息可进行探测性分析、描述性分析、因果性分析和预测性分析。

营销信息的分析利用——营销预测就是根据过去和现在的情况，推测未来的发展，并通过分析研究，为企业的营销决策提供进行比较选择的初始方案以及实施这些方案的最佳途径。市场营销预测的内容十分广泛。一般来说，对市场需求、商品资源、市场占有率、市场价格、产品生命周期、营销效果等都可作预测。可以通过定性预测法(包括购买者意向调查法、销售人员意见综合法、专家意见法、市场实验法)和定量预测法(包括时间序列预测法、直线趋势法、统计需求预测法)来实现。

企业可通过形成特定的营销信息系统，保证营销信息的有效性和适用性，以及建立完善的计算机检索系统来对企业的营销信息实行科学管理。

一、复习思考题

1. 下列各种情况适合哪些调查？为什么？

a. 某食品公司希望调查儿童的偏好对其父母选择早餐食物的影响。

b. 你所在大学的书店希望了解学生对书店内商品、价格和服务的评价。

c. 某快餐店正考虑在快速发展的郊区的某个位置设立新的分店。

d. 电脑公司想知道开发学生用电脑是否有利可图。

2. 假如你是一名网上调查人员，你会如何开展你的网络调查工作？

3. 市场调查的程序包括哪些步骤？

4. 为什么要进行问卷实验？

5. 新产品上市前做产品销售市场调查有什么好处？

二、单项选择题

1. 特别适用于对新产品的销售进行预测的定性预测方法是(　　)。

A. 专家意见法　　　　B. 购买者意向调查法

C. 市场试销法　　　　D. 销售人员意见综合法

2. 邮寄调查法的优点是(　　)。

A. 结果较为客观　B. 速度快　C. 回收率高　D. 灵活性强

3. 电话调查法的优点是(　　)。

A. 结果较为客观　B. 速度快　C. 调查范围广泛　D. 灵活性强

4. 留置调查法的缺点是(　　)。

A. 真实性差　B. 速度慢　C. 回收率低　D. 调查范围受限

5. 网上调查将成为21世纪应用领域最广泛的主流调查方法之一，其主要特点是(　　)。

A. 高费用　B. 交互性，及时性　C. 主观性　D 不可控制性

6. (　　)一般是指一年以上五年以下时间长度的市场营销预测。

A. 短期市场营销预测　B. 中期市场营销预测

C. 长期市场营销预测　D. 远期市场营销预测

7. 下列预测方法中属于定量预测的是(　　)。

A. 时间序列法　B. 头脑风暴法　C. 德尔菲法　D. 情景分析法

8. 下列预测方法中属于定性预测的是(　　)。

A. 时间序列法　B. 头脑风暴法　C. 因果分析法　D. 组合预测法

9. 一般来讲，最适宜用来进行因果分析调研的市场营销调查方法是(　　)。

A. 调查法　B. 观察法　C. 实验法　D. 深度小组访问法

10. 市场营销预测的基本特征不包括以下哪个特征。(　　)

A. 服务性　B. 连续性　C. 系统性　D. 描述性

三、多项选择题

1. 市场调查表的设计原则包括(　　)。

A. 目的性原则　B. 可接受性原则　C. 顺序性原则

D. 简明性原则　E. 匹配性原则

2. 市场营销信息系统由以下哪些子系统构成(　　)。

A. 市场营销环境系统　B. 内部数据库报告系统　C. 市场营销情报系统

D. 市场营销研究系统　E. 市场营销分析系统

3. 市场营销研究人员对二手资料审查与评估的标准有(　　)。

A. 适用性　B. 及时性　C. 有效性

D. 可靠性　E. 客观性

4. 在运用调查法搜集原始资料时，整个调查研究过程由以下哪些部分组成(　　)。

A. 确定研究目的　B. 制定研究策略　C. 确定调查方法

D. 搜集资料　E. 分析资料

5. 在运用调查法搜集原始资料时，制定一套研究策略，包括以下哪几个方面的内容(　　)。

A. 确定研究目的　B. 确定调查方法　C. 选择研究工具

D. 搜集、分析资料　E. 确定抽样计划

6.即使没有任何需求和刺激,也不开展任何市场营销活动,市场对某种产品的需求仍会存在,这种情形下销售量称为(　　)。

A.基本销售量　　B.市场潜量　　C.企业潜量

D.市场最小量　　E.市场最大量

7.企业从事销售预测,一般要经过的阶段有(　　)。

A.环境预测　　B.政府开支预测　　C.行业预测

D.企业销售预测　　E.市场占有率预测

8.以"人们所说的"为基础的预测方法有(　　)。

A.购买者意向调查法　　B.时间序列预测法　　C.销售人员意见综合法

D.专家意见法　　E.统计需求预测法

9.产品销售的时间序列,可以分为以下哪些组成部分(　　)。

A.趋势　　B.周期　　C.年度　　D.季节　　E.不确定因素

10.市场调查的基本类型包括(　　)。

A.探测性调查　　B.描述性调查　　C.预测性调查

D.新产品开发调查　　E.因果性调查

四、判断题

1.市场营销研究的出发点是企业的一切经济活动都必须以市场需要为转移,市场应该是企业经营的起点。(　　)

2.市场营销情报系统其主要任务是搜集、评估、传递管理人员制定决策所必需的各种信息。(　　)

3.对运用二手资料的审查和评估必须坚持公正性标准。公正性是指提供该项资料的人员或组织不怀有偏见或恶意。(　　)

4.专家意见法因各专家并不直接交流,因此,在预测过程中,各种不同的观点不能充分表达和加以调和。(　　)

5.所谓观察法,是指将选定的刺激措施引入被控制的环境,进而系统地改变刺激程度,以测定顾客的行为反应。(　　)

6.某个产品的市场需求,是指一定的顾客在一定地理区域、一定时间条件下所购产品的总量。(　　)

7.市场需求不是一个固定的数值,而是一个受诸多因素影响的函数。(　　)

8.总市场潜量是指一定时期内,一定水平的行业市场营销力量下,在一定的环境条件下,一个行业中所有企业可能达到的最低销售量。(　　)

9.企业需求的绝对极限是市场潜量。(　　)

10.用购买者意向调查法预测产业用品的未来需求,其准确性比用在消费品方面要低。(　　)

五、案例分析题

谷一茶饮市场调查报告

一、调查目的

通过此次调查，我们将了解消费者对冷茶饮料特别是“谷一茶饮”的喜好程度，对“谷一茶饮”的包装、价格的接受程度和意见，并据此预测“谷一茶饮”市场前景及判定好目标消费者，为“谷一茶饮”大规模的总体市场营销及广告策略提供依据和参考意见。

二、调查结果

本次调查共发出调查问卷 1 350 份，收回有效问卷 798 份，对消费者的消费心理、习惯、场合、依据、产品的知名度、质量以及竞争对手情况等进行了调查了解，取得了可靠的第一手资料，为“谷一茶饮”大规模进军市场提供了事实依据和理论依据。

1. 对产品知名度的调查。“谷一茶饮”在湖南市场已投入前期广告经费 20 万人民币，并已试销，但效果如何？是不是为“谷一茶饮”大规模占领湖南市场初步扫除了人们的认识障碍？为此，我们设计了产品知名度一题，对 762 人进行调查，在四个备选答案中，“没听说过”的占 42.73％；“喝过”的占 12.37％；“只听说过”的占 19.5％；“想买来试一试”的占 25.4％。由此可见，前期广告策略不是最好的，产品的知名度还有待进一步提高。

2. 对消费者消费心理的调查。冷茶能否长期保质是人们普遍关心的问题，经过调查，认为“也许能”的占 43.84％；认为“不能”的占 20.77％；认为“能”的占 35.39％。

3. 对消费者消费习惯的调查。消费习惯对消费者消费有着决定性的影响作用，有 63.88％的消费者对饮料初次购买属随意购买，但看重品牌的也占一定比例。

4. 对消费场合的调查。流动人口多的地方是产品的主要消费场合。

5. 对消费者消费依据的调查。把“口味”作为选择依据的占 11.09％；选“品牌”的占 6.95％；把饮料的“解渴”功能作为选择依据的占 42.63％；选“洁净卫生”的占 39.33％。

6. 对“谷一茶饮”产品本身的调查。我们带着样品对部分消费者进行了访谈，对“谷一茶饮”的质量、外观、价格等进行了调查。

7. 对消费者基本情况的调查(略)。

三、调查问题的解答

1. 产品本身存在的问题

部分消费者使用样品后，对“谷一茶饮”的包装、质量、价格等方面提出了他们的意见。

现销产品的包装不尽如人意，还需要很大的改进。首先，密封不严，甚至漏水，这样将会影响产品的保质期和质量；其次，泡沫太多，这跟密封问题不能说没有关系，由于泡沫太多，在调查中许多消费者都不敢品尝，在现实销售中，这将会使销售量大幅度降低。

现销产品的外观造型特别是外围那层薄膜，可以说是粗制滥造，降低了“谷一茶饮”的档次。

质量是产品的生命，优质才有优价，作为新产品，并且是即开即食，与消费者健康密切相关的饮料，质量更为重要。从样品来看，现销“谷一茶饮”的质量还亟待提高，沉淀物应适量减少。

由于“谷一茶饮”是即开即食且能多次冲泡的饮料，因此，在调查中，许多人提到了防伪标志，对此建议公司应高度重视。

在对消费者消费饮料依据的调查中，42.63%的人选择的是“解渴”，可见，实惠是消费者消费饮料的根本依据，在这方面，消费者对“谷一茶饮”也颇有微词，好的质量还没有得到消费者的广泛认同。

2. 市场前景的分析

茶叶被称为21世纪的“世界饮料之王”，它含有多种人体所必需的营养成分和药效成分。

(1)消费者消费习惯和产品本身的分析

消费依据：42.63%的消费者认为购买饮料是为了解渴，可见实惠是人们对饮料消费的依据。

消费场合：67.75%的消费者选择在火车上和旅游逛公园时购买，可见，消费者主要在外出时购买饮料。

消费习惯：63.88%的消费者购买饮料有很大的随意性。

消费心理：26.87%的消费者欣赏它的保健功能化，这是“谷一茶饮”的一个优势，可以利用这个优势从心理上占领消费市场。

消费趋势：由于人们生活水平的提高，对饮料的消费越来越趋向多功能化，特别是保健功能，备受人们的喜爱，而这又恰恰是“谷一茶饮”目前为止在饮料界所独有的。

因此可得出结论，“谷一茶饮”具有其他饮料所具有的解渴等功能，同时又具有其他饮料所没有的保健功能，顺应饮料消费的发展趋势，市场前景比较理想。

(2)从市场需求预测产品的市场前景

市场总需求是各种条件结合起来的一个变量，任何有用产品在不支出任何刺激需求的费用时，仍会有一个基本的市场需求量，即市场下限，但在现代广告社会中推出一种新产品，不支出营销费用是不可能的，随着市场营销费用的增加，市场需求水平也相应提高，提高的速度最初为递增，然后为递减，最后达到某一点，在这一点上，无论怎样增加营销投入，需求量也不会再增加，即市场上限。

“谷一茶饮”现在的年生产能力是36万瓶，月销量为2.5万瓶左右，现销地区为湖南、上海、江苏三省市，由此可见，产品的市场下限量很低，但人们对新事物的承认有一种认知的过程，在投入期营销投入额大，但市场需求量的增长缓慢，公司在营销支出后的短期内不会收到很明显的效果。真正好的产品，当其营销支出达到一定的程度，人们对其有了足够的认识后，只要再增加小部分的营销支出，市场需求就会大幅度增加，从市场需求预测可以得知，“谷一茶饮”的市场潜量巨大，市场前景广阔。

(3)目标消费者的定位

①产品的档次定位。广大消费者对大众饮料的购买标准是：实惠、卫生、方便，饮料又属敏感价格类产品，因此，“谷一茶饮”的档次又不宜定得太高。综合各方面的因素，“谷一茶饮”的档次定位为“中档”或“中档偏上”类新型饮料为好。

②目标消费者层次。在判定目标消费者时，应着重考虑如下因素：消费场所，定位应

为家庭以外的所有公众场所，既包括宾馆、酒店、写字楼、夜总会等高档场所，又包括车站、码头、列车等非高档场所；消费年龄，适用于所有需要它的消费者；消费者收入水平，主要应是具有中等收入水平以上的消费者。

问题：

1.市场调查的主要内容包括哪些?

2.“谷一茶饮”主要采取的市场调查工具和方法是什么?

3.从该公司的调查与预测显示可以判定该公司的目标消费者属于什么类型? 为什么?

六、实训练习题

实训项目：市场营销调研

(一)实训目的

通过实训帮助学生初步掌握市场营销调查的基本程序、核心技术、技能要求，目的是让学生深刻理解营销调研流程中的每一个步骤。如何定义问题与确立调研目标；如何设计调研方案，搜集资料，开展实地调查，设计调查问卷；如何进行市场调研中的数据分析；如何撰写调研报告等。

(二)实训组织

将班级同学划分为若干项目小组，小组规模一般是5～8人。

(三)实训要求

确定调研主题、调研内容；制作此次营销调研计划并实施；设计切合实际的市场调查问卷一份；根据调查结果，撰写合乎规范的营销调研报告一份。

注意：调研主题、对象可由学生自己确定，要考虑操作的可行性和便利性。如关于我院学生对图书馆藏书需求的调查。

(四)实训内容

学生分成5～8人的小组，自行讨论并决定调研课题，按下述步骤实施一次营销调研。

1.确定调研问题，描述调研目标；

2.制订调研计划；

3.设计一份调研问卷；

4.在班级内部进行模拟访问；

5.整理并分析数据；

6.撰写调研报告。

第四章

市场购买行为分析

教学目标和要求：

1. 熟悉消费心理学和消费行为学的基本内容
2. 了解消费者市场及其特点
3. 熟练掌握消费者购买行为的影响因素
4. 理解消费者购买行为的类型，掌握消费者购买行为模式和购买决策过程

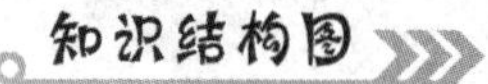

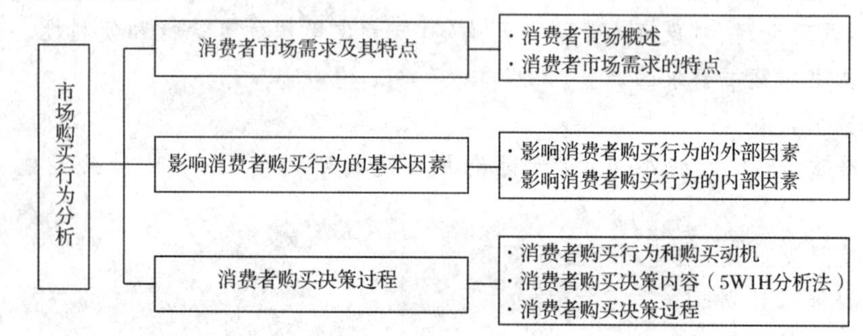

导入案例

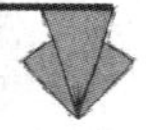

2017 网购消费者行为分析

一、影响行为因素

根据中国电子商务研究中心的调查研究数据，2016 年消费者网购时最关注的因素是品牌、品质、价格、品类、服务及物流。其中品牌的重要性凸显，它影响着 51.5%的消费者的购物决策；45.6%的消费者在购物时看中品质，商品质量左右消费者的决定；40.9%的消费者看中价格，性价比对他们来说比较重要；35.4%和 21.5%的消费者看中服务与物

流。由此可见，价格驱动购买时期已经过去，品牌、品质取胜才是消费者最关切的因素，这一变换也吻合目前国民消费升级的大趋势。

二、市场分析

（一）淘宝：价格、品类见长

淘宝起步较早，以价格实惠、品类丰富被广大网购消费者所熟知；28.2%的网购消费者经常光顾淘宝。

（二）京东：物流、服务优势凸显

京东以服务取胜，提供快捷、优质的服务。京东专业的物流配送服务得到了网购消费者的认可，有19.7%的网购消费者对其物流服务满意。

（三）天猫：品牌、品类受到肯定

天猫以品牌、品类丰富等优势受到网购消费者的欢迎，有23.1%的网购消费者光顾天猫的频次高。

三、选择方式

智能手机、平板电脑等的普及，4G网络环境的日渐优化，加上电商在移动端的布局，加速了用户网购朝移动端转移。据调查显示，55%的网购消费者选择使用移动设备进行网购，34.9%的网购消费者使用电脑进行网购，15.9%的网购消费者委托他人网购商品。

四、消费者网购时间的选择

据调查显示：有32.5%的网购消费者选择在睡前进行网购；26.8%的网购消费者选择在上午网购；中午和下午网购的消费者分别占21.5%和19.2%。购物网站可根据消费者网购时间特性调整策略，更好地满足消费者需求。

五、消费者网购品类偏好

服装配饰、家居用品、个人护肤品美妆等关乎“面子”的品类是网购消费者的重点偏好，明显高于图书音像、营养保健等关乎“里子”的品类；服装配饰是无论男女都会首选的商品品类，数据显示，服装配饰受到39.3%的网购消费者欢迎；其次是家居用品，占比26.9%的网购消费者偏爱家居用品；个护美妆排第三，占22.2%。服装品类牢牢占据网购第一大品类的位置，消费者需求量大、复购率高，是各家综合电商的“必争之地”。

资料来源：中国电子商务研究中心。

第一节　消费者市场需求及其特点

满足消费者需求是现代企业市场营销的中心任务。研究消费需求、发现消费者新的需求并予以满足是企业营销活动的全过程。美国管理大师彼得·德鲁克(Peter Druker)认为：“企业要想获得最大利润，他们需要去预测和满足消费者的需求。”重视研究有关市场的消费者行为特点，且只有根据消费者行为特点制定的营销策划与策略才能在市场中立于不败之地。

一、消费者市场概述

消费者市场是指为满足生活需要而购买商品和服务的所有个人和家庭。消费者市场又称最终消费者市场、消费品市场或生活资料市场，它是市场体系的基础，是起决定作用的市场。其他市场，如生产者市场、中间商市场等，其最终服务对象都是消费者市场。

二、消费者市场需求的特点

消费者市场需求是指城乡居民、社会集团在市场上获得必要生活资料的有支付能力的愿望和要求。它在市场购买行为研究中具有十分重要的地位。

消费者市场需求，大致上有如下特点：

（一）消费者市场需求的多样性

由于消费者人数众多，所以消费者市场需求差异很大。消费者因收入水平、文化程度、职业、性别、年龄、民族和生活习惯的不同，自然会有不同的爱好和兴趣，对消费品的需求也千差万别。对不同产品，对同类产品的不同品种、规格、性能、样式、服务、价格等方面有着多种多样的需求。这种不拘一格的需求，就是消费者市场需求的多样性。

（二）消费者市场需求的发展性

消费者的市场需求是无止境的。随着生产力的发展和消费者个人收入的提高，人们对商品和服务的需求也在不断地发展。过去未曾消费过的高档商品现在开始消费；过去消费少的高档耐用品现在大量消费；过去消费讲求价廉、实惠，现在追求美观、舒适等。

（三）消费者市场需求的伸缩性

消费者购买商品，在数量、品级等方面均会随购买水平的变化而变化，随商品价格的高低而转移。其中，基本的日常消费品需求的伸缩性比较小，而高中档商品、耐用消费品、穿着用品和装饰品等选择性强，消费者市场需求的伸缩性就比较大。

（四）消费者市场需求的层次性

消费者的所有需求不可能同时得到满足。人们的需求是有层次的，各个层次之间虽然难于截然划分，但是大体上还是有次序的。一般说来，消费者总是先满足最基本的生活需求（生理需求），即满足“生存资料”的需求，然后再满足社会交往需求和精神生活需求，即满足“享受资料”和“发展资料”的需求。也就是说，消费需求是逐层上升的，首先是满足低层次的需求，然后再满足较高层次的需求。随着生产的发展和消费水平的提高，以及社会活动的扩大，人们消费需求的层次必然逐渐向上移动，由低层向高层倾斜，购买的商品越来越多地满足社会性、精神性的需求。

（五）消费者市场需求的时代性

消费者市场需求常常受到时代精神、风尚、环境等的影响。时代不同，消费者市场需求和爱好也会不同。例如，随着我国人们文化水平的提高，人们对文化用品的需求日益增多。这就是消费者市场需求的时代性。

（六）消费者市场需求的可诱导性

消费者市场需求的产生，有些是本能的，有些是与外界的刺激诱导有关的。因此，消费者市场需求可以引导和调节，这就是说通过企业营销活动的努力，人们的消费需求可以发生变化和转移。潜在的欲望可以变为明显的行动,未来的需求可以变成现实的消费。

(七)消费者市场需求的联系性和替代性

消费者市场需求在有些商品上具有关联性,消费者往往顺便联系购买。如出售皮鞋时,可能附带售出鞋油、鞋带、鞋刷等。所以经营有联系的商品,不仅会给消费者带来方便,而且能扩大商品销售额。有些商品具有替代性,即某种商品销售量增加,另一种商品销售量减少。如食品中的肉、蛋、鱼、鸡、鸭等,其中某一类销售多了,其他就可能会减少;洗衣粉销量上升,肥皂销量就会下降等。

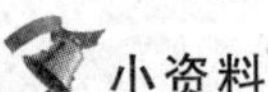
小资料

春节市场特点解析

一年一度的传统重大节日——春节,对于众多消费品厂家来说,是一场关键的营销战争。做得好,可以在取得丰硕战绩的同时赢得品牌声誉,更广泛地进入千家万户,进一步拉近与消费者的距离。做得不好,则有可能使自己处于越来越不利的市场地位。

那么,做好春节营销到底有哪些关键点需要掌握呢?首先应该研究的是:春节市场的特点与平常到底有何不同?归纳一下,大致会有这么几个方面:

一、市场需求陡增

这一特点想必不用解释大家也会明白,因为春节的重要性,即使经济再困难的家庭,在春节期间也会备一些东西来欢庆一下,市场需求陡增也就是自然而然的了。

二、购买力大幅度增强

很多中国消费者都有平常攒钱、春节集中消费一次的习惯。在农村,这一习惯表现得尤其明显。对于很多企业来讲,若能有效地抓住这一购买力,对其销售总业绩往往有着决定性的影响。

三、感性消费、冲动性消费会更多

热热闹闹的气氛、彻底放松的感觉,都会使人们暂时放下理性的精打细算,再加上众多品牌的活动不断,春节的卖场简直如同一个舞台。在这样的情况下,冲动性的消费会成倍地增加。以小孩为例,平常有些家长可能还会管教一下,但在春节,一般都会顺从小孩的要求。

四、人们拥有的休闲时间更多

春节长假,使得人们可以暂时抛下一年来的琐事,全身心地放松一下。逛逛街、购购物,自然也是很正常的一种休闲方式。在卖场的时间越长,消费得会越多。

五、加大了对市场的推广力度

为了抓住春节的巨大商机,各商家使出浑身解数,这样一来,春节期间对市场的总体投资规模也会放大许多,进一步将市场的需求激发出来。

六、渠道、媒体等资源处于高度紧张状态

参与者多,自然“僧多粥少”,特别是渠道,短期内放大几乎不可能,因而争夺更加激烈。

通过简单的归纳我们可以看到,春节市场与平时有着不同的特点。在这样一种环境下,究竟要如何做才能取得更好的效果呢？很显然,靠常规的或平常习惯的市场运作方法来应对春节市场是不行的,希望在春节市场有所作为的企业,必须重视创新,通过创新来获得市场竞争的胜利。

第二节　影响消费者行为的基本因素

一、心理因素

消费者购买行为要受动机、知觉、学习以及信念和态度等主要心理因素的影响。

(一)激励(动机形成)理论

动机是一种升华到足够强度的需要,它能够及时引导人们去探求满足需要的目标。依照心理学的观点,人的行为是由动机支配的,而动机是由需要引起的。所谓需要,就是客观刺激通过人体感官作用于人脑所引起的某种缺乏状态。例如,人体内的生化作用引起饥饿的感觉,产生进食的需要;目睹同事都买了住房,就在心理上产生对住房的需要等。客观的刺激,既指人体外部的,也指人体内部的;可以是物质的,也可以是精神的;或兼而有之。

现代最流行的激励(动机形成)理论有两种:

1. 西格蒙德・弗洛伊德的理论

西格蒙德・弗洛伊德是20世纪初期世界著名的心理学家,他的动机形成理论在营销学上的主要意义是:指出了消费者行为同时受到心理和产品两方面因素激励,如某些产品的外形可引起消费者的某些情感和联想,从而促成购买行为。

2. 马斯洛的"需要层次论"

马斯洛认为,只有尚未被满足的需要才影响人的行为,亦即已满足的需要不再是一种动因。人的需要是以层次的形式出现的,按其重要程度的大小,由低级需要逐级向上发展到高级需要,依次为生理需要、安全需要、社会需要、尊重需要和自我实现需要(图4-4)。只有低层次需要被满足后,较高层次的需要才会出现并要求得到满足。

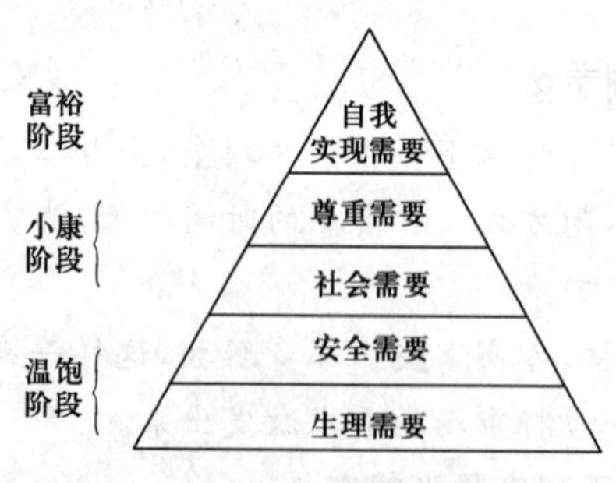

图4-4　马斯洛需要层次模式

(1)生理需要。这是指人类为了生存、维持生命而产生的最低限度的基本需求,如满

足饥饿、防寒、睡眠等方面的需求。

(2)安全需要。这是指人们为了保障身体安全,以免遭受危险和威胁而产生的需求,如对人身、财产保险的需求,对保健品、医药品等的需求。

(3)社会需要。这是指人们在社会生活中重视人与人之间的交往,希望成为某个集团或组织的成员,得到同事的尊重和友情而产生的需求,如对鲜花、礼品等的需求。

(4)尊重需要。这是指人类所具有的自尊心和荣誉感,对名誉、地位的欲望及个人能力和成就能得到表现,并能为社会所承认的需求,包括威望、成就、自尊、被人尊重、显示身份等需求,如有的人购买别墅或高级轿车以显示自己的地位和富有。

(5)自我实现需要。这是人类的最高级需求,包括对获得成就的欲望,对个人行使自主权,对理想、哲学观念的需求。自我实现的需要往往与受表扬的需求、追求地位的需求密不可分,人们都希望以不同的方式显示自己的成就。

(二)知觉、学习、信念与态度

1. 知觉

知觉是指个人选择、组织并解释信息的投人,以便创造一个有意义的过程,它不仅取决于刺激物的特征,而且还依赖于刺激物同周围环境的关系以及个人所处的状况。人们之所以对同一刺激物产生不同的知觉,是因为人们要经历三种知觉过程,即选择性注意、选择性曲解和选择性记忆。人们对于刺激物的理解是通过知觉进行的。

2. 学习

人们要行动就得学习。学习是指由经验引起的个人行为的改变。在购买过程中,学习即指消费者在购买和使用商品的实践中,逐步获得和积累经验,并根据经验调整购买行为的过程。“刺激—反应(S-R)”理论认为,人的学习过程包含下列五种连续作用的因素:驱动力、刺激物、提示物(诱因)、反应和强化。由于市场营销环境不断变化,新产品、新品牌不断涌现,消费者必须经过多方搜集有关信息之后,才能做出购买决策,这本身就是一个学习过程。

3. 信念与态度

信念是指一个人对某些事物的描述性思想,是人们对事物所持有的认识。生产者应关注人们头脑中对其产品或服务所持有的信念,即本企业产品和品牌的形象。人们根据自己的信念做出行动,如果一些信念是错误的,并妨碍了购买行为,生产者就要运用促销活动去纠正这些错误信念。所谓态度则是指人们对事物的情感偏好,是指一个人对某些事物或观念长期持有的好与坏认识上的评价、情感上的感受和行动倾向。态度能使人们对相似的事物产生一致的行为。一个人的态度呈现为稳定一致的模式,改变一种态度就需要在其他态度方面做重大调整。

案例4-1

在欧洲,20世纪90年代中期,牛肉的消费下降了50%以上,这一戏剧性的变化严重打击了牛肉供应商。研究分析表明,消费者受鸡肉广告的吸引,认为鸡肉含有更低的胆固醇和卡路里,而原来对牛肉种种健康性的信念被遗忘了。为此,牛肉行业委员会花费数千万广告费，将牛肉和鸡肉做比较，从而重新唤起并加强了消费者认为牛肉是健康食品的信念，并在短期内使牛肉的消费量有了很大的提高。

二、经济因素

消费者的购买行为完全是理智的，他们遵循的是“最大边际效用”原则，即希望根据有限的收入和信息，通过购买使自己获得最大的满足。

（一）产品功能与价格是否统一

价格的高低是影响消费者购买行为最关键、最直接的因素。消费者一方面受经济生活水平的制约，产品价格需求弹性系数较高，对价格较为敏感，价格有时成为消费者的唯一选择；另一方面，“性价比”也是消费者购物的重要影响因素。

（二）消费者收入

收入是决定消费者购买行为的根本因素。随着人们可任意支配收入的增加，市场商品日益多样化，人们需求的范围越来越广泛，要求越来越高，经济因素对消费者购买行为的支配作用就会逐渐减少，而社会、文化和心理因素的作用会相对增大。

（三）商品效用

边际效用递减，某种商品的需求逐渐得到满足之后，对这类商品的购买欲望会降低。

三、社会文化因素

（一）社会阶层

社会阶层是指一个社会中具有相对的同质性和持久性的群体，他们是按等级排列的，每一阶层的成员具有类似的价值观、兴趣爱好和行为方式。依据消费者的职业、收入、价值倾向等因素，可以将消费者划归为不同的阶层。不同社会阶层的人，他们的经济状况、价值观念、兴趣爱好、生活方式、消费特点、闲暇活动、接受大众传播媒体等各不相同，这些都会直接影响他们的购买习惯和购买方式。企业营销要关注社会阶层的划分情况，针对不同的社会阶层的爱好要求，通过适当的信息传播方式，在适当的地点，运用适当的销售方式，提供适当的产品和服务。

（二）文化和亚文化

文化、亚文化对消费者的行为具有最广泛和最深远的影响。文化通过对个体行为进行规范和界定进而影响家庭等社会组织。文化本身也随着价值观、环境改变或重大事件的发生而变化。

文化因素是影响消费者需求的最基本因素。每个人都处在一定的文化环境之中，接受着共同的价值观念、道德规范、风俗习惯等。因此，文化因素对消费者的购买行为有着强烈的影响。文化属于宏观环境因素之一，人们的风俗习惯、伦理道德、价值观念和思维方式等，都受传统文化的制约，在不同文化的人群之间有重大差别。每一文化都包含着能为其成员提供更为具体的认同感和社会化的较小的亚文化群体，所谓亚文化，是指某一文化群体所属的次级群体的成员共有的独特信念、价值观和生活习惯。如民族群体、宗教群体、种族群体、地理区域群体等。

案例4-2

“聚件成套”显奇功

日本日绵公司主要经营陶瓷器生意。在日本，他们经营的高级陶瓷器非常畅销，于是公司董事土桥久男就准备把业务拓展到美国去。

刚开始时，陶瓷器在美国并不好销，经过仔细的调查研究后，土桥久男发现，过去专门销售陶瓷器的百货公司效率很低，运转速度慢，产品销量不大，不如改用超级市场来销售。于是，他把陶瓷器摆到了纽约的各家超级市场里，占据了橱窗的醒目位置，销量上升很多。但他并不满足于眼前的成绩，他认为销量还可以扩大。通过对美国大众习惯心理和消费行为的分析，在他头脑中形成了一套完整的销售计划，这就是以超级市场为中心，开拓市场，扩大销量的“聚件成套”的计划。

“聚件成套”的具体做法是：第一步，在超级市场推出四个一组的陶瓷咖啡杯，同时赠送购买者四个咖啡碟子。第二步，当咖啡杯卖出相当数量的时候，以较高的价格开始出售糖罐，因为喝咖啡要加糖，所以买了咖啡杯，就要买糖罐。第三步，当糖罐卖出相当数量的时候，再以更高的价格开始出售陶瓷调羹、托盘和碟子。前后推出的这几种产品在花样、色泽、质地等方面完全一致，风格也完全一样，购置全了可配成一套喝咖啡的用具。

有了销售计划，土桥久男又凭着卓越的经商才干和口才，说服了超级市场的经营者，使自己的“聚件成套”的计划得以实施，最后日绵公司终于获得了丰厚的利润。

美国是个咖啡消费大国，推出咖啡陶瓷用具是有的放矢，而且美国人对日常用具很讲究配套和特色。土桥久男运用“聚件成套”的销售法，先以低价和馈赠吸引美国顾客的购买，再以高价出售配套的糖罐、调羹等，利用美国人对日用品讲究配套的心理特点，分阶段地实施销售计划，使美国人欲罢不能，最终达到了扩大瓷器销售量的目的。

（三）社会因素

社会因素主要包括家庭、相关群体、社会角色和地位等。

1. 家庭

家庭是构成社会的细胞，也是消费品市场的主要购买者。同一家庭的成员往往具有相同的行为规范，家庭对消费者购买行为影响最大。按照家庭权威中心的不同，家庭可以分为：①丈夫决定型；②妻子决定型；③共同决定型；④各自做主型。不同的家庭购买商品的决策重心也不相同。对丈夫有较大影响力的商品有汽车、摩托车、自行车、计算机、电视机等；对妻子有较大影响力的商品有衣服、洗衣机、餐具、吸尘器、化妆品等；夫妻共同关心的商品有住房、家具、旅游等。

2. 相关群体

相关群体就是对个人的态度、意见和偏好有重大影响的群体，是指在形成一个人的思想、态度、信仰和行为时，对其有影响的一些团体。每一相关群体都有自己的价值观和行为规范，群体内的成员都必须遵守这些共同的观念和规范。相关群体可以分为三类：

一是对个人影响最大的群体，如家庭、亲朋好友、邻居和同事等；二是影响较次一级的群体，如个人所参加的各种社会团体；三是个人并不直接参加，但影响也很显著的群体，如社会名流、影视明星、体育明星等。

相关群体对消费者行为的影响表现在三个方面：①相关群体向人们展示新的行为和生活方式。②相关群体可能影响一个人的态度和自我观念。③相关群体能产生某种令人遵从的压力，影响消费者对商品及品牌的选择。

3. 社会角色和地位

社会角色和地位是指某人在社会上处于一定地位的权利和义务，一个人在不同的场合扮演不同的角色，并享有不同的社会地位，因而有不同的需求，购买不同的商品。如某人在公司是总经理，在家里是儿子，结婚后是丈夫和父亲。作为总经理他会坐豪华小轿车，穿高档服装，因为他要代表企业形象；作为父亲他需要为儿女购买学习用具等。

四、个人因素

消费者购买决策也受个人因素的影响，特别是受其年龄所处的生命周期阶段、职业、经济状况、生活方式、个性以及自我观念的影响。生活方式是一个人在世界上所表现的其活动、兴趣和看法的生活模式。个性是一个人所特有的心理特征，它导致一个人对其所处环境的相对一致和持续不断的反应。

（一）年龄与家庭生命周期

消费者年龄不同，对商品的需求有很大的差异，食品、衣服、家具、娱乐品等的购买都与年龄有很大关系。年龄不仅影响人们的购买决策，而且关系到他们的婚姻家庭。西方学者将“家庭生命周期”划分为九个阶段。

1. 单身期

离开父母独居的青年时期。

2. 新婚期

新婚年轻夫妻，无子女。

3.“满巢”Ⅰ期

子女在六岁以下。

4.“满巢”Ⅱ期

子女大于六岁，已入学读书。

5.“满巢”Ⅲ期

结婚已久，子女已长大，但仍需供养。

6.“空巢”Ⅰ期

结婚已久，子女长大分居，夫妻仍有劳动能力。

7.“空巢”Ⅱ期

已退休的老年夫妻，子女离家分居。

8. 鳏寡就业期

独居老人，尚有劳动能力。

9. 鳏寡退休期

独居老人，退休养老。

不同阶段的家庭有不同的需求，营销者只有明确目标市场上的顾客处在生命周期的哪一阶段，并根据其需求生产适销产品，才能获得成功。同时，还应重视消费者心理上的生命周期阶段，如美国福特汽车公司为年轻人设计了一种“野马”牌汽车，投放市场后，一部分中老年人也非常喜欢，说明这种汽车能够满足消费者追求年轻的心理需求。

(二)生活方式

生活方式是指一个人或集团对消费、工作和娱乐的特定习惯和态度。人们追求的生活方式不同，对商品的爱好和需求也就不同。市场营销是向消费者提供所有生活方式的一个过程，它使消费者有可能按照自己的爱好，选择适当的生活方式。

(三)职业

不同职业也决定着人们的不同需求和兴趣。营销者应该分析哪些职业的人对本公司的产品和劳务有兴趣，同时也可生产或经营供某一种职业使用的产品与劳务，如生产职业服装。

第三节　消费者购买决策过程

市场营销者在分析了影响购买者行为的主要因素之后，还需了解消费者如何真正做出购买决策，即了解谁做出购买决策、购买决策的类型以及购买决策过程的具体步骤。

一、消费者购买动机

实际生活中的消费者购买心理比较复杂，有些消费者对商品的价格比较敏感，专买便宜货；有些消费者则偏爱购买名牌、高档商品；有些消费者购买时偏重商品的质量或商品的式样和风格等，因而形成了各式各样的具体购买动机。消费者的具体购买动机主要有以下几种类型：

(一)求实动机

求实动机是以注重商品的实际使用价值为主要特征的购买动机。具有这种动机的消费者在购买商品时，讲究商品的内在质量、实际效用，不太注意商品的外观和品牌，不易受时尚和各种广告的影响。

(二)求廉动机

求廉动机是以追求廉价商品为主要特征的购买动机，也称求利动机。具有这种动机的消费者，在购买商品时，特别注重商品的价格，对商品的花色、款式、包装及质量不大挑剔。

(三)求安全动机

求安全动机要求商品在使用过程中与使用以后，能够保证生命安全与身体健康，如在购买食品、药物、化妆品、交通工具、煤气用具等商品时，消费者在安全性能上往往有特别的要求。

(四)求新动机

求新动机是消费者形成品牌转换和“冲动消费”的一个主要原因。消费者对新奇的需求是起伏变化的,也就是说,经历频繁改变的消费者会变得厌倦改变而渴望稳定,而处于稳定环境下的消费者会感到“腻味”而渴望改变。

(五)求美动机

求美动机是以重视商品的审美价值和艺术价值为主要特点的购买动机。这些顾客在购买商品时,重视商品的造型、色彩和艺术美,重视其对人体的美化作用,如在购买服装时,过分注重衣服的颜色和款式,而相对忽视衣服的质量等。

(六)求名动机

求名动机是消费者选购商品时追求名牌、高档商品,借以显示或提高自己身份地位而形成的购买动机。这类消费者喜欢购买名牌商品和高档商品。具有这种购买动机的消费者不太注意商品的使用价值,而特别重视商品的形象和象征意义。

案例4-3

消费者购车的三种心态

进口车或合资车大致可分为日系、美系、欧系和韩系四类。日系车比较常见的有马自达、日产、丰田、本田、凌志等;欧系车比较常见的有大众、宝马、奔驰、雪铁龙、菲亚特等。两者在外观和内部构造上都有一定区别。日系车的发动机多采用“小马拉大车”的形式,比较省油,这和它的整体设计有关。日系车设计力求物尽其用,没有多余的累赘,因此车身重量较轻,耗油自然要少。欧洲人个头比较大,而且他们比亚洲人更重视舒适实用,他们崇尚张扬个性,偏爱动力功能好,因而欧系车一般车内空间大,车身较重,多采取“大马拉小车”的驱动形式,发动机功率大,油耗相应也大。消费者购车心态大致分为三类。

一见钟情派

有些消费者买车就像找女朋友,看重所谓“第一眼感觉”。一款车或者是其外观,或者是其整体风格能够引起他的认同和舒适感,再加上足够的品牌质量系数,“移情别恋”的可能性就很小了。在长沙一中学就职的晏先生不久前买了一辆别克凯越。他对笔者说,他比较喜欢美系车随意简洁的外形设计,而凯越这一车型就很对他的胃口,第一眼看到就比较喜欢,而别克又是个不错的品牌,他毫不犹豫就买了下来。

慎重比较派

就消费者目前的购买力而言,添置一辆新车对大多数人来说毕竟不是小事,很多消费者买车除了自己在汽车市场转悠上一段时间外,还得拉上七大姑八大姨去给自己出谋划策。李先生是省直单位公务员,计划买车已经有一段时间了,但目前尚未实施。说到买什么车,他有些无所适从地表示,从经济的角度考虑,日系、韩系车比较省油,但欧系、美系车的使用寿命又要长一些，真不知道怎么选择。刘先生现在开的是一辆一年前买的风神，他说当时也考虑了许久，最后综合各种情况觉得买车已是不易，油费是一笔不小的开销，所以还是选择了省油的车型。

理性分析派

有些消费者对车的了解比较深入，他们也就完全有资本站在专业角度对目前的车市进行一番分析再下定论。张先生可谓是“汽车发烧友”，对各种车的性能以及车市动向了如指掌。他认为，买车不仅要看车的情况，还要看本地的路况更适合什么车。日系车比较划算，但实际上湖南的路况并不好，日系车“小马拉大车”式的发动机不太适合，这样更易产生磨损，从而缩短车的实际使用寿命。

二、消费者购买决策内容(5W1H分析法)

消费者的购买决策，是指消费者要对购买对象、购买目的、购买者、购买时机、购买地点、购买方式等做出选择，即通常所说的5W1H。

(一)购买对象(What)

购买对象涉及消费者对商品和品牌的选择。对营销人员来说就是了解顾客需要或准备购买的商品与服务。

(二)购买目的(Why)

购买目的即消费者为何购买。研究消费者购买目的就是要分析消费者出于什么动机购买商品。通过了解消费者的购买动机，营销者就能有依据地说明和预测消费者的购买行为。

(三)购买者(Who)

营销人员要通过对消费者购买活动以及参与购买过程中的不同角色的分析，确定购买商品的主体。一般来说，对于消费者市场主要是确定家庭成员的地位和作用。人们在购买决策过程中可能扮演不同的角色。

(1)倡议者——第一个想到或提议购买某一商品者。

(2)影响者——对最终购买商品有直接或间接影响者。

(3)决策者——对整个或部分购买决策有最后决定权者。

(4)购买者——购买决策的实际执行者。

(5)使用者——所购商品的使用者或消费者

(四)购买时机(When)

消费者购买习惯，往往有时间上的特定性。而且商品的性质不同，购买时间也不一样。如消费者对季节性和节日性商品的选购，在应时和过时等不同时机，其购买的兴趣会迥然不同。企业应根据消费者的购买习惯，在生产安排、货源组织和营业时间等方面做到同步营销。

(五)购买地点(Where)

购买地点包括两方面的情况，即在何处做出购买决定和在何处购买。一般来说，日用品和食品往往在购买现场做出购买决定，就近购买；家具、家电等则往往先在家中做出购买决定，在信誉较好的商场购买。企业应根据上述情况，合理安排商业网点和商业分配路线。

（六）购买方式（How）

消费者的购买方式有习惯型、忠诚型、理智型、经济型、冲动型、情感型等几种。消费者的购买方式不仅会影响市场营销活动的状态，而且会影响商品设计、营销计划的制订和其他经营决策。因此，营销人员要认真研究，根据消费者购买方式的不同特点来确定自己的营销方式。

三、消费者购买决策过程

在复杂购买行为中，购买者的购买决策过程由引起需要、搜集信息、评价方案、购买决策和购买后行动五个阶段构成(图 4-5)。

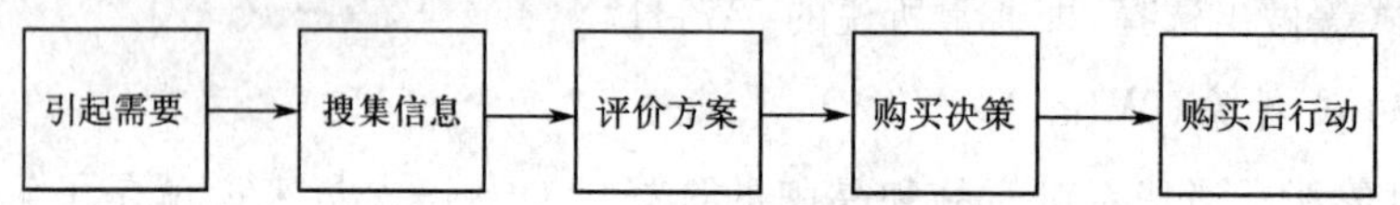

图 4-5　购买者的购买决策过程五阶段模式

（一）引起需要

购买者的需要往往由两种刺激引起，即内部刺激和外部刺激。市场营销人员应注意识别引起消费者某种需要和兴趣的环境，并充分注意到两方面的问题：一是注意了解那些与本企业的产品实际上或潜在有关联的驱使力；二是消费者对某种产品的需求强度，会随着时间的推移而变动，并且被一些诱因所触发。在此基础上，企业还要善于安排诱因，促使消费者对企业产品产生强烈的需求，并立即采取购买行动。

（二）搜集信息

一般来讲，引起的需要不能马上得到满足，消费者需要寻找某些信息作为购买决策的依据。消费者信息来源的主要途径有：

(1)经验来源，指消费者本人通过使用、查看、联想、判断等获得的信息。

(2)商业来源，指由推销人员、经销商、广告、包装、产品介绍等所提供的信息。

(3)个人来源，指亲朋好友、家庭成员、同事同学、邻里乡亲等所提供的信息。

(4)公众来源，指杂志、消费者组织、政府组织等所提供的信息。

（三）评价方案

消费者对产品的判断大都建立在自觉和理性基础之上。消费者的评价行为一般要涉及产品属性（即产品能够满足消费者需要的特性）、属性权重（即消费者对产品有关属性所赋予的不同的重要性权数）、品牌信念（即消费者对某品牌优劣程度的总的看法）、效用函数（即描述消费者所期望的产品满足感随产品属性的不同而有所变化的函数关系）和评价模型（即消费者对不同品牌进行评价和选择的程序和方法）等问题。根据《中国经营报》公布的一项研究结果，消费者在选购日用品、家用电器、办公用品、自行车、家用小汽车、保健品时，依厂家的信用程度来选择是消费者最侧重的观点。而在购买食品、饮料、个人服饰和化妆品时，是否跟自己的品位或感觉相同成为消费者主要关注的重点。消费者在购物时，价格已不再是主要的影响因素，如表 4-4 所示。

小链接

100 度享乐网在 2009 年做了北京国庆黄金周生活消费状况调查，结果显示，近 6 成消费者倾向品牌购买，无论是售后服务还是质量都可以得到保障。同时物品质量也排到了第二位，说明消费者在选购物品时，质量是很重要的参考指标。生活消费顾问分析，随着生活水平的提高，消费者的购买观念也发生了变化，华而不实，质量差的物品已逐渐被消费者识别并淘汰。

表 4-4　　消费者选购商品时关注点的侧重

商品种类	按外观(或气氛)的好坏选择(%)	依厂家的信用程度来选择(%)	看是否会成为现在流行的趋势(%)	尽量选择较便宜的(%)	看是否跟自己的品位或感觉一样(%)
食品类	20.7	31.3	5.4	9.4	62.6
饮料类	14.6	30.1	8.5	14.8	56.2
日用类	18.2	30.9	10.9	25.8	22.5
家用电器	22.6	52.0	12.9	12.8	13.1
个人服饰	37.8	12.2	33.1	25.1	44.0
餐饮场所	35.1	12.8	3.3	24.9	31.0
办公用品	17.3	22.1	6.9	19.5	12.9
自行车	30.2	37.3	12.4	15.4	15.7
家用小汽车	32.7	33.1	13.0	22.4	15.3
化妆品	10.6	25.8	12.5	13.8	34.8
保健品	6.7	32.0	6.1	9.5	25.1

(四)购买决策

评价行为会使消费者对可供选择的品牌形成某种偏好，从而形成购买意图，进而购买所偏好的品牌。但是，在购买意图和决定购买之间，有两种因素会起作用：一是别人的态度，二是意外情况。也就是说，偏好和购买意图并不总是导致实际购买，尽管二者对购买行为有直接影响。消费者修正、推迟或者回避做出某一购买决定，往往是受到了可觉察风险的影响。可觉察风险的大小随着冒这一风险所支付的货币数量、不确定属性的比例以及消费者的自信程度而变化。市场营销人员必须了解引起消费者有风险感的那些因素，进而采取措施来减少消费者的可觉察风险。

(五)购买后行动

购买后行动是指消费者在购买产品后会产生某种程度的满意感和不满意感，进而采取一些使市场营销人员感兴趣的买后行为。所以，产品在被购买之后，就进入了买后阶段，此时，市场营销人员的工作并没有结束。购买者对其购买活动的满意感(S)是其产品期望(E)和该产品可觉察性能(P)的函数，即 $S=f(E,P)$。若 $E=P$，则消费者会满意；若 $E>P$，则消费者不满意，若 $E<P$，则消费者会非常满意。消费者根据自己从卖主、朋友

以及其他来源所获得的信息形成产品期望。如果卖主夸大其产品的优点，消费者将会感受到不能证实的期望。这种不能证实的期望会导致消费者的不满意感。E 与 P 之间的差距越大，消费者的不满意感也就越强烈。所以，卖主应使其产品真正体现出可觉察性能，以便使购买者感到满意。事实上，那些有保留地宣传其产品优点的企业，反倒使消费者产生了高于期望的满意感，并树立起良好的产品形象和企业形象。

综上所述，消费者购买过程的五个阶段或步骤环环相扣、循序渐进。整个购买过程都要受消费者心理、企业营销策略以及其他各种相关因素的影响。企业营销的任务就在于认识每一个阶段的购买者的行为特点，采取行之有效的措施，引导消费者的购买行为，不仅促成消费者即时交易，而且还要赢得消费者的重复购买和长期购买。

本章小结

本章主要涉及的是消费心理学和消费行为学的内容，这是市场营销基本而重要的内容。其主要内容包括以下几个方面：

1. 消费者市场又称最终消费者市场、消费品市场或生活资料市场，是指个人或家庭为满足生活需求而购买或租用商品的市场，它是市场体系的基础，是起决定作用的市场。

2. 消费者购买行为的5W1H分析法主要有六个方面的内容：(1)何人买(Who)，即分析购买主体；(2)买何物(What)，即分析购买客体；(3)为何买(Why)，即分析购买欲望和动机；(4)何时买(When)，即分析购买时间；(5)何地买(Where)，即分析购买地点；(6)如何买(How)，即分析购买方式。

3. 影响消费者购买行为的主要因素有经济因素、社会文化因素、心理因素。

4. 购买者决策过程一般可分为引起需要、搜集信息、评估比较、购买决策、购买后行动五个阶段。

一、复习思考题

1. 消费者市场需求的特点是什么？举例说明企业在营销中应如何应对。

2. 购买者决策过程的分析对企业营销有何作用？试举例说明。

3. 简述消费者购买决策过程的阶段。

4. 描述你最近的一次购买，此次购买在多大程度上遵循消费者决策过程？如何理解其中的差别？

5. 作为营销人员，如何影响消费者的购买决策？

6. 试分析“只买贵的，不买对的”消费心理。

二、单项选择题

1. 企业在营销活动中必须面对的最重要的消费品购买组织是(　　)。

A. 政府　　B. 企业　　C. 家庭　　D. 相关群体

2. 分析消费结构变化最常用的方法是(　　)。

A. 相关分析法　　B. 恩格尔定律　　C. 统计分析法　　D. 因果分析法

3. 影响消费者行为最广泛、最深远的因素是（　　）。

A. 环境因素　　B. 个人因素　　C. 心理因素　　D. 社会文化因素

4. 生产家用电器的企业与胶合板企业是（　　）。

A. 愿望竞争者　　B. 行业竞争者　　C. 品牌竞争者　　D. 形式竞争者

5. 影响消费需求变化的最活跃的因素是（　　）。

A. 个人可支配收入　　B. 可任意支配收入

C. 个人收入　　D. 人均国内生产总值

6. 消费者市场购买和消费的基本计量单位主要是指个人和（　　）。

A. 企业　　B. 经济组织　　C. 家庭　　D. 公司

7.（　　）动机是以注重商品的实际使用价值为主要特征的。

A. 求新　　B. 求名　　C. 求实　　D. 求美

8.（　　）是指消费者一般要从质量、价格、款式、服务等方面反复比较挑选，然后决定购买的商品。

A. 选购品　　B. 日用品　　C. 特殊品　　D. 非渴求品

9. 宗教组织、职业协会从对其成员影响的角度来看，属于（　　）群体。

A. 首要　　B. 非正式　　C. 次要　　D. 间接

10.（　　）指人们对社会生活中各种事物的态度和看法。

A. 社会习俗　　B. 消费心理　　C. 价值观念　　D. 营销道德

三、多项选择题

1. 在影响消费者行为的因素中，属于个人因素的有（　　）。

A. 相关群体　B. 职业　　C. 家庭　　D. 生活方式　E. 经济状况

2. 在消费者行为模式中，消费者所受到的外部刺激有（　　）。

A. 产品　　B. 经济环境　C. 价格　　D. 技术标准　E. 促销

3. 消费者取得信息的渠道有（　　）。

A. 公共来源　B. 商务来源　C. 个人来源　D. 经验来源　E. 广告来源

4.（　　）是影响消费者购买行为的社会文化因素。

A. 文化　　B. 亚文化　　C. 社会阶层　D. 家庭　　E. 动机

5. 影响消费者购买行为的心理因素有（　　）。

A. 动机　　B. 感觉　　C. 熟悉　　D. 信念和态度　E. 学习

6. 在购买意图与购买决策之间，会受（　　）的影响。

A. 产品特征　B. 特征权重　C. 产品期望　D. 别人的态度　E. 意外情况因素

7. 下列说法正确的有（　　）。

A. 家庭是最重要的消费品购买组织

B. 市场营销者可以通过市场营销活动创造需要

C. 竞争者之间不存在市场营销

D. 产品观念对企业提高产品质量有好处，但往往也会导致市场营销近视

E. 行为决定于动机，动机来源于需要

8. 消费者购买决策参与者包括(　　)。

A. 使用者　B. 影响者　C. 购买者　D. 决定者　E. 倡议者

9. 对个人购买行为影响最大的群体有(　　)。

A. 家庭　B. 亲戚　C. 朋友　D. 明星　E. 宗教组织

10. 认识需要由(　　)引起。

A. 别人的态度　B. 意外情况　C. 内部刺激　D. 外部刺激　E. 动机

四、判断题

1. 消费者往往是在外部刺激下认识到需要的存在。(　　)
2. 对消费者购买行为影响最直接的是社会文化因素。(　　)
3. 消费者的购买行为是由消费者的经济因素决定的。(　　)
4. 消费者货币收入的增加,意味着市场规模的扩大。(　　)
5. 消费者市场的购买多数属非专家购买。(　　)
6. 消费者在购买特殊消费品时一般不愿接受替代品。(　　)
7. 在人数一定的情况下,收入水平很大程度上决定了市场规模和容量的大小。(　　)
8. 储蓄增加,潜在购买力也会随之增加。(　　)
9. 消费者购买商品后表示满意,产品销售才算是结束。(　　)
10. 消费者有了购买倾向,就必然有购买行为。(　　)

五、案例分析题

李某在上海一家公司工作,公司内员工都很讲究穿着。有个收入相同的同事,光是刷卡买衣服一年就用了12万元。而李某穿得不比她差,一年总共不过用1万元买衣服。算起来,一年中,李某有60%的时间在办公室,所以职业装利用率最高。晚装通常是没机会穿的,运动装、家居服可以适当添点,但比例也不能超过40%。

1. 先购基本款服装,基本色、基本款、料子要硬点,不起皱、可水洗,外贸货最好,如两件套的针织服装、黑色西装套装、直身短裙、白色衬衣。300元可以买到一件极好的西装了。

2. 再补充点艳色的时尚衣服,如T-shirt一类,100元以下。

3. 便宜又有特色的小饰品多置点,如各色腰带、胸针、项链,3元一条的腰带质地也很好。

4. 再有包和鞋子,基本款的可以买打折牌子货(款式多年不变),价格控制在200～500元,耐用的款式可以用好几年,又可以提升整体的档次,值得投资。

5.《瑞丽》《伊人》杂志,几十元一个月,看完可以将旧衣服配出多套新花样。这一方法值得强力推介。

来看看李某的得意之选:

No.1 服饰:用于工作、见客户

在淮海路的小店,买了一条120元的吊带裙。料子是有弹性的棉布,花样是流行的白地蓝色大花,很满意。最近比较喜欢去M街,买了一件长袖白西装,收腰的款式,腰上

还有条蓝色的带子，正好跟裙子很搭配。

No.2 服饰：用于周末、平时

上衣是 DKNY 正品的双层纱衣，在 XS 广场买的。外层是花纱，上面有小亮片，里面是红纱。裙子是黄色的军装裙，在 XS 广场对面的商场买的。包是襄阳路买的便宜货，其颜色与衣服很相配。

No.3 服饰：用于宴会、party

基本款式是一件黑色无袖、无吊带的连衣裙。上身搭配有两种：一是配米色西装，显得既随和又干练；二是配 JESSIC 的粉红上衣，兼顾淑女、休闲与工作。在非正式场合，也可以不再另配上衣，而只配一条 CHANNEL 的腰链，显得很时尚。

思考：从购买行为分析角度试分析李某及其同事为何在服装购买上消费差异如此巨大。

六、实训练习题

在过去的近 30 年时间里，中国市场经济以一种令世人惊叹的速度向前发展，其中又以食品、饮料、洗护用品为代表的快速消费品行业的崛起最具代表性。快速消费品行业有着其独有的特点：市场需求量大、市场开发早、进入技术门槛低、产品同质化程度高、市场竞争激烈，因而，快速消费品行业成了中国市场化最早、市场化程度最高的行业。

（一）实训目标

通过对消费者需求和购买行为的分析，让同学们在营销活动的实践中亲身体验营销，加深对消费者需求和购买行为的理解；能判别消费者的基本需求，并具备分析消费者购买的行为动机和购买过程的能力。

（二）实训项目

根据你熟悉的某种快速消费品，试分析一下它满足了顾客的哪些需求？影响顾客购买该种产品的因素有哪些？通常顾客是怎样做出购买决定的？

（三）实训步骤

1. 搜集资料。小组通过网络、刊物、问卷调查等途径搜集某一企业产品的顾客需求、影响顾客购买的因素以及顾客做出购买决定的过程。

2. 分析整理。小组根据所收集的资料进行分析、归纳、总结。

3. 交流讨论。小组相互交流、讨论拟订方案。

（四）实训组织

由学生自由组合成研究性学习项目小组，5～6 人为一小组，每小组进行三种及以上方法的调查，在课前做出分析报告。

第五章 STP目标市场营销战略

教学目标和要求：

1. 理解和掌握 STP 目标营销三步骤对企业营销战略的重要意义
2. 重点掌握 STP 的具体内容：市场细分、目标市场选择、市场定位的基本含义
3. 掌握市场细分的原则和标准；目标市场营销策略；市场定位的方法和步骤

知识结构图

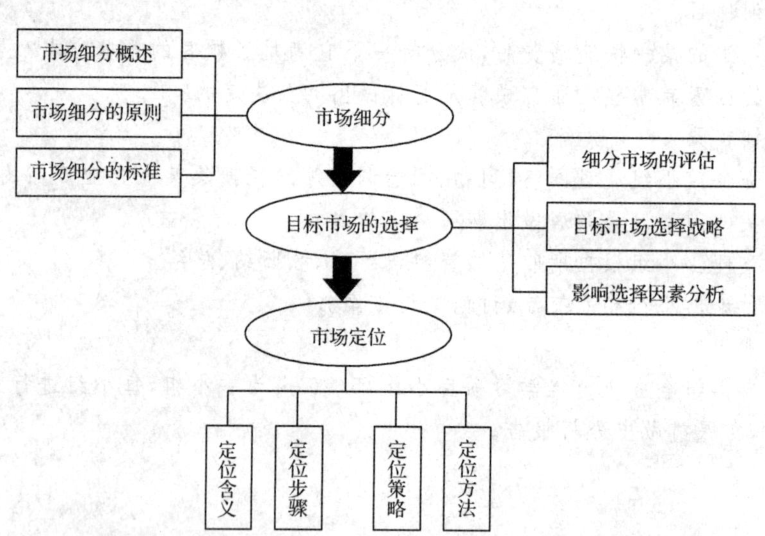

导入案例

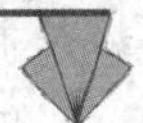

我国汽车市场STP营销战略简析

目标市场营销又称STP营销或STP三部曲,这里S指Segmentingmarket,即市场细分;T指Targetingmarket,即选择目标市场;P为positioning,亦即定位。正因为如此,营销大师菲利普·科特勒认为:当代战略营销的核心,可被定义为STP。

随着我国国民经济的发展,国内外环境的变化给我国汽车工业带来了新的挑战和机遇,汽车营销行业也面临着巨大的市场机会,汽车营销的理论方法有很多,其中一种重要的方式是STP营销战略。

现代市场营销十分重视STP营销,STP营销即汽车市场细分化,选择汽车目标市场,汽车产品定位。当今社会汽车竞争激烈,消费者的需求千差万别,企业无法在整个市场上为所有用户服务。慧聪行业研究认为,企业不应试图在整个市场上争取优势地位,而应该在市场细分的基础上选择对本企业最有吸引力并能有效占领的那部分市场为目标,并制订相应的产品计划和营销计划为其服务,这样企业就可以把有限的资源用到能生产最大效益的地方上,确定目标市场,为企业及产品在目标市场上树立一定的特色,选择那些与企业任务、目标、资源条件等一致的市场空间,以取得竞争的优势地位。这就是STP营销的主要任务。

一、汽车市场细分化

市场细分,就是企业根据市场需求的多样性和购买者行为的差异,把整个市场(即全部用户)划分为若干具有某种相似特征的用户群(即细分市场),以便执行目标市场营销的战略和策略。每一种产品都有购买者,由于种种因素,不同的购买者有着不同的需求,任何一个大企业都不可能全部给予满足,从而为所有的购买者提供有效的服务。因此,每个企业都应当依据一定的标准对市场进行细分,确定自己在市场竞争中的地位,搞好销售。日本的本田公司就是成功地运用了市场细分化这种方法使自己的摩托车在美国占有一席之地,扩大了自己的目标市场,针对不同的目标市场制定了有区别的营销策略,进行针对性营销,这是它在美国市场取得辉煌胜利的关键。本田公司所选择的目标市场策略是差异性市场策略:当时的美国摩托车企业只是针对专业车手,而本田公司意识到了潜在的顾客需求并积极采取各种方式开发这部分顾客。首先,淡化人们对那些“穿黑皮夹克的摩托车手”的成见。重新定位了摩托车在美国人头脑中的地位。并且针对行驶方便、安全省钱的交通工具这个特性吸引了潜在的消费者,营销的关键是要使他们放心,安心地使用摩托车。在本田公司的市场细分中,从消费市场的角度来看,其主要是以年龄、性格、利益等因素作为细分的因素。

二、目标市场营销

在现代营销活动中,对任何企业而言,并非所有的环境机会都具有同等的吸引力,由于资源有限,也为了保证资源有效,企业的营销活动必然局限在一定的范围内,确定具体的服务对象,即选定目标市场。企业选择目标市场是在市场细分的基础上进行的,通过分析细分市场要求满足的程度,去发现那些尚未得到满足的需求。相应确定准备为那些细分市场服务。

仍以本田公司在美国摩托车市场为例：二战期间，针对新出生的一代的特点，在细分市场的基础上，认为注重年轻人个性的产品一定会流行起来，推出相应的个性化的产品，取得了很大的成功。越南战争期间，由于社会原因，市场的需求又发生了很大的变化，此时本田将目标转向妇女，在妇女们的需求基础上，对摩托车的价钱、重量和外形颜色等方面做了修改，再次赢得了市场。

从本田成功进入美国摩托车市场并获得了巨大的成效中，我们可以看到，本田公司在经过分析、衡量后，选择了差异性市场营销策略，应用了SPT营销策略。虽然生产成本和营销费用会相应地增加，但是，其获得了巨大的成功，这一点是无可争议的。其后，本田公司凭借其在美国摩托车市场取得的成功经验，同样也采取了市场细分化策略，如愿以偿地把本田汽车成功地推向美国市场，本田汽车以其节约能源、小巧轻便的优势而深受美国消费者的欢迎。

三、市场定位

所谓市场定位指的就是企业根据用户对所生产产品的需求程度，根据市场上同类商品的竞争状况，为本企业产品规划一定的市场地位，即为自己的产品树立特定的形象，使之与众不同。市场定位的过程就是在消费者心目中为公司的品牌选择一个希望占据位置的过程。

福特T型车是一个很好的例子。T型车具有自己的独特之处，浑身上下找不到一丝装饰或华而不实之处，百分之百地实用，它的车体轻，结构坚固而不追求外表美观、功能多样，普通人也买得起。T型车一投产就受到广泛的欢迎，它之所以跃居当时各类汽车销量之首是因为农民正需要这种车，又大都买得起。它的机械原理极为简单，任何耐心的外行人都会很快地掌握。福特汽车公司这一时期的盈利情况也证明福特关于生产廉价车的决定是无比明智的。大众化产品策略为福特公司找到了自身的市场定位，因而赢得了巨大的市场发展机会。二战期间，福特公司为适应战时需要，转产飞机发动机等产品，由埃德塞尔·福特发起的庞大的战时计划，在不到3年的时间内一共制造了8 600架四引擎B—24“解放者”轰炸机、57 000台飞机发动机以及超过250 000台坦克及其他战争用机器。在二战中，福特公司的杰出表现为其赢得了口碑，树立了良好的企业形象。

从以上两大汽车工业财团的成功事例中，我们可以看到其灵活地运用了SPT营销策略，赢得了市场和消费者。近几年来，我国经济发展迅速，汽车工业也开始迅速崛起。我国汽车市场产销发展迅猛，但是由于市场环境急剧变化，我国汽车产业面临重组和整合压力，企业利润不断下降。这就迫使汽车企业不断地适应市场变化，寻找新的利润增长，从而获得长足的发展。对于我国的汽车生产企业来讲，现实的可行之路就是必须迎合市场需求变化、提高服务水平、建立自主品牌、选择适合的销售模式，才能在更加激烈的竞争中寻求自身的发展。

行业研究数据显示，最近几年我国汽车出口数量呈上升趋势，其中自主品牌功不可没。如何继续保持增长，实现汽车出口的可持续发展，是自主品牌面临的新任务。我国现有的自主品牌有哈飞、吉利、长安等。我国自主品牌刚刚起步，很多方面都不完善，自主技术方面，售后服务及市场营销策略都急待提高。

我国自主品牌在不断成长的同时，也在不断地探索适合我国汽车市场的营销战略和道路。对国外成功的汽车企业典型，我们要多多借鉴他们的营销策略和管理。同时，我们又要结合国内自身的特点，不断地发现问题，解决问题，做到真正找好自己的市场定位。

随着市场经济的不断发展和买方市场的逐步形成，企业必须由传统的市场营销战略向目标市场营销战略转变。所谓目标市场营销，就是企业在其资源有限的条件下，根据市场需求的异质性，把整体市场划分为若干个子市场，选择其中一个或几个子市场作为企业的目标市场，从而更有效地发挥自己的资源优势，更好地满足消费者的需要，提高企业生产竞争力的一种营销战略。目标市场营销战略是现代营销观念的产物，是市场营销理论的重大发展，它已成为现代市场营销的核心战略。20 世纪 90 年代营销学大师菲利普·科特勒在《营销管理》一书中系统地提出了 STP 战略目标市场营销，具体包括以下三个步骤：市场细分（Segmenting）、目标市场选择（Targeting）和市场定位（Positioning），即 STP 战略。

第一节　市场细分

市场细分是企业营销战略结构的中心，是目标市场营销活动过程的一个重要基础步骤，对于企业正确制定营销战略目标和正确制定营销策略都具有十分重要的意义。任何企业的产品都不可能为市场上的全体顾客服务，而只能满足一部分顾客的某种需求，所以为了解决市场需求的无限性与企业资源的有限性之间的矛盾，企业首先必须进行市场细分。

一、市场细分的概念与作用

（一）市场细分的概念

市场细分（Segmenting）的概念是美国市场营销学家温德尔·斯密（Wendell R·Smith）于 1956 年在美国《市场营销》杂志上首先提出来的一个新概念。所谓市场细分，就是指企业通过市场调研，根据市场需求的多样性和异质性，依据一定的标准，把整体市场即全部顾客和潜在顾客划分为若干个子市场的市场分类过程。每一个子市场就是一个细分市场，一个细分市场内的消费者具有相同或相似的需求特征，而不同的子市场之间表现出明显的需求差异。

（二）市场细分的作用

1. 市场细分有利于企业发现新的市场机会

市场机会就是尚未得到满足的市场需求。在市场细分化的基础上，企业可以深入了解各细分市场需求的差异性，并根据对每个细分市场潜在需求的分析，研究购买者的满足程度及该市场的竞争状况，通过比较发现有利于企业的营销机会，以便运用本身的有利条件，通过产品开发将潜在的顾客需求转化为现实的市场需求，从而迅速占领市场并取得优势地位。

2. 市场细分有利于增强企业的竞争力

企业可以根据细分市场的特点，结合企业资源条件，充分发挥企业优势，集中使用以人、财、物为目标的市场服务，将有限的经济资源用于能产生最大效益的地方，占领某一细分市场或几个细分市场，从而增强企业在目标市场上的竞争能力。

3. 市场细分有利于企业制定和调整市场营销组合策略

通过市场细分，能使人们比较容易地认识和掌握消费者需求的特点及消费者对不同营销措施反应的差异，从而针对不同细分市场的特点，改进现有的产品与服务的规格、种类、质量特性等，甚至去开发新的产品和服务，从而改善企业的经营管理。在此基础上，制定具体、完善、有效的营销策略，在价格、分销渠道和促销策略上做相应的调整与组合。

案例5-1

日本某钟表公司为了使自己的手表能打入美国市场，特地对美国手表市场做了调查和分析。根据调查，发现美国手表市场有三类不同的消费者群：对手表的要求是能计时、价格低廉，约占23%；要求手表计时基本准确、耐用，价格适中，约占46%；追求象征性价值，要求手表名贵，计时精确，约占31%。前两类消费者较多，后一类消费者购买手表往往用来作为贵重礼物。而当时，美国久负盛名的钟表厂商及瑞士手表，一向都注重于第三类细分市场31%的消费者，着重经营名牌优质手表。而第一类、第二类近70%的消费者却不能得到充分满足。该日本钟表公司发现这个市场经营机会后，就迅速采取措施，打入这两个细分市场。尤其是日本精工牌电子表，款式新颖，售价比较便宜，并提供方便的免费维修，顾客购买十分方便，营销网点众多。因此，该日本钟表公司的手表在美国钟表市场上取得了很大成功。

二、市场细分的原则

（一）可衡量性原则

企业所选择的各个细分市场应具有区别于其他细分市场的明显特征，即各个市场部分的范围、容量、潜力、购买力等应该是能够被测定的。市场细分的标准必须明确、统一，令人捉摸不定、难以衡量和测算的细分市场标准不能作为细分的依据。

（二）可进入性原则

细分市场必须考虑企业的经营条件、经营能力，使目标市场的选择与企业的资源相一致。企业所选择的目标市场，必须是有足够的进入能力，而且具有较强竞争力的细分市场。

（三）可营利性原则

企业作为以营利为目的的经济组织，能否营利是判断其活动合理性的重要标准。因此，企业选择的目标市场应当能够维持一定的利润水平。如果细分市场规模过小，市场容量有限，就没有开发的价值。

案例 5-2

刘先生承包了某综合性大学的学生餐厅，该校有国内学生 12 000 余名，外国留学生约 250 名，考虑到尽可能地满足所有学生的进餐要求，刘先生在餐厅中划出一部分场地作为西餐部，并为此聘请了专门的西餐厨师和点心师。半年运行下来，西餐部严重亏损。刘先生通过调查发现，西餐部每天用餐人数平均为 140 人次，85%是以西餐作为主食的留学生，15%为留学生中的亚洲人和一些来自城市的学生，而信奉伊斯兰教的留学生和一些来自偏远地区的学生则几乎从不光顾。他进一步发现，要保证西餐部的经营不亏损，每天的用餐人数至少要达到 220 人次。

（四）稳定性原则

有效的细分市场所划分的子市场还必须具有相对稳定性。企业目标市场的改变必然带来经营设施和营销策略的改变，从而增加企业的投入。如果市场变化过快，变动幅度过大，将会给企业带来风险和损失。

（五）发展性原则

发展性是指市场具有未来发展的潜力，通过企业的开发有可能发展成为一个大市场，能够给企业带来长远的利益。可见，细分市场的选择实际上是企业经营领域的选择，具有战略意义。因此，细分市场的选择必须与企业的长期发展战略相结合。

三、市场细分的标准

（一）消费者市场细分的标准

消费者市场上的需求千差万别，影响因素错综复杂，对消费者市场的细分没有一个固定的模式，各企业可根据自己的特点和需要，采用适宜的变数进行细分，以求得最佳的营销机会。一般来说，这些影响因素即细分变量，归纳起来主要有以下几个方面：地理因素、人口统计因素、消费心理因素、消费行为因素，以这些变量产生出地理细分、人口细分、心理细分、行为细分四种市场细分的基本形式。

1. 地理细分

按照消费者所处的地理环境与位置，即根据不同地域的消费者行为特征来细分市场称为地理细分，细分变量如国家、地区、城市、乡村、沿海、山区、城市规模、人口密度、不同的气候带、不同的地形地貌等。地理细分之所以可行，是由于处于不同地域环境下的消费者，由于不同的文化传统、经济发展水平等因素，对于同类产品往往会有不同的需求偏好。他们对企业的营销策略，如产品价格、销售渠道、广告宣传等营销措施的反应也常常存在差别。例如，在饮食口味上，我国各地差异很大，素有“南甜、北咸、东辣、西酸”之说。再说饮茶，北方人喜爱喝花茶，南方人喜爱喝绿茶，一些地区人喜爱喝砖茶等。

2. 人口细分

按照人口统计因素来细分市场称为人口细分。具体的变量包括年龄、性别、收入、职业、教育文化程度、家庭人口、家庭生命周期、国籍、种族、宗教、社会阶层等。显然，这些人口变量与需求差异性之间存在着密切的因果关系。

(1)按消费者年龄及其生命周期阶段细分

不同年龄阶段消费者的购买力具有明显差别,如儿童对玩具、少儿读物的需求最多;青年对时装、文化体育用品的需求较多;而老年人多为营养滋补品和医疗保健用品的需求者等。玩具、服装、食品等市场均可按年龄细分。

案例5-3

日本资生堂公司的化妆品市场细分

日本资生堂公司根据化妆品的需求特点和消费者的状况,对化妆品市场按年龄标志进行细分,共分成四种类型:

15～17岁的消费者。他们讲究打扮,追求时髦,对化妆品的需求意识强烈,但购买的往往是单一的化妆品。

18～24岁的消费者。他们对化妆品也非常关心,采取积极的消费行动,只要中意的商品,价格再高也在所不惜,并且往往购买整套的化妆品。

25～34岁的消费者。他们大多数已结婚,需求心理与消费行为有所变化,化妆品多半成为日常生活的习惯。

35岁以上的消费者。他们中间可分为积极派和消极派。有的需求仍较旺盛,有的已经衰退,出现购买单一化妆品倾向。

(2)按性别细分

性别也是影响消费者行为的一个重要因素,在服装、纺织品、化妆品等市场上因性别不同而产生的差异极其明显,因此在上述行业中性别早已成为一个常用的细分变数。

(3)按消费者的收入水平细分

消费者的实际收入、家庭收入总额及人均收入状况直接影响其购买力、生活方式以及对将来的期望,因而对消费需求的数量和结构具有决定性影响。家具等耐用品、旅游用品、饮食服务业等许多行业均可以此为依据进行市场细分。

小资料

随着我国改革开放的不断深入、人民生活水平的不断提高,20世纪70年代,家庭消费热点是百元级的“老三件”——手表、自行车、缝纫机;20世纪80年代居民消费热点是千元级的“新三件”——电冰箱、彩电、洗衣机;20世纪90年代兴起购房热;21世纪初购房热方兴未艾,又兴起家庭购车热。

(4)按消费者职业和受教育程度细分

消费者的职业不同也会引起不同的需求,如教师与演员对服装、鞋帽和化妆品等产品的需求,必然有很大差异。消费者受教育程度的不同必然形成不同的消费行为和需求特点,文化水平影响了人的价值观和审美观。

此外,消费者的家庭生命周期、国籍、种族、社会阶层、宗教等,也是影响其购买者行为的主要因素,企业在细分市场时必须予以充分注意。

在根据人口因素进行市场细分时,可以同时综合多个变量。如服装市场可同时依据的变量就有年龄、收入、性别、职业等。

3. 心理细分

根据消费者的心理特征，即按照消费者的生活方式、社会阶层、个性来细分市场称为心理细分。

(1)生活方式

许多企业，尤其是服装、化妆品、家具、餐馆、游乐等行业的企业，越来越重视按照人们的生活方式来细分市场。如“传统型”与“新潮型”、“节俭型”与“奢华型”、“严肃型”与“活泼型”、“社交型”与“顾家型”等消费群。

(2)社会阶层

处于不同社会阶层的消费者，其消费方式存在巨大的差异性。如按照中国式的划分标准，社会阶层可分为十大阶层，分属于不同的五大社会等级。中国社会的十大阶层如图 5-1 所示。

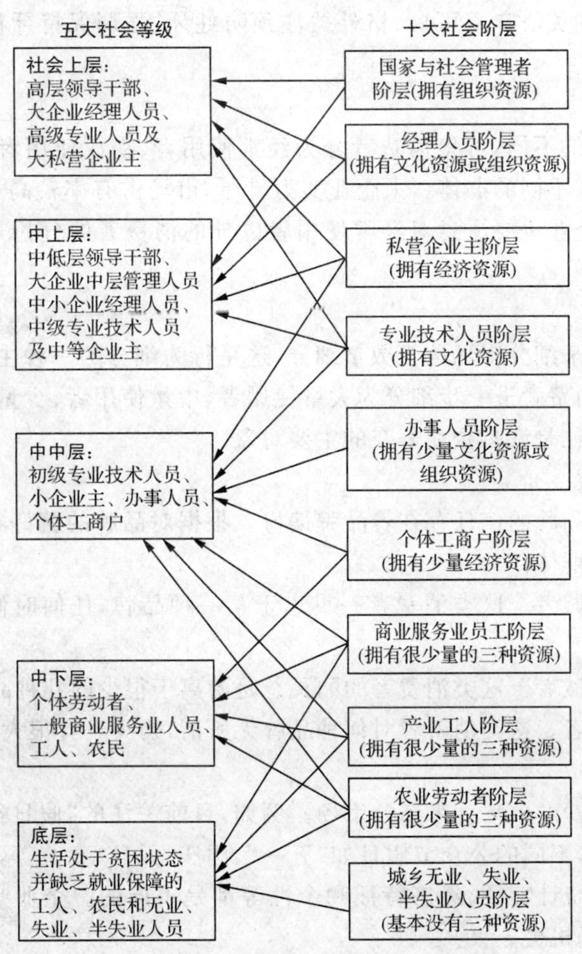

图 5-1　中国社会的十大阶层

(3)个性

个性是指特有的稳定的心理特征，它影响着消费者的需求与购买行为。在个性的心

理结构中，主要有个性倾向性和个性心理特征，前者包括需要、动机、兴趣、信念与世界观；后者包括能力、气质与性格。因而，在消费者的购买过程中，就会体现不同的消费个性。

4. 行为细分

根据消费者不同的消费行为来细分市场称为行为细分，消费行为的变量多，包括消费者进入市场的程度，即使用状态；购买或使用产品的动机，即利益寻求；消费的数量规模，即使用率；品牌忠诚度；时机等。

(1)利益细分

根据消费者期望的利益不同来细分市场称为利益细分。这是指由于消费者们各自追求的具体利益不同，可以细分为不同的消费者群。企业的产品能够给消费者提供什么样的特殊利益和效用是细分的关键。例如，牙膏市场的利益细分，根据消费者购买牙膏时所寻求的利益，如洁白、清香、防蛀、抗过敏、低价等，可以把牙膏市场分为四个主要的市场，即存在着特别关心味道可口、格外关注预防蛀牙、强调保持牙齿光洁、注重经济实惠这四个消费者群。

(2)使用状态

根据使用状态的不同，可将消费者分为经常使用者、初次使用者、潜在使用者、曾经使用者、未使用者等不同的群体。大企业实力雄厚，市场占有率较高，因而特别注意吸引潜在消费者，其他企业也要注意对经常使用者以外的消费者的分析，以便创造出企业的市场机会。

(3)使用率

按消费者数量来细分市场称为数量细分，这是行为细分的一种主要形式。根据消费量的多少，可以把消费者进一步细分为大量使用者、中量使用者、少量使用者三个消费者群。大量使用者往往是许多企业争夺的主要对象。

(4)品牌忠诚度

消费者对产品品牌的信任存在着品牌偏好。根据对品牌的偏好状况，可将消费者划分为以下三类消费群体：

①坚定品牌忠诚者。这类消费者一贯忠于某一种品牌，任何时候、任何场合都只购买该品牌的产品。

②游离品牌忠诚者。这类消费者的购买总是游离于很少的几种品牌之间。

③无品牌忠诚者。这类消费者对何种品牌无所谓，购买具有很大的随意性。

(5)时机

有些产品从消费时机角度来细分市场。例如，目前关注的"假日经济"与"假日市场"就是时机市场细分，不同的公众节假日如"五一"、国庆、元旦、春节等，占市场最大比重的消费者群体的人口统计特征、经济特征和个性等都是不同的。企业必须统筹安排，合理规划，从而抓住市场机会。

(二)生产者市场细分的标准

生产者市场的购买者与消费者市场的购买者相比有所不同：一是其购买者是产业用户；二是其购买决策是由有关专业人员做出的，一般属于理性行为。因此，虽然一些细分

消费者市场的标准也可适用于生产者市场，但生产者市场要增加一些新的细分标准。

1. 最终用户

即按产品的最终用户类型来细分生产者市场。在生产者市场上，对不同用户的不同需求应制定不同的对策。如轮胎，其最终用户可分为航空、汽车及其他最终用户。针对这些不同要求，应采取不同的营销组合策略。

2. 用户规模

企业在细分生产者市场时，可将用户分为大客户、中客户、小客户三类。用户的规模决定了用户对产品的需求量。企业在一视同仁的前提下，要特别关注大客户，根据"20/80"原则，大客户数目少但购买额大，对企业的销售市场有举足轻重的作用，是利润的主要来源，企业应予以特殊重视，可保持直接的、经常的业务关系。对小客户则一般不直接供应，而通过中间商销售。

3. 地理位置

这是根据用户的地理位置来细分市场。一些产业市场用户对产品的需求，往往是集中在某一地理区域内的。因此，要根据用户所在地区、气候资源、自然环境、生产力布局以及交通运输和通信条件等结合起来进行细分。

第二节　目标市场选择

目标市场是企业在进行市场细分并对其评价的基础上，决定要进入的市场，即企业决定所要销售和服务的目标客户群。目标市场是市场细分的归宿和目的。一旦确定了目标市场，企业就要集中所有的资源，围绕着目标市场发挥其相对优势，来获取更佳的经济效益。因此，目标市场是企业制定市场营销战略的基础，是企业经营活动的基本出发点之一，对企业的生存与发展具有重要意义。

一、细分市场的评估

市场细分的目的是为了选择目标市场。在市场细分的基础上，企业首先要认真评估各个细分市场部分，然后根据自己的营销目标和资源条件选择适当的目标市场，决定自己在目标市场上的营销策略，从而实现市场细分和目标市场营销的作用。

企业为了选择恰当的目标市场，必须对各个细分市场进行评估。企业评估细分市场主要从三方面考虑：一是各细分市场的规模和增长潜力；二是各细分市场的吸引力；三是企业本身的目标和资源。

（一）市场规模和增长潜力

首先要评估细分市场是否有适当的规模和增长潜力。所谓适当的规模是相对于企业的规模与实力而言的。较小的市场对于大企业来说不值得涉足；而较大的市场对于小企业来说又缺乏足够的资源来进入，并且小企业在大市场上也无力与大企业竞争。

市场增长潜力的大小关系到企业销售和利润的增长，但有发展潜力的市场也常常是竞争者激烈争夺的目标，这又减少了企业的获利机会。

(二)市场的吸引力

所谓吸引力主要指长期利率的大小,一个市场可能具有适当的规模和增长潜力,但从获利观点来看不一定具有吸引力。五种力量决定整体市场或细分市场是否具有长期吸引力:现实的竞争者、潜在的竞争者、替代产品、购买者和供应者。企业必须充分估计这五种力量对长期利率所造成的威胁和机会。

如果某个市场上已有为数众多、实力强大或者竞争意识强烈的竞争者,该市场则失去吸引力;如果某个市场可能吸引新的竞争者进入,他们将会投入新的生产能力生产大量资源,并争夺市场占有率,这个市场就不具有吸引力;如果某个市场购买者的谈判能力很强或正在加强,他们强求降价,或对产品和服务苛求不已,并强化卖方之间的竞争,那么,这个市场就缺乏吸引力;如果企业的供应者——原材料和设备供应商、公用事业、银行等,能够随意提高价格或降低产品的服务质量或减少供应数量,该市场就有吸引力。

(三)企业本身的目标和资源

有些市场虽然规模适合,也具有吸引力,但还必须考虑:(1)是否符合企业的长远目标,如果不符合,就不得不放弃。(2)企业是否具备在该市场获胜所必需的能力和资源,如果不具备,也只能放弃。

二、目标市场选择策略

可供企业选择的目标市场策略主要有以下三种:

(一)无差别性市场策略

无差别性市场策略即企业将整体市场作为目标市场,只推出一种产品来迎合消费者群体中的大多数人,这种策略只考虑需求的共性而不考虑差异,运用一种市场营销组合(产品、价格、分销、促销)吸引尽可能多的顾客。采用无差别市场策略,产品在内在质量和外在形体上必须有独特风格,才能得到多数消费者的认可,同时又保持了产品的相对稳定性。

无差别性市场策略的优点是产品单一,容易保证质量,大批量生产可以降低生产成本和销售费用。但同时也有很大的局限性:一是以一种产品想得到不同层次、不同类型的所有顾客的满意,长期为全体消费者所接受是不可能的;二是同类企业均采用这种策略时,必然要形成激烈的竞争。

企业采取这种策略一般都是出于以下几点考虑:(1)认为企业所经营的商品,所有的消费者都需要。(2)认为购买者之间虽然有差异,但是差异的程度很小。(3)用广阔的销售渠道和推销方式可以节约营销成本。

案例5-4

可口可乐公司的无差别性市场策略

国际上运用无差别性市场策略最成功的是可口可乐公司。美国可口可乐公司从

1886 年问世以来，一直采用无差别性市场策略，生产一种口味、一种配方、一种包装的产品，满足世界 156 个国家和地区的需要，称作“世界性的清凉饮料”，资产总额达 74 亿美元。由于百事可乐等饮料的竞争，1985 年 4 月，可口可乐公司宣布要改变配方的决定，不料在美国市场掀起轩然大波，成千上万个电话打到公司，对公司改变配方表示不满和反对，导致公司不得不继续大批量生产传统配方的可口可乐。可见，采用无差别市场策略，产品在内在质量和外在形体上必须有独特风格，才能得到多数消费者的认可，从而保持相对的稳定性。

（二）差别性市场策略

差别性市场策略即企业把整体市场划分为几个细分市场，针对不同细分市场的特征、设计不同的商品，制定不同的营销策略，满足不同的消费需求，企业根据实际情况，按照市场划分的依据，把总体市场分成若干个片，然后再针对分片的特点来设计不同的商品和营销方案。采取这种选择性的策略，往往是品种多、批量小的产品。它显示出一定的优越性：一方面能满足消费者的不同需要；另一方面，如果一家企业在一个细分市场占有优势，它就同时在几个市场都有优势。这样就会提高消费者对企业的信任感。不过，采用这种选择性策略也有缺点，就是成本和销售费用要增加，所以在采用这种策略时企业必须慎重，需要计算所耗的费用能否抵得上利润的上升。

差别性市场策略的优点是能满足不同消费者的需求，提高产品的竞争能力，从而扩大销售；易于取得连带优势，有利于企业树立良好的市场形象，大大提高消费者和用户对该企业产品的信赖度，提高企业信誉。但由于产品差别化，促销方式差别化，增加了管理的难度，使生产成本、管理费用、销售费用大增。目前，只有实力雄厚的大公司才采用这种策略，如日本日立、松下公司，生产多品种、多型号、多规格的家电满足世界各地各种消费者的需求。

小资料

美国的服务公司按生活方式的不同把妇女分为三种类型：时髦型、男子气型、朴素型。时髦型妇女喜欢把自己打扮得华贵艳丽，引人注目。男子气型妇女喜欢打扮得超凡脱俗，卓尔不群。朴素型妇女购买服装讲求经济、实际、适中。服装公司根据不同气质妇女的不同爱好，有针对性地设计出不同风格情调的服装，使产品对各类消费者更具吸引力。

（三）集中性市场策略

集中性市场策略即企业不是面向整个市场，也不是把精力分散在不同的细分市场，而是集中力量进入一个细分市场，开发一种专业性产品，实行高度专业化的生产和销售，满足特定消费者或用户的需要。采用这种策略的企业对目标市场有较深的了解，这是大部分中小企业采用的策略，即用特殊的商品和营销方案去满足特殊消费者的需要，是一个比较特殊的策略。采取这种集中性策略的企业，集中以一个或两个细分后的小市场作为目标市场。企业主要是考虑要避免财力资源的过度分散，也就是说把企业的实力集中用于一个市场细分的面上来求得成功。企业的出发点是争取在一个小的市场上，获得比较大的占有率。

这种策略的优点是可以节省费用,可以集中精力创名牌和保名牌。但是也有缺点:实行这种策略对企业来说要承担一些风险,因为选择的市场面过窄,把全部精力都放在一处,一旦市场情况变化快、预测不准或是营销方案制订得不利,就可能失败。

案例5-5

日本尼西奇公司的集中性市场策略

日本尼西奇公司起初是一个生产雨衣、尿布、游泳帽等多种橡胶制品的小企业,由于订货不足,面临破产。后来,他们从一份人口调查表中发现,日本1年出生250万名婴儿,至少需要500万条尿布。于是,他们决定放弃尿布以外的产品,实行尿布的专业化生产,一个穷困小厂变成了闻名于世的“尿布大王”,其产品不仅遍销日本,还远销世界70多个国家和地区。

三、影响目标市场选择的因素

(一)企业的实力

实力雄厚、管理水平较高的企业,可以考虑采用无差别性或差别性市场策略。采用无差别性策略有利于规模经营创造规模效益;采用差别性策略,可以利用不同品种、性能的众多产品满足众多细分市场的需要,促成广阔的市场前景。

(二)产品性质

产品性质指产品是否同质。例如,某些初级产品,用户大多不重视或不加区别,竞争主要集中在价格和服务方面,该产品适宜实行无差别性市场策略;而许多加工制造产品,不仅本身可以开发出不同规模、型号、花色的品种,消费者对这类产品的需求也是多样化的,选择性很强。生产经营这类产品的企业,宜采用差别性或集中性市场策略。另外还要考虑产品的自然属性,如汽油、钢铁、原粮,长期以来没有太大的变化,这类商品适宜采用无差别性市场策略。反过来说,特性变化快的商品,如服装、家具、家用电器等,适合采取差别性或集中性市场策略。

(三)市场需求的差异情况

如果消费者的需求、欲望、购买行为基本相同,对营销方案的反应也基本一致,可采用无差别性市场策略,反之则应采用差别性或集中性市场策略。“同质市场”宜实行无差别性营销策略,“异质市场”宜采用差别性或集中性策略。

(四)商品的生命周期

企业应随着商品所处的生命周期阶段的更迭而采用不同的目标市场策略。一般来说,处于导入期和成长期的新产品,竞争者稀少,宜采用无差别性市场策略,以便探测市场需求和潜在顾客。商品一旦进入成长期或已处于成熟期,市场竞争加剧,企业为了在竞争中战胜对方,宜采用差别性市场策略,以利于开拓新的市场扩大销售;或者实行集中

性市场策略，以设法保持原有市场，延长商品的生命周期。

（五）竞争者的目标市场策略

假如竞争对手采用无差别性市场策略，自己就应采用差别性市场策略，以提高产品的竞争能力；假如竞争对手都采用差别性市场策略，企业就应进一步细分市场，实行更有效的差别性或集中性市场策略；但若竞争对手力量较弱，也可采用无差别性市场策略。

第三节　市场定位

一、市场定位的含义

市场定位是企业根据市场特性和自身特点，确立本企业与竞争对手不同的个性或形象，形成鲜明的特色，在消费者心目中留下特殊的偏爱，从而在市场竞争中获得优势。

企业一旦选定了目标市场，就要在目标市场上进行产品的市场定位。市场定位是企业全面战略计划的一个重要组成部分，它关系到企业及其产品如何与竞争者相比更为突出。因此，市场定位的实质就是差别化营销。

案例5-6

在越来越激烈的市场竞争中，上海商业正逐步形成多个经营互补型的商圈。

在上海徐家汇，东方商厦、太平洋百货、第六百货三家大商厦隔路相望。前两年三家商厦也曾摆出拼个你死我活的架势，但很快认识到恶性竞争只会带来三败俱伤。于是各家商场主要在突出自己的经营特色上下功夫：东方商厦主要针对中高收入顾客，突出商品档次，向精品店方向发展；太平洋百货则成为流行时尚的窗口，主要吸引以女性为主的青年消费者；第六百货则以实惠诱人，坚持以薄利多销、便民利民为经营方向。这三家商厦近一两年销售额不仅没有下滑，反而都在增长，在上海市单位面积中销售和利润名列前茅，徐家汇也成为上海新的中心商业区。目前，这三家商场成立了“徐家汇地区商场老总联谊会”，定期研究分析市场形势，合理划分各自经营范围，共同发展。第六百货还出资修建一条空中走廊，把本店和太平洋百货对接起来。

位于南京路上的中百一店、华联商厦、新世界是上海商界三大巨头，由于他们各自经营有别，利益冲突不大，能做到联手繁荣南京路，为中华商业第一街的繁荣做出了贡献。

上海各商圈因地理位置的不同，在整体经营上也有差异，如巴黎春天、百励、二百、永新构成的金三角商圈，主要吸引外资机构、高收入白领阶层；南京路上的商圈则针对国内旅游购物者，以大众化名品为主。

二、市场定位的步骤

（一）明确优势

首先明确企业自身资源所具备的可能优势，其次明确企业在满足市场需求方面的可能优势以及与竞争者的比较优势。具体包括以下三个方面：

(1)分析顾客对企业产品的评价，也就是要研究顾客究竟需要什么样的产品，最关心产品的什么特点，哪些产品要素是顾客购买决策的主要影响因素。分析顾客最重视的产品特色，对企业定位十分关键。

(2)企业要分析自身的资源特点。一方面企业资源有限，只能重点集中于某些方面，在明确顾客需求的前提下发挥资源的优势；另一方面要注意企业资源与其他竞争者资源的比较优势。

(3)企业要分析竞争者的定位特点。企业必须了解竞争者的产品特点、市场营销策略、市场定位。即使企业定位与竞争者定位相似，也要明确自己的定位与竞争者的差别及优劣势。

(二)选择适当的竞争优势

并非所有的竞争优势在定位时都有用，并非所有的差别化定位对企业来说都值得推广。企业定位的成功与否，在于企业能否抓住其中最重要的优势，并加以传播。因此，企业在进行产品定位时，应选择最重要的竞争优势。一般来说，应符合下列要求：

(1)重要性。对消费者来说最重要的。消费者倾向于记住和选择能满足自己迫切需求的，符合其态度、信念的产品，凡是消费者在购买时最关心的因素均可以用于定位。

(2)独特性。能够与竞争产品区别开的。企业应认真分析竞争者的市场定位，其产品有哪些特性，哪些特性是竞争者所没有的或是不足的，从中寻找与众不同的，或优于竞争产品的特点。

(3)优越性。明显比现有产品优越的。市场上有许多产品都能满足消费者的某种需求，一个产品的特点只有明显优于其他同类产品，才能有效地吸引消费者。例如，对于电视机来说，若仅凭低于其他品牌十几元的价格而强调价格的优势，显然是微不足道的。

(4)优先性。不易被模仿的。通常那些在技术、管理和成本控制等方面有一定难度，不易被其他企业模仿或超越的竞争优势较适宜用于定位。

(5)沟通性。这种差别化是可以跟消费者沟通的，消费者可以亲身体验到。

(6)承担性。这种差别化是消费者的货币支付能力可以承担得起的。

(7)营利性。这种差别化同时能够给公司带来利润收益。

(三)准确地传播企业的定位概念

企业在做出市场定位决策后，还必须采取有力的步骤向目标消费者大力开展广告宣传，把企业的定位观念准确地传播给潜在的购买者。

三、市场定位的策略

企业常用的市场定位策略主要有以下三种：

(一)避强定位策略

避强定位策略是指企业力图避免与实力最强或较强的其他企业直接发生竞争，而将自己的产品定位于另一市场区域内，使自己的产品在某些特征或属性方面与它们有比较显著的区别。避强定位策略的优点是能够使企业较快地在市场上站稳脚跟，并能在消费

者或用户心目中树立起一种形象，市场风险较小，成功率较高。其缺点主要是：避强往往意味着企业必须放弃某个最佳的市场位置，很可能使企业处于最差的市场位置。

（二）迎头定位策略

迎头定位策略是指企业根据自身的实力，为占据较佳的市场位置，不惜与市场上占支配地位的竞争对手发生正面竞争。迎头定位可能引发激烈的市场竞争，因此具有较大的风险性。迎头定位策略在企业案例中屡见不鲜，如可口可乐与百事可乐，柯达与富士，汉堡王与麦当劳。

（三）重新定位策略

重新定位策略是指企业由于市场的原因而进行的第二次重新定位。这种重新定位可能是由于市场的原因、顾客需求的变化、竞争的加剧等。因此，重新定位的目的就在于能够使企业摆脱困境，重新获得市场活力。

四、市场定位的方法

（一）档次定位

档次定位是产品质量、消费者的心理感受及各种社会因素如价值观、文化传统等的综合反映。定位于高档次的品牌，传达了产品（服务）高品质的信息，同时也体现了消费者对它的认同。档次具备了实物之外的价值，如给消费者带来自尊和优越感。高档次品牌往往通过高价位来体现其价值。如劳力士表，价格可达十万元人民币，是手表品牌中的至尊，也是财富与地位的象征。正因为档次定位综合反映品牌价值，不同品质、价位的产品不宜使用同一品牌。如果企业要推出不同价位、品质的系列产品，应采用品牌多元化策略，以免使整体品牌形象受低质产品影响而遭到破坏。如台湾顶新集团在中档方便面市场成功推出了“康师傅”，但在进军低档方便面市场时，并非简单延伸影响力已经很大的“康师傅”品牌，而是又推出了另一个新品牌——“福满多”。

（二）USP 定位

USP 理论主张独特的销售卖点，其核心内容是：广告要根据产品的特点向消费者提出独一无二的说辞，并让消费者相信这一特点是别人没有的，或是别人没有说过的，且这些特点能为消费者带来实实在在的利益。USP 定位，即根据品牌向消费者提供的利益定位。而这一利益点是其他品牌无法提供或者没有诉求过的，因此独一无二。例如，在汽车市场上，宝马宣扬“驾驶的乐趣”，富豪强调“耐久安全”，马自达是“可靠”，SAAB 是“飞行科技”，TOYOTA 突出“跑车外形”，菲亚特则“精力充沛”，而奔驰是“高贵、王者、显赫、至尊”的象征，奔驰的 TV 广告中较出名的系列是“世界元首使用最多的车”。

案例5-7

宝洁公司的“USP 定位”

以洗衣粉为例，宝洁相继推出了汰渍（Tide）、快乐（Cheer）、波尔德（Bold）、德莱夫特

(Dreft)、象牙雪(Ivory Snow)、伊拉(Era)等品牌,每个品牌都有它独特的USP定位。汰渍"去污彻底",快乐是"洗涤并保护颜色",波尔德"使衣物柔软",德莱夫特"适于洗涤婴儿衣物",象牙雪"去污快",伊拉则声称"去油漆等顽污"等。宝洁公司通过USP定位,发展多种品牌,使自己的货架空间不断扩张。

以洗发水为例,宝洁公司在中国市场上推出的产品广告更是出手不凡:"海飞丝"洗发水,海蓝色的包装,首先让人联想到蔚蓝色的大海,带来清新凉爽的视觉效果,"头屑去无踪,秀发更出众"的广告语,更进一步在消费者心目中树立起"海飞丝"去头屑的概念;"飘柔",从品牌名字上就让人了解了该产品使头发柔顺的特性,草绿色的包装给人以青春美的感受,"含丝质润发素,洗发护发一次完成,令头发飘逸柔顺"的广告语,再配以少女甩动如丝般头发的画面,更深化了消费者对"飘柔"飘逸柔顺效果的印象;"潘婷",用了杏黄色的包装,首先给人以营养丰富的视觉效果。

(三)使用者定位

使用者定位是指以产品与某类消费者的生活形态和生活方式的关联作为定位。成功运用消费者定位,可以将品牌个性化,从而树立独特的品牌形象和品牌个性。耐克以喜好运动的人,尤其是乔丹的热爱者为目标消费者,所以它选择了乔丹为广告模特。广告不仅淋漓尽致地展现了乔丹的风貌,将其拼搏进取的精神、积极乐观的个性融入"耐克"之中,也成功地树立了耐克经久不衰的品牌形象。

(四)类别定位

根据产品类别建立的品牌联想,称为类别定位。类别定位力图在消费者心目中造成该品牌等同于某类产品的印象,以成为某类产品的代名词或领导品牌,在消费者有了某类特定需求时就会联想到该品牌。如淡啤使人想到舒立滋(Schlitz),快餐使人想到麦当劳,运动饮料使人想到健力宝等。企业常利用类别定位寻求市场或消费者头脑中的空隙,其中一个方法是设想自身正处于与竞争者对立的类别或是明显不同于竞争者的类别,消费者能否接受。

案例5-8

七喜汽水"非可乐"——成功的类别定位

七喜汽水"非可乐"的定位就是借助类别定位的经典案例。可口可乐与百事可乐是饮料市场的领导品牌,市场占有率极高,在消费者心目中的地位不可动摇。"非可乐"的定位使七喜处于与百事可乐、可口可乐对立的类别,成为可乐饮料之外的另一种选择。不仅避免了与两巨头的正面竞争,还巧妙地与两品牌挂上了钩。成功的类别定位使七喜在龙争虎斗的饮料市场坐上了第三把交椅。

(五)比附定位

比附定位是以竞争者品牌为参照物,依附竞争者定位。比附定位的目的是通过品牌竞争提升自身品牌的价值与知名度。

案例5-9

艾维斯租赁汽车公司的比附定位

20世纪60年代美国DDB广告公司为艾维斯租赁汽车公司创作的“老二宣言”便是运用比附定位取得成功的经典。因为巧妙地与市场领导者建立了联系，艾维斯的市场份额上升了28个百分点，大大拉开了与行业中排行老三的国民租车公司的差距。赫尔茨占据了整个汽车租赁市场份额的55%，多年来已经在消费者心目中确立了汽车租赁市场龙头老大的形象，艾维斯自认老二，有利于确立其市场地位，并与排行第三的国民公司拉开距离。

(六)文化定位

将某种文化内涵注入品牌之中，形成文化上的品牌差异称为文化定位。文化定位不仅可以大大提高品牌的品位，而且可以使品牌形象独具特色。

案例5-10

孔府家酒成功的文化定位

孔府家酒是此方面的成功者。按中国的传统风俗，喜庆的日子必定会合家欢聚吃团圆饭，而饭桌上不可或缺的东西是酒。孔府家酒正是牢牢把握这一点，将自身定位于“家酒”，引起消费者关于此方面的联想。它作为“家酒”在消费者心目中具有不可动摇的地位。毋庸置疑，提起孔府家酒，人们就会不由自主地在脑海中勾画出合家团聚的喜庆场面，“孔府家酒，叫人想家”的温馨也自然萦绕左右。

(七)属性、利益定位

产品本身的属性及由此获得的利益、解决问题的方法及需求满足的程度，能使顾客感受到它的定位。如在汽车市场，德国的“大众”享有“货币的坐标”之美誉，日本的“丰田”侧重于“经济可靠”，瑞典的“沃尔沃”讲究“耐用”。

在有些情况下，新产品更应强调某一种属性。如果这种属性是竞争者无暇顾及的，这种策略就更容易见效。

案例5-11

美国IBM公司的“IBM就是服务”

“IBM就是服务”是美国IBM公司一句响彻全球的口号，是IBM企业文化精髓之所在。IBM的服务体现于诚、信、情、礼中，形成一套IBM企业文化，它已向人们清楚地证明，服务是企业最佳管理方法的一把利刃，是企业信誉的关键因素。该公司经理华特生先生曾在《企业与信念》一书中谈到该公司经营成长的理念，他对服务做了一番剖析：随着时间推移，良好的服务几乎已经成为IBM的象征……多年以前，我们登了一则广告，用一目了然的粗笔体写着“IBM就是最佳服务的象征”，我始终认为这是我们有史以来最佳的广告，因为它很清楚地表达出IBM真正的经营理念——提供世界上最好的服务。正是这样的服务理念，才使IBM的名牌形象并未随着岁月的久远而褪色。

本章小结

在市场竞争日趋激烈的市场环境下，企业为了更好地满足消费者的需求，必须执行目标市场营销战略。目标市场营销包括以下三个步骤：市场细分(Segmenting)、目标市场选择(Targeting)和市场定位(Positioning)，即STP战略。

1. 市场细分是指企业通过市场调研，根据市场需求的多样性和异质性，依据一定的标准，把整体市场即全部顾客和潜在顾客划分为若干个子市场的市场分类过程。每一个子市场就是一个细分市场，一个细分市场内的消费者具有相同或相似的需求特征，而不同的子市场之间却表现为明显的需求差异。

2. 目标市场是企业在市场细分并对其评价的基础上，决定要进入的市场，即企业决定所要销售和服务的目标客户群。目标市场的选择通常有三种基本的策略：无差别性市场策略、差别性市场策略和集中性市场策略。

3. 市场定位是企业根据市场特性和自身特点，确立本企业与竞争对手不同的个性或形象，形成鲜明的特色，在消费者心目中留下特殊的偏爱，从而在市场竞争中获得优势。

一、复习思考题

1. 什么是市场细分的有效性？为什么？

2. 怎样识别具有吸引力的市场？

3. 企业在进行目标市场选择时，应考虑细分市场的哪些经济价值？

4. 为什么说市场细分是市场定位的前提？

5. 试分析论述市场细分、目标市场选择及市场定位的关系。

二、单项选择题

1. 对于同质产品或需求上共性较大的产品，一般应实行(　　)。

A. 集中性市场策略　　B. 差别性市场策略

C. 无差别性市场策略　　D. 维持性市场策略

2. 企业进行市场定位的核心内容是(　　)。

A. 不断降低产品的成本　　B. 设计和塑造产品特色或个性

C. 明确竞争对手和竞争目标　　D. 弄清消费者的需求差异

3. 企业进行消费者市场细分的关键是(　　)。

A. 进行市场定位　　B. 选择目标市场

C. 分析消费者需求的差异性　　D. 确定市场细分标准

4.(　　)是市场细分的内在依据。

A. 顾客需求的异质性　　B. 企业的资源限制

C. 有效的市场竞争　　D. 市场需求

5. 企业将整体市场作为目标市场，推出一种商品，实施一种营销组合，以满足整体市场某种共同需要的目标市场策略是(　　)。

A. 集中性目标市场策略　　B. 聚焦策略

C. 无差别性目标市场策略　　D. 总成本领先策略

6. 企业选择和确定目标市场的基础和前提是(　　)。

A. 环境分析　　B. 选择竞争优势　　C. 市场细分　　D. 市场定位

7. STP战略是指市场细分、目标市场的选择和(　　)。

A. 市场定位　　B. 战略规划　　C. CI塑造　　D. 品牌塑造

8. 根据顾客为保持牙齿洁白而生产相应牙膏，这是(　　)的细分标准。

A. 使用者情况　　B. 追求利益　　C. 产品使用频率　　D. 品牌忠诚程度

9. 企业进行市场细分的依据是(　　)的差异性。

A. 企业特点　　B. 产品特点　　C. 需求特点　　D. 生产特点

10. 宁城老窖的广告语是“塞外茅台”，这种广告定位属于(　　)。

A. 逆向定位　　B. 强化定位　　C. 比附定位　　D. 补隙定位

三、多项选择题

1. 若企业想采用差别性市场策略，则必须(　　)。

A. 企业实力强　　B. 水平特点明确　　C. 消费者需求相似

D. 产品价格高　　E. 产品处于成熟期

2. 市场细分的有效标志是(　　)。

A. 可测量性　　B. 可控制性　　C. 可进入性　　D. 实效性　　E. 可流动性

3. 目标市场的基本策略包括(　　)。

A. 整合市场策略　　B. 无差别市场策略　　C. 差别性市场策略

D. 集中性市场策略　　E. 定制市场策略

4. 集中性市场策略的优点在于(　　)。

A. 市场占有率高　　B. 经营风险小　　C. 营销对象集中

D. 满足不同需求　　E. 扩大企业影响

5. 在细分消费者市场的标准中，属于人口因素的有(　　)。

A. 个性　　B. 职业　　C. 收入　　D. 家庭规模　　E. 爱好

6. 心理细分的依据有(　　)。

A. 消费者追求的利益　　B. 使用者情况　　C. 生活方式

D. 个性　　E. 产品使用率

7. 按购买行为细分消费者市场要考虑(　　)等因素。

A. 消费者对商品利益的追求　　B. 消费者对商品的忠诚程度

C. 消费者的购买动机　　D. 消费者所处的购买阶段

E. 消费者购买时机

8. 属于消费者市场细分标准的因素有(　　)。

A. 人口因素　　B. 环境因素　　C. 竞争因素　　D. 经济因素　　E. 心理因素

9. (　　)企业宜采用集中性市场策略。

A. 资源实力雄厚的企业　　　　B. 生产同质产品的企业

C. 资源有限的中小企业　　　　D. 初次进入新市场的企业

10. 目标市场营销由三个步骤组成，分别是(　　)。

A. 市场细分　　B. 竞争　　C. 市场定位　　D. 选择目标市场　E. 促销

四、判断题

1. 应根据企业的实际选择目标市场。如果企业的资本雄厚，可以考虑实行集中性市场策略。(　　)

2. 市场定位是指企业以独特的促销手段去争取有利的市场地位。(　　)

3. 年龄是细分消费者市场的最有效标准。(　　)

4. 当企业资源缺乏时，企业应采取无差别性市场策略以节省资源开支。(　　)

5. 差别性市场策略追求的不是在大市场上占有小份额，而是在小市场上占有大份额。(　　)

6. 早期的可口可乐公司所采用的是无差别性市场策略。(　　)

7. 市场细分的依据是客观存在的需求的层次性。(　　)

8. 许多用来细分消费者市场的标准，同样可以用来细分生产者市场。(　　)

9. 无差别性市场策略是针对市场共性的一种求同存异的营销策略。(　　)

10. 七喜的口号:“不含咖啡因的软饮料”属于对抗定位。(　　)

五、案例分析题

中国粮油公司原来出口的冻鸡主要是面向消费者市场的，所选择的销售渠道以超级市场、专业食品商店为主。随着日本冻鸡市场竞争的加剧，中国冻鸡的销售量呈下降趋势，其主要问题在于:目标市场不明确、品种规格较少、包装不能适应日本市场的要求。为了扩大冻鸡出口，中国粮油公司对目标冻鸡市场做了进一步调查分析。将购买者区分为三种类型:第一类是饮食业用户;第二类是团体用户;第三类是家庭主妇。这三个细分市场对冻鸡的品种、规格、包装和价格等要求不尽相同。饮食业对冻鸡的品质要求较高，但价格较低，相对于零售市场家庭主妇的购买则不太敏感;家庭主妇对冻鸡的品质、外观都有较高要求，同时要求价格合理，购买时挑选性较强。根据日本冻鸡市场的需求特点，中国粮油公司重新选择了目标市场，以饮食业和团体用户为主要目标市场，并据此调整了产品、渠道等营销组合策略，出口量大幅度增加。

问题:1. 何谓 STP 战略?

2. 中国粮油公司在日本冻鸡市场是如何实施 STP 战略的?

六、实训练习题

(一)实训目的

设定自己是某产品(如你熟悉的化妆品品牌)的市场营销人员或经理,针对你所经营的产品,分析研究“谁是你的客户”,找准目标市场,实施市场定位策略。

(二)实训组织

以实地调查为主,或模拟公司,配合与在图书馆、互联网查找资料相结合,得出相关资料,集体讨论、分析,最终得出结果。

(三)实训要求

根据消费者需求的差异性,选用一定的标准,将整体市场划分为两个或两个以上具有不同需求特性的“子市场”。在市场细分的基础上,选择具有一定规模的,能够进入的,可以赢利的一个或几个细分市场作为自己的目标市场。并根据消费者对产品的偏爱及竞争者的市场定位状况,确定企业产品特色即对产品进行市场定位。

(四)实训步骤

1. 学生自由组合,分成5～8人项目学习小组;
2. 以小组为单位,搜集、选择拟进行分析的项目的相关资料;
3. 根据资料信息,运用市场细分方法,分析该项目或该产品的细分市场特色;
4. 在小组讨论的基础上,初步进行项目的可行性分析,提交项目研究报告。

第六章

市场竞争分析

教学目标和要求：

1. 掌握市场竞争的基本类型
2. 理解五力分析模型
3. 掌握分析竞争者的步骤
4. 理解竞争者的分析思路，了解市场领先者、市场挑战者、市场追随者、市场补缺者的战略
5. 理解市场竞争的新模式——竞争性蓝海战略
6. 掌握企业一般采用的基本战略，即总成本领先战略、差别化战略和目标聚集战略
7. 掌握企业核心竞争力的基本内涵和特点

知识结构图

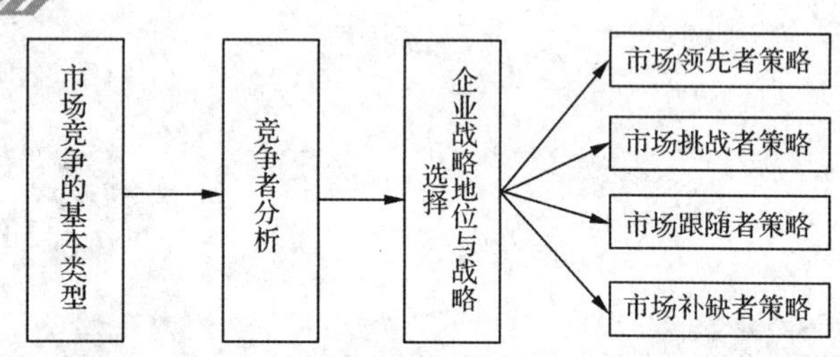

导入案例

西班牙白叶橄榄油闪电制胜北京市场

市场背景：从目前我国食用油市场趋势来看，食用油消费仍以普通食用植物油（如大豆油、菜籽油、花生油等）为主，市场总量庞大且发展迅速，品牌竞争激烈。随着食用油市场竞争的不断加剧，食用油的营养健康概念逐渐深入人心，拉动了人们对特种食用油（如

橄榄油、核桃油、葵花籽油、葡萄籽油等）的需求。食用油消费呈现向多样化、高档化、健康化发展的新趋势，市场日渐细分，总体趋势对白叶橄榄油的中国推广计划非常有利。

目前橄榄油不论在世界市场还是在中国市场的消费量都呈现迅速增长的态势。就北京而言，现在市面上已有十余种不同品牌的橄榄油，虽然竞争激烈，但尚无一个品牌成为主导品牌。

竞争分析：橄榄油现在还只是食用油市场中较小的一个细分市场，大部分消费者仅将其作为“主要食用油以外的补充品”，销售区域只集中在大中型城市，消费群也局限于收入和文化水平都较高的群体，因此尚未对普通食用油销售构成威胁。但随着橄榄油市场的发展，橄榄油必会占据部分终端市场份额，与食用油主流品牌正面交锋。在目前形势下，白叶橄榄油应先把其他品牌的橄榄油当成主要竞争者，在成为橄榄油市场的领导者之后，通过与其他橄榄油品牌的竞争联合，共同带动橄榄油市场的发展，逐步向终端食用油市场拓延势力。

市场竞争战略选择：选择了聚集战略，即在某区域市场进行有效聚集，取得成功后进而覆盖全国市场的方法。虽然低成本与产品差别化都是要在全产业范围内实现其目标，聚集战略的整体却围绕着很好地为某一特定目标服务这一中心建立，它制定的每一项职能性方针都要考虑这一目标。

首先把聚集点放在北京，选择其作为样板市场。原因是北京地区消费者层次多样，各城区经济发达程度不一，呈现出不同的消费市场特征，基本代表了全国各地的市场表现，成功模式具有可复制性。而且北京是首都，外来人口较多，强势媒体聚集，人们的消费行为和媒体传播在全国有很大影响力。如在北京市场取得成功，将可以有效带动全国范围的消费需求，为全国推广奠定良好基础。

第一节　市场竞争的基本类型

市场营销不仅要满足消费者的需要，而且要比竞争对手更好地满足消费者的需要才能够实现交换。分析竞争者，研究竞争者的优势，才能在竞争中求得生存和发展。

一、从行业角度辨认竞争者

一般说来，企业要想具有较强的市场竞争力，就必须努力了解其所在行业的模式以及行业的动态变化情况，主要是行业需求与供给对行业结构的影响情况。决定行业结构的主要因素有如下几个：

（一）销售的数量及产品差别程度

企业所处的行业状况主要是确定销售的数量以及产品的同质性状况。由此产生了五种行业结构类型。

1. 完全垄断

当某一领域只有一个企业提供某一产品或服务时，即完全垄断。完全垄断由于缺乏密切替代品，企业会追求最大利润来抬高商品价格，少做或不做广告，并提供最低限度的服务。如果该行业内出现了替代品或紧急竞争危机,完全垄断者会改善产品或服务以阻止新竞争者进入。

2. 完全寡头垄断

完全寡头垄断又称为无差别寡头垄断,指某一行业内少数几家大公司提供的产品或服务占据绝大部分市场,并且顾客认为各公司产品没有差别,对不同品牌无特殊偏好,如石油行业。寡头垄断企业变动商品价格,会引起竞争者的强烈反应,寡头垄断企业之间的相互牵制导致每一企业只能按照行业的现行价格水平定价,不能随意变动,竞争的主要手段是改进管理、降低成本、增加服务。

3. 不完全寡头垄断

不完全寡头垄断也称差别寡头垄断,是指某一行业内少数几家大公司提供的产品或服务占据绝大部分市场,且顾客认为各公司的产品在质量、性能、款式或服务等方面存在差别,对某些品牌形成特殊偏好,其他品牌不能替代,如汽车、计算机等行业。顾客愿意以高于同类产品的价格购买自己所喜爱的品牌,所以竞争的重点不是价格,而是产品特色。

4. 垄断竞争

垄断竞争指某一行业内有许多卖主且相互之间的产品在质量、性能、款式和服务方面有差别,顾客对某些品牌有特殊偏好,不同的卖主以产品的差别性吸引顾客,开展竞争。企业竞争的焦点是扩大本企业品牌与竞争品牌的差别,突出特色,更好地满足目标市场需求以求得溢价。

5. 完全竞争

完全竞争指某一行业内有许多卖主且相互之间的产品没有差别。完全竞争大多存在于同质产品市场,如大多数农产品。买卖双方都只能按照供求关系确定的现行市场价格来买卖商品,都是"价格的接受者",而不是"价格的决定者"。企业竞争战略的焦点是降低成本,增加服务,并争取通过产品开发来扩大与竞争品牌的差别。

(二)进入与退出障碍

进入障碍是指阻碍新的竞争者进入某行业的各种因素,退出障碍是指阻碍经营者退出某行业的各种因素。

决定进入障碍的因素有:

(1)规模经济。

(2)产品差异化。

(3)资金需求。

(4)转换成本。

(5)销售渠道。

(6)与规模无关的成本劣势(专利、最优惠货源的独占、拥有廉价劳动力)。

(7)政策。国家对某些特殊行业推行专利和许可证制度、专卖制度,还包括行业内经济技术要求和政策规范。

退出障碍主要指退出成本。企业退出某一行业会面临着专门化技术设备的处理,在长期经营中形成的无形资产以及各种合同的解除和员工安置等问题而承担巨额损失;还

有国家和社会的限制，如国家对破产企业的处置、顾客对售后服务的要求等。

（三）成本结构

各行业的成本组合存在差异。如汽车业的制造成本较高，企业在选择行业成本策略时会考虑到行业成本这个限制因素。

（四）纵向一体化

在某些行业里，企业可以通过上游产业和下游产业的联合取得利益，既能在所经营的细分市场中更好地控制成本和价格，又能在税收降低的产品上获得较高的利润，更好地控制增值流，那些无法合作的企业就会在经营中处于不利地位。

二、影响行业竞争与演变的五种力量

五种力量分析模型由迈克尔·波特（Michael Porter）于 20 世纪 80 年代初提出，对企业战略制定产生了全球性的深远影响。五种力量模型将大量不同的因素汇集在一个简便的模型中，以此分析一个行业的基本竞争态势，如图 6-1 所示。

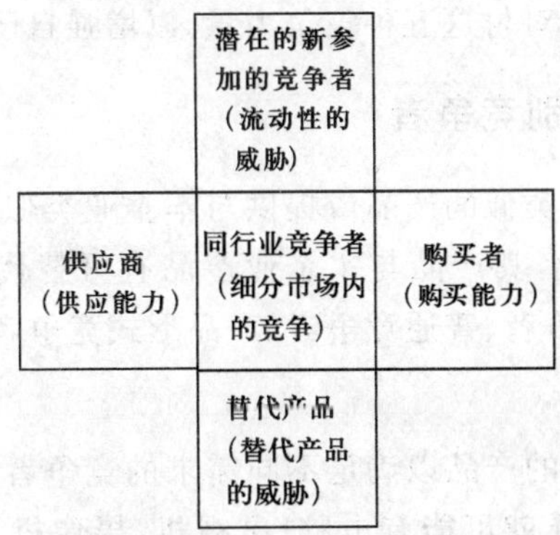

图 6-1　迈克尔·波特的五种力量模型

（一）供应商的讨价还价能力

供方对买主产品生产过程非常重要或者严重影响买主产品的质量时，供方对买主的潜在讨价还价力量就大大增强。一般来说，满足如下条件的供方集团会具有比较强大的讨价还价能力：

(1)供方行业为一些具有比较稳固市场地位而不受市场激烈竞争困扰的企业所控制，其产品的买主很多，以至于每一单个买主都不可能成为供方的重要客户。

(2)供方各企业的产品各具有一定特色，以至于买主难以转换或转换成本太高，或者很难找到可与供方企业产品相竞争的替代品。

(3)供方能够方便地实行前向联合或一体化，而买主难以进行后向联合或一体化。

（二）购买者的讨价还价能力

购买者主要通过压价或要求提供较高的产品或服务质量，来影响行业中现有企业的盈利能力。

(三)新进入者的威胁

新进入者在给行业带来新生产能力、新资源的同时,也希望在已被现有企业瓜分完毕的市场中赢得一席之地,这就有可能会与现有企业发生原材料与市场份额的竞争,最终导致行业中现有企业盈利水平降低,严重的话还有可能危及这些企业的生存。

(四)替代品的威胁

两个处于同行业或不同行业中的企业,可能会由于所生产的产品互为替代品,从而在它们之间产生相互竞争行为,这种源自替代品的竞争会以各种形式影响行业中现有企业的竞争战略。

(五)同业竞争者的竞争程度

现有企业之间的竞争常常表现在价格、广告、产品介绍、售后服务等方面,其竞争强度与许多因素有关。

根据上面对于五种竞争力量的讨论,企业可以采取尽可能地将自身的经营与竞争力量隔绝开来,努力从自身利益需要出发影响行业竞争规则,先占领有利的市场地位再发起进攻性竞争行动等手段来对付这五种竞争力量,以增强自己的市场地位与竞争实力。

三、从产品替代性识别竞争者

竞争者是生产与本企业类似的产品或提供与本企业类似的服务,且针对的客户群也是与本企业类似的其他企业,其产品与本企业产品有可替代的关系。从产品替代性来看,竞争者主要包括愿望竞争者、普通竞争者、产品形式竞争者和品牌竞争者。

(一)愿望竞争者

愿望竞争者指提供不同的产品以满足不同需求的竞争者。例如,消费者要选择一种万元消费品,他所面临的选择就可能有电脑、电视机、摄像机、出国旅游等,这时电脑、电视机、摄像机以及出国旅游之间就存在着竞争关系,成为愿望竞争者。

(二)普通竞争者

普通竞争者指提供不同的产品以满足相同需求的竞争者。例如,面包车、轿车、摩托车、自行车都是交通工具,在满足需求方面是相同的,他们就是普通竞争者。

(三)产品形式竞争者

产品形式竞争者指生产同类但规格、型号、款式不同产品的竞争者。例如,自行车中的山地车与城市车、男式车与女式车,就构成产品形式竞争者。

(四)品牌竞争者

品牌竞争者指生产相同规格、型号、款式的产品,但品牌不同的竞争者。例如,索尼、长虹、夏普、金星电视机,众多产品之间就互为品牌竞争者。

第二节　竞争者分析

一、判定竞争者的战略和目标

在识别竞争者的基础上,企业还应进一步分析有关竞争者的战略、目标、能力以及反应模式等,以便在竞争实践中采取适当的战略。

(一)分析竞争者的战略

企业营销战略越是相似,它们之间的竞争就会越激烈。企业最直接的竞争者是那些为相同的目标市场推行相同战略的企业。一个战略群体就是在一个特定行业中推行相同战略的一组企业。

通过对战略群体的识别可以发现以下情况:

(1)各战略群体设置的进入障碍的难度不尽相同。

(2)如果企业成功地进入一个战略群体组别,该组别的成员就成了它的主要对手。如果希望取得成功,它在进入时就应具有某些战略优势。

(二)判断竞争者的目标

在识别了主要竞争者及他们的战略后,还必须了解竞争者的目标,即每个竞争者在市场上追求什么。企业竞争者的目标可能是长期利润,可能是市场占有率,也可能是短期利润等。有的企业是以满足目标利润为出发点,而不是以企业利润最大化为导向。竞争者的目标是由多种因素确定的,如规模、历史、目前的经营管理和财务状况等。

(三)分析竞争者的能力

企业竞争的前提在于知己知彼,策划者在了解企业竞争能力的基础上对竞争对手的能力分析就显得非常重要。对竞争对手的能力分析主要可以从以下几个方面进行:

1. 产品

这方面包括:每个细分市场中用户心目中产品的地位,产品系列的宽度和深度等。

2. 代理商或分销渠道

这方面包括:渠道覆盖面的质量,渠道关系网的实力,为销售渠道服务的能力。

3. 营销与销售

这方面包括:营销组合各方面要素的水平,市场调查与新产品开发的能力,销售队伍的培训及其技能。

4. 生产运作

这方面包括:生产的成本情况,设施与设备的先进性,专有技术和专利的优势,生产能力的扩张、质量控制、设备安装等方面的技能,劳动力与运输的成本状况,原材料的来源和成本等。

5. 研究与工程能力

这方面包括:专利与版权情况,企业内部的研究与开发能力,研究与开发人员在创造性、简化能力、资质、可靠性方面的能力等。

6. 财务能力

这方面包括：现金流量，短期和长期的贷款能力，获取新增权益资本的能力，财务的管理能力等。

7. 综合管理能力

这方面包括：企业领导的素质与激励能力，协调具体问题的能力等。

（四）评估竞争者的反应模式

竞争者的目标与实力并不能最终决定其竞争策略，影响竞争策略的因素还包括竞争者的反应模式。在判断竞争者的反应模式时还要考虑他们的经营哲学和指导思想。常见的竞争者反应模式有以下四种类型：

1. 从容型竞争者

这类竞争者对某些竞争行为往往不会迅速做出反应或者反应不强烈。

2. 选择型竞争者

这类竞争者会对竞争对手的某些竞争策略做出强烈反应，而对其他竞争策略则没有反应。

3. 凶猛型竞争者

这类竞争者会对竞争对手所有的竞争行为做出迅速而强烈的反应。

4. 随机型竞争者

这类竞争者的反应模式无法预知，对竞争行为可能做出反应，也可能不做出反应，而且无论根据其经济、历史还是其他方面的情况，都无法预见他们如何行事。

二、分析竞争对手的步骤

策划者一般可以从以下几个方面对竞争对手进行剖析。

（一）确定竞争对手

企业的竞争对手一般是指那些生产与本企业类似的产品或服务，并具有相似的目标顾客和相似的产品价格的企业。如美国的可口可乐公司将百事可乐公司作为其主要的竞争对手；通用汽车公司将福特汽车公司作为主要竞争者。

确定竞争对手看似容易，实际却很困难，因为在大多数情况下，一个品牌所面对的可能是一个基本的竞争群体而不是一个明确的竞争对象。

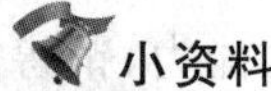

小资料

娃哈哈在中国市场上的竞争对手

娃哈哈在中国市场上推出“非常可乐”，其可能的竞争对手有：

(1)与其属于同一类型的其他可乐饮料，如可口可乐、百事可乐等。

(2)其他的碳酸饮料系列，如雪碧、七喜、健力宝等。

(3)市场上所有的软饮料，这是一个庞大的系列。

(4)一切非酒精类饮料，这个范围更大。

(5)除水之外的一切饮料，几乎包括整个饮料家族。

在这样一个序列中，显然以可口可乐、百事可乐为代表的可乐饮料是其直接的基本竞争对手，其他的软包装碳酸饮料只是次级竞争对手，所以最主要的是对基本竞争对手提出相应策略。娃哈哈意识到了"可乐"已经成了饮料市场上一个最具感召力的特定类型，在这中间可口可乐是无可动摇的"老大"。在"老大"之下形成的绝佳机会是两大可乐都是美国人的产品，人们正在渐渐地接受"它们就是可乐"，所以非常可乐必须找准对手，它把目光直射向可口可乐。

（二）搜集竞争对手资料

确定了竞争对手之后，要搜集竞争对手的大量情报。有些信息搜集起来比较困难，企业可通过第二手资料、个人资料、传闻来明确竞争对手的强弱。

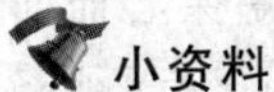

小资料

网上获取竞争情报的检索技巧

用传统的搜索引擎去查找不常见的数据费时费力，而使用组配检索，即将目标公司的名称与一些术语，如合同、客户、联盟、项目、股东、合资、分销商等进行组配之后再检索，则可以检索到许多新的公司站点，继而得到许多与该公司产品与服务有关的内容，如购买量、合同期限、产品说明书、安装地点等，简单搜索能发现竞争对手的客户或者发现该客户就是竞争对手。若要搜集网站会议上的演讲信息，可以把具体的公司名称与会议、讲话这些词进行组配检索，就会检索到相关的会议站点，通过分析和研究以 Power Point 展示在会议站点上的讲话稿，可以识别竞争对手的研究重点及细节，获取相关竞争情报。当然，要对所使用的搜索引擎的功能和操作非常熟悉，尤其是要了解所用的搜索引擎是否运行截词运算和逻辑运算。

（三）分析竞争对手的情况

在一般情况下，企业在分析竞争对手时必须注意三个变量：

（1）市场份额，即竞争对手所拥有的销售份额情况。

（2）心理份额，即认为竞争对手在心目中排名第一的顾客所占的份额情况。

（3）感情份额，即认为竞争对手的产品是最喜爱的产品的顾客所占的份额。

（四）分析竞争对手的目标

判断竞争对手的目标十分重要，每一个竞争者都有一个目标组合，其中每一个目标都有其不同的重要性，如获利能力、市场占有率及成长性、现金流量、技术领先、服务领先等。

（五）确认竞争对手的战略

本公司战略与其他公司的战略越相似，相互之间的竞争越激烈。在多数行业里，竞争对手可以分成几个追求不同战略的群体。确认竞争对手所属的战略群体将影响公司某些重要认识和决策。一般小企业适合进入壁垒较低的群体，而实力雄厚的大企业则可以考虑进入竞争性强的群体。

三、对竞争者的选择

(1)竞争者确实会构成某种威胁，然而在许多行业中，适当的竞争者的存在不但不会削弱一个企业的竞争地位，反而还可以加强其竞争地位，"好"的竞争者可以为企业的各种战略服务，既可以增加企业的持久竞争优势，又可以改善企业所在行业的结构。

(2)正确地选择竞争者能够产生各种战略利益，大致可分为四大类：增加竞争优势、改善现有产业结构、帮助开发市场和阻止进入。实际获得的具体利益将因行业不同和企业信奉的战略不同而异。

(3)竞争者并非都同样程度地有吸引力，或者无吸引力。"好"的竞争者能起到前面所描述的有益作用。但又不会带来严重的长期威胁。他们不会为满足虚荣心而向企业挑战，所以企业与这样的对手竞争，既可以得到稳定的、有利的行业均衡，又无须陷入旷日持久的冲突之中。一般说来，"坏"的竞争者所具有的特征与"好"的竞争者的特征正好相反。

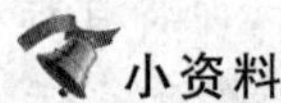

小资料

超优势竞争

超优势竞争是一种环境，这种环境的特色在于密集、快速的竞争行动。在这种环境下，竞争者必须能够快速行动，以建立优势，并瓦解对手的优势，而且，这将会加快竞争者之间的动态战略互动。超优势竞争行为是不断制造新的竞争优势，并摧毁、淘汰或化解对手的竞争优势的过程，借此创造不平衡的状态，摧毁完全竞争，并打破市场的现状。要做到超优势行为必须用比竞争对手更快的速度来攀登扩展阶梯、重新激活竞争的循环，或跳到新的领域。

第三节　企业战略地位与战略选择

案例6-1

可口可乐(市场领先者)与百事可乐(市场挑战者)

挑战途径：攻击市场领先者。

挑战策略：以价格战手段进行的正面进攻＋以细分市场为手段进行的侧翼进攻＋以地理性侧翼进攻将战火蔓延到全世界。

挑战结果：可口可乐与百事可乐的销售差距从1960年的2.5∶1，缩小到1985年的1.15∶1，可口可乐的领先地位首次出现危机。在1985年年底，百事可乐的销售额一度超过了可口可乐，到1986年可口可乐才夺回宝座。

在饮料行业，可口可乐和百事可乐一个是市场领先者，一个是市场挑战者。百事可乐成长于20世纪30年代经济大恐慌时期。由于消费者对价格很敏感，因此1934年百事可乐推出了12盎司装的瓶子，但与可口可乐6.5盎司的价格一样，也是5分钱。百事可

乐利用电台广告大力宣传"同样价格、双倍享受"的利益点。它成功地击中了目标，尤其是只重量不重质的年轻人市场。

从1961年开始，广告强调"现在，百事可乐献给自认为年轻的朋友"，1964年喊出"奋起吧，你是百事的一代"，使这个观念更明确，大大影响了年轻人的传统意识。

百事可乐不仅在美国国内市场上向可口可乐发起了最有力的挑战，还在世界各国市场上向可口可乐挑战。

1959年，美国展览会在莫斯科召开，肯特利用他与当时的美国副总统尼克松之间的特殊关系，要求尼克松"想办法让苏联领导人喝一杯百事可乐"。于是在各国记者的镜头前，赫鲁晓夫手举百事可乐，露出一脸心满意足的表情。这是最特殊的广告，百事可乐从此在苏联站稳了脚跟。1975年，百事可乐公司以帮助苏联销售伏特加酒为条件，取得了在苏联建立生产工厂并垄断其销售的权力，成为美国闯进苏联市场的第一家民间企业。

在以色列，可口可乐抢占了先机，先行设立了分厂。但是，此举引起了阿拉伯各国的联合抵制。百事可乐见有机可乘，立即放弃本来得不到好处的以色列，一举取得中东其他市场，占领了阿拉伯海周围的每一个角落，使百事可乐成了阿拉伯语中的日常词汇。

20世纪70年代末，印度政府宣布，只有可口可乐公布其配方，它才能在印度经销，结果双方无法达成一致，可口可乐撤出了印度。百事可乐因此乘机以建立粮食加工厂、增加农产品出口等作为交换条件，打入了这个重要的市场。

按照菲利普·科特勒的说法，一个行业的企业可以分成三类，最大的企业称为市场领先者，小企业称为市场补缺者，中型企业称为市场挑战者或市场追随者，各类企业都有适合于自己的竞争战略，如图6-2所示。

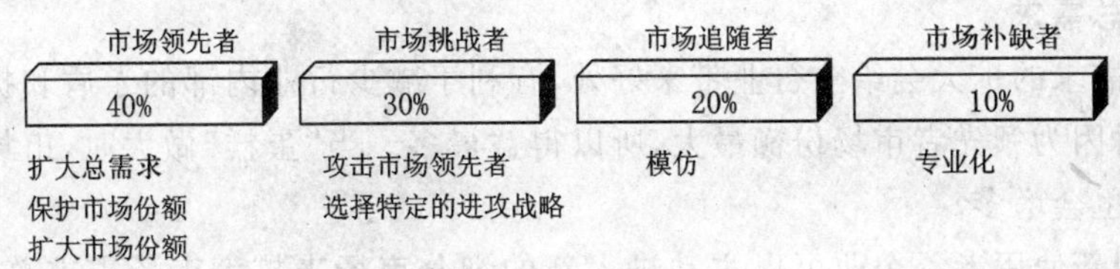

图6-2　可能的市场结构和预期战略

一、市场领先者战略

（一）市场领先者的含义

通常大多数行业都存在一家规模最大、品牌声望最高、市场占有率最大的领先企业。如汽车业的美国通用汽车公司、零售业的沃尔玛。作为市场领先者，他们在科技创新、产品开发、价格变动、销售渠道设置、促销宣传和服务支持等方面均处于同行业主导地位，是行业中其他企业模仿、追随、躲避和挑战的对象。

（二）市场领先者的竞争战略

市场领先者竞争战略的核心是守住自己的市场，保持自己的优势地位。通常采用的策略有保持市场份额、扩大市场份额和扩大总需求。

1. 保持市场份额

保持市场份额领先是市场领先者的首要任务。总体来看,保护自己的地盘是一种防御战略,但防御也不完全是被动式战略,防御也包括积极防御。一般来说,保护市场份额应不断创新,在市场营销的各要素方面都力求保持领先。

2. 扩大市场份额

美国的一项研究表明:市场占有率是与投资收益率关联性最强的一项指标,市场占有率高于40%的企业,其平均投资收益率相当于市场占有率低于10%的企业的3倍。因此,企业在实施相应的防御策略的同时,还必须采取进攻性的营销策略,通过不断培养强化品牌的核心竞争力扩大市场份额。如专有技术、独特的销售网络、新颖的营销制度、健全的服务体系。

市场领先者进一步扩大市场份额,当然有助于保护其领先者地位,但是应该注意利润问题,市场份额和利润之间并不总是存在正比例关系,企业可以增加开支"买到"市场份额,但不一定能产生更多的利润。如增加广告投入和削价都能增加市场份额,但不一定能增加利润,甚至有可能减少利润。

在下述两种情况下,扩大市场份额才能产生较高的利润。

(1)单位成本随着市场份额增加而下降。

(2)市场领先者能生产和供应一种优质的产品,并能定出较高的价格,价格提高的部分在扣除因提高质量而增加的开支后,仍有剩余。高质量产品能减少产品报废和售后服务方面的开支。又因为产品质量高,客户就愿意支付较高的价格,结果常常是获得较高的利润。

3. 扩大总需求

市场总需求的扩大会给全行业带来好处,有利于减少行业内部的矛盾和提高领先者的声望,同时因为领先者市场份额最大,所以得益最多。当"蛋糕"做大时,市场领先者所获得的利润也会增多。

(1)发现新使用者。企业可以主动进入新的细分市场来扩大市场需求总量,保持领先地位。如光明牛奶通过在中央电视台做广告,扩大品牌的知名度,通过健全销售渠道,将产品打入北京、南京、沈阳等大城市。

(2)开辟产品新用途。为产品开辟新用途,扩大市场份额。如吉列公司的剃刀进入女性美容化妆品市场,扩大了市场份额;杜邦的尼龙为产品开辟新用途,由降落伞到女士丝袜,再到泳衣、内衣,不断拓展市场空间。

(3)增加产品使用量。如"蒙牛""伊利"牛奶不仅鼓励人们早餐应饮用牛奶,而且临睡前也应饮用,这样更有助于睡眠,增加了现有用户的购买数量和使用场合。

二、市场挑战者战略

(一)市场挑战者的含义

市场挑战者是指那些在市场上仅次于市场领先者的企业,它们的实力不及市场领先者,但瓜分了相当多的市场份额,并且实力远远强于市场中的其他竞争者。

(二)市场挑战者的目标和进攻对象

1. 确定挑战目标

挑战应有计划性和把握好节奏。每一次进攻行动都必须有一个明确的和可以达到的目标。如扩大多少市场份额、花多大代价、盈利率提高多少等。

2. 确定进攻对象

确定进攻对象,即准备向谁发动进攻、从谁那里获得市场份额。进攻对象不外乎下述三种。

(1)市场领先者。

(2)实力与自己相当的企业。

(3)弱小的企业。

(三)确定进攻策略

1. 正面进攻

正面进攻即集中兵力向对手最具实力的环节发动正面进攻,而不是指向对手的薄弱环节。正面进攻是实力和耐力的较量,成功的条件是必须具有超过对手的实力。正面进攻是最残酷的竞争,常常会两败俱伤,即使取得胜利,也将消耗巨大实力,所以不具有压倒优势(新技术、低成本、资金雄厚等),一般不应用这种策略。该策略较适合用于进攻力量薄弱的小企业。

2. 侧翼进攻

侧翼进攻是一种出奇制胜的战略。企业的对手可能很强大,但其侧翼或后方难免有薄弱地带或防御缺口,这种策略就是集中优势兵力打击对方的弱点,而不是指向对方的实力环节。

侧翼进攻战略通过辨认细分市场、寻找市场空当,并满足其需要,缓解了许多企业为争夺同一目标市场而浴血战斗的局面,并使需求得到更高程度的满足,所以是一种最积极、最有效和最经济的竞争战略。

3. 包围进攻

侧翼进攻之重点是集中兵力指向对手的缺口、空当或弱点,包围进攻则是在几条战线上同时发动一场大规模进攻,迫使对手分散兵力同时保卫其前方、两翼和后方。

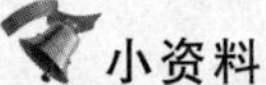

日本精工表公司凭借其品种繁多和不断更新款式压倒了竞争者,在各个主要手表市场的销售中均取得了成功。它在美国市场上提供了400种款式,并准备在全球生产和销售2 300种款式。如果实力不足或资源匮乏,对手就会凭借资源优势进行反击。又如,美国埃克森公司企图用10年时间,采取包围战术,垄断办公室自动化业务,同时击败IBM公司,因此他们购买了大量的公司,生产各种产品。由于公司庞杂,产品创意不足,加之高级主管频繁更换,使得该公司遭受对手反击,因此失去了31.5亿美元的销售额。

4. 游击进攻

游击进攻指对不同的领域或竞争对手进行间歇性的小型打击,其目的在于瓦解竞争对手的士气,逐步提高自己的市场地位。游击进攻的特点是灵活机动,突然性强,因此对手很难进行防范。

游击进攻特别适用于那些规模小或资本不多的挑战者。挑战者发动小型而间歇性的攻击去骚扰竞争者,并希望建立永久的据点,游击进攻战选择如削价、"抢走"对方的主管、密集的促销活动以及"打不赢就走"的策略。

三、市场追随者战略

案例6-2

方太厨具:甘当老二

市场战略:选择跟随。

跟随手段:择优跟随,在跟随的同时发挥自己的独创性,不进行直接的竞争。

跟随结果:从1998年开始,方太就坐上了吸油烟机行业的第二把交椅,而且这一坐就是五年。

自1996年以来,方太厨具从国内200多家吸油烟机行业最后一名跃至第二名,已经连续在市场上刮起了4股方太旋风,连续4年保持市场增长率第一,经济增长率第一。"不争第一,甘当老二"是方太的策略。方太董事长茅理翔的解释是:"当第一太累了,会成为众矢之的,天天战战兢兢,怕掉下来。老大最怕有人超过他,往往最怕老二,因此,也最痛恨老二,会不惜一切手段去打老二、压老二,不叫他上来;这时,如果你来一个表示,不争第一,甘当老二,并且事实上,不去打击第一,甚至有时还要同情第一、保护第一,会使老大不恨你、不防你,那么他就不打你。这样,老二就可以保存精力,好好练内功。"作为市场的老二,方太不参与价格战,而是用新品、用服务、用品牌去击败竞争者,并且甘当老二,对老大不威逼、不骚扰、不打击、不落井下石,而是采取同情、保护的态度,作为老大,当然乐得与老二并肩而战,共同维护行业的良性发展。

为什么甘当第二?这与方太的市场定位有关。方太的市场定位是中高档,从市场占有率来说,中高档永远当不了第一,方太可以争第一品牌,但不可以争第一销量。

明确战略定位,才能当好老二。方太的法宝——"不做松散的大蛋糕,宁做坚硬的金刚钻",具体说来,就是方太的三大战略定位:行业定位——专业化,市场定位——中高档,质量定位——出精品。

(一)市场追随者的含义

在产品差异程度小,价格敏感度高的行业,随时有可能爆发价格战。为维护行业共同的利益,大多数企业都能够自觉地保持市场现有的格局,效仿市场领先者向消费者提供产品,以保证获得长期、稳定的市场份额和品牌形象,这些企业被称为市场追随者。

(二)市场追随者的竞争战略

可供市场追随者选择的竞争战略有以下三种:

1. 紧密追随

紧密追随即在尽可能的细分市场和在市场营销组合的各要素方面模仿领先者,完全

不进行任何创新。因为跟得很紧，所以看起来像是挑战者，但这样的追随者能掌握分寸，能确保不妨碍市场领先者，不与领先者发生直接冲突。他们紧跟领先者，从领先者的积极开拓中获得好处，自己很少主动刺激需求。有些甚至发展成为“伪造者”。

2. 保持距离的追随

有些追随者注意同领先者保持一定距离，在重要市场、产品创新、价格水平和分销渠道开拓上追随领先者，但很少干预领先者的市场开拓计划，所以受到领先者的欢迎，这时，领先者愿意让其占有一定的市场份额，以免遭受“独占市场”的指责。这样的追随者，在领先者心目中属于“好竞争者”，领先者对他们一般持宽容态度。但是有时，他们也可能以吞并同行业中的小企业而获得增长。

3. 有选择的追随

有些追随者在有些方面追随领先者，但有时又走自己的路。

这种追随者有创新性，努力避免直接竞争。在有明显好处时就追随领先者，在对自己没有多大好处时就不追随。

四、市场补缺者（利基市场）战略

案例6-3

维珍：永远的“补缺者”

补缺战略：做一只跟在大企业屁股后面抢东西吃的小狗，但以鲜明的创新风格、独特的品牌内涵，为特定的目标客户服务。

补缺结果：红白相间的维珍品牌在英国的认知度达到了96%，在“英国男人最知名品牌评选”中排名第一，在“英国女人最知名品牌评选”中排名第三。消费者公认这个品牌代表了质量高、价格廉，而且时刻紧随时尚的消费趋势，这是其他品牌无法与之相比的。

从1970年至今，维珍集团已成为英国最大的私人企业，旗下拥有200多家大小公司，涉及航空、金融、铁路、唱片、婚纱甚至避孕套，俨然半个国民生产部门。维珍产品在所处的每一个行业里都不是名列前茅的老大或老二。维珍总是选择进入那些已经相对成熟的行业，给消费者提供创新的产品和服务。可以说，在它进入的每一个行业里，维珍都成功地扮演了“市场补缺者”和“品牌领先者”的角色。

维珍公司将目标顾客定位于“不循规蹈矩的、反叛的年轻人”，向他们提供的是那些行业领先者没意识到或不屑于做的空白市场。维珍创造了足够多的新产品，准确地填补这些价值缺口，既与已有市场上竞争激烈的产品不同，又与目标顾客的需求相吻合，如维珍航空、维珍移动通信、维珍可乐等。

由于不具进攻色彩，维珍跳出了现实市场这个竞争圈子，而最大限度地避免了直接竞争，从而逃脱了“价格战”的杀身之祸。它凭借价值营销模式得以天马行空，频频出手，不断给大家制造惊喜。

（一）市场补缺者的含义

大多行业中都有许多小企业，包括独立小企业、初创小企业和大企业跨行业经营的小事业部或分公司，他们总是避免同大企业发生冲突，专门为生产的某些部分服务，占据着市场的各个角落，这些市场部分或角落通常是那些大企业忽视、顾及不到或放弃的小市场。这些小企业被称为市场补缺者。

（二）补缺者的竞争任务

补缺者的主要任务是寻找一个或几个能够立足和赢利的补缺点。这样的补缺点应有以下特点：

(1)有足够的市场规模，为其服务有一定的营业额，能获得利润。

(2)有成长潜力或发展前途。

(3)被大企业所忽视，以免遭受反击。

(4)企业有能力为其服务。

(5)能靠顾客信誉保卫自身。

（三）补缺者的竞争策略

由于任何品牌都无法涵盖所有的消费群体，满足所有消费者的需要。因此，市场需要那些服务于某个特殊领域的产品和品牌。换个角度，市场补缺者在自己活动的市场领域又恰恰是领先者。补缺者可以采取的营销对策有以下几种：

(1)顾客规模专门化。即企业集中力量服务于大型、中型或小型客户。许多补缺者为小客户服务，因为小客户常被大企业所忽视。这种情况使用的细分依据是客户规模。

(2)特定顾客专门化。即把服务对象限定在少数几个有共同特点的顾客上。如《读书》杂志以社会科学学术界人士为目标消费群。

(3)地域专门化。即把销售集中于某个地区。细分市场时使用地理依据，能找到大企业忽视或放弃的地区市场。

(4)产品或产品线专门化。即只生产一种产品或一类产品，如在实验室设备领域，有的小企业只生产显微镜，甚至只生产显微镜镜片。

(5)某种产品特色专门化。即专门化生产和供应具有某种特色的产品。如新疆奥斯曼化妆品公司生产的奥斯曼牌生眉笔，使用被誉为“眉毛的营养液”的奥斯曼草做原料，具有生眉的功效，成为新疆的地方名牌。

(6)定制专门化。即专门为顾客定做产品。如定做服装或皮鞋等。

(7)产品品质专门化。即专门致力于产品品质的改善。如波导手机的“扫除通话盲区”的特点。

(8)服务专门化。即提供一种或几种其他公司忽视的而市场急需的服务。如家庭劳务小时工或清洗油烟机服务等。

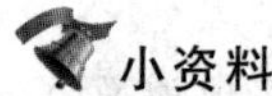

小资料

按照竞争态势分类的企业竞争战略

进攻战略又称发展战略，它是现有企业依靠自身力量或同其他企业进行联合，以促进企业经营不断发展的一种战略。这种战略的特点是不断开发新产品和新市场，掌握市场竞争的主动权，以攻为守、主动出击、先发制人，不断提高市场占有率。它一般适用处

于有利发展的环境，在产品、技术、市场上占有很大优势的企业。

防御战略又称维持战略，它是企业在一定时期内对产品、技术、市场等方面采取以守为攻，待机而动，以安全经营为宗旨，不冒较大风险的一种战略。这种战略的特点并不是消极防守，而是以守为攻，后发制人。这种战略适用于外部环境和内部条件暂时处于劣势或市场不稳定，经营中既无突出优势，又无明显有利因素的企业；有些在资金、技术或销售渠道方面，还存在着较大困难的企业，在一定时间内通过维持现状，惨淡经营，以便为今后发展创造条件，也可采用这种维持型战略。

撤退战略又称紧缩战略，它是企业在一定时期内缩小生产规模或取消某些产品生产的一种战略，企业在经济不景气时期常采用这一战略。其特点是一种战略性撤退，包括环境突变时采取战略转移、局部撤退、先退后进等策略。它一般适用在经营环境中处于严重不利地位的企业；或者企业产品已进入淘汰期；或者对某些质次价高的产品，根据企业现有条件，一时难以改进的企业，决定从市场逐步收缩或彻底退出，以便腾出厂房、设备、人员、资金，寻找新出路时，常采用此战略。

第四节　市场竞争基本战略

竞争战略大师迈克尔·波特曾提出著名的基本竞争战略理论，以帮助企业在激烈竞争的市场中取胜。通常来说，企业要成为同行中的佼佼者，一般有三种基本战略可以采用，即成本领先战略、差别化战略和目标聚集战略，如图 6-3 所示。

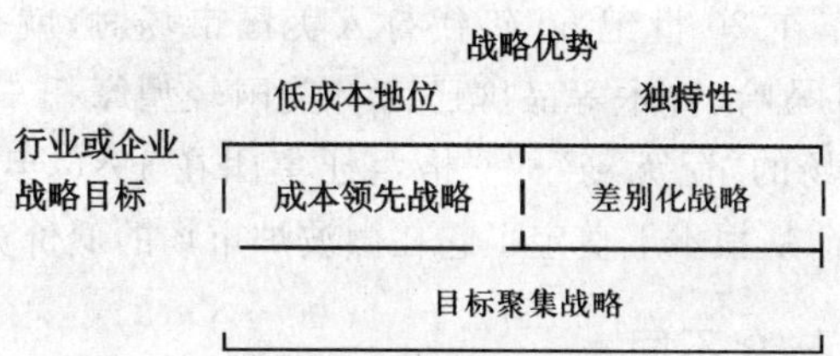

图 6-3　迈克尔·波特著名的三种基本竞争战略理论

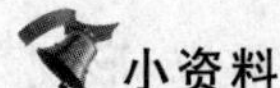

小资料

在 20 世纪 70 年代，美国通用、福特、克莱斯勒三大汽车公司都亏损，克莱斯勒在 1980 年亏损 14.7 亿美元，面临破产，全靠美国联邦政府贷款才得以维持。克莱斯勒为什么会遭到这么大的挫折呢？主要是因为其战略性失误。没有估计到能源危机的到来使美国广大消费者趋于购买性能良好而又省油、廉价的小汽车，加之当时日本生产的省油、廉价的小汽车大量涌进美国市场。在危机之际，克莱斯勒迅速转变了企业的营销战略，设计制造普通型、微型和超微型等多种型号、多种规格的新产品，投入市场后深受欢迎，随着销路的不断扩大，克莱斯勒公司迅速扭亏为盈，不仅偿还了全部债务，而且很快重返美国三大汽车公司的行列。

一、成本领先战略：以廉取胜

（一）成本领先战略的含义

成本领先战略是指企业通过有效途径降低成本，使企业的全部成本低于竞争对手的成本，甚至是在同行业中最低的成本，从而获取竞争优势的一种战略。企业利用低成本优势定出比竞争对手低的价格，大量吸引对成本很敏感的购买者，进而提高总利润。

（二）成本领先战略的适用条件

（1）卖方竞争厂商之间的价格竞争非常激烈。

（2）行业的产品基本上是标准化的产品或是一种商品化的产品。

（3）获得对购买者有价值的差别化的途径不多。

（4）绝大多数购买者使用产品的方式都一样。

（三）成本领先战略的主要类型

根据企业获取成本优势的方法不同，成本领先战略的主要类型有：

（1）简化产品型成本领先战略，即将产品或服务中添加的花样全部取消。

（2）改进设计型成本领先战略。

（3）材料节约型成本领先战略

（4）人工费用降低型成本领先战略

（5）生产创新及自动化型成本领先战略。

例如，日本的摩托车在 20 世纪 60 年代打入美国市场时，就是以低成本、低价格取胜，到 1965 年，本田、雅马哈、铃木等品牌已占有美国轻型摩托车市场份额的 85%。又如，我国当今微波炉市场的“巨无霸”——格兰仕集团在 1996 年 8 月、1997 年 10 月和 2002 年三次大幅度降价，从根本上奠定了它在微波炉市场的低价竞争优势地位。

二、差别化战略：与众不同

（一）差别化战略的含义

差别化战略是指企业提供与众不同的产品或服务，满足顾客特殊的需求，形成竞争优势的战略。企业运用这种战略主要是依靠产品或服务的特色，而不是产品或服务的成本。

（二）差别化战略的适用条件

（1）可以有很多的途径创造公司的产品和竞争对手的产品之间的差别，而且购买者认为这些差别有价值。

（2）对产品的需求和使用多种多样。

（3）采用类似差别化途径的竞争对手很少。

（4）技术变革很快，市场上的竞争主要集中在不断地推出新的产品特色。

案例6-4

企业实施差别化战略的成功示例

1.五粮液酒厂表现出强劲的扩张势头，开发了京酒、金六福、浏阳河等系列地方产品,实现目标顾客差别化。

2.巧手洗衣粉将目标锁定在持家有道的城市家庭主妇，与奥妙、碧浪等品牌形成显著差别。

3.麦当劳针对儿童市场的系列化开发在中国市场上胜过美国本土。

4.普尔斯玛特躲开传统百货和新型超市,瞄准北京三环路以外有较高收入的职业阶层而迅速崛起。

5.西门子开发出防水防摔式手机吸引年轻运动员,市场地位直逼其他供应商。

6.在家电行业中,海信开发出针对工薪家族的变频空调,海尔小小神童洗衣机专门针对单身与两人家庭。康佳为年轻个人生产七彩小画仙小彩电等。

(三)差别化战略的几种主要类型

(1)产品差别化战略。产品差别化的主要因素有特征、工作性能、一致性、耐用性、可靠性、易修理性、式样和设计。

(2)服务差别化战略。服务的差别化主要包括送货、安装、顾客培训、咨询服务等因素。

(3)人事差别化战略。训练有素的员工应能体现出下面六个特征:胜任、礼貌、可信、可靠、反应敏捷、善于交流。

(4)形象差别化战略。形象差别化战略并不是忽视成本,因为通过降低成本获利并不是唯一的战略。世界上有许多名牌产品之所以在激烈的市场竞争中尽显风流,就在于其鲜明的产品特色。例如,“奔驰”的精细做工、“宝马”优异的驾驶性能、日本车良好的节油性能等,都使这些品牌在汽车市场上各领风骚,有自身“独特的卖点”。

三、目标聚集战略:聚焦显优

(一)目标聚集战略的含义

目标聚集战略也称重点集中战略,是指企业把经营战略的重点放在一个特定目标市场上,为特定的地区或特定的购买者集团提供特殊的产品和服务。在这种情况下,其竞争对手很难在目标市场上与之抗衡。企业在竞争中成功地运用重点战略,可获得超过行业平均水平的收益。目标聚集战略主攻某个特殊的顾客群、某产品线的一个细分区段或某一地区市场。企业缩小目标范围,集中精力,就有可能创出高的经济效益。

(二)目标聚集战略的适用条件

(1)定位于多细分市场的竞争厂商很难满足目标小市场的专业化或特殊需求。

(2)没有其他的竞争厂商在相同的目标市场上进行专业化经营。

(3)一家公司没有足够的资源和能力进入整个市场中更多的细分市场。

(4)整个行业有很多小市场和细分市场。

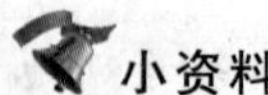

小资料

当年美国苹果公司放弃其他市场,集中力量策划“麦金考”电脑而取得的成功是目标聚集战略成功的典型例子。又如美国 AFG 玻璃公司,其战略策划集中在强化玻璃和彩色玻璃上,它们只生产三种玻璃,其中用于微波炉炉门的玻璃、淋浴室门的玻璃和天井顶部镶板玻璃的市场占有率分别为 70%、75%、75%。

第五节　企业竞争力分析

一、企业竞争力的三个层次

企业竞争力包括以下三个层次。

(一)直接竞争力

直接竞争力即直接作用于市场、顾客和供应者的各种因素的好坏强弱,它包括满足顾客与供应者要求的一系列因素。主要包括产品、价格、渠道和促销等因素。

(二)前提性竞争力

前提性竞争力主要指那些对直接竞争力起决定作用的企业内部各种因素的好坏强弱。主要包括人力资源状况、研究开发能力、财务管理、营销管理、运营管理等几个方面。

(三)基础性竞争力

基础性竞争力主要表现为企业经济效益的高低。

二、企业核心竞争力

(一)企业核心竞争力的概念

企业核心竞争力又称核心能力,是指公司在激烈的市场竞争中逐渐形成的“独一无二”“与众不同”和“难以模仿”的竞争优势。这种优势是公司综合素质和发展潜力的集中体现,是公司区别于竞争对手的、融知识与资产为一体的文化体现,是企业在竞争中起支配作用的力量,是能够为企业带来竞争优势的能力和资源的组合(表 6-1)。能够称之为核心竞争力的,必须具备以下五个条件:

(1)增值性;

(2)难以模仿性;

(3)延展性;

(4)持久性;

(5)独特性。

表 6-1　　公司核心竞争力实例

公司名称	核心竞争力
夏普	显示技术
本田	低成本、高质量的制造技术；设计——市场周期短
英特尔	快速开发新一代芯片
摩托罗拉	无缺陷制造控制系统
橡胶女王	不断开发具有革新意义的橡胶产品和塑料产品
3M公司	黏性(材料)
佳能	光学与图像处理

(二)如何提升企业核心竞争力

1. 分析竞争态势

企业面临什么样的竞争态势，可以运用上述的“五力”模型来分析。

2. 寻求战略优势

战略优势是企业在较长时期内，在关系全局经营成败方面所拥有的强大能力、丰富资源和优势地位。

寻求本企业的战略优势，有三条基本的战略途径：

(1)强化成功关键因素。

(2)增强与竞争对手的差别性。

(3)建立新的竞争规则。

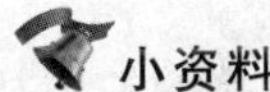

小资料

创新竞争与“标杆管理”

企业进行创新竞争的关键是实行“标杆管理”。“标杆管理”的步骤如下：

1. 确定标杆项目；

2. 确定衡量关键绩效的变量；

3. 确定最佳的竞争者；

4. 确定最佳竞争对手的绩效；

5. 衡量公司绩效；

6. 制订缩小差距的计划和行动；

7. 执行和评估结果。

三、市场竞争的新模式——竞争性蓝海战略

(一)竞争性蓝海战略

竞争性蓝海战略是把目光从过多地关注消费者转回到竞争者身上，通过超越竞争对手，获得因没有对手比肩而形成的蓝海。一个企业的失败多是在竞争者层面，而非消费者层面的。只要紧盯竞争对手，就可以在防范竞争对手的同时伺机超越对手，当领先对

手的时候就同时拥有了顾客。汉堡不是麦当劳发明的，咖啡也不是星巴克发明的，他们所属的行业也并非蓝海，而他们却成功了，原因就是他们持续比竞争对手做得更好。顾客永远只选择能为其提供更多、更有价值的商品的一方。而所谓的忠诚也是相对而言的。

（二）蓝海战略

欧洲工商管理学家 W. 钱 · 金（W. Chan Kim）博士和莫博涅（Mauborgne）博士提出了蓝海战略（蓝海，即蕴含庞大需求的新市场空间），即将视线由竞争对手转向买方需求，跨越现有竞争边界，以价值创新思想、发现需求、创造需求，开创没有竞争的市场空间，回避现有市场激烈竞争的一种营销理论。

传统蓝海战略忽视了红海（红海，即竞争激烈的已知市场空间）的变化与其对蓝海的不断影响，相对孤立地把创造顾客需求，开辟新市场空间作为营销重点。而这个时候却忽略了一个重要的市场因素——竞争对手的动向。过分关注消费者而忽视竞争对手容易在市场格局发生改变及对手发动进攻时措手不及，失去快速反应与对抗能力。

（三）竞争性蓝海战略的四要素

1. 确定竞争对手

竞争性蓝海战略首先是要确定外部的竞争对手——根据市场定位、战略意图等因素，以为顾客所提供的商品为核心，确定自己的主要竞争对手，竞争对手可以细化到某个具体商品。而后对对手及其为消费者提供的商品进行整体研究。如三星电子就是根据自己的商品确定了如摩托罗拉、LG 等竞争对手。

2. 充分利用势能力量

紧跟竞争对手，待其开拓出新市场或新产品后，先模仿，再从对手商品的缺陷切入，进行完善与改进。因为是从对手为顾客所提供商品的现有水平为起点的，所以创新、超越就容易得多。如电话机的发明人本不是贝尔，贝尔不过是在原有电话机的雏形上加以改进，就获得了世界的认可。

3. 超越对手与自我超越

时刻关注对手的动向并深入研究，发现机会便迅速地超越对手。这里指的超越不单纯是质量、价格、外观、服务等某一方面的超越，而是为顾客所提供的整体价值的超越。例如，三星手机当初远逊于摩托罗拉手机，三星就详细钻研摩托罗拉的产品，发现其不足与缺点后，做出了 20 多处改进，最后全面超越摩托罗拉手机。超越对手后，为了不被对手反超，三星不断地、快速地超越自己，从功能到外观，从品牌到渠道都把对手甩在后面。

4. 超越只在半步

不必超越对手太多，只领先半步就好，因为开拓出一片广阔的蓝海只会给对手留下更多的进入空间。步伐迈得太大很可能造成资源过度消耗与市场的不认可。例如，从录像机到 VCD 的过渡就有些大，从消费者观念到相关资源匹配度都不成熟。一些企业消耗了大量的资源来引导消费。而从 VCD 到 DVD 的转变就显得水到渠成，因为从 VCD 发展到 DVD，其变化不大，消费者容易理解与接受。

本章小结

1.企业所处的行业状况主要是确定销售的数量以及产品的同质性状况。由此产生了五种行业结构类型,即完全垄断、完全寡头垄断、不完全寡头垄断、垄断竞争和完全竞争。

2.五种力量模型确定了竞争的五种主要来源,即供应商和购买者的讨价还价能力,潜在进入者的威胁,替代品的威胁,目前在同一行业的公司间的竞争。

3.策划者一般可以从以下几个方面对竞争对手进行剖析,即确定竞争对手、搜集竞争对手资料、分析竞争对手的情况、分析竞争对手目标和确认竞争对手策略。

4.按照菲利普·科特勒的说法,一个行业的企业可以分成三类,最大的企业称为市场领先者,小企业称为市场补缺者,中型企业称为市场挑战者或市场追随者。各类企业都有适合于自己的竞争战略。

5.企业要成为同行中的佼佼者,一般可以采用总成本领先战略、差别化战略、目标聚集战略和战略联盟。

6.市场竞争的新模式——竞争性蓝海战略。

一、复习思考题

1.竞争者有哪些反应模式?

2.市场挑战者一般可采取哪些策略?

3.市场补缺者可选择的专业化方案主要有哪些?

4.企业有哪几种通用竞争战略?影响通用竞争战略选择的因素有哪些?

5.分析差别化战略的实施条件、优缺点及其可能面临的风险。

二、单项选择题

1.迈克尔·波特提出的行业结构分析理论认为,一个行业中存在着五种基本竞争力量。这五种基本竞争力量不包括(　　)。

A.行业内现有竞争者　　B.潜在进入者

C.替代品　　D.互补品

2.影响买方讨价还价能力的因素有(　　)。

A.买方是集中的　　B.买的是标准化产品

C.转换成本低　　D.买方形成后向一体化

3.企业通过有效途径降低成本,使企业的全部成本低于竞争对手的成本,甚至是在同行业中最低的成本,从而获取竞争优势的一种战略是(　　)。

A.成本领先战略　B.营销战略　C.竞争优势战略　D.差别化战略

4.分散化经营单位最适应的经营战略是(　　)。

A.差别化战略　B.集中化战略　C.成本经营战略　D.市场渗透战略

5.成本领先战略要求企业的产品必须(　　)。

A.具有较高的市场占有率　　B.具有较高的投资回报率

C. 具有较高的总利润　　　　　　　D. 具有较低的成本

6. 差别化战略的核心是(　　)。

A. 可靠的服务　　　　　　　　　　B. 高质量的制造

C. 良好的形象　　　　　　　　　　D. 取得某种对顾客有价值的独特性

7. 市场领先者战略有(　　)。

A. 保护市场份额　　　　　　　　　B. 选择进攻战略

C. 顾客规模专业化　　　　　　　　D. 确定挑战者目标和挑战对象

8. 当一种产品的市场需求总量扩大时,受益最大的企业是(　　)。

A. 市场领先者　B. 市场挑战者　C. 市场追随者　D. 市场补缺者

9. 不是市场追随者战略的是(　　)。

A. 紧密追随　B. 距离追随　C. 选择追随　D. 进攻性追随

10. 不属于基本竞争战略的是(　　)。

A. 低成本战略　B. 差别化战略　C. 集中化战略　D. 多元化战略

三、多项选择题

1. 分析竞争对手需要依次做好(　　)等工作。

A. 分析竞争者战略　B. 判断竞争者的目标　C. 进行竞争控制

D. 竞争者的优势和劣势　E. 评估竞争者的反应模式

2. 市场补缺者可采取的专业化战略包括(　　)。

A. 顾客规模专业化　B. 地域专业化　C. 分销渠道专业化

D. 服务专业化　E. 特定顾客专业化

3. 一个公司准备以差别化战略进入市场,那么该公司可以采取的策略有(　　)。

A. 改善产品的设计　　　　　　　　B. 提供最快最好的服务

C. 降低生产成本　　　　　　　　　D. 优化营销渠道

4. 成本领先战略的适用条件有(　　)。

A. 卖方竞争厂商之间的价格竞争非常激烈

B. 行业的产品基本上是标准化的产品或是一种商品化的产品

C. 获得对购买者有价值的差别化的途径不多

D. 绝大多数购买者使用产品的方式都是一样的

5. 差别化战略的适用条件有(　　)。

A. 创造公司的产品和竞争对手的产品之间的差别,而且购买者认为这些差别有价值

B. 对产品的需求和使用多种多样

C. 采用类似差别化途径的竞争对手很少

D. 技术变革很快,市场上的竞争主要集中在推出新的产品特色

6. 差别化战略主要类型有(　　)。

A. 产品差别化战略　B. 服务差别化战略　C. 成本差别化战略

D. 形象差别化战略　E. 质量差别化战略

7. 能够被称为核心竞争力的，必须具备以下哪几个条件(　　)。

A. 增值性　　B. 难以模仿性　C. 延展性　　D. 持久性　　E. 独特性

8. (　　)属于基本竞争战略。

A. 低成本战略　B. 差别化战略　C. 集中化战略　D. 多元化战略　E. 一体化战略

9. 差别化战略的核心有(　　)。

A. 可靠的服务　　　　　　　　B. 高质量的制造

C. 良好的形象　　　　　　　　D. 取得某种对顾客有价值的独特性

10. 市场追随者战略有(　　)。

A. 紧密追随　　B. 距离追随　　C. 选择追随　　D. 进攻性追随

四、判断题

1. 高价格战略同低成本战略、差别化战略和最优成本供应商战略的区别在于高价格战略的注意力集中于整体市场的一个狭窄部分，其他战略则以广大的市场为目标。　(　　)

2. 规模较小、力量较弱的企业一般宜选择正面进攻战略。　(　　)

3. 潜在的竞争对手即指不在本行业但可克服壁垒进入的企业。　(　　)

4. 企业实行差别化战略时可忽视成本因素。　(　　)

5. 差别化战略的核心是取得某种对顾客有价值的独特性。　(　　)

6. 波特在其代表作《竞争战略》一书中，提出以下基本竞争战略：成本领先战略、市场渗透战略、重点集中战略、产品开发战略。　(　　)

7. 企业实施集中化战略的关键是选好战略目标。　(　　)

8. 基本竞争战略包括四种：低成本战略、差别化战略、最优成本供应商战略、细分战略。　(　　)

9. 当一种产品的市场需求总量扩大时，受益最大的是市场领先者。　(　　)

10. 所谓市场补缺者是指精心服务于市场的某些细小部分，通过多元化经营来占据有利的市场位置的企业。　(　　)

五、案例分析

万事达信用卡：争夺市场的竞争

20 世纪 80 年代中期，银行几乎垄断信用卡行业。维萨卡、万事达卡和在 1958 年进入商业的美国迅捷卡控制了整个信用卡行业，对银行来说没有哪种信用卡是不赚钱的。

由于多种信用卡的流通，你可能怀疑有多少人还需要新的信用卡。平均每个美国成人目前拥有流通中的 2.6 亿张一般功能性信用卡中的 3 张。3/4 的人最少有 1 张，而且许多人取消了当前已有的一两张卡。信用卡市场看来已趋饱和。

维萨和万事达信用卡公司的收益表反映了这些变化。两个公司联合利润下降了 27%，从 33.2 亿美元降至 24 亿美元，而且资产的税后利润从 2.3%下降到 1.5%。1992 年～1993 年免费信用卡持有者的百分数已达到 41%。

无论如何，万事达信用卡不愿被动地接受这种局面，它和通用电气公司合作开发一种“共同标志”信用卡。共同标志信用卡上显示出主办信用卡的公司名称和相关的公司名称。1992 年末，通用资本公司发行赏金万事达信用卡。卡上显示通用资本公司和万事达信用卡公司的标志。虽然这种卡要收 25 美元的年度费用，但是对每 500 美元的赊购还给顾客 10 美元。另外，每季度提供二十多家有名公司的 10 美元支票。这些公司包括赫茨汽车出租公司、斯普瑞特、美喜、凯马特公司、玩具王公司等，他们都是赏金万事达信用卡的合作者。

接着，通用汽车公司宣布它的通用万事达卡不收年度费用，使用一个比优惠利率高 10.4%的可调整利率。这张卡让顾客从年度开支中得到 5%的回扣，最高年度额为 500 美元，顾客可以积累回扣直到 7 年，也就是说，他们总共可以得到 35 000 美元的回扣，不包括附加经销商回扣。另外，与通用电气公司一样，通用汽车公司也有合作者。如阿维斯汽车、MCI(美国一个有名的电话公司)。顾客可以从这些合作者那里赚另外 5%的回扣，并且没有最高限额。通用汽车公司宣布他们将寄一些介绍新卡的资料给 3 000 万个家庭，并花 6 000 万美元做广告。分析家预测在两年之内通用汽车公司将发行 350 万张信用卡。

虽然通用电气公司和通用汽车公司卡引起了很多人的兴趣，但它们并不是一种具有共同标志的信用卡。1986 年，东部航空公司发行了一种用一元钱就可以赊购的万事达信用卡，而且在全美具有统一的使用方式，从而开创了信用卡共同标志的新趋势。当然，这种信用卡与通用电气公司及通用汽车公司卡比起来，有较高的年度费用。

万事达信用卡大举开发共同标志，它认为这是一条赶上维萨信用卡公司的好途径。维萨信用卡公司 50.9%的市场份额与万事达信用卡公司 29.5%的市场份额相比，显然维萨公司占据着世界一般性功能信用卡行业的支配地位。万事达信用卡公司的 9 亿张美国信用卡中有 26%是联合卡或共同标志卡，而全行业的这个比例为 10%。万事达信用卡公司认为把百货公司和汽油公司信用卡变为共同标志万事达卡将会有更多提高销售量的机会。

共同标志几乎对各个参与者都有好处。当零售商加入一项共同标志计划时，他们将获得一个与全国著名的支付系统建立联系的机会。由于商店的名称写在卡上，商店可以由此而建立忠诚度。主办的银行不仅赚取交易费用，还提高了服务的价值，并以有效的成本得到更多的顾客。另外，银行可以交叉销售其他产品或服务，万事达卡公司能够达成更多的交易，而且它和会员银行都可以获得一批新的信用卡持有者营销信息。

万事达卡公司积极追求共同机会作为其市场分割计划的一部分。由于它认为当前的趋势倾向于把业主商店信用卡换成银行卡，因此万事达公司把业主卡市场分为三部分：电话、零售和汽油公司卡。零售部分包括百货公司、专门商店和地区连锁店。这些商店 1993 年发行了业主卡。

思考：

1. 信用卡是否有助于实现营销体系的目标？说明理由。

2. 宏观环境中哪些力量决定着信用卡行业的成长和发展？

3. 在信用卡行业中不同的公司采取哪些不同的竞争性营销战略？

4. 信用卡行业的不同竞争对手，是怎样运用市场营销管理的技术？

六、实训练习题

(一)实训内容及要求

某集团公司意欲挺进X市啤酒市场,请用SWOT模型进行分析,用图形进行演示和演讲。拟定一份X市啤酒市场环境分析报告。

(二)实训要求

分析报告要做到:主题明确,结构合理,突出重点,能熟练应用波特的竞争战略理论和SWOT分析方法解决实际问题;提出明确的竞争战略。

(三)实训的组织

1.学生分组(每组3～5人)。

2.学生也可以根据本章节的实训任务,选择一个自己感兴趣的企业作为实训的对象,完成对该企业的竞争战略策划。

产品策略

教学目标和要求：

1. 掌握产品整体概念、产品组合决策、产品生命周期各阶段的特点以及常用的包装策略
2. 理解产品生命周期各阶段的营销策略
3. 熟悉新产品的含义以及新产品的开发程序

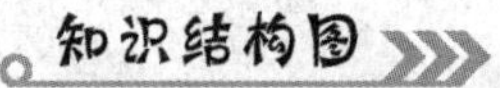

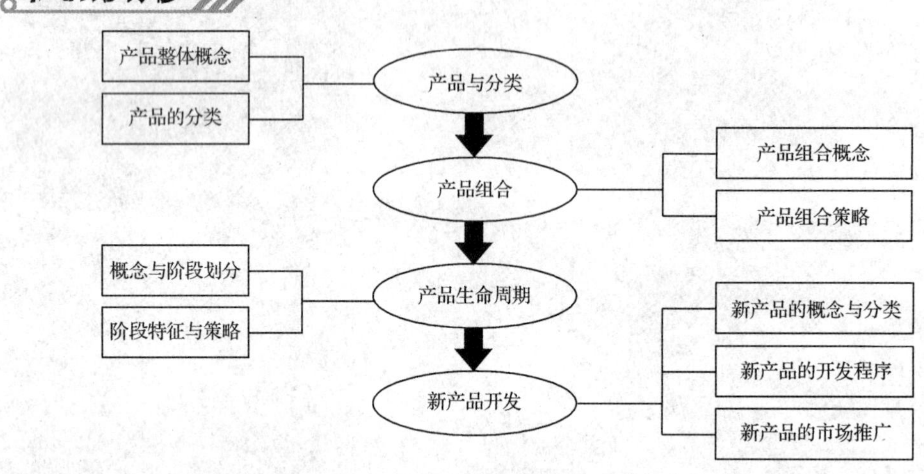

导入案例

瑞典宜家家居产品营销

宜家家居(IKEA)于1943年创建于瑞典，其创建人为瑞典人坎普拉德。“为大多数人创造更加美好的日常生活”是宜家家居自创立以来一直努力的方向。宜家品牌始终和提高人们的生活质量联系在一起，并秉承“为尽可能多的顾客提供他们能够负担，设计精

良，功能齐全，价格低廉的家居用品”的经营宗旨。正是靠着这种营销策略，截至2008年12月，宜家在全世界的36个国家和地区中已拥有292家大型门店。

宜家家居为何能如此成功，通过分析不难发现，宜家家居经营的一整套方式里有着其独特的营销策略。

一、准确的产品市场定位

当年宜家家居进入美国市场时并未受到美国人的青睐。坎普拉德的《家具经营者之嘱》中所体现的宜家公司文化和欧洲风格的产品设计和美国文化摩擦不断。美国的员工不能融入宜家的企业文化，美国的消费者也不喜欢宜家家居的设计风格。

“文化因素在购买决定中起着格外重要的作用。文化被定义成全套的信念、态度及一群适度的同性质人群的行事方式。”宜家及时地发现了这个问题。它转变经营理念，不再依靠某个传奇的领导人，而是认清现实，将自己的设计理念与当地文化结合起来，使自己融入其中。这样一来，宜家文化便与美国消费者的文化有效地融合了，文化差异的隔阂被消除，宜家家居也最终成功地进入美国市场。

二、亲和客户

宜家家居在落户中国之前做了充分的市场调研。据调查，中国女性对于理想中家的概念定义为舒适宁静、轻松安逸，家居环境是女性的情感支撑点。宜家家居通过其家居用品的材质、颜色和设计拓宽了生活空间，也使得生活方式更加多样化。“家，世界上最重要的地方”是宜家家居的品牌理念，非常契合广大女性对于理想的家的定义。“当一个品牌能影响客户与他之间的情感联系时，亲和型营销才会奏效，才会以某种新的方式为客户创造更多价值。”“通过影响客户的情感偏好激发他们的热情，进一步吸引他们对品牌的关注。”宜家家居通过这种亲和营销的方式吸引了中国的女性消费者，这对宜家家居在中国成功落户是非常有帮助的。宜家家居可以根据这些调查，合理设计其产品，将它的产品文化与中国文化结合起来，让中国人接受，有效地吸引潜在顾客，并设计了一系列迎合这批消费者的产品，为使这些顾客成为老顾客打下坚实的基础。

三、低价格策略

低价格是宜家理想、商业理念和概念的基石。“对消费者而言，定价是一种暗示”。当产品的价格比一般产品低，而且能满足客户的需要时，消费者便会被吸引。而所有的宜家产品背后的基本思想就是低价格会使种类繁多、美观实用的家居用品为人人所有。宜家家居的低价格策略贯穿于从产品设计到厂商的选择、管理，物流设计，卖场管理的整个流程。宜家家居的设计理念是“同样价格的产品谁的设计成本更低”，设计师在设计中的竞争焦点常常集中在是否少用一个螺钉或能否更经济地利用一根铁棍上。每年有100多名设计师在夜以继日地疯狂工作以保证“全部的产品、全部的专利”。设计师之间的竞争是一种良性竞争，它带来的结果就是宜家的简约风格。这样宜家家居就能有效地实现低价格策略。其简约风格也会吸引大量的喜欢追求时尚的年轻人，给企业带来更多的利益。

宜家家居独具匠心的平板包装也运用得恰到好处。平板包装节省了货物的占有空间，这样就节约了运输成本，产品的价格也会下降。而且越来越多的年轻人喜欢逛宜家，他们更喜欢自己动手将家具组装起来，这使他们有成就感，从而吸引他们前来购物。

四、优质的服务方式

宜家家居在各国都拥有数量众多的顾客，他们大都把光顾宜家专卖店看作是一次休闲活动，而不是进行日常家庭采购。这其实正是宜家家居刻意为之的结果。哈佛大学商学院在它的《宜家家居经营案例报告》中说，该公司采用了一种“温和胁迫”的做法，目的是尽可能让顾客多在商店待一会。工作一天后或是在周末，人们都放下工作，出来闲逛。而宜家家居为消费者提供舒适的购物环境，使消费者忘记工作的疲劳，真正享受购物的乐趣。这就是宜家家居的优质服务。如宜家家居为消费者提供印有宜家标识的纸制尺子和小铅笔、宣传单背面的购物清单列表；每层设立多个位置提示板，消费者可以快速找到所需商品的位置，多个S型销售区域间有便捷通道；可以随时进行电脑查询，找到想要的资料。“对于顾客来说，好的服务意味着他们可以拥有一定的益处。顾客可以清楚地了解到他们从良好的服务中可以得到的利益底线。”正是靠这种优质的服务，宜家吸引了众多的消费者前去购物。

五、风格独特

宜家卖场出售的产品全部由公司独立设计，产品风格与众不同。宜家家居强调产品“简约、自然、清新、设计精良”的独特风格。和其他厂商的家居用品比较，宜家家居给人的印象是：宜家家居是上述诸多优点的集合，而上述诸多优点集合起来也就是宜家家居。正是这种风格打动了大多数消费者的心，激起人的购买欲望。

宜家家居首先宣传推广它的产品文化，让消费者在心理上认同它的品牌、接收它的产品；在这一基础上，进一步开发新的产品，并在这个过程中不断修改策略，使之与当前的市场特质相适应；最后，让众多消费者参与进来，把宜家家居“个性舒适”的生活理念，在消费者的生活中和完美实现。

第一节　产品整体概念

一、产品的概念

在现代市场营销学中，产品概念有极其广泛的外延和深刻的内涵，有狭义和广义之分。人们一般所说的产品是指具有某种特定物质形态和用途的物品，是看得见摸得着的东西，这就是狭义的产品概念。现代市场营销认为，它是指通过交换而满足人们需要和欲望的因素或手段，这是广义的产品概念。它既包括具有物质形态的有形产品，也包括非物质形态的无形产品，这就是“产品的整体概念”。无形产品种类繁多，如服务、金融、保险、旅游、劳务、专利、商标、品牌等。

二、产品整体概念的内容

产品整体概念把产品分为核心产品、形式产品、期望产品、附加产品和潜在产品等五个层次，并赋予这些层次不同的含义。

（一）核心产品

核心产品是指消费者购买某种产品时，所追求的基本效用或利益，是顾客真正要买的东西，因而在产品整体概念中也是最基本、最主要的部分。如人们购买饮料，是为了解渴；购买化妆品，是希望自己美丽；购买空调，是为了获得清爽舒适。核心产品是抽象而无形的。

(二)形式产品

形式产品也称有形产品，是指核心产品借以实现的形式，即向市场提供实体和服务的物质外形。核心产品只有通过形式产品才能体现出来。如果有形产品是实体物品，则它在市场上通常由五个特征构成，即产品质量水平、外观特色、式样、品牌名称和包装。

(三)期望产品

期望产品是指购买者在购买该产品时，期望得到的与产品密切相关的一整套属性和条件。顾客所得到的基本属性和条件，是购买产品所应该得到的，也是企业在提供产品时应该提供给顾客的。

(四)附加产品

附加产品也称延伸产品，是指顾客通过购买产品能得到的或者期望得到的各种附加服务和附加利益，即产品提供者向顾客提供的附加价值。包括提供信贷、免费送货、保证、安装、技术培训、售后服务等。

随着市场竞争的加剧，附加产品越来越丰富，范围日益扩大，不再是一个可有可无的附属部分，而是现代企业竞争的一个关键性因素。如 IBM 认为自己“不是卖计算机，而是卖服务”，可口可乐也宣称“卖的不是产品，而是一种文化，一种美国精神”。

(五)潜在产品

潜在产品是指现有产品包括所有附加产品在内的，可能发展成为未来最终产品的潜在状态的产品。换句话说，是指一个产品最终可能实现的全部附加部分和新增加的功能。潜在产品指出了产品可能的演变，也使顾客对产品的期望越来越高。潜在产品要求企业不断寻求满足顾客的新方法，不断将潜在产品变成现实的产品，这样才能使顾客得到更多的意外惊喜，更好地满足顾客的需要。

产品整体概念的五个层次可用图 7-1 来表示。产品整体概念的五个层次清晰地体现了一切以顾客为中心的现代营销观念。一个产品的价值是由顾客决定的，而不是由生产者决定的。充分认识产品整体概念，对企业开展市场营销具有重大的指导意义。

案例 7-1

伊莱克斯冰箱的产品整体概念

家电业是中国市场最为成熟，竞争最为激烈，被认为不适合洋品牌生存的领域。作为全世界白色家电巨人的伊莱克斯，以两年 200％的增长，进入了中国冰箱市场第一阵营，这一成绩在一定程度上得益于其产品整体概念的成功运用。

核心产品：冷藏、保鲜。以伊莱克斯“鲜风”系列冰箱为例，适应不同蔬菜、水果的保鲜需求，可以随时调整湿度控制器，控制果菜盒湿度，最大限度地保持蔬菜及水果水分。

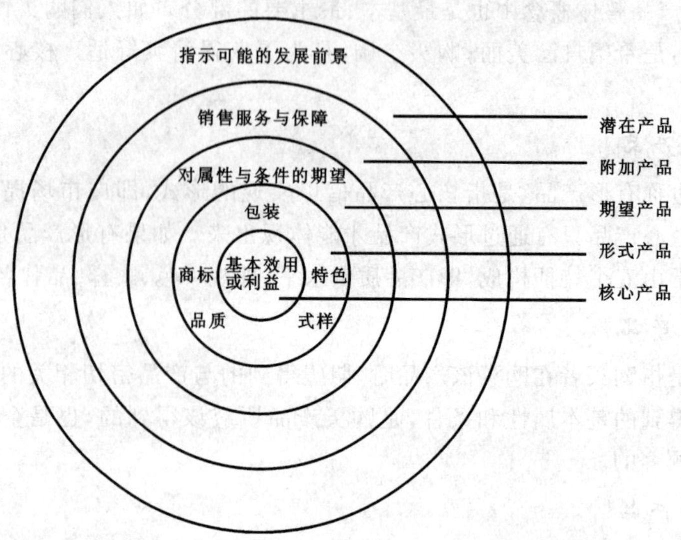

图 7-1　产品整体概念的五个层次

形式产品：伊莱克斯注重宣传品牌，一段时期在电冰箱行业中其电视广告时间最长、次数最多；针对中国人居室普遍较小的情况，伊莱克斯选择“静音”作为进入千家万户的切入点，“比撕破一张纸的声音还低”；同时，力推“省电奇兵”系列冰箱，伊莱克斯告诉消费者的是“付出不要太多，20 瓦灯泡”。

附加产品：针对冰箱进入更新期，推出“超值弃旧，以旧换新”；针对城市新婚家庭，推出“有情人蜜月有礼”，送牛奶和鸡蛋；“每天省一个鸡蛋”对于用户也是一种提醒，让消费者感觉到，伊莱克斯不是只在出故障时才出现，买了伊莱克斯的冰箱，就是伊莱克斯的一员；推出“私人家电保养”的理念，除了超过国家三包规定的十年保修服务以外，还将享受基金会培训的私人家电保养师的专业咨询和定期回访等服务。

第二节　产品组合决策

对于一个企业来说，通常不只经营一种产品，而可能是经营数种、数十种甚至更多的产品。一个企业应该生产和经营哪些产品才是有利的？这些产品之间应该有些什么配合关系？这就是产品组合问题。

一、产品组合及其相关概念

（一）产品组合、产品线与产品项目

1. 产品组合

产品组合是指一个企业所经营全部产品之间质的组合和量的比例。简单地说，就是企业的业务经营范围。产品组合由全部产品线和产品项目构成。

2. 产品线

产品线是指产品类别中具有密切关系的一组产品。这组产品的关系可能是具有相

似的功能、经由同种商业网点销售、同属于一个价格幅度、销售给相同的顾客群等。如一个服装生产企业生产儿童、青年、老年服装构成了它的产品组合，其中青年服装即是一条产品线。

3. 产品项目

产品项目是指产品线内不同品种、规格、质量和价格的特定产品。很多公司拥有众多的产品项目，如科龙公司的冰箱产品就有 30 多个产品项目，雅芳化妆品公司有 1 300 多个产品项目。

（二）产品组合的宽度、长度、深度和密度

1. 产品组合的宽度

产品组合的宽度，也称产品组合的广度，指企业拥有的不同产品线的数目。如上述服装生产企业拥有儿童服装、青年服装、老年服装三条产品线。产品组合的宽度越大，说明企业的产品线越多；反之，宽度窄，则产品线少。

2. 产品组合的长度

产品组合的长度是指产品组合中产品项目的总数。如假设上述服装生产企业共有 12 个产品，则它的长度为 12。如果把产品项目总数除以产品线数目，就得到产品线的平均长度。

3. 产品组合的深度

产品组合的深度是指一条产品线中所含产品项目的多少。同样以上述例子说明，这个服装生产企业的青年服装这条产品线中又有生产西装、大衣、夹克、裙子之分，则青年服装这条产品线的深度为 4。产品组合的深度越大，企业产品的规格、品种就越多；反之，深度浅，则产品品种就越少。

4. 产品组合的密度

产品组合的密度是指产品线之间的关联程度。产品线之间可以高度相关、中度相关或低度相关，也可以不相关。上述服装生产企业的三条产品线都是服装类，说明他们之间的关联程度是密切的。一般而言，产品组合的深度越浅，宽度越窄，则产品组合的关联性越大；反之，则关联性越小。

产品组合的宽度、长度、深度和密度对企业的营销活动会产生重大影响。一般情况下，拓宽产品组合的宽度，可以充分发挥企业优势，使企业的资源、技术得到充分利用，开拓新的市场，分散企业的投资风险，提高经济效益；增加产品组合的长度和深度，可以占领同类产品中更多的细分市场，适应更广泛的消费者的不同需求；增加产品组合的密度，则可发挥企业在其擅长领域的资源优势，避免进入不熟悉行业可能带来的经营风险。

案例 7-2

宝洁公司的产品组合

表 7-1 表明宝洁公司产品组合的宽度是 5 条产品线（实际上，该公司还有许多另外的产品线，如护发产品、保健产品、饮料、食品等）。

表 7-1　　宝洁公司的产品组合

项目	产品组合的宽度				
	洗涤剂	牙膏	香皂	方便尿布	纸巾
产品线长度	象牙雪 1930 洁拂 1933 汰渍 1946 快乐 1950 奥克多 1952 达士 1954 大胆 1965 吉恩 1966 黎明 1972 独立 1979	格里 1952 佳洁士 1955 登魁 1980	象牙 1879 柯柯 1885 拉瓦 1893 佳美 1926 爵士 1952 舒肤佳 1963 海岸 1974	帮宝适 1961 露肤 1976	查敏 1928 白云 1958 普夫 1960 旗帜 1982

在表中，产品项目总数是 26 个。我们再来看一看该公司产品线的平均长度。该公司产品组合的平均长度就是总长度(26)除以产品线数(5)，结果为 5.2。

宝洁公司的产品项目如“佳洁士”牌牙膏有 3 种规格和 2 种配方(普通味和薄荷味)。“佳洁士”牌牙膏的深度就是 6。通过计算宝洁公司每一品牌的产品品种数目，然后汇总除以宽度，我们就可以计算出公司的产品组合的平均深度。

由于宝洁公司的产品都通过同样的分销渠道出售，因此可以说，该公司的产品线具有较强的关联性；就这些产品对消费者的用途不同而言，该公司的产品线缺乏关联性。

二、产品组合决策

(一)扩大产品组合

扩大产品组合也可称为多种经营。包括在原产品组合中增加产品线，扩大经营范围和在原有产品线内增加新的产品项目这两种形式。当企业预测现有产品线的销售额和赢利率在未来可能下降时，就须考虑在现有产品组合中增加新的产品线，或加强其中有发展潜力的产品线。

但是，扩大产品组合要受三个条件的限制：一是受企业所拥有的资源条件的限制；二是受市场需求情况的限制；三是受竞争条件的限制。

(二)缩短产品组合

缩短产品组合是指淘汰一部分产品线或产品项目。在特殊时期，如市场不景气或原料、能源供应紧张时，企业剔除那些获利小甚至亏损的产品线或产品项目，集中力量发展获利多的产品线或产品项目，反而能使企业总利润上升。缩短产品组合其实就是减少产品品种，采用标准化、大批量生产。

(三)产品线延伸策略

每一个企业的产品都有其特定的市场定位。产品线延伸策略是指全部或部分地改变公司原有产品的市场定位。具体做法有以下三种：

1. 向下延伸

向下延伸是指企业原来生产高档产品，后来决定增加低档产品。企业采取这种策略的主要原因是：企业发现其高档产品的销售增长缓慢，因此不得不将其产品大类向下延伸；企业的高档产品受到激烈的竞争冲击，必须用侵入低档产品市场的方式来反击竞争者；企业当初进入高档产品市场是为了树立其质量形象，然后再向下延伸；企业增加低档产品是为了填补市场空隙，不使竞争者有机可乘。

2. 向上延伸

向上延伸是指企业原来生产低档产品，后来决定增加高档产品。企业采取这种策略的主要原因是：高档产品畅销，销售增长较快，利润率高；企业估计高档产品市场上的竞争者较弱，易于被击败；企业想使自己成为生产种类全面的企业。

3. 双向延伸

双向延伸即原定位于中档产品市场的企业掌握了市场优势以后，向产品线的上、下两个方向延伸，一方面增加高档产品，另一方面增加低档产品，扩大市场阵地。

案例 7-3

得克萨斯仪器公司的延伸策略

在得克萨斯仪器公司的便携式计算机进入市场前，该市场主要由玻玛公司低价、低质的计算机和惠普公司高质、高价的计算机所控制。得克萨斯仪器公司以中等价格和中等质量向市场推出了第一批计算机。然后，它又逐步向市场的高、低两端增加计算机品种。该公司推出了质量优于玻玛公司但价格与之持平，甚至更低的计算机品种，击败了玻玛公司；该公司还设计了高质量的但售价低于惠普公司的计算机，夺走了惠普公司高端产品的大部分市场，控制了高端市场。双向延伸策略使得克萨斯仪器公司占据了便携式计算机市场的领导地位。

第三节　产品生命周期与营销策略

一、产品生命周期的概念和特征

（一）产品生命周期的概念

产品生命周期是指产品从进入市场开始，直到最终退出市场为止所经历的全部时间。换句话说，产品生命周期指的是产品的市场寿命，而不是使用寿命。产品生命周期一般可分为四个阶段：引入期、成长期、成熟期、衰退期。典型的产品生命周期曲线如图7-2 所示。

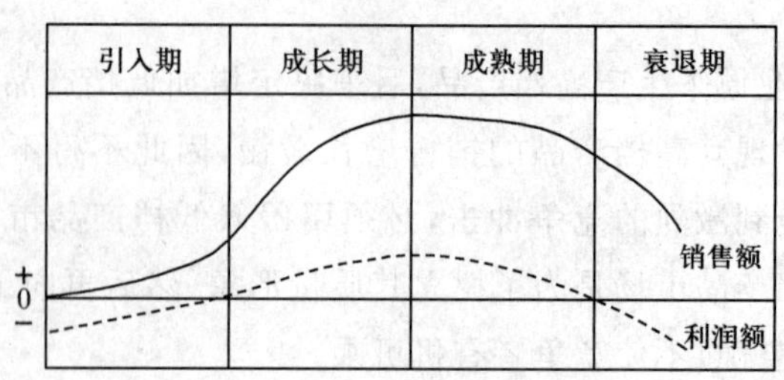

图 7-2 典型的产品生命周期曲线图

(二)产品生命周期各阶段的特征

1. 引入期

当新产品投入市场,便进入引入期。在这一阶段,顾客对新产品还不了解,只有少数追求新奇的顾客可能购买;这一阶段需做大量广告,营销费用较大;在这一阶段,由于技术方面的原因,产品不能大批量生产,因而成本高,销售额增长缓慢,企业利润较少或无利润,甚至亏损;市场竞争者较少。

2. 成长期

当产品在引入期的销售取得成功以后,便进入成长期。在这一阶段,顾客对产品已经熟悉,销售量急剧上升,利润也随之增大;产品基本定型且大批量生产,成本大幅度下降,市场逐步扩大;大批竞争者纷纷介入,竞争显得激烈,产品供给量增加,价格开始下降。

3. 成熟期

经过成长期以后,市场需求趋向饱和,潜在的顾客已经很少。销售量虽有增长,但已接近和达到饱和状态,增长率呈下降趋势;利润达到最高点,并开始下降;许多同类产品和替代品进入市场,竞争十分激烈。到后期,销售额和利润迅速下降。

4. 衰退期

经过成熟期以后,产品逐渐呈现出老化趋势,替代品大量进入市场,消费者对老产品的忠诚度下降;产品销售量大幅度下降,价格下滑,利润剧减;竞争者纷纷退出市场。

二、产品生命周期各阶段的营销策略

(一)引入期营销策略

引入期产品的营销策略通常以价格和促销活动作为主要手段,重点是突出一个“快”字。可以有以下四种组合方式,见表 7-2。

表 7-2　　引入期产品的营销策略组合

价格＼促销	高	低
高	快撇脂策略	慢撇脂策略
低	快渗透策略	慢渗透策略

1. 快撇脂策略

快撇脂策略也叫高价高促销策略，即以高价格和高促销来推出新产品。采取这种策略必须具备以下市场条件：市场规模大，产品需求弹性小；知道该产品的消费者都渴望获得该产品并有能力支付高价格；企业可能要对付较多的潜在竞争者，因而想尽快建立顾客的品牌偏好。

2. 慢撇脂策略

慢撇脂策略也叫高价低促销策略，即以高价格和低促销来推出新产品。采取这种策略必须具备以下市场条件：市场容量相对有限，较低促销费用就可以有效传播产品信息；产品确属名优特新，需求的价格弹性较小；需要者愿出高价；潜在竞争的威胁不大。

3. 快渗透策略

快渗透策略也叫低价高促销策略，即以低价格和高促销来推出新产品。采取这种策略必须具备以下市场条件：市场容量大；产品需求价格弹性较大，消费者对这种产品还不甚熟悉，却对价格十分敏感；潜在竞争比较激烈。

4. 慢渗透策略

慢渗透策略也叫低价低促销策略，即以低价格和低促销来推出新产品。采取这种策略必须具备以下市场条件：市场规模较大；消费者对产品比较熟悉且对价格也较敏感；有较多潜在竞争者。

（二）成长期营销策略

针对产品成长期的特点，企业为维持其市场增长率，使获取高利润的时间得以延长，市场策略的重点应该突出一个“好”字。可以采取的策略有：

1. 产品策略

不断提高产品质量，努力发展产品的新款式、新型号，增加产品的新用途。对产品进行改进，可以更好地满足顾客的需求，吸引更多顾客。

2. 价格策略

选择适当的时机，采取降价的策略，以吸引更多的顾客。

3. 渠道策略

通过巩固原有渠道或者增设销售机构或销售网点，进一步向市场渗透，寻找新的细分市场。

4. 促销策略

进一步加强促销环节。促销的重点应从建立产品知名度转移到树立产品形象、树立产品名牌、维系老顾客、吸引新顾客等方面。

（三）成熟期营销策略

产品成熟期可进一步分为三个时期：(1)成长成熟期：此时期由于还有一些新顾客购买产品，销售增长率呈缓慢上升的趋势。(2)稳定成熟期：市场饱和，消费平稳，产品销售稳定，基本没有新顾客购买产品，销售增长率呈停滞或下降的趋势。(3)衰退成熟期：由于原有顾客开始转向其他产品和替代品，销售增长率呈迅速下降的趋势。

处于成熟期的市场策略要突出一个“改”字。可以采取的策略有：

1. 产品改良策略

产品改良策略指通过对产品的性能、品质、花色等方面的明显改良，以保持老用户，吸引新顾客，从而延长成熟期，甚至打破销售的停滞局面，使销售曲线又重新扬起。

2. 市场改良策略

市场改良策略指寻求产品的新用户，或寻求新的细分市场，也可采取相应的措施来刺激老顾客多购买或者多消费。

3. 营销组合改良策略

营销组合改良策略指通过对产品、定价、渠道、促销四个市场营销组合因素加以综合改革，刺激销售量的回升。比如提高产品质量，增加产品性能；降低价格；开辟多种销售渠道，增加销售网点；采用新的广告宣传方式，开展有奖销售活动等。

（四）衰退期营销策略

在这一阶段，对于大多数企业而言，销售额和利润都迅速下降，因此在此阶段，企业的市场策略要突出一个“转”字。可以采取的策略有：

1. 维持策略

继续保持原有的细分市场，沿用过去的营销组合策略，将销售量维持在一定水平上，待到时机合适，再退出市场。

2. 榨取策略

抛弃无希望的顾客群体，大幅度降低促销水平，尽量减少促销费用，虽然这样销售量有可能迅速下降，但是可以增加目前的利润。

3. 集中策略

把企业的资源集中使用在最有利的细分市场、最有效的销售渠道和最易销售的品种、款式上，以求从最有利的因素中获取尽可能多的利润。

4. 撤退策略

当产品已无利可图时，企业应当果断及早地停止生产，致力于新产品的开发。值得注意的是，企业应防止两类错误：一是“仓促收兵”，出现新旧产品脱节；二是“难于割爱”，坐失良机。

案例 7-4

日本成功延长黑白电视机的生命周期

在 20 世纪 70 年代后期，日本的黑白电视机在本国基本上要被淘汰，黑白电视机进入了生命周期的衰退期。而当时的中国，正处于改革开放初期，放宽了对电视机等耐用消费品的进口。日本的日立、夏普、东芝等品牌找到机会，纷纷进入中国市场，并根据中国市场的特点，对产品进行了一些必要的调整，如电压系统由 110 伏改为 220 伏，依据当时中国居民住房情况，调整为 12 英寸大小的电视机等，在很短的时间里将调整过的黑白电视机大量投放到中国市场。虽然价格比中国国产电视机稍高，但是质量比中国国产电视机稍好，受到了中国消费者的普遍欢迎，从而成功地延长了黑白电视机的生命周期。

第四节　新产品开发策略

一、新产品的含义与类型

市场营销学中的新产品不是狭义的，而是广义的，是指在功能或形态等方面有部分改进或全部改进，具有新的功能和效用，并为顾客带来新的利益的产品。凡是产品整体概念中任何一部分改变的都属于新产品的范畴。

新产品大致可分为以下四个类型：

（一）全新型产品

全新型产品是指新发明、新创造的全新产品。即应用新原理、新技术、新材料、新结构研制出的前所未有的产品。如1925年首次发明的电视机。

（二）换代型产品

换代型产品是指在原有产品的基础上，部分采用新技术、新材料、新元件等，使结构性能有显著提高的产品。如在黑白电视机的基础上开发的彩色电视机。

（三）改进型产品

改进型产品是指对老产品在质量、结构、功能、材料、花色、品种等方面做出改进的产品。它可以是对原有产品进行适当的改进，也可以是原有产品派生出来的产品。如电视机的式样从卧式变为立式。

案例7-5

飞利浦针对日本人的特点对产品改进

飞利浦公司在日本销售小家电时，针对日本人的特点对自身的产品进行了部分的改造，如针对日本人的手比较小的特点，缩小了剃须刀的尺寸；又如针对日本人的厨房一般都比较狭小的特点，缩减了咖啡壶的尺寸。这些做法只是简单地对原有产品进行改进，但是适应了日本消费者的需求，因而飞利浦相关产品在日本很受当地人的欢迎。

（四）仿制型产品

仿制型产品是指在市场上已经存在，而本企业只是稍微改变或者根本不改变，进行仿制并投放市场的产品。如海尔生产自己品牌的电视机。

二、新产品开发的必要性

在买方市场的条件下，企业要保持旺盛的市场生命力和活力，就必须具有创新能力。

产品创新是企业创新能力的核心内容，只有根据消费者需求变化和市场供求关系的新特点，采用市场细分化的营销新策略，注意消费者需求和消费行为的差异性，企业新产品开发才能成功，才能发现新的需要、新的用户、新的机会，从而保证企业市场经营的成功。

(一)产品生命周期理论要求企业不断开发新产品

产品生命周期理论为我们提供了一个重要启示：一个产品不可能永远屹立于市场，总是有自己的生命轨迹。在当代科技迅猛发展、消费需求不断变化、市场竞争日益激烈的情况下，企业赖以生存和发展的关键在于不断创新，不断创造新产品和改进旧产品，创新是企业永葆青春的唯一途径。

(二)消费需求的变化要求企业不断开发新产品

随着社会经济的发展，消费结构已经从单一贫乏式、数量增长式转为多元效益化，人们对产品的需求越来越复杂，消费需求永无止境，这样就迫切要求企业加快更新换代的速度，开发出更多的产品。

(三)科学技术的发展推动着企业不断开发新产品

以技术创新为动力的产品创新成为企业参与竞争的锐利武器，技术开发和技术创新成为企业核心竞争力的重要标志。科学技术的迅速发展导致许多高科技新型产品的出现，并加快了产品更新换代的速度。如光导纤维的出现，对电报、电话等信息处理设备的更新换代起了巨大的推进作用。科技的进步有利于企业淘汰旧有的产品，生产出更好更优越的产品，并把新产品推向市场。企业只有不断运用新的科学技术改造自己的产品，开发新产品，才不至于被挤出市场的大门。

(四)市场竞争的加剧迫使企业不断开发新产品

企业的竞争力在很大程度上取决于其能否向市场提供适销对路的新产品，企业所要保持和获取的竞争优势主要体现在产品的不断创新上。现代市场上企业间的竞争日益激烈，企业要想在市场上保持竞争优势，只有不断创新，开发新产品，才能在市场上占据领先地位，增强企业的活力。另外，企业定期推出新产品，可以提高企业在市场上的信誉和地位，并促进新产品的市场销售。

三、新产品开发程序

创造和开发新产品不是一件容易的事，其风险大，失败率高。加上主观和客观上的诸多原因，新产品的创造和开发过程中有许多困难。要减少新产品开发中的风险，使创造和开发工作顺利、成功，就必须运用创新理论，必须坚持科学的程序。如图 7-3 所示，新产品开发的科学程序一般由八个阶段构成，即寻求创意、选择创意、形成产品概念、拟定营销规划、商业分析、新产品开发、市场试销、批量上市。

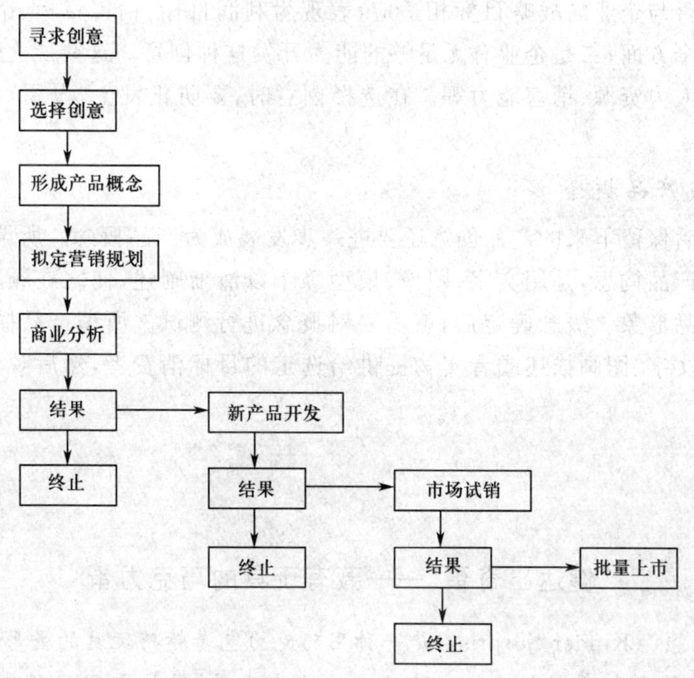

图 7-3　新产品开发的科学程序

(一)寻求创意

新产品开发过程始于寻求创意,即系统化地搜寻新产品开发设想。创意越多越好,应当集思广益,利用一切可行的渠道广泛地搜集。

新产品创意可能来自企业内部。企业内部人员包括管理人员、销售人员或者相关服务人员等,通过一定的形式形成创意;新产品创意可能来自顾客或竞争者,还可能来自销售商和供应商。

案例 7-6

可以洗地瓜的海尔洗衣机

四川省某地,在秋天的一段时间里,常常有当地农民报修洗衣机。海尔技术人员在维修时发现,大多数故障的产生是因为农民的使用不当。原来当地农民多种植地瓜,他们常常要清洗地瓜。于是,当地农民为了图方便,就用洗衣机洗地瓜,这常常造成洗衣机堵塞。

针对这一情况,当时的海尔总裁张瑞敏认为,既然消费者用洗衣机来洗地瓜,说明有这种需求存在。于是,海尔进行产品的部分改造,研发了一种既能洗衣服,又能满足洗地瓜要求的洗衣机。结果,产品一经投放市场就大受当地农民的欢迎。

(二)选择创意

选择创意的主要目的是挑选出可行性较高的创意。选择创意时,要考虑两个因素:

一是该创意是否与企业的战略目标相适应，表现为利润目标、销售目标、销售增长目标、形象目标等几个方面；二是企业有无足够的能力开发这种创意。这些能力表现为资金能力、技术能力、人力资源、销售能力等。在选择创意时，要防止发生"误用"和"误舍"两种情况。

（三）形成产品概念

经过选择后保留下来的产品创意还要进一步发展成为产品概念。所谓产品概念，是指已经成型的产品构思，是用文字、图像、模型等予以清晰阐述，使之在顾客心目中形成一种潜在的产品形象。概念确定后，就需要对概念进行测试。所谓产品概念测试，就是把产品概念用文字、图画描述或者实物提供给选定的目标消费者，然后观察目标消费者的反应情况。

案例7-7

"健达出奇蛋"——藏有玩具的巧克力蛋

"健达出奇蛋"(Kinder Surprise)是一种用巧克力包着精巧玩具的蛋形儿童糖果。该产品于1972年首次在意大利亮相。随后，"健达出奇蛋"很快征服了所有欧洲人的心。1975年它进入加拿大市场，其创意来自意大利糖果业巨头费列罗(Ferrero)。

"健达出奇蛋"刚面世时，巧克力类的产品品牌趋于饱和，市面上的巧克力不仅大小各异，种类繁多，而且口味齐全，为的是俘获小孩和父母的心。其实，很多时候是父母给孩子购买巧克力，而且他们需要了解和控制孩子的饮食。费列罗很好地把握了这一点。

当公司决定推出一种新的巧克力产品时，它本可以考虑改变该产品的味道、成分、设计等(纵向的创新思维)。但是，费列罗推出了一个新奇的概念：藏有玩具的巧克力蛋——每颗巧克力蛋里的玩具都是可供儿童收集的一系列玩具中的一员。

"健达出奇蛋"在电视广告中将自己定位为健康食品——富含热量和碳水化合物。而蛋形的大小给儿童提供了合适的巧克力摄取量。当孩子们打开巧克力蛋时，就会开始玩起里面的玩具，不再嚷着要更多的巧克力了。这两点使得父母相信"健达出奇蛋"就是他们在众多糖果中的最佳选择。

对儿童而言，"健达出奇蛋"可谓是一"吃"三得：巧克力、玩具，还有收集飞船、动物、鬼怪等各种玩具的机会。"健达出奇蛋"通过创造新的糖果亚类重新界定了糖果市场。目前，"健达出奇蛋"仍是该类的领导者，尚无其他竞争者可以与之抗衡。

要是费列罗推出一款夹花生的巧克力，他又能卖出多少呢？充其量不过是占有3%～5%的市场份额而已。也许有些人看不出"健达出奇蛋"与其他巧克力之间有什么不同。"健达出奇蛋"在"吃"的需求中加入了"玩"的需求，市场立刻发生了变化。普通巧克力若不做任何改动，是无法满足消费者玩的需求的，而"健达出奇蛋"做到了。

（四）拟定营销规划

选择最佳产品概念之后，企业需要拟定营销规划。它由三个部分组成：

(1)描述目标市场的规模、结构、消费行为、新产品的定位、短期内的销售额、市场占有率、利润目标等。

(2)确定新产品的计划价格、分销以及第一年的市场营销预算。

(3)阐述较长期销售额和目标利润以及不同时期的市场营销组合。

(五)商业分析

商业分析,即预测未来的销售额、成本和利润,从经济角度分析产品是否符合企业目标。如果符合企业目标,就可以进行新产品开发。

如何预测未来可能的销售额?企业可以研究类似产品的销售历史,同时结合自身产品的特性以及市场竞争状况等进行分析。

(六)新产品开发

如果产品概念通过了商业分析,则可将正式的新产品概念移交到企业技术部门,使新产品概念变成实际产品。同时,也应该进行包装和品牌的设计。只有在这一阶段,文字、图表及模型等描述的产品设计才变为实际产品。这一步骤的意义在于只有经过新产品开发,才能把产品概念变成实际产品,从而发现存在的问题,并且进一步改进。也就是说,产品概念能否变为技术上和商业上可行的产品,必须通过这个过程来证明。

(七)市场试销

所谓市场试销,就是将产品和营销方案导入更真实的市场情境中。市场试销方式是多样的,如设试销专柜或成立试销门市部,也可委托商店试销。

(八)批量上市

新产品市场试销如果成功,就可以马上进行大批量的生产,新产品正式上市。这时,企业要支付大量费用,如要构建厂房和设备、招聘员工、支付各种营销费用等。

在这个阶段,企业还应该就推出产品的时机、地点、营销组合等方面做出正确的选择。

四、产品创新的战略选择

美国著名的企业管理学者德鲁克说过:“任何企业都具有两个,也仅有两个基本的功能:市场营销与创新。”产品创新是营销创新的核心。消费者需求的不断变化,新技术、新材料、新工艺的广泛应用,必然使任何一种产品的生命周期缩短,因此企业必须进行产品开发与产品创新。它是企业发展的前提,是企业在市场竞争中取胜的法宝。在市场经济的条件下,企业的生存与发展取决于本身科技进步的快慢,而新产品又是科技进步的集中表现,因此研究和探讨新产品开发战略,对加快产品更新换代,增强企业市场竞争力,具有十分重要的意义。

(一)产品创新的基本内涵

1. 产品创新

产品创新是企业技术创新的核心内容,是新产品在经济领域里的成功运用,包括对现有生产要素进行重新组合而形成新的产品的活动。全面地讲,产品创新是一个全过程的概念，既包括新产品的开发，也包括新产品的商业化扩散过程。

2. 产品创新的内容

创新贯穿于企业新产品开发的全过程。产品生命周期理论告诉我们，任何企业都有其产生、成长、成熟、衰亡的过程，企业得以生存发展在于不断创造新产品，改革老产品。产品创新主要包括品种、结构、效用三方面的创新。

(1)品种创新要求企业根据市场需求的变化及时调整生产方案，开发受市场欢迎的、适销对路的产品品种。

(2)结构创新是使结构更合理、性能更高、使用更安全、操作更方便，从而更具市场竞争力。

(3)效用创新是指通过各种途径了解用户的偏好，并以此为依据改进原有产品，开发新产品，使产品给用户带来更多满足，更受用户欢迎和喜爱，这是企业生命力所在。

(二) 产品创新战略

1. 产品创新战略的定义

产品创新战略是企业在一定的内外环境条件下对产品创新的指导思想、目标、方式及途径的总体规划。从企业的生产经营实践情况看，产品创新战略是企业根据其环境条件和可取得资源的情况，为求生存和长期发展，对产品创新的目标、实现目标的途径和方法的总体规划。

2. 产品创新战略的类型

根据产品的创新度，可将产品创新战略划分为开拓型、紧跟型、模仿型及逐步扩大型。

(1)开拓型战略，是指企业及时把全新产品率先投入市场，以便在市场上一直取得领先地位。开拓型战略不是以企业现有技术优势为起点的，而是根据市场的分析，在新的科学原理或新的材料、器件或新的方法基础上去开发用途、功能或性能与现有产品完全不同的新产品，借以形成新的技术优势，开辟新的市场。由于这种战略具有超前性、周期长、风险大，故又称超前战略、风险战略。例如，世界不少大企业在发展过程中均采取过这种战略。如日本的索尼公司全晶体管收音机和全晶体管录音机的开发；美国的柯达公司彩色胶片的开发；哈雷公司(施乐公司的前身)静电复印机的开发；杜邦公司合成纤维尼龙的开发；英特尔公司集成电路和大规模集成电路的开发，都是采取的这种战略，并取得了成功。

开拓型战略的优点有两个方面：

①成功后可最先投放市场，在没有竞争或竞争极少的情况下获得高额利润。例如，索尼公司以2.5万美元购买了美国西方电器公司晶体管制造技术后，经五年开发，研制出全晶体管收音机，一次向市场投放200万台，其获利是当年购买专利费的100倍。

②在某种程度上可控制和引导市场。由于在新的领域起步早，容易形成自己的优势，加上对市场的了解，容易驾驭和引导市场的发展，将竞争对手抛在后面，使自己始终处于领先地位。

开拓型战略也有缺点，即风险大，因开发一项新产品，其成功率等于技术成功率、工程成功率和商业成功率三者的乘积，该战略面对的是全新的技术领域和应用领域，不仅

有社会、市场问题，而且有技术、工程问题，不定因素特别多，在任何环节上出了问题，均可使开发失败。因此，使用该战略要承担更大的风险。

(2)紧跟型战略，是指在全新产品上市不久，企业就以某种形式对其加以改变，以独特的价值推出区别于领先产品的产品，以取得市场份额。

紧跟型战略的优点是：

①新产品成功率高，因改进有一定市场的新产品，不定因素减少了，技术成功率、工程成功率和商业成功率都大大提高，自然提高了新产品的成功率。

②开发周期短，见效快，所需开发资金也相对较少。

(3)模仿型战略，是指模仿全新产品而在市场上取得一席之地的战略。采用模仿型战略的企业通常没有较强的研究与开发能力，其产品成本低，利润也低。

(4)逐步扩大型战略，是指根据市场的变化，在自己原有的产品基础上，通过优化设计、增加功能、提高性能，使产品更新换代、系列化，不断开辟和扩大市场面。由于该战略的产品和市场是不断扩大的，故称之为逐步扩大战略。美国的杜邦公司在发明了尼龙的生产方式后就采用过这种战略，当初尼龙丝用于制造妇女用的尼龙丝袜，二次大战中，又用于制造降落伞，二次大战后，军队需求量减少，转而用于制造妇女内衣、男袜、尼龙混纺、服装、地毯、帐篷及包装材料。每次发展一个新的领域，杜邦公司就发一笔财。

逐步扩大型战略的优点是：

(1)技术难度不高，在自己熟悉的技术领域改进提高，技术要求单一，容易实现，技术队伍稍做调整即能胜任。

(2)一次性投资不会太大，只要市场信息准确，一般来说风险较小，一般企业均可采用.

以上各种战略的实施时间是不同的，开拓型战略相对开发的产品有很大的超前性，跟随型战略相对开发的产品正处于引入期或成长期，而逐步扩大型战略则应用于产品的成长期、饱和期和衰退期。

通过以上分析不难得出，新产品开发对企业发展极其重要，决不可掉以轻心，应根据企业和市场的发展情况，制定相应的新产品开发战略，不管采用哪个战略都要具备一定的人力条件、技术条件、设备条件和资金条件，只是不同的战略有不同的要求，企业应根据自己选用的战略类型配备必要的条件。

本章小结

1.人们一般所说的产品是指具有某种特定物质形态和用途的物品，是看得见摸得着的东西，这就是狭义的产品概念。现代市场营销认为，它是指通过交换而满足人们需要和欲望的因素或手段，这是广义的产品概念。产品整体概念把产品分为核心产品、形式产品、期望产品、附加产品和潜在产品五个层次。

2.产品组合是指一个企业所经营全部产品之间质的组合和量的比例。简单地说，就是企业的业务经营范围。产品组合由全部产品线和产品项目构成。产品组合决策分为扩大产品组合、缩短产品组合、产品线延伸策略三种。

3.产品生命周期是指产品从进入市场开始，直到最终退出市场为止所经历的全部时间。产品生命周期一般可分为四个阶段:引入期、成长期、成熟期、衰退期。

4. 市场营销学中的新产品是指在功能或形态等方面有部分改进或全部改进,具有新的功能和效用,并为顾客带来新的利益的产品。新产品有四个类型:全新型产品、换代型产品、改进型产品、仿制型产品。新产品开发的科学程序一般需要由八个阶段构成,即寻求创意、选择创意、形成产品概念、拟定营销规划、商业分析、新产品开发、市场试销、批量上市。

案例7-8

IBM的赌注

20世纪60年代初期,IBM公司的年销售额收入达到了36亿美元,在世界计算机市场上的市场占有率达到了77%,但就在此时,IBM公司的决策层却预感到公司的现状已不能适应变化,如果不在技术和产品的创新方面有新的突破,将难以维持其在计算机市场上的绝对竞争优势。

经过慎重的分析研究,竞争的紧迫感促使他们做出了一个重大的战略性决策:投资50亿美元,用4年时间开发360系列产品,即第二代计算机。新型的计算机将用集成电路取代晶体管电路,迅速提高计算机的运算速度并大幅度降低成本。这个项目的规模在当时超过了有史以来世界上任何私营商业项目的规模,甚至比美国政府在第二次世界大战中展开的制造原子弹的预算还要高出一倍半。

在外人看来,这是一场以公司全部资产做抵押的巨大赌注,一旦失败,IBM公司就可能破产。而该公司的决策层坚信:没有风险就没有回报,不冒大的风险就难以有大的发展。展望迅速发展的计算机市场,该项目一旦成功,收益之大将是令人难以置信的。

后来的事实证明,这一重大决策是正确的。经过几年的奋斗,IBM公司取得了巨大的成功,率先研制出了第二代计算机。

一、复习思考题

1. 如何描述一个企业的产品组合情况?

2. 企业在研究和应用产品生命周期理论时应注意哪些问题?

3. 简述产品生命周期投入期的四种价格和促销策略。

4. 简述产品生命周期四个阶段的特点及企业应采取的相应营销策略。

5. 企业开发新产品的重要意义是什么?为什么说“没有创新力的企业就没有市场生命力”?

二、单选题

1. 每一种产品实质上都是为了满足顾客的需求而提供的一种(　　)。

A. 功能　　B. 满意　　C. 质量　　D. 利益

2. 某企业共有三条产品线,第一条和第二条产品线各三种产品,第三条产品线六种产品,则产品线平均长度为(　　)。

A. 3　　B. 4　　C. 5　　D. 6

3. 华龙集团原先一直以生产廉价的方便面占领农村市场，从2002年起生产“今麦郎”，走高档路线，它采取的产品组合策略是(　　)。

A. 扩大产品组合　B. 向下延伸　C. 向上延伸　D. 双向延伸

4. 顾客对产品已经熟悉，销售量急剧上升，利润也随之增长较快的生命周期阶段是(　　)。

A. 引入期　B. 成长期　C. 成熟期　D. 衰退期

5. 人们购买制冷用空调主要是为了在夏天获得凉爽的空气，这属于空调产品整体概念中的(　　)。

A. 核心产品　B. 有形产品　C. 附加产品　D. 直接产品

6. 产品策略就是要考虑本企业能为顾客提供怎样的产品和服务来满足他们的要求。以下四项中，哪一项与产品策略关联甚少？(　　)

A. 产品品牌和商标　B. 产品的目标市场

C. 产品的交货期　D. 产品的生产贷款

7. 某公司为了开拓经营领域，试制了全新的产品并获得成功，准备投放市场。公司经理为新产品的经销确定了许多目标，你认为其中应该首先考虑的是哪方面的目标？(　　)

A. 降低产品的生产成本　B. 提高产品的市场销售量

C. 扩大生产规模，追求规模经济效益　D. 实现企业利润最大化

8. 在技术和结构上密切相关，具有相同使用功能，规格不同而满足同类需求的一组产品构成是(　　)。

A. 产品组合　B. 产品线　C. 产品构成　D. 产品项目

9. 营销学中换代新产品是指(　　)。

A. 应用新技术、新材料而研制成的新产品

B. 采用新技术、新材料对原有产品进行革新的产品

C. 对现有产品品质、款式、包装等进行改造的产品

D. 满足新的需要而仿制的产品

10. 市场容量大，消费者熟悉这种产品，但对价格反应敏感，并且存在潜在竞争者时用(　　)决策。

A. 快撇脂　B. 快渗透　C. 慢撇脂　D. 慢渗透

三、多选题

1. 企业开发新产品的创意可能来自(　　)。

A. 新闻媒体　B. 企业本身　C. 顾客　D. 供应商

2. 产品处于衰退期时，企业应对的营销策略有(　　)。

A. 维持策略　B. 集中策略　C. 撤退策略　D. 扩张策略

3. 成长期的市场营销决策有(　　)。

A. 改善产品品质　B. 寻找新的细分市场

C. 改变广告宣传的重点　D. 在适当时机，可采取降价策略　E. 市场更改

4. 企业要扩大产品组合,必须考虑的因素有(　　)。

A. 企业资源　B. 市场需求　C. 产品生命周期　D. 市场竞争

5. 下列属于无形商品的有(　　)。

A. 劳务　B. 面包　C. 电脑　D. 知识

6. 产品整体概念包括(　　)。

A. 核心部分　B. 形体部分　C. 附加部分　D. B+C　E. A+C

7. 成长期的市场营销决策有(　　)。

A. 改善产品品质　B. 寻找新的细分市场　C. 改变广告宣传的重点

D. 在适当时机,可采取降价策略　E. 市场更改

8. 企业的产品组合有一定的(　　)。

A. 广度　B. 长度　C. 深度　D. 关联性　E. 产品线

9. 营销意义上的新产品有(　　)。

A. 改进新产品　B. 换代新产品　C. 全新新产品　D. 仿制新产品

10. 产品生命周期投入期的特点通常表现在以下几个方面(　　)。

A. 生产成本较高　B. 产品质量较好　C. 企业获利较少　D. 顾客认同度较低

四、判断题

1. 企业拥有的不同产品线的数目,称为产品组合的广度。(　　)

2. 一个新产品上市前,没有经过市场试销,很难销售成功。(　　)

3. 企业原来生产高档产品,后又增加低档产品,有可能使名牌产品的形象受到损害。(　　)

4. 产品分为核心产品、形式产品、期望产品、附加产品、潜在产品五种类型。(　　)

5. 产品进入衰退期后,不可能重新进入成长期。(　　)

6. 产品组合的长度是指一个企业有多少产品大类。(　　)

7. 产品生命周期是指产品从开始使用到报废为止所经历的全部时间。(　　)

8. 产品整体概念是当代市场营销学以"消费者需求为中心"的核心思想的充分体现。(　　)

9. 消费者在购买日用消费品时最大的要求是便利,且购买时不加挑选,但不愿接受替代品。(　　)

五、案例分析题

摩托罗拉 V998/V8088 的产品策略

摩托罗拉的两款手机 V998 和 V8088 是"V"系列手机的代表,这一系列手机进入市场四年多的历程反映了该公司针对 V998/V8088 系列所采取的产品策略的特点。

推出 V998 手机的市场背景是:摩托罗拉、诺基亚和爱立信三家公司雄踞手机市场的前三位,西门子、三星等品牌还没有引起注意,而国产手机更是悄无声息。V998 手机是该公司在 1999 年春天推向中国市场的,其特点是:双频、体积小、大显示屏和大键盘。这些特点在市场上是绝无仅有的,再加上摩托罗拉先进的市场推广手段,其很快便凭借功能和品牌受到青睐。当时的市场定价是 13 000 元左右。新产品推出的过程中也产生了一

系列的问题，比如手机生产工艺不成熟、原材料供应不足等。摩托罗拉公司通过努力，使新产品的各方面情况逐渐稳定，并且新增加了“中文输入”和“录音”的功能，尤其是“中文输入”功能，深受短信息业务使用者的欢迎。此时，其市场价位也降到了7 000～8 000元。

与此同时，摩托罗拉也在开发另一款手机——V8088。它完全是基于V998设计出来的，除了具有V998的一切功能外，还有WAP上网、自编铃声、闹钟提示和来电彩灯提示等功能，外观的曲线设计也独具特色。与在美国设计的V998不同，V8088是在新加坡设计的，更符合亚洲人的审美观点，公司的策略也是只将这款手机投放在亚洲市场。

1999年，中国的手机市场刮起了“手机上网”的旋风。而号称“摩托罗拉网上通”的V8088恰恰选择在此时推向市场，风靡一时，售价达到8 000元以上，比同期的V998高出了2 000元。以摩托罗拉V998/V8088为代表的“V”系列手机属于公司四类产品特色中的“时尚型”，其市场目标是成功人士和一些追求时尚的人们。

风光了近半年以后，随着摩托罗拉以及其他公司的一些新产品的推出，摩托罗拉V998/V8088系列手机开始逐渐离开高端市场的位置，其市场价格降到了4 000元以下。同时，WAP上网的狂热逐渐冷却，V8088的价格也只比同期的V998高出不到1 000元。价格的降低非常有效地刺激了市场，这两款手机的市场需求量大大提高。从2000年第三季度起，摩托罗拉V998/V8088系列手机成为摩托罗拉的主打产品，其需求量在公司手机产品中名列第一。然而，伴随着需求的大幅上升，又出现了一系列的质量问题。在全国许多地区，消费者发现产品有倒屏、显示不全或黑屏的现象。由于问题的突发性和数量较大、地域较广，而公司的售后服务没有及时跟进，致使福建、浙江、四川和贵州等地出现了消费者拒绝购买V998/V8088手机的情况，这两款手机遭受了沉重打击，并可能会影响到后续的V60、V66等还在试制阶段的系列手机。因此，摩托罗拉公司采取了果断措施，紧急召回有问题的手机，妥善处理，向消费者真诚道歉。接下来，公司经过研究发现了产品缆线上的设计缺陷，及时予以纠正，终于挽回了市场，V998/V8088系列手机市场第一的位置又失而复得。此时的产品价位已经降至2 000～2 700元，这个大众化的价位再度刺激了消费需求，使得产品的市场需求旺盛，同时也为后续产品的研发和成长提供了有利的条件。接下来，随着市场的激烈竞争，这一系列的手机已定位于中低档，价位稳定在1 500～1 700元，由于它轻巧且功能齐全，依然受到消费者的喜爱。此外，这一系列手机的工艺已经发展成熟，质量和服务稳定。因此，功能、价位和质量等多方面的特点使得这一系列的手机仍然在市场上有比较重要的地位。

值得关注的是，手机市场竞争异常激烈，该系列的手机不断降价，2002年2月，V998在天津的市场定价为1 700元，而到了10月份就降到1 300元。同时，手机市场已经开始向2.5G和3G发展，新的GPRS和CDMA是一种发展趋势。因此，尚处在GSM时代的V998/V8088系列手机相对来说也进入了产品的衰退阶段。按照摩托罗拉公司的产品策略，这一系列手机在一年左右的时间内淡出了市场。

思考：

1. 摩托罗拉公司“V”系列手机的代表—— V998/V8088两款手机的市场寿命为四年多的时间，试分析该系列手机的产品生命周期。

2. 摩托罗拉针对V998手机在产品生命周期的各阶段采取了哪些不同的营销策略？

六、实训练习题

(一)实训目标

某企业准备生产一种饮料投放市场(假设该企业第一次开发饮料市场),请为该新产品市场开拓设计一个策划方案。

(二)实训目的

进一步使学生掌握市场细分、市场定位,加深对新产品市场开拓的基本内容、方法的理解,同时通过实训,会写简单的新产品市场开发策划方案。

(三)实训方法

通过市场调查,了解市场上的同类产品及竞争情况,在此基础上,为新产品开拓和营销设计一套解决方案。

(四)实训内容

1. 企业及产品目标。

2. 市场细分和新产品市场定位。

3. 新产品上市营销方案。

(五)实训要求

1. 必须通过市场调查,明确该饮料市场上的竞争情况。

2. 必须对产品特点说明清楚。

3. 策划方案要简洁,并能够在实践中实施。

第八章

品牌与品牌策略

教学目标和要求：

1. 掌握品牌的基本内涵
2. 掌握品牌的含义
3. 了解品牌资产的含义
4. 了解品牌价值的含义
5. 了解品牌价值评估的方法
6. 掌握品牌定位的内涵
7. 掌握品牌策略的内容

知识结构图

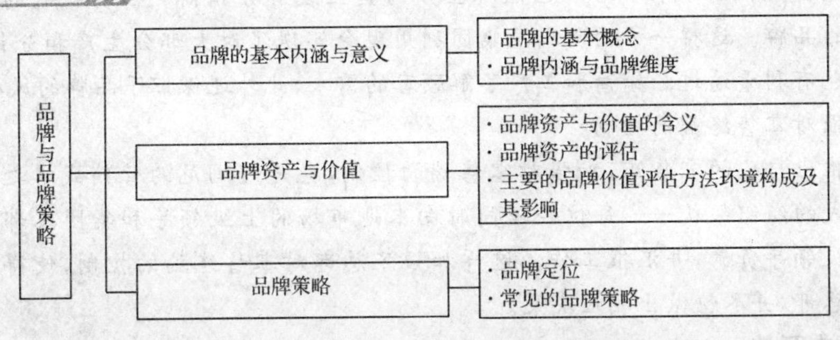

导入案例

阿玛尼品牌延伸案例分析

一、简介

阿玛尼是世界著名时装品牌，1975 年由时尚设计大师乔治·阿玛尼(Giorgio Armani)创立于米兰，乔治·阿玛尼以使用新型面料及优良制作而闻名。乔治·阿玛尼在

1981 年正式成立 Emporio Armani，并于米兰开设首间 Emporio Armani 专门店。“Emporio”是意大利文，意思是“百货公司”。货品种类林林总总：有男装、女装、鞋履、香水以至眼镜饰物等。风格走年轻路线，为爱 Armani 但不喜欢穿成熟的 main line 的年青人提供了另一个不俗的选择。

二、品牌发展历程

1989 年，阿玛尼首度收购贴牌生产服装的西明特公司（Simint S. p. A.）部分股权。1990 年，阿玛尼开始对另两家贴牌工厂安蒂涅（Antinea S. r. l.）和英泰公司（Intai S. p. A.）展开收购。1996 年，阿玛尼成为西明特的控股股东；2001 年收购全面完成，将其变成全资子公司，并负责旗下包括 Armani Jeans 和 Emporio Armani 在内的多个 品牌的服装生产。

阿玛尼还和 Emaar 集团达成一项地产投资协议，在 2011 年建立 14 家以阿玛尼为品牌的连锁酒店。此举又为阿玛尼扩充了品牌部门。

三、营销策略

1. 品牌族与品牌资产的互动

从乔治·阿玛尼起步，当其品牌价值达到一定程度后，衍生出针对不同细分市场的爱姆普里奥·阿玛尼，并取得成功，由此又进一步提高了品牌资产，然后再适时推出新的品牌线，如此循环往复，构成品牌族与品牌资产的联动，使品牌资产与时俱进。

2. 效应推广品牌形象

在好莱坞流行着一句话：“当你不知道要穿什么的时候，穿阿玛尼准没错。”从 1980 年起，阿玛尼就开始为明星们设计出席各种高级场所的服装，他是第一位认识到名人市场潜力的现代服装设计师。阿玛尼总是选择邀请那些最红的明星担任代言人。

3. 通过收购加强控制

阿玛尼公司收购了很多给自己贴牌生产的企业或者分销商。但其收购的原则是不收购其他的品牌。这样一方面阿玛尼集团利用现金实现了对大部分生产和分销的控制，另一方面也有利于通过分销商和工厂了解顾客的需求，此外还保证了品牌的风格延续。

4. 加强对零售终端的控制

积极推出自己的零售店，加强对零售端的控制，也是阿玛尼的营销战略之一。集团采取矩阵式的组织架构——每位经理同时向本地市场的上级领导和集团总部相应职能部门的上级领导负责，并汇报工作。这样加强了总部对零售终端的控制，使得信息能够很快传回总部，并尽快做出相应决策。

四、两大延伸

1. 服装领域内延伸

在阿玛尼品牌系列中，从二三十万人民币一套的高级订制时装 Armani Prive 系列，到一套西装三万人民币左右的 Giorgio Armani，再到数百元的阿玛尼低价品牌系列，产品定位由高到低排列了十几个定位不同的副品牌。

2. 延伸至其他品类

阿玛尼在进行品牌延伸从各种服饰及配套产品一直延伸到各种生活用品，直至进入食品、汽车、酒店业。阿玛尼现在已经从一个单纯的时装品牌成功地转型为一个完整的

时尚奢侈生活方式品牌。

3. 旗下产品

高级时装 Giorgio Armani、成衣品牌 Emporio、女装品牌 Mani、休闲服及牛仔装品牌 Armani Jeans。其中产品种类除了服装外，还设有领带、眼镜、手表、珠宝、丝巾、皮革用品、香水等。阿玛尼之家（家具）、Dolci（糖果）以及阿玛尼之花（花卉）。最后有以阿玛尼为品牌的连锁酒店等。

五、延伸原因

生意最根本的目的是追求更高的利润，并通过最大化投资回报率来增加股东的收益。投资建立和管理品牌的主要原因之一是相同的，正如我们所了解的那样，强势品牌能够让公司有能力利用有限的投资去开拓新市场。这为公司提供了丰富的收入来源。清楚了如此简单而有力的事实，世界上多数强势品牌增加其品牌资产并且将品牌延伸到新品类，新市场甚至是更新的细分市场，也就不足为奇了。

六、延伸成果

如今，二战后的“婴儿潮”一代已经风华正茂，副线品牌也已经在其他奢侈品牌中发芽开花，阿玛尼开始考虑为最具消费潜质的年轻人推出更为时髦的服务。他们买得起昂贵的奢侈品，但还需要更多不同寻常的享受，因此阿玛尼的手机和豪华酒店便成为提升品牌价值感的又一体现。阿玛尼并没有放弃此前已经拥有的品牌价值，而是想充分利用并创造新的价值增量。总之，阿玛尼通过成功的品牌延伸，带动了品牌销售和品牌产量的螺旋式上升。

七、不足之处

阿玛尼通过三十多年建立起来的庞大时尚帝国享有极高的国际认知度，多品牌在带来滚滚销售额的同时还让品牌资产节节上升。然而品牌战线过长、副线品牌众多以及知名度的负面影响带来了众多赝品，使品牌的核心价值遭到冲击。因此品牌在加强供应链以及销售终端的管理的同时，还需要另辟蹊径，寻找不同于目前市场的新的商业价值点。

八、借鉴之处

1. 在品牌核心价值的辐射下进行延伸，靠着所积累的品牌势能向下进行延伸。（阿玛尼从奢侈时装延伸至生活方式品牌）

2. 延伸的品牌要与现有品牌保持着某种联系，从命名或者特有的设计精髓上。（所有阿玛尼的延伸产品都保留有阿玛尼的名称以及体验阿玛尼的设计理念）

3. 品牌可以凭借着现有的优势先试着在同一品类中进行纵向延伸，等时机成熟，也可以延伸至其他品类。

第一节　品牌的基本内涵与意义

“现代竞争并不在于各家公司在其工厂里生产什么，而在于他们能为其产品增加什么内容。”哈佛商学院教授、《哈佛商业评论》主编李维特曾如是说。面对消费者日渐成熟的消费观念和苛刻的眼光，企业必须寻求管理模式、营销手段、品牌、服务等非产品层面的独有竞争优势。在产品同质性越来越强的今天，品牌就成为人们挑选商品的主要因素，好的品牌是一流企业和一流产品的象征。

一、品牌的基本概念

英语品牌“brand”一词源于古挪威语“brandr”，意为“打上烙印”，品牌是一种名称、术语、标记、符号或图案，或是它们的相互组合，用以识别某个销售者或某群销售者的产品或服务，并使之与竞争对手的产品或服务相区别，促进消费者理性和感性需要的满足。在竞争日益激烈的买方市场条件下，品牌越来越成为无形资产，是消费者的主要购物向导，是企业迈向市场的“黄金名片”“核武器”“护身符”。名牌更是企业走向成功的标志和消费者追求的时尚。

生活中，品牌、名牌、商标三者容易被消费者混淆，其实三者的内涵是不同的。

（一）品牌与商标

世界著名的广告和品牌策略大师大卫·奥格威认为，品牌是一种错综复杂的象征，它是品牌属性、名称、包装、价格、历史、声誉、广告方式的无形总和。品牌同时也因消费者对其使用的印象，以及自身的经验有所界定而存在一定差异。

美国市场营销协会则对品牌做了如下的定义：品牌是一个名称、名词、符号或设计，或者是它们的组合，其目的是识别某个销售者或某群销售者的产品或劳务，并使之同竞争对手的产品或劳务区别开来。

品牌是一个整体概念，一般来说，品牌包括品牌名称、品牌标志和商标三部分。品牌名称是指品牌中可用语言称谓表达的部分，包含文字、字母和数字，如运动鞋耐克品牌中的“Nike”。

品牌标志是品牌中可以识别，但不能用口语发音表达的部分，包括符号、设计样式、特殊颜色或字体。如“海尔”品牌中两个拥抱的儿童形象；有的品牌标志简洁醒目，如奔驰的三叉星圆环、金拱门的金黄色“M”等。

商标是品牌的一部分，在政府有关部门依法注册后形成的。在标注商标时应在其右上角加注 R/TM。圆圈里加 R，是“注册商标”的标记，意思是该商标已在国家商标局进行注册申请，并已经通过商标局审查，成为注册商标。圆圈里的 R 是英文 Register（注册）的开头字母。用 TM 则是商标符号的意思（企业使用 TM 通常是表示本文字、图形或符号作为商标使用），即标注 TM 的文字、图形或符号是商标，但不一定已经注册。TM 是英文 trademark（商标）的缩写。

商标与品牌的关联是：

1. 商标的构件小于或等于品牌的构件

如果品牌主将其品牌全部进行商标登记注册并获得许可，则其品牌的全部就是商标；如果品牌主将其品牌的一部分进行商标登记注册并获得许可，则商标只是品牌的一部分。比如，海尔的商标为“Haier 海尔”（旁边有 R 标记），而两个拥抱的儿童则不是商标，说明海尔的商标只是海尔品牌的一部分。

2. 商标是一个法律术语

商标是国家权力机关授予生产经营单位从事某种活动的权力，有注册与非注册商标之分。而品牌更多的是一个管理（或营销活动）中的概念与名词。商标需要经过法律程

序审批，而对品牌的使用，企业可以自行决定。

3. 目前法律保护的是商标

要保护品牌则要从保护商标入手。品牌只有转化为商标，其积累的市场利益才能得到合法的保护。但品牌转化为商标，必须要支付一定的费用，有些企业不愿意支付这笔费用，其品牌就得不到法律的保护。

品牌可以依据不同的标准划分为不同的种类：

(1)根据品牌知名度的辐射区域划分，可以将品牌分为地区品牌、国内品牌、国际品牌、全球品牌。

(2)根据品牌产品生产经营的不同环节划分，可以将品牌分为制造商品牌和经销商品牌。制造商品牌是指制造商为自己生产制造的产品设计的品牌。经销商品牌是经销商根据自身的需求和对市场的了解，结合企业发展需要创立的品牌。制造商品牌很多，如“SONY(索尼)”“海尔”等。经销商品牌如“国美”等。

(3)根据品牌来源划分，可以将品牌分为自有品牌、外来品牌和嫁接品牌。自有品牌是企业依据自身需要创立的，如本田、全聚德等。外来品牌是指企业通过特许经营、兼并、收购或其他形式而取得的品牌，如联合利华收购的北京“京华”牌。嫁接品牌主要指通过合资、合作方式形成的带有双方品牌的新产品，如“索尼爱立信”。

(二)中国名牌与中国驰名商标

名牌，简而言之就是知名的品牌。名牌具有名牌效应，名牌作为企业资产在市场开拓、资本扩张、人员内聚等方面都会给企业带来影响，使企业拥有成功的法宝。通常具备以下要素：

(1)在相关公众中的知晓程度较高，名牌有三高：信任度高、美誉度高、知名度高。

(2)品牌使用持续时间较长。

(3)品牌宣传工作的持续时间较长、程度高、地理范围广。

(4)曾作为著名商标、驰名商标等受到保护。

(5)已成为注册商标。

(6)其他因素。

中国名牌产品是指实物质量达到国际同类产品先进水平、在国内同类产品中处于领先地位、市场占有率和知名度居行业前列、用户满意程度高、具有较强市场竞争力的产品。中国名牌是国家授予企业产品的一种荣誉，属于国家奖励机制的一部分，企业作为荣誉宣传使用。从2005年到2010年的五年(五年即中国名牌的有效期)，全国中国名牌产品总数大约为2 800个。原国家质量监督检验检疫总局授权中国名牌战略推进委员会认定中国名牌。中国名牌的初审和推荐工作则由省、市、区质检局掌握，最后的初选、征求意见和公布工作由“名推委”在质检总局的指导下进行，其评价结果不受司法监督。中国名牌针对实物质量即产品质量来评定，仅限于我国企业的产品，不受理使用国(境)外商标的产品的申请。

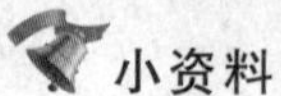

中国名牌、中国驰名商标的认定标准

中国名牌的认定标准是：

1.符合国家有关法律法规和产业政策的规定。

2.实物质量在同类产品中处于国内领先地位，并达到国际先进水平；市场占有率、出口创汇率、品牌知名度居国内同类产品前列。

3.年销售额、实现利税、工业成本费用利润率、总资产贡献率居本行业前列。

4.企业具有先进的生产技术条件和技术装备，技术创新、产品开发能力居行业前列。

5.产品按照采用国际标准或国外先进标准组织生产。

6.企业具有完善的计量检测体系和计量保证能力。

7.质量管理体系健全并有效运行，未出现重大质量责任事故。

8.企业具有完善的售后服务体系，顾客满意程度高。

中国驰名商标是指在中国为相关公众广为知晓并享有较高声誉的商标，它是法律术语，具备法律依据和法律保护手段。截至2008年9月1日，中国驰名商标总数大约有2 300多个，具有非常高的荣誉价值。中国驰名商标的认定机构是原国家工商行政管理总局商标局与商标评审委员会、中级和高级人民法院。企业的驰名商标必须向国务院工商行政管理部门商标局提出申请，经其认定后才成为驰名商标并享有驰名商标的各项权利。商标局和商评委认定驰名商标遵循行政裁定程序，人民法院认定驰名商标遵循民事审判程序，且商标局和商评委的认定不是终局裁定，仍要接受司法监督。中国驰名商标的有效期与商标的有效期一致，即为10年。认定对象包括国内企业的注册商标，也包括外国企业在华注册的商标。

中国驰名商标的认定标准是：

1.相关公众对该商标的知晓程度。

2.该商标使用的持续时间。

3.该商标的任何宣传工作的持续时间、程序和地理范围。

4.该商标作为驰名商标受保护的记录。

5.该商标驰名的其他因素。

案例8-1

安踏荣获运动鞋类民营企业第一个“中国驰名商标”

安踏(中国)有限公司是一家中外合资并且是国内最大的集生产制造与营销导向于一体的综合性体育用品企业，由安踏(福建)鞋业有限公司、北京安踏东方体育用品有限公司、安踏(香港)国际投资公司和安踏鞋业总厂等组成。集团公司的前身安踏(福建)鞋业有限公司创建于1991年，地处中国三大鞋都之首——福建晋江市。

十多年来，安踏秉承“安心创业、脚踏实地”的经营理念，怀着争创中华民族产业品牌的激情，经过全体安踏人的不懈努力，安踏集团已从一个地区性的运动鞋生产型企业，发

展成为全国性的营销导向型的综合体育用品企业集团。中国商业联合会、中华全国商业信息中心的统计数据表明，安踏运动鞋自 1999 年至 2001 年连续三年市场综合占有率位居全国同类产品第一位，已成为众多消费者，尤其是广大青少年喜爱和追逐的时尚运动品牌。2002 年荣获中国体育用品界运动鞋类民营企业第一个“中国驰名商标”。

二、品牌内涵与品牌维度

（一）品牌内涵

品牌是企业的无形资产，它是个复杂的识别系统，主要包括六个方面的内涵：个性、文化、使用者、属性、利益和价值。

1. 个性

品牌具有很难模仿的个性特征，即高独特性。如保密的肯德基炸鸡的配方、独一无二的法国香槟酒、气味独特的香奈尔 5 号香水、索尼公司领先的技术、时尚而善于变化的李维斯牛仔服，都是竞争对手很难模仿和取代的。

2. 文化

文化是影响人们行为的最深刻的因素。名牌的寿命之所以比一般品牌长，是因为名牌具有高文化含量。文化含量低的产品可能会畅销一时，但绝不会在名牌的殿堂找到自己的立足之地。产品是暂时的，文化是永恒的。将文化内涵注入产品和品牌之中，品牌才被赋予了恒久的魅力。

小资料

人性化的万宝路，将侠骨柔情的西部牛仔深深地烙在世人心中；最为豪华和显赫的劳斯莱斯汽车，钟情于事业成功的企业和商人，将精工制造的发动机、人性而艺术化的车身和优雅神奇的“飞翔女神”标志融为一体，演绎成一个真实而美丽的传说，让世人永远向往；快乐的迪士尼乐园，把童话和梦想变为现实，为千千万万的儿童和成人制造轻松和快乐；孔府家酒也是此方面的成功者，“孔府家酒，叫人想家”的温馨自然萦绕左右。

3. 使用者

成功运用使用者品牌定位，可以将品牌个性化，从而树立独特的品牌形象和品牌个性。

4. 属性

属性是指一个品牌给顾客带来的特定属性，品质和质量是企业的生命线，是企业产品占领市场、竞争取胜的关键。例如，德国奔驰汽车中的“梅塞德斯”牌，经过多年的广告宣传，这一品牌在消费者心目中具有昂贵、精良、耐用、体面、保值、快捷等属性。当顾客需要具有这些属性的汽车时，就会选择“梅塞德斯”牌汽车。

5. 利益

利益即通过属性体现出产品能带给消费者的利益。属性需要转化成功能和情感利益。因为顾客实际需要的是利益。例如，很多人之所以购买诺基亚手机，关键在于它的耐用属性能够体现顾客“减少实际支付”的利益。再如，在购车方面，昂贵的属性可以转化为情感性的利益：“这辆车让我感觉到自己很重要并受人尊重。”制作精良的属性可以转化为功能性和情感性的利益:“一旦出事,我的损失会降低很多。”“梅塞德斯”的消费利益是由于它耐用,消费者“可以使用多年”;由于它高贵,消费者能“享受社会的尊重”。

6. 价值

价值即一个品牌体现出的商品的价值感。品牌表明生产者的某些价值。如“奔驰”代表着舒适、安全、高贵的身份。品牌的销售人员必须分辨出对这些价值感兴趣的买者群体。“梅塞德斯”的昂贵和保值,使它成为购车者的一种经济资产,由于这一品牌的体面,还使购车者得到了象征性价值。

(二)品牌的五个维度

品牌是属于市场的,品牌的最终评判权掌握在消费者手里。在消费者消费购买的心路历程中,包括了认知、情感和意志三个由浅入深的阶段。有据于此,品牌也是由浅入深地发展,具体可分为以下五个方面:

1. 品牌知名度

品牌知名度是指消费者在购买时认出品牌的能力。良好的品牌知名度应该和具体的产品对应起来,为此企业必须进一步提高品牌的知名度。

2. 品牌认知度

品牌认知度是指消费者对某一品牌的整体印象,包括标识、广告、功能、特点、可信赖度、服务、品质、外观等诸多方面。消费者对该品牌有一定的了解,并有了自己对该品牌的认知。知道得越多,品牌的认知度就越高。

3. 品牌联想度

品牌联想度是指提到某一品牌时消费者产生的与该品牌相关的想象和思考。这些联想进行了有意义的组合之后,就构成了品牌印象,而其中最主要的印象组成核心印象。正面的品牌联想使品牌易形成差异化,为消费者购买提供理由,并创造正面的态度及情感。而且,品牌的联想还可以为品牌的延伸提供重要依据。

4. 品牌美誉度

品牌美誉度是指消费者对品牌的好感度、偏好度和喜欢程度。如果品牌印记已达到这种程度,那么该品牌可以说是有口皆碑了。此时消费者会对该品牌产生强烈的好感或偏好,甚至还会去维护该品牌的声誉,并向他人推介该品牌。

5. 品牌忠诚度

品牌忠诚度是指消费者持续购买同一品牌,即使该品牌的竞争品牌具有更好的产品特点、更多的方便、更低的价格,消费者也不会改变购买初衷。此时品牌已经深入消费者心中,内心完全被该品牌所占领。

以上所有这些都说明品牌是一个复杂的符号。品牌化的挑战在于制定一整套品牌含义。当品牌的六个方面都可以被人们识别时,我们称之为深度品牌;否则,它只是一个肤浅品牌。如“奔驰”是一个深度品牌,因为我们能从六个方面理解它。品牌最持久的含义是其价值、文化和个性。“奔驰”代表着“高技术、杰出表现和成功”等。奔驰公司必须在其品牌策略中反映出这些东西。如果奔驰公司以“奔驰”的名称推出一种新的廉价小汽车,那将是一个错误,因为这将会严重削弱奔驰公司多年来苦心经营的品牌价值和个性。

第二节　品牌资产与价值

关于品牌，有这样一个流传甚广的说法：可口可乐公司资产若一夜被烧光，第二天它又会重新火爆地出现在地平线上。因为所有的银行都会争先恐后为它贷款。银行家相中的是“可口可乐”的品牌，为这一品牌贷款无形中为自己免费做了一次最划算的全球广告。

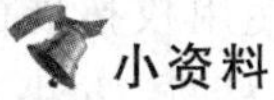小资料

品牌的巨大无形价值

品牌是一个企业的无形资产，著名企业的品牌往往具有无法估量的价值。

1994 年，美国《金融世界》杂志发布的世界最有价值品牌排名，通过新华社报道首次传播到了我国。当时可口可乐品牌价值 359.5 亿美元，万宝路 330.45 亿美元，使我国有关人士感到十分震惊。

一、品牌资产与价值的含义

品牌是一种资产，企业重视品牌资产的思想可以追溯到 20 世纪 60 年代。但是，直到 20 世纪 80 年代，品牌资产问题才开始引起西方学术界和企业界的重视。1988 年，美国营销科学学会(MSI)将品牌资产问题列为其研究重点，进一步推动了营销学界在该领域的研究活动。目前，在西方，品牌资产问题的研究方兴未艾，成为营销领域的热门课题之一。

品牌资产(Brand Equity)也称品牌权益，是指只有品牌才能产生的市场效益，或者说，产品在有品牌时与无品牌时的市场效益之差。构筑品牌资产的五大元素是：品牌忠诚(Brand Loyalty)、品牌知名度(Brand Awareness)、感知的品牌质量(Perceived Brand Quality)、品牌联想(Brand Association)和其他独有资产。

品牌价值是对品牌作为一种资产和一种权益的价值量化，也就是用货币来体现的品牌权益。迈克尔·波特在其品牌竞争优势中曾提到，品牌的资产主要体现在品牌的核心价值上。品牌价值是企业和消费者相互联系作用形成的一个系统概念。

从消费者的角度来看，品牌价值就是品牌给消费者带来的一种附加价值，这种附加价值是产品或服务没有品牌时所不具有的。所以，消费者愿意为此支付一定的溢价。

而从公司的角度来看，品牌价值意味着品牌能和公司的其他有形和无形的资产一样，给公司的现在和未来带来财务收益。品牌价值与品牌目前的赢利并不一定成正比。例如，本尼迪是一个意大利的公司，收购布托尼公司时价格不到 10 亿里拉。三年后，布托尼财务状况糟糕，但是本尼迪却以 800 亿里拉将其卖给了雀巢公司，是自身有形资产价值的 35 倍。原因是在这三年里，布托尼从一个意大利品牌，演变成了欧洲驰名品牌，雀巢公司认为它值 800 亿里拉。

生活中，品牌的整体结构从构成来看是个“金字塔”，塔底是最大量的、最普通的品牌，基本上名不见经传，而塔腰则是众多的“一时名牌”，风光一时就销声匿迹；塔尖则是

极少数的“经久名牌”。它们之间的价值差异是非常大的。

二、品牌价值的评估

品牌价值评估不但可以量化具体品牌所具有的价值，还可以通过各个品牌价值的比较，从直观上了解名牌企业的状况，从某些侧面揭示出各个品牌所处的市场地位及其变动，以及揭示出品牌价值的内涵和规律。

品牌价值评估主要有如下两种：

(1)与股东权益相关的价值评估，也就是企业根据自身产权变动或使用权拓展的需要所进行的价值量化，这种评估必须根据评估目的，依据国家颁布的评估标准、方法及个案进行。它专门为委托的企业服务。

(2)发布于社会、服务于社会的研究性质的评估。也就是用于品牌价值比较所进行的价值量化。

前者强调交易性，后者强调可比性。我国连续十年发布的品牌价值排名，属于第二类评估或评价。这种品牌价值比较类的评估在国际上更被看重。

三、主要的品牌价值评估方法

(一)英特品牌公司的品牌价值评估法

英国的英特品牌公司(Interbrand)是世界上最著名的品牌价值评估公司。它以严谨的技术建立的评估模型在国际上具有很大的权威性。英特品牌模型同时考虑主客观两方面的事实依据。客观的数据包括市场占有率、产品销售量以及利润状况；主观判断是确定品牌强度。英特品牌模型的计算公式为

品牌价值＝品牌所得×品牌强度倍数

(1)计算品牌所得。对公司赚取的利润进行分解，应在品牌产品销售收入的基础上减去品牌产品销售成本、营销成本、可变的和固定的带摊费用、资本的报酬、税收，从而计算出品牌所得。

(2)根据商标实力推算出倍数，再乘以品牌所得，从而得出品牌价值。在公式里，品牌所得和品牌强度倍数都非常重要。这个倍数一般为6～20，是由专家根据分析商标的七项内容而定的，品牌强度倍数主要集中在以下七个方面：

①品牌的市场领导能力。指品牌影响市场的能力，以其强有力的市场份额带来的控制力。一个引领市场的品牌比其他品牌更稳固，也更有价值。

②品牌的稳定性。指品牌的长期生存能力。一个具有悠久历史的品牌，它本身就是市场的有机要素，那么就特别有价值。

③品牌的市场状况。主要是指品牌在市场中的未来成长性、易变性和进入壁垒。成长性比较好的产品，内在价值也会比较高。

④品牌的国际化能力。国际性品牌比全国性和地区性品牌更有内在价值。

⑤品牌的发展趋势。指品牌的发展方向以及品牌保持现代性与消费者相关性的能力。

⑥品牌支持性。指品牌名称获得市场营销和沟通活动支持的力度和持续一贯性。

⑦品牌的保护性。指品牌所有者的法律性权利。一个注册了的商标从地位上讲就是一个垄断性的名称或设计或两者的组合。品牌保护的强度和宽度在评价品牌时，也是很重要的。

可口可乐1994年被美国《金融世界》杂志发布的品牌价值为359.5亿美元，当年的品牌强度倍数为18.9，是当时最高的世界品牌强度倍数。

（二）中国最有价值品牌评价办法

中国的最有价值品牌评价起步比较晚，1996年才发布了首批（1995年度）最有价值品牌。当时红塔山以320亿元人民币排在国内首位。北京名牌资产评估事务所根据摸索，参照国际标准，建立起中国品牌的评价体系。这一评价体系所考虑的因素有：品牌的开拓占领市场能力（M）、品牌的超值创利能力（S）、品牌的发展潜力（D）。

一个品牌的综合价值（P）可以简单表述为

$$P=M+S+D$$

我们所强调的是质的指标要能够转化到量的指标上来。因此，在M部分，我们是取企业的销售收入指标；在S部分借鉴了一般商标评估中的收益法；在D部分借鉴了上述世界最有价值品牌评价中的利润倍数法。

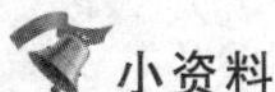

"2017 美国最有价值的品牌"前十名排行榜

(America's most valuable brands 2017)

英国品牌评估机构Brand Finance发布"2017美国最有价值的品牌500强"排行榜（America's most valuable brands 2017）。谷歌击败苹果和亚马逊，成为美国最有价值品牌，价值为1090亿美元，比去年上涨了24%。而名列第二位的苹果的品牌价值则下跌了27%，至1 070亿美元。亚马逊以1 060亿美元的估值排在第三位，与去年同期相比其品牌价值增长53%。总体来说，美国500强品牌价值超过3万亿美元，比去年同期增长11%。

一年一度的品牌价值发布，品牌评价的结果对企业、消费者、企业的相关合作者都具有重要的意义。

首先，品牌评价能使消费者更好地了解和自己消费有关的企业，对其有比较直观的认识。消费者将逐步运用品牌的价值指导自己的消费。能使优秀的企业进一步吸引消费者，培植忠实的顾客。

其次，品牌使评价企业交易或合作伙伴对过去一年度该企业品牌价值有个参照物般的认识，如当这个品牌进入到与产权交易相关、资产重组的评估及商务谈判过程中的时候。还有，在企业经营过程中，银行等金融机构也会根据中介机构发布的价值，判断应该给企业的信贷方面的信用额度。

其三，企业可以从自己历年的变化中发现自己在经营管理上的问题，包括经验和教训，反思自己进步或滑坡的原因。

其四，企业可以从品牌价值排名中，学习和借鉴别人的经验和教训。思考别人的品牌价值排名为什么高，是哪方面做得好，从而促使自己进步。同时，能促进企业间的竞争，中国最有价值品牌评价启动以来，市场销售规模平均增长速度达到30%以上，就是一个佐证。

第三节　品牌策略

现代营销，无论从哪个方面说，更像一场全方位的“战争”，争资源、争市场、争顾客，在这场“战争”中，品牌策略起到了非常重要的作用。

一、品牌定位

要运用好品牌策略，先得做好品牌定位。品牌定位能帮助企业使自己的产品站稳阵脚，成为赢家。常见的品牌定位主要有如下几种：

(一)档次定位

档次定位是指将品牌按照其在消费者心目中的价值定位为高档还是中低档。高档次品牌往往通过高价位来体现其价值。高档次品牌往往在具备了实物之外的价值外还给消费者带来自尊和优越感。如90多年来，劳斯莱斯公司出产的劳斯莱斯和本特利豪华轿车总共只有十几万辆，最昂贵的车价高达34万美元。由此可见，劳斯莱斯定位为体现一种超豪华的、社会地位显赫的生活档次和品位。

(二)USP定位

USP定位是指在同类产品品牌较多、竞争激烈的情形下，突出别人所不具备的特点和优势，从而让消费者按自身偏好和对某种利益的追求对号入座。如多普达和诺基亚都是手机市场高知名度的品牌，但它们强调的品牌利益点不同。多普达向目标消费者提供的利益点是“能扫描、功能特多”的特点；而诺基亚则给消费者传达了“耐用、待机时间长”的信息。大企业可以利用USP定位在同一类产品中推出众多品牌，覆盖多个细分市场，提高其总体市场占有率。

（三）情感定位

情感定位是指运用产品直接或间接地冲击消费者的情感体验而进行定位。美国市场营销专家菲利普·科特勒认为，人们的消费行为变化分为三个阶段：第一是量的消费阶段；第二是质的消费阶段；第三是感情消费阶段。在第三个阶段，消费者所看重的已不是产品的数量和质量，而是产品与自己关系的密切程度，或是为了得到某种情感上的渴求满足，或是追求一种商品与理想自我概念的吻合。例如，“太太口服液”可以说是中国当代市场上一个成功的品牌命名。这一命名之所以成功，最关键的一点是将一种亲情、一种丈夫对妻子的关爱之情作为品牌命名的核心，因此吸引了非常多的顾客，特别是有家庭的男士。

（四）文化定位

文化定位是将某种文化内涵注入品牌之中形成文化上的品牌差异。利用文化定位还可以通过引起消费者联想使产品深植于消费者脑海中，达到稳固和扩大市场的目的。如孔府家酒在这方面堪称典范。在中国，喜庆的日子全家团圆是少不了酒的。孔府家酒将自身定位于“家酒”，引起消费者关于此方面的联想。

二、常见的品牌策略

品牌策略有很多种，这里主要列举以下几种：

（一）品牌化策略

企业应该慎重选择采用品牌化策略还是非品牌化策略。并非所有的产品都应该有品牌，有的农产品、低端日用品，为了节约包装等费用，低价出售，可以采用非品牌化策略，这种产品叫无牌产品。无牌产品很难做到相对于竞争对手的差异化，难以做大做强。

大部分的现代企业都建立了自己的品牌和商标。虽然这会使企业增加成本费用，但也可以使企业得到以下好处：

(1)有助于企业细分市场。

(2)便于管理订货。

(3)有助于树立良好的企业形象。

(4)有利于吸引更多的品牌忠诚者。

(5)注册商标可使企业的产品特色得到法律保护，防止别人恶意模仿。

（二）品牌使用者策略

品牌使用者策略有几种表现方式：企业可以决定使用自己的品牌，这种品牌称为生产者品牌；企业也可以决定将其产品大批量地卖给中间商，使用中间商品牌；企业还可以租用别人的品牌。当然，最根本的出路还是使用自己的品牌，把自己的品牌做强做大，其他两者是权宜之计。

（三）家族品牌策略

如果企业决定其大部分或全部产品都使用自己的品牌，那么还要进一步决定其产品是分别使用不同的品牌，还是统一使用一个或几个品牌，有五种可供选择的策略：

1. 个别品牌策略

个别品牌策略是指企业各种不同的产品分别使用不同的品牌。在世界名表中，欧米茄、雷达、朗琴、斯沃琪、天梭等品牌系出自同一制表集团 SMH 的姊妹产品。其好处主要是：

(1)如果一个企业的品牌有若干个，那么当一个品牌的声誉出了问题，企业的其他产品的声誉就有可能免受其害。

(2)有利于企业发展不同档次的产品。

个别品牌策略的缺点是要针对不同的品牌做宣传，提高了经营成本。

2. 统一品牌策略

统一品牌策略是指企业所有的产品都统一使用一个品牌名称。例如，泉州七匹狼公司的所有产品都统一使用“七匹狼”这个品牌名称。企业采取统一品牌名称的主要好处是：

(1)企业宣传介绍新产品的费用开支较低。

(2)有利于利用原有品牌的声誉，推出新产品。

统一品牌策略的缺点是一旦品牌声誉受损，则容易使旗下所有产品的声誉受损。

3. 品牌扩展策略

品牌扩展策略是指企业利用其成功品牌名称的声誉来推出改良产品或新产品，包括推出新的包装规格、香味和式样等。例如，娃哈哈集团从儿童营养液扩展到果奶、纯净水、八宝粥等。企业采取这种策略，可以节省宣传介绍新产品的费用，使新产品能迅速、顺利地打入市场。

4. 分类品牌策略

分类品牌策略是指企业的各类产品分别命名，一类产品使用一个牌子。比如松下公司将它的音像制品的品牌定义为 Panasonic，家用电器的品牌定为 National，立体音响的品牌定为 Technics。

这种策略特别适用于生产与经营产品种类繁多的大企业，由于它们所涉及的领域是吃、穿、用俱全，如果两类产品之间的差距很大，则一般不能使用同一品牌。如我国的海尔集团在销售其家用电器(如冰箱、彩电、洗衣机等产品)时使用的是“海尔”品牌，而其产品线延伸至保健品行业时，用的却是“采力”品牌，目的是为了保持海尔集团在消费者心目中一贯的主体形象。

5. 多品牌策略

多品牌策略是指企业对同类产品使用两个或两个以上的品牌的策略。这种策略被宝洁公司发挥得淋漓尽致。传统的营销理论认为，第一品牌延伸能使企业降低成本，易于被顾客接受，便于企业形象的统一。宝洁公司认为，单一品牌并非万全之策。因为，一种品牌树立之后，容易在消费者当中形成固定的印象，不利于产品的延伸，对横跨多种行业、拥有多种产品的企业更是如此。

一般来说，企业采取多品牌策略的主要好处是：

(1)多种不同的品牌只要被零售商店接受，就可占用更大的货架面积，而竞争者所占用的货架面积当然会相应减小。

(2)多种不同的品牌可吸引更多顾客，提高市场占有率。这是因为大多数消费者都是品牌转换者。发展多种不同的品牌，才能赢得这些品牌转换者。

(3)发展多种不同的品牌有助于在企业内部各个产品部门之间开展竞争，提高效率。

(4)发展多种不同的品牌可使企业深入到各个不同的市场触角，占领更大的市场。

案例8-2

宝洁公司的多品牌策略

宝洁公司的名称“P&G(宝洁)”没有成为其任何一种产品的商标，它在中国市场上采取多品牌战略。例如，洗发精有“飘柔”“潘婷”“海飞丝”等品牌。洗衣粉有“汰渍”“洗好”“欧喜朵”“波特”“世纪”等品牌。多品牌的频频出击，使公司在顾客心目中树立起实力雄厚的形象。

宝洁公司经营的多品牌策略不是把一种产品简单地贴上几种商标，而是追求同类产品不同品牌之间的差异，包括功能、包装、宣传等诸多方面，从而形成每个品牌的鲜明个性。这样，每个品牌都有自己的发展空间，市场就不会重叠。不同的顾客希望从产品中获得不同的利益组合。例如，在洗衣粉方面，有些人认为洗涤和漂洗能力最重要，有些人认为使织物柔软最重要，还有人希望洗衣粉具有气味芬芳、碱性温和的特征。于是宝洁就利用洗衣粉的 9 个细分市场，设计了 9 种不同的品牌。利用一品多牌从功能、价格、包装等各方面划分出多个市场，满足不同层次、不同需要的各类顾客的需求，从而培养消费者对本企业某个品牌的偏好，提高其忠诚度。由于边际收入递减，要将单一品牌市场占有率从 30%提高到 40%很难，但如重新另立品牌，获得一定的市场占有率相对容易，这是单个品牌无法达到的。

宝洁公司的原则是：如果某一个种类的市场还有空间，最好那些“其他品牌”也是宝洁公司的产品。因此不仅要在不同种类产品设立品牌，在相同的产品类型中，也大打品牌战。

(四)品牌重新定位策略

某一个品牌在市场上的最初定位即使很好，随着时间推移也必须重新定位。这主要是因为以下情况发生变化：

(1)竞争者推出一个竞争力很强的品牌，侵占了本企业品牌的一部分市场，使本企业品牌的市场占有率下降，这种情况要求企业进行品牌重新定位。

(2)有些消费者的偏好发生了变化，他们原来喜欢本企业的品牌，现在喜欢其他企业的品牌，因而市场对本企业品牌的需求减少了。

企业在制定品牌重新定位策略时，要全面考虑两方面的因素：一方面，要全面考虑把自己的品牌从一个市场部分转移到另一个市场部分的成本费用；另一方面，还要考虑把自己的品牌定在新的位置上能获得多少收入。

本章小结

品牌是一个名称、名词、符号或设计，或者是它们的组合，其目的是识别某个销售者或某群销售者的产品或劳务，并使之同竞争对手的产品或劳务区别开来。品牌包括品牌名称、品牌标志和商标三部分。品牌主要包括六个方面的内涵：属性、利益、价值、文化、个性、使用者。

品牌的作用在于有利于企业参与市场竞争、有利于提高企业形象、品牌可以使产品长久占领市场、有利于保护消费者利益。

品牌资产(Brand Equity)也称品牌权益，是指只有品牌才能产生的市场效益，或者说，产品在有品牌时与无品牌时的市场效益之差。品牌价值是对品牌作为一种资产和一种权益的价值量化。世界最有价值品牌评价公式可以简单地表述为

品牌价值=品牌获得×品牌强度倍数

品牌策略包括品牌化策略、品牌使用者策略、家族品牌策略、品牌重新定位策略等，企业应该根据具体情况选用适合自身经营的策略。

一、复习思考题

1. 简述品牌与商标的区别。
2. 简述品牌资产的构成元素。
3. 简述常见的品牌定位。
4. 简述常见的品牌策略。
5. 驰名商标与一般商标相比有什么不同?
6. 论述目前品牌扩展策略受到品牌运营企业重视的原因。
7. 论述品牌的作用。

二、单项选择题

1. PHILIPS 公司生产的音响、电视、灯泡、电动剃须刀等产品均使用 PHILIPS 品牌，这种品牌策略叫作(　　)。

A. 无品牌策略　B. 个别策略　C. 统一策略　D. 中间商策略

2. 品牌资产是一种特殊的(　　)。

A. 无形资产　B. 有形资产　C. 潜在资产　D. 固定资产

3. 企业欲在产品分销过程中占有更大的货架空间，为获得较高的市场占有率奠定基础，一般会选择(　　)策略。

A. 统一品牌　B. 个别品牌　C. 多品牌　D. 品牌扩展

4. 企业利用其成功品牌的声誉来推出改良产品或新产品，称为(　　)。

A. 品牌扩展　B. 品牌转移　C. 品牌更新　D. 品牌再定位

5. 宝洁公司每种产品使用不同品牌，这主要利用了(　　)。

A. 个别品牌策略　B. 统一品牌策略　C. 多品牌策略　D. 企业名称与个别品牌名称并用

6.(　　)是指企业同时经营两种或两种以上互相竞争的品牌。

A.家族品牌策略　B.品牌延伸策略　C.多品牌策略　D.品牌化策略

7.企业建立品牌(　　)。

A.使企业经营僵化　B.只能提高企业成本

C.只有少数企业实行　D.可促进企业的发展

8.为建立企业产品品牌优势,保证产品有稳定的市场份额,能从本质上解决问题的是(　　)。

A.扩大知名度　B.重视形象塑造　C.建立品牌忠诚　D.增加销售人员数量

9.从"康师傅"方便面到"康师傅"绿茶采用的是(　　)战略。

A.品牌变更　B.品牌防御　C.品牌归属　D.品牌延伸

10.宁城老窖的广告语是"塞外茅台",这种广告定位属于(　　)。

A.逆向定位　B.强化定位　C.比附定位　D.补隙定位

三、多项选择题

1.品牌是一个集合概念,它包括(　　)。

A.商标　B.包装　C.品牌名称　D.标签　E.品牌标志

2.企业采用统一品牌策略,(　　)。

A.能够吸引不同需求的消费者　B.可降低新产品宣传费用

C.有助于塑造企业形象　D.有助于显示企业实力

E.适合于企业产品质量水平大体相当的情形下

3.国际上对商标权的认定,有(　　)并行的原则。

A.注册在先　B.象征性使用在先

C.使用在先　D.使用优先辅以注册优先

E.注册优先辅以使用优先

4.品牌化策略的优点有(　　)。

A.便于管理订货　B.有助于企业细分市场

C.有利于低价销售　D.有利于细分市场

5.商标的法律属性包括(　　)。

A.独占性　B.时效性　C.地域性

D.专一性　E.与商品的不可分割性

6.企业采取多品牌策略,原因在于(　　)。

A.有利于同竞争者争夺市场份额

B.可吸引更多的顾客

C.有助于企业效率的提高

D.可使企业深入各个不同的市场部分,占领更大的市场

7.家族品牌策略有(　　)等可供选择的策略。

A.个别品牌　B.统一品牌　C.分类品牌　D.多品牌策略

8. 品牌扩展策略的主要优点是(　　)。

A. 降低新产品的沟通促销成本

B. 加快顾客对新产品的接受过程

C. 延伸产品的成功,有利于加强品牌形象

D. 占据更大的货架空间

E. 有助于提高市场占有率

9. 无牌产品的优点在于(　　)。

A. 节省广告、包装等费用　　B. 降低价格

C. 有利于树立企业形象　　D. 扩大销量

10. 品牌评价的意义有(　　)。

A. 能使消费者更好地了解和自己消费有关的企业

B. 有利于企业反思自己进步或退步的原因

C. 有利于企业借鉴别人的经验和教训

D. 有利于银行判断企业的信贷信用额度

四、判断题

1. 品牌的实质是卖者对交付给买者的产品特征、利益和服务的一贯性的承诺。(　　)

2. 品牌资产是通过为消费者和企业提供服务来体现其价值的。(　　)

3. 联想电脑中的“联想”二字是品牌名称。(　　)

4. 品牌资产常常在利用中增值。(　　)

5. 顾客购买商品实质是购买某种功能。(　　)

6. 凡在市场上有一定知名度的商标都可以申请认定驰名商标。(　　)

7. 法律保护的商标权是有时间限制的,世界各国对此的法律规定是相同的。(　　)

8. 品牌管理水平的高低直接关系到品牌资产投资和利用效果的好坏。(　　)

9. 品牌设计雷同,将有助于提高消费者的品牌忠诚度。(　　)

五、案例分析

中粮的品牌困惑

中粮,全称是“中国粮油食品进出口(集团)有限公司”,1952 年成立于北京,是中国政府直接管理的 44 家国有重要骨干企业之一,是一家集贸易、实业、金融、信息、服务和科研为一体的大型企业集团,横跨农产品、食品、酒店、地产等众多领域,拥有“长城”(葡萄酒)、“福临门”(食用油)、“金帝”(巧克力)、“梅林”(罐头)、“COFCO”(啤酒麦芽)、“中粮”(面粉)、“美特”(印制罐)、“华鹏”(瓶盖)、“凯莱”(物业、酒店)、“鹏利”(地产)等众多知名品牌。

中粮集团自 1994 年以来,就一直名列美国《财富》杂志全球企业 500 强。然而,虽然中粮已经取得了卓著成就,但是知道中粮的人并不多。有关部门曾对此在成都做过调查:在普通居民中,知道中粮的人不超过 1%,在企业家中,知道中粮的人不超过 10%。中粮的低知名度与它的金帝、长城、福临门等产品品牌的高知名度形成了鲜明的对比。

中粮董事长周明臣在2002年8月19日中央电视台"对话"节目中说,企业品牌知名度低于产品品牌知名度是个失误。

1.何为中粮的品牌名称?

"中粮"是"中国粮油食品进出口(集团)有限公司"的简称。在全称里,"中国"不是它的品牌名称,"粮油食品"也不是它的品牌名称,"进出口"更不是它的品牌名称。有人认为,"中国粮油食品进出口(集团)有限公司"是中粮的品牌名称。但事实上,如果将其作为品牌名称,与目前的企业实际不相吻合。目前的中粮,贸易已退居第二位,实业已跃居第一位,还叫进出口公司,显然名不副实。而且,"中国粮油食品进出口(集团)有限公司"总让人将其与外贸联系在一起,与计划经济联系在一起,与国有企业联系在一起。用外贸的品牌来经营消费者市场,似乎缺乏支持力。

不久前在北京举行的长城葡萄酒品牌整合会上,中粮领导人已明确提出,此次品牌整合的重点是突出"中粮"。中粮酒业公司总经理说:"在新的包装上,所有长城葡萄酒均标明由中粮出品,三家酒厂只作为产地出现。我们要重点突出'中粮'这个品牌。过去长城没有体现出中粮的品牌,别人不知道'长城'是中粮的,以后我们要让大家意识到'长城'有中粮这样一个强大的背景。"

2.中粮的品牌有商标吗?

中粮已经确定要在其经营中突出"中粮"这个品牌,要以"中粮"这一品牌为中心来开展企业的经营活动。但事实上这其中有很大的风险因素。因为"中粮"算不上一个真正的品牌,如果非要把它当作一个品牌,它也是一个没有法律保证的品牌,因为"中粮"无法注册为商标。"中粮"一词中含有"粮"字,暗示了产业性质,不符合商标法的要求,因此无法注册为商标。同时中粮也没有自己的图形商标,虽然一个企业可以没有图形商标,但对于一个已经没有文字商标的企业,如果也没有图形商标,就彻底失去了商标保护。

3.何为中粮品牌的核心价值?

在"对话"节目中,主持人问中粮董事长:"您希望中粮作为一个企业的整体形象给人一个什么样的印象?"董事长回答说:"我希望他(消费者)想起这个商品的时候,就想起中粮;想起中粮,就能想起中粮旗下有这么多的商品。"由此可以看出,中粮还不清楚自己品牌的核心价值,以及应该树立什么样的核心价值。同时,中粮的品牌目标还停留在品牌名称与品牌产品联系的阶段,中粮还没有完成品牌形式的统一。一个连品牌形式都还未完全统一的品牌,当然就谈不上子品牌之间的价值整合了。而"中粮"的各品牌正因为没有价值上的有机整合,所以才会出现"长城"三兄弟的内耗,才会出现福临门与金龙鱼之间的冲突,结果中粮不得不为此付出代价,牺牲金龙鱼,保全福临门。

可见,在中粮的发展道路上,品牌的困惑、品牌策略的不成熟已使其面临很多令人担忧的障碍。

试根据以上材料,分析中粮在品牌策略中存在的问题并给出相应的对策。

六、实训练习题

利用周末,到一家本地知名品牌企业进行考察,分析其目前的品牌策略中的优点和不足,并提出改进建议。

(一)实训目的

通过对该知名企业的考察与研究,加深学生对品牌作用与品牌策略的了解,并学会分析品牌策略运用中存在的问题与对策。

(二)实训要求

1. 学生必须在市场营销教师的指导下,到该企业实地考察,切忌只根据书面材料发表议论。

2. 学生必须从该企业获得相关的一手资料,并应积极与该企业营销总监、营销经理、营销人员等座谈、讨论、请教。

(三)实训步骤

1. 师生共同物色当地一个合适的知名企业;

2. 学校出具介绍信,学生与企业预约并登门拜访,进行考察、座谈等;

3. 学生思考该企业品牌发挥的作用、该企业运用品牌策略的优点与不足,并带着问题再次考察该企业;

4. 学生写出实训报告;

5. 在班级里交流实训心得体会,教师进行反馈总结。

第九章

价格策略

教学目标和要求：

1. 理解价格策略在市场营销组合策略中的重要地位
2. 理解公司制定价格必须考虑的因素，明确价格问题的重要性
3. 掌握企业定价目标
4. 掌握产品定价的方法和策略

知识结构图

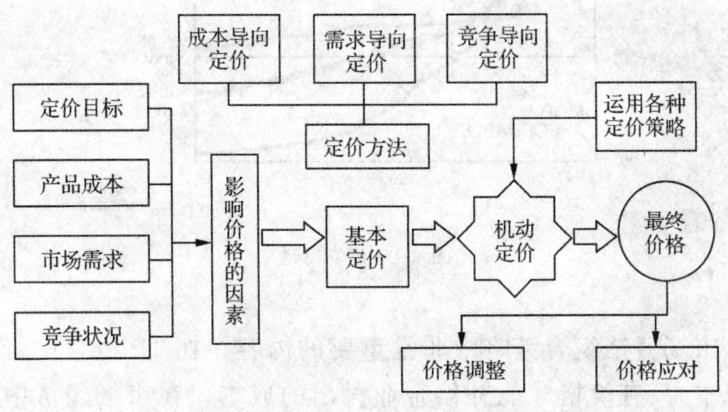

导入案例

不同类型的商品价格在美国本土的变化趋势

从1997年至2007年，不同类型的商品价格在美国本土的变化趋势：

— 医疗服务和高等教育的费用达到200％的涨幅，领跑通胀市场；

— 医疗保险、育儿支出的涨幅均超过100％；

— 再往下才是工资涨幅，也就是薪酬收入的增长没能跑赢上面4项；

— 涨幅超过50％的商品还有住房和饮食，这也是整体通胀的水位线，相当于购买力持平；

一 价格基本维持不变的商品包括汽车、生活用品、服装，相对通胀数字，它们实际上是在变得更加便宜；

价格跳水的商品代表是通信服务、电子软件、玩具以及电视机；

密歇根大学的经济学教授 Mark Perry 把图 9-1 称作是 20 世纪末 21 世纪初最重要的经济图谱之一。

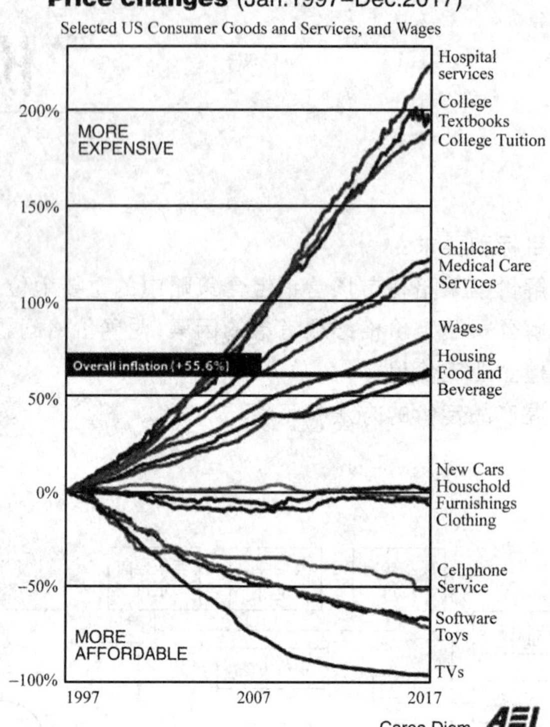

图 9-1　经济图谱

价格策略是市场营销组合策略中非常重要的内容。在 4P 组合中，产品、渠道、促销都要企业付出成本，只有价格才能补偿企业付出的成本。在市场经济中，价格是市场营销策略中十分敏感而又难以控制的因素。价格的高低，定价的合理与否，即价格策略选择的合适与否，都会直接关系到市场对产品的接受程度，进而影响着市场需求和企业利润。价格通常又是影响产品交易成败的关键因素，任何商品和劳务都有价格。价格又是商品价值的货币表现。同时，价格又是十分活跃的营销因素，可以说，价格策略的形成过程，体现了科学与艺术的统一。它直接关系着顾客和企业双方的切身利益。因此，企业要想实现预定的营销目标，必须为企业的各种产品制定合理的价格和可行的价格策略。企业产品价格的确定，以消费需求为前提，以成本费用为基础，以竞争价格为参考。

第一节　企业定价目标

由于受到资源条件的限制，处于不同行业、有着不同规模或采用不同管理方法的企业，往往制定不同的战略目标和营销目标作为企业总体战略目标的组成部分，规定了企业产品价格制定策略。定价几乎将会影响制造、财务等企业所有领域的决策，所以定价必须与企业目标相一致。通常，与企业产品价格制定直接有关的营销目标主要有以下几个方面：

一、以利润为导向的定价目标

（一）以追求当期最大利润为定价目标

获取最大利润是市场经济条件下企业从事经营活动的最终愿望。不过，利润最大化目标可以分为当期利润最大化和长期利润最大化两种，这里所说的通常是指当期利润最大化目标。在一定经营时限内要获得最大利润，必须考虑产品价格对市场需求量及需求量对产品成本的影响，还必须遵循一定的原则（如边际成本等于边际收益的原则），来确定产品的价格。企业通常都是通过提高市场占有率、扩大销售量、增强市场竞争优势、树立良好形象等方式来追求长期利润最大化。

（二）以实现预期的投资回报率为目标

投资回报率（ROI，Return on Investment）亦称投资收益率，是指企业的投资效果。企业对其所投入的资金，都期望在预期的时间内分批收回。当以投资回报率为定价目标时，企业的定价一般在总成本费用之上，加一定比例的预期赢利。因此，投资回报率的确定与价格水平直接相关。企业以获取投资回报为定价基点，综合考虑企业的总成本和合理利润。投资回报率必须高于同期银行的利率，其计算公式为

$$投资回报率(ROI)=\frac{F/Y}{I}\times 100\%$$

式中　F——总利润；

I——总投资；

Y——投资回收年限。

（三）以实现整体利润最大化为定价目标

以实现整体利润最大化为定价目标通常是跨国公司的行为。跨国公司通常运用国际转移定价（International Transfer Pricing）和内部交易（跨国公司的内部化理论）理论。考虑东道国的关税、所得税、通货膨胀、外汇管制等问题，跨国公司的母公司和子公司、子公司和子公司之间进行国际转移定价，以实现公司整体利润最大化的定价目标。

二、以市场占有率（销售）为导向的定价目标

市场占有率是表示企业在其行业的势力大小的重要指标。不少企业把维持或提高市场占有率作为其定价目标。例如，按照在下一年里使市场占有率从 18%提高到 22%

的目标来制定产品或服务的价格。

企业在保证一定利润水平的前提下谋求最大的市场份额。企业通常制定较低的具有市场吸引力和竞争力的价格,以最短的时间、最快的速度来扩大产品销售,提高市场占有率,达到市场渗透的目标。

三、以竞争为导向的定价目标

大多数企业对于竞争者的价格都十分敏感,制定产品价格时,以竞争对手的产品和价格为参考,在分析企业的产品竞争能力和市场地位后再制定本企业的产品价格策略。

在激烈竞争的市场环境中,企业常以适应价格竞争作为定价目标。价格竞争是市场竞争的重要方面。实力雄厚的大企业,利用价格竞争来排挤竞争者,以提高其市场占有率;实力弱小的企业,则不得不追随主导竞争者的价格,或以此为基础来制定自己的价格。

四、以产品质量领先为目标

以产品质量领先为目标即企业以追求优质高档产品形象为目标。如果企业提供的产品质量、性能和服务等方面都与众不同、高人一筹,产品自然可以索取较高的市场价格,并通过较高的价格收回高额的科研费用和生产成本。例如,惠普公司集中开发高质量、高价格的便携式计算机去占领市场;海尔的白色家电也是以质优价高著称的。

五、以维持企业生存为目标

定价的基本目的是谋求企业的生存。当企业面临市场需求的巨大波动和强大的竞争对手,以至受到破产威胁时,维持生存便成了企业的首要目标。即使已经意识到可能出现短期性亏损,也要降低价格,并以此打破经营萧条的局面。在危机时期,企业甚至以变动成本为产品价格的下限。不过,求生存只是企业的短期目标,从长期来看,企业必须设法在市场上提高产品价格,否则企业将面临破产倒闭。

除上述定价目标外,企业还可以有保持价格稳定、保持与中间商的良好关系、促进产品销售等目标。对于大多数企业来说,产品价格往往不是由单一定价目标所决定的。在这些定价目标中,企业可能会同时追求或兼顾几个目标,但其中各个目标的重要程度是不同的(表 9-1)。

表 9-1　　美国八家著名大公司定价目标

公司名称	定价主要目标	定价附属目标
通用汽车公司	20%资本回报率(缴税后)	保持市场份额
固特异公司	对付竞争者	保持市场地位和价格稳定
美国罐头公司	维持市场销售份额	应付市场竞争
通用电气公司	20%资本回报率(缴税后),增加 7%销售额	推销新产品,保持价格稳定
西尔斯公司	增加市场销售份额(8%～10%为满意的份额)	10%～15%传统的资本回报率
标准石油公司	保持市场销售份额	保持价格稳定,一般资本回报率
国际收割机公司	10%资本回报率	保持市场中第二的位置
国民钢铁公司	适应市场竞争的低价	增加市场销售份额

第二节　影响企业定价的因素

一、营销目标

定价之前，企业首先必须确定营销目标，即做好目标市场的选择和进行产品市场定位。营销目标的确定是企业制定价格策略的前提。

小资料

广州本田汽车公司决定生产"飞度"经济型轿车，以便和国内外众多品牌竞争中、低档轿车销售市场，这就意味着广州本田汽车公司应该制定一个较低的价格。事实证明，广州本田公司采用低价位的策略的确实现了其最初的目标。因此，定价策略在很大程度上取决于市场定位的决策。

二、产品成本

产品成本是企业产品定价所设定的下限，产品的最低价格取决于该产品的成本费用，任何产品的价格都应高于成本费用。企业都希望设定一种既能够补偿所有生产、分销和直销产品的成本，又能够带来可观的投资回报率的价格。许多企业通过努力设定较低的价格，从而取得较高的销售量和利润额。

（一）固定成本

固定成本指在一定产量规模范围内不随产品产量或销售水平的变化而变动的成本，在一定时期保持相对稳定的成本费用，如固定资产折旧、设备租金、银行利息、产品设计、市场调研、企业管理人员工资等各项支出。

（二）变动成本

变动成本指随产量的变化而相应变动的成本，主要包括用于原材料、燃料、运输、存储等方面的支出，以及生产工人和车间管理人员的工资、部分市场营销费用等。

（三）总成本

总成本即全部固定成本与变动成本之和，当产量为零时，总成本等于未开工时发生的固定成本。

（四）边际成本

边际成本即在原有产量的基础上，产品产量每变动一个单位（增加或减少一个单位）所引起的总成本的变动额（增加额或减少额）。企业研究边际成本的最大意义在于寻求最大利润的均衡产量和价格。企业可以根据边际成本等于边际收入的原则，确定最佳产量和最佳价格。与此相对应，边际收益就是多增加一个产品的生产而增加的收入。

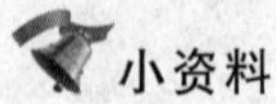

小资料

机会成本

企业从事某项经营活动而放弃另一项经营活动，或利用一定资源获得某种收入而不得不放弃另一种收入。那么这个被放弃的经营活动所应取得的收益，即为正在从事的经营活动的机会成本。

三、市场需求

市场需求是影响企业定价的重要因素，需求决定产品价格的上限，而市场需求又受价格和收入变动的影响。价格和收入等因素引起的相应的需求变动率叫需求弹性。对于不同类型的产品，价格变动对需求量变动的影响程度有着极大的差异，即这些产品需求的价格弹性不同。需求的价格弹性的大小，可以根据需求价格弹性系数来测定。需求价格弹性系数反映单位价格变动导致的需求量变化的量。如果用 E 来表示价格弹性系数，其计算公式为

$$E=\frac{\Delta Q/Q}{\Delta P/P}=\frac{\Delta Q}{\Delta P}\cdot\frac{P}{Q}$$

式中：ΔQ——需求量的变动量；

Q——需求量；

ΔP——价格的变动量；

P——价格。

一般而言，$E<0$，说明价格与需求的变动方向是相反的。当 $|E|>1$ 时，表明价格弹性大；而 $|E|<1$ 时，表明价格弹性小。

对于需求价格弹性大的产品，可通过降低价格来扩大销售量提高销售收入，所谓“薄利多销”就是这个道理。对于需求价格弹性小的产品，降低价格使销售量增加的幅度较小，提高价格使销售量减少的幅度也较小，所以，提价可以增加销售收入。

在正常情况下，市场需求会按照与价格相反的方向变动。价格提高，市场需求就会减少；价格降低，市场需求就会增加。

四、市场竞争程度

产品的最高价格取决于该产品的市场需求，最低价格取决于产品的成本费用。在这种最高价格和最低价格的幅度内，企业能把产品价格定多高，则取决于竞争者同种产品的价格水平。企业必须采取适当方式，了解竞争者所提供的产品质量和价格。企业获得这方面的信息后，就可以与竞争产品比质比价，更准确地制定本企业的产品价格。竞争者可能随机应变，针对本企业的产品价格而调整其价格；也可能不调整价格，而调整市场营销组合的其他变量，与企业争夺顾客。当然，对竞争者价格的变动，企业也要及时掌握有关信息，并做出明智的反应。

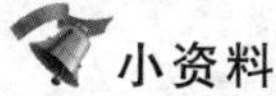小资料

P&G公司在1988年打入中国洗涤用品市场成立合资企业广州宝洁有限公司时，分析了市场竞争者产品的情况：中国国产产品质量差，包装简陋，缺乏个性，但价格低廉；进口产品质量虽好，但价格昂贵，很少有人问津。因此，P&G公司将合资品牌定在高价位上，价格是国内品牌的3～5倍，但比进口品牌便宜1～2元。这种竞争的价格定位使广州宝洁的合资品牌在中国洗涤用品市场上占有很大份额，取得了很好的经济效益。

五、市场的供求状况

商品价格与商品的供求状况有密切的关系，商品的供求推动价格的变化。一般而言，在市场供给不变的条件下，市场对商品的需求上升则商品价格上涨，对商品需求下降则商品价格下降；在市场需求不变的条件下，商品供给增加则价格下降，供给减少则价格上升。另外，商品价格也同时推动市场供求关系发生变化。一般情况下，价格上升则需求减少，供给增加；价格下降则需求增加，供给减少。当然，市场供求关系和价格变动的基础是商品的价值，商品价格的任何变动总是围绕商品价值上下波动。

对于某一具体企业，在研究市场供求与价格的关系时，还必须了解本企业产品价格的变化与竞争者产品价格的变化，以及与竞争者产品需求量变化的关系。

六、市场结构

市场结构对于产品的价格有着直接的影响。在现代市场经济中，按照市场的竞争程度可以把市场分为四种类型，即完全竞争的市场、完全垄断的市场、垄断性竞争的市场和寡头垄断的市场，不同市场结构下的市场价格表现出显著的差异性。

第三节 定价方法

在企业实际定价中，常用的定价方法大致分为三类：成本导向定价法、需求导向定价法和竞争导向定价法。营销界称为“3C”定价法。成本是底线；需求是上限；竞争是参考，介于最高价格和最低价格之间。

一、成本导向定价法

成本导向定价法是一种以产品的完全成本为基础，加上企业预期利润的定价方法，这是企业最基本、最普遍的定价方法。在企业确定定价策略时，按成本导向应用的不同，也有以下多种具体方法：

（一）加成定价法

加成定价法的计算方法包括成本加成定价法和售价加成定价法两种，即按照单位成本加上一定百分比的加成率来制定价格。

(1)加成定价法中加成率的计算公式为

加成率＝毛利/销售成本

产品单价计算公式为

$$P=C(1+R)$$

式中 P——产品价格；

C——单位产品成本；

R——加成率。

(2)售价加成定价法是以产品的最后销售价格为基数，按销售价格的一定比率来计算加成，然后得出产品的价格。

计算公式为

$$P=C/(1-R)$$

式中 P——产品价格；

C——单位产品成本；

R——加成率。

例如，某自行车生产企业生产的某一型号自行车单位成本为 280 元/辆，预期利润率为 30%。如用成本加成法，每辆自行车销售价格为 280×(1＋30%)＝364 元；如用售价加成法，则每辆自行车销售价格为 280/(1－30%)＝400 元。

加成定价法是一种传统的定价方法，优点是计算简便。但由于只是从企业角度出发而没有考虑市场需求和竞争对手的情况，加成定价法经常被认为是落后的、不合逻辑的，是生产者导向观念指导下的产物。

(二)目标利润定价法

目标利润定价法是一种根据企业的总成本和所要实现的利润来确定产品价格的方法。这种方法一般采用盈亏平衡图(图 9-2)。首先预计企业的销售量，从而推导出其总成本，然后再结合企业确定的目标利润计算出产品的价格。

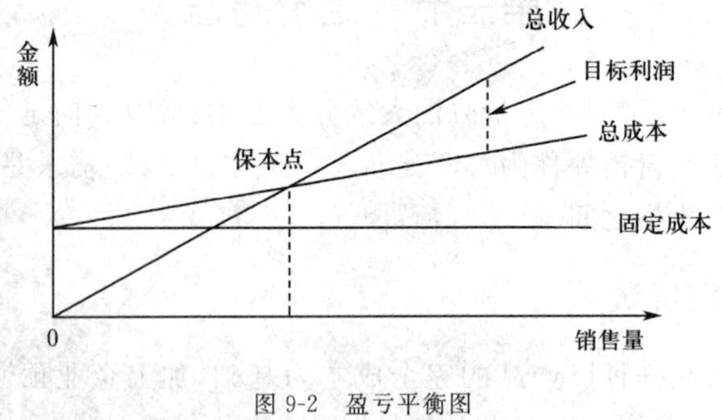

图 9-2　盈亏平衡图

其计算公式为

$$P=V+(F+G)/Q$$

式中 P——产品价格；

V——单位变动成本；

F——固定成本；

G——要实现的目标利润；

Q——预期销售量。

（三）边际贡献定价法

边际贡献定价法又称边际成本定价法。边际贡献是指产品销售收入与产品变动成本的差额。企业销售产品所获得的收入应首先补偿产品的变动成本，只要销售收入能完全补偿产品的变动成本并有剩余，即销售收入大于变动成本，亦即边际贡献大于零，就说明产品对企业有收益贡献，销售这种产品是有意义和有价值的。

0＜边际贡献＜固定成本，企业将发生亏损；边际贡献＝固定成本，企业保本；边际贡献＞固定成本，企业弥补固定成本后如有剩余，就形成企业的纯收入。在企业经营不景气、销售困难、生存比获取利润更重要时，或企业生产能力过剩、只有降低售价才能扩大销售时，可以采用边际贡献定价法。

二、需求导向定价法

需求导向定价法是一种根据顾客对产品价值的感受和需求强度，结合成本、收入变动关系来确定产品价格的方法。需求导向定价法包括两个主要的定价方法，即认知价值定价法和需求差异定价法。

（一）认知价值定价法

认知价值定价法，又称理解价值定价法。此方法是企业按照消费者在主观上对该产品所理解的价值，依据买方对产品的需求强度和对产品价值的认同程度来给产品定价，而不是按照产品的成本费用水平来定价。因此，企业在运用此方法时，需要正确估计购买者所能承受的价值。

案例9-1

美国卡特彼勒公司是生产和销售牵引机的一家公司，它的计价方法十分奇特，一般牵引机的价格在2万美元左右，该公司却以每台牵引机高出竞争者同类型产品4 000美元的价格，成功地推销了它的产品。该公司在宣传推销中影响用户价值观念的主要内容是：

(1)本企业产品与竞争者产品一般质量相同，应定价2万美元。

(2)耐用性高于竞争者产品，应加价3 000美元。

(3)可靠性高于竞争者产品，应加价2 000美元。

(4)维修服务措施周到，应加价2 000美元。

(5)零部件供应期较长，应加价1 000美元。

(6)为顾客提供价格折扣，企业减利4 000美元。

所以，实际售价为24 000美元。

这样一算，加深了客户对该公司产品性能价格比的理解，使众多消费者宁愿多付出4 000美元也不愿放弃购买，结果使卡特彼勒公司的牵引机在市场上十分畅销。

（二）需求差异定价法

需求差异定价法又称价格歧视定价法，是企业根据市场需求在时间、数量、地区、消费水平及消费心理等方面存在的差异，来确定产品价格，以满足不同的需求，促进产品销售的定价方法。需求差异定价法主要有以下几种形式：

1. 按顾客差异定价

按顾客差异定价即同一种产品以不同的价格销售给不同的顾客群。如工业用电与民用电的电价不同，老顾客与新建立关系的顾客的价格也会有差异。

2. 按地区(场所)差异定价

按地区(场所)差异定价即同一种产品卖给不同地区、不同地点、不同场所的顾客，其价格有所不同。

3. 按时间差异定价

按时间差异定价即产品的价格随时间的不同而变化。如季节性销售的产品，在销售旺季时价格较高，在淡季时则价格较低。

4. 产品差别定价

产品差别定价即企业根据产品的不同型号、不同式样，制定不同的价格，但并不与各自的成本成比例。如 33 寸彩电比 29 寸彩电的价格高出一大截，可其成本差额远没有这么大。

三、竞争导向定价法

竞争导向定价法的特点是产品的价格与竞争者的产品价格有关，企业产品的价格随竞争者的产品价格变化而改变。其目的在于开拓、巩固和改善企业在市场上的地位，保持市场竞争的优势，其具体做法灵活多样。

(一)随行就市定价法

随行就市定价法是企业按照行业的平均现行价格水平定价，这是最常见的一种定价方法。采用这种方法的企业往往面临着这样的背景：

(1)产品上的考虑。产品同质时，无论是完全竞争市场还是寡头竞争市场，均适用此法。

(2)成本上的考虑。产品成本难以估计。

(3)竞争上的考虑。企业意欲与同行保持和平共处，相安无事。若另行定价，很难了解顾客和竞争者对企业定价的反映。

(二)密封投标定价法

大宗物资采购、工程项目、国际金融组织、政府间贷款项目一般都采用密封投标定价法。购买者在媒体刊发招标广告，邀请供应商在规定的日期内投标，届时开标，选择报价最低的、最有利的供应商成交。这样，供应商的报价必须同时考虑利润和中标概率两个因素。价格低，利润即低；报价高，中标的可能性低。因此，只有考虑到竞争者的报价，确定一个合适的价格，才可能中标。

(三)薄利多销定价法

薄利多销定价法即以减少单位产品销售利润作为代价，争取薄利多销，扩大销售量，获得规模效益，在市场竞争中巩固自己的地位。

在激烈竞争的市场上，企业为了应付竞争局面争取顾客常常采取竞争导向的定价方法。这种定价方法是通过研究竞争对手的产品价格、生产条件、服务状况等，以竞争对手的价格为基础，来确定本企业同类产品的价格。

案例9-2

周大福“一口价”策略

珠宝饰品价格是消费者与商家能否达成交易的关键所在。针对这一敏感的问题，在价格策略上，周大福创出了一套有别于其他同行的新路子。周大福创新性地推出了“珠宝首饰一口价”的销售政策，并郑重声明，产品成本加上合理的利润就是产品的售价，通过“薄利多销”的经营模式，节省了消费者讨价还价的时间，让顾客真正体验到货真价实的感受。为了降低经营成本，从而更好地参与市场竞争，周大福还创立了自己的首饰加工厂，生产自己所售卖的各类首饰，减少中间环节，使生产成本降至最低，并获得了全球最大钻石生产商——国际珠宝商贸公司DTC配发的钻石原石坯加工琢磨和钻石坯配售权，保证了它最低的原料成本和较强的竞争实力。

（四）拍卖定价法

拍卖定价法即拍卖产品时根据消费者的需求波动来制定价格。卖方预先展示所要出售的产品，在一定的时间和地点、按一定的规则，由买方公开叫价竞买。在艺术品、古董、房地产等交易中常采用这种定价方法。拍卖定价法适用于成本难以准确估算而消费需求又非常强烈的产品。

第四节　定价策略

价格是影响企业营销活动的重要因素。企业在价格的制定过程中，除了要考虑各种价格影响因素，采用不同的定价方法，确定出适当的产品价格以外，还需要根据不同的市场情况，采取各种灵活多变的价格策略和技巧，对产品价格进行必要的调整，以使企业能通过产品价格策略的具体实施，有效地实现企业的营销目标。企业可以采用的价格策略有很多，常用的价格策略主要有新产品定价策略、地区定价策略、心理定价策略、折扣定价策略及产品组合定价策略等。

一、新产品定价策略

不同类型的新产品，由于其生产经营条件不同及顾客对其需求状况不同，企业定价时可以根据具体情况选择不同的定价策略。

（一）撇脂定价策略

新产品刚进入市场时将价格定得很高，在短期内获取高额利润，尽快收回投资。这种方法特别适用于有专利保护的新产品的定价。

采用高价策略的前提条件是：

(1)产品有足够多的购买者，并且需求弹性较小。

(2)索取高价带来的好处必须大于由于小批量生产而导致的产品成本的增加。

(3)新产品较难仿制，高价格不会迅速引来大量竞争对手。

(4)较高的价格能够使顾客对新产品产生高档的感觉，而不会被认为是牟取暴利。

(5)企业的产品质量与所定的高价格相符合。

苹果的撇脂定价策略

一、苹果如何采取撇脂定价策略

所谓撇脂定价法，就是为产品定一个高价，以在短期内攫取最大利润为目标，而不是以实现最大的销量为目标。苹果每代新产品推出前，就已在广大消费者心里激起了无限的好奇与期待，而当新产品一出现在市场，其价格也是相当的高，以至于让很多的消费者望而却步。尽管其价格相对较高，但并没有因此而降低其销量，反而更加坚固了苹果在消费者心中的高端形象，迅速在市场上畅销，同时也吸引来了越来越多的苹果粉丝、苹果迷，给苹果带来了更多的忠实顾客。然而，就在其销路甚好，市场并未饱和时，苹果又研发出新一代的产品，之前的产品随之而迅速降价，让利于消费者，在最新产品尚未上市之前，当前的产品已成了市场的热销产品，市场覆盖率已达到了一个相当大的范围，为新产品的问世开辟了一条更为宽广的销路。而在最新产品出来的时候，其产品的价格比上一代产品还要高，其销售情况仍然很好。从而，苹果在其产品中“撇到了更多的脂”。苹果的撇脂定价获得了很好的成效。

二、苹果采用撇脂定价的主要原因

1.高定价高利润

新产品制订较高的价格，使其产品在一定销量下的利润总额尽可能的大，有利于快速收回新产品的前期投资，为进一步扩大规模提供资本。我们都知道，任何一种新产品，企业在其前期的投入会很大，而且新产品初步进入市场时销量不会立即猛增，此时企业为尽快收回前期投入，尽可能快地获得利润，确定一个高端的价位，自然是一个很好的选择。

2.高身价自然要有高定价的衬托

我们都知道，苹果一直以来就是以一个“高端、时尚、独特、尊贵”的形象出现在消费者面前的，并且苹果的目标市场定位就是一种高端消费品，其目标顾客也是高端消费人群。因而，苹果的每一款产品的定价都相对较高，在市场上，同类型的产品是无法与之匹敌的。从这点上来看，由于苹果的高端定位及在消费者心中的高贵形象，其高端定价也就成了必然。

3.抑制竞争对手

将新产品定价较高，在一定程度上可以阻止新的竞争对手进入该产品市场。因为很多企业决策者都知道新产品定高价的绝大部分可能情况是随之而来的降价。特别是对于那些时尚性的、市场寿命周期较短的产品来说就更加如此。这也是苹果公司为何在其最新产品尚未上市，其上一代产品仍大有获利空间的时候却依然决定降价，快速销售的重要原因。

4. 迎合消费者心理需求

苹果之所以选择了这种定价策略，其本质还是出于对消费者心理需求的考虑。所谓的苹果粉丝、苹果迷，其实都有一些共同的心理特征：好奇心强、追求时尚、寻求个性等。苹果也正是看到了消费者的这种消费心理，新产品采用前期宣传、高端定价等吸引了众多消费者的眼球，激发了潜在消费者的购买欲望，当其产品的市场需求达到一定的程度时，苹果选择降价并投放最新一代产品，在很大程度上迎合了消费者的消费心理。苹果的成功也就成了一种必然。

三、苹果撇脂定价成功的原因

1. 苹果的品牌效应做强力支撑

试想如果没有一个强有力的品牌优势做支撑，一个新产品是不可能以一个高姿态的架势赢得一定的生存空间的，就更不用说能有一个好的发展前景。也就是说，没有一个好的品牌做支撑，是驾驭不了撇脂定价这架马车的。

2. 市场上存在一批购买力很强且对价格不敏感的消费者

这样的一批消费者的数量足够多，企业就有厚利可图。苹果粉丝、苹果迷给苹果带来的不仅仅是品牌的强大效应，更为苹果的产品带来了强大的购买力，为其发展开辟了宽广的空间。

3. 暂时没有竞争对手推出同样的产品

本企业的产品具有明显的差别化优势。苹果的每一款产品，都是精心设计而成的，既时尚又有个性，任何一款都是独一无二的，这在同行业中是其他企业无法比拟的，明显的差异化优势，为苹果塑造了显著的竞争优势。

4. 产品更新换代快

超速的产品更新换代，为其奠定了良好的保障。

案例 9-3

英特尔公司的撇脂定价

英特尔公司曾推出一款新的电脑芯片，刚上市时定价为每片 1 000 美元，这个价格被某些细分市场看成是质价相当、物有所值的。因此，用这些芯片装配的顶尖个人电脑，不少顾客都迫不及待地等着购买。但当这批价格意识不强、追求高质消费的时尚消费者已大部分购买完毕，销量开始下降，以及出现竞争者将推出类似芯片的威胁时，英特尔便将目前 Inter 芯片的定价降低，以吸引下一个具有价格意识的消费者层，最后价格降到最低的每片 200 美元，使得这种芯片成为市场上最畅销的信息处理装置。采用这种方法，英特尔公司从各个细分市场获得了最大限度的收入。

（二）渗透定价策略

在新产品投放市场时，价格定得尽可能低一些，只求保本或微利，目的是使新产品一上市用低价吸引大量的顾客购买产品,迅速打开市场,并赢得较高的市场占有率。同时,也可以有效地阻止竞争者进入市场,从而为企业长期地占领市场打下坚实的基础。

采用渗透定价策略也需要具备一定的前提条件:

(1)产品的价格弹性大,采取低价能刺激需求迅速增长。

(2)具有规模效益。

(3)低价能够有效地阻止现有竞争对手和潜在竞争者进入新产品市场。

(4)新产品的潜在市场需求量非常大。

案例9-4

日本人新田富夫集资500万日元办起东海精器公司,并于1975年生产"蒂尔蒂尔·米蒂尔"(Dear,Dear,My dear)一次性打火机。该机采用超声波熔接技术,密封良好,装液化瓦斯的机身可抗230度高温,外形上以扁盒形式代替旧式筒形,还把机身做成透明的,以消除消费者对漏气的不安。最重要的是该打火机售价仅100日元,而当时日本市场上的一次性打火机售价均在200日元以上,由于质量优良,价格低廉,"蒂尔蒂尔·米蒂尔"很快打败所有对手,占领了日本一次性打火机90%的市场。1978年,该产品向世界市场进军,很快就坐上世界一次性打火机的第二把交椅。日本许多生产200日元一次性打火机的工厂也纷纷降价100日元,但却竞争不过东海。东海精器公司由于生产自动化,劳动生产率高,每只打火机成本一直维持在30日元,出厂价为50日元,在日本市场独占领先地位。

二、地区定价策略

许多企业生产的产品不仅销售给当地的顾客,还销售给外地的顾客。在将产品销往外地的情况下,会发生运输、仓储、装卸、保险等费用。这时,企业就面临着地区性定价问题,即企业在将产品卖给不同地区的顾客时,是执行同样的价格还是执行不同的价格。

(一)FOB产地定价

FOB产地定价,即企业负责将产品装运到产地某种运输工具上交货,并承担交货前的一切风险和费用,交货后的一切风险和费用则由买方承担。这样定价,每个顾客都是按照企业的厂价来购买产品,并分别负担从产地到目的地的风险和运费,是比较合理的。但这种定价法对企业的不利之处在于,远地的顾客可能会流失。

(二)统一交货定价

统一交货定价和FOB产地定价刚好相反,没有地区差价。企业对不同地区的顾客都实行同样的价格,即按出厂价加上平均运费定价。这种定价方式计算简便,虽然对远方的顾客有吸引力,但却会使近处的顾客感到不太公平。

小资料

新飞电器集团从1998年起,对新飞冰箱在全国实行统一到岸价,由新飞集团统一配送货物并承担其所需费用。据新飞集团称,这将有效地理顺销售渠道、稳定产品价格、维

护商家正常利益，而且有助于增强企业竞争力、降低损耗、巩固成熟市场和开拓边远市场。

（三）分区定价

分区定价即将产品的销售市场划分为若干个区域，区域不同价格不同，在同一区域内执行统一的价格。

（四）基点定价

基点定价指企业选定一些城市作为基点，按照一定的厂价加上从基点城市到顾客所在地的运费来定价，而不管产品实际上是从哪里起运的。

（五）免收运费定价

有些企业为了尽快地进入某个市场，或急需和某个顾客达成交易时，企业为购买产品的顾客负担部分或全部运费。企业认为，如果生意扩大，其平均成本就会降低，因此足以抵偿这些费用开支。采取免收运费定价方式，可使企业加深市场渗透，并且能在竞争日益激烈的市场上站得住脚。

三、心理定价策略

心理定价策略是企业为迎合消费者的消费心理需要，根据消费者的心理特点而采取的定价策略和方法。常见的心理定价策略有以下几种：

（一）尾数或整数定价

许多商品的价格，宁可定为 0.99 元，而不定为 1 元，这是适应消费者购买心理的一种取舍，尾数定价使消费者产生一种“价廉”的错觉，定为 0.99 元比定为 1 元更能使消费者反应积极，促进销售。

（二）声望定价

声望定价就是企业利用消费者仰慕名品、名牌、名店的声望的心理来定价。此种定价法有两个目的：一是提高产品的形象，以价格说明其名贵优质；二是满足购买者的地位欲望，适应购买者的消费心理。有些商品由于企业多年的苦心经营，在顾客中有了一定声誉，顾客对它们也产生了信任感，所以即使价格定得比一般商品高一些，顾客还是能够接受的。

（三）习惯性定价

某种产品，由于同类产品多，在市场上形成了一种习惯价格，个别生产者难以改变。降价易引起消费者对产品品质的怀疑，涨价则可能受到消费者的抵制。

（四）招徕定价策略

招徕定价策略即企业利用顾客求廉的心理，特意将某几种产品的价格定得较低，以此作为吸引顾客的手段，带动其他产品的销售。

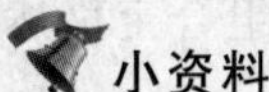

梯子价格

美国一名叫爱德华·华宁的商人，在波士顿市中心开了一家商店，就是采用“梯子价

格"的方法来降价销售商品。具体商品只标出价格、上架时间和售完为止。其做法是：前12天按全价销售，从第13天到第24天降价25%；第25天到第30天降价75%；第31天到第36天，如仍未售出，则送慈善机构。之所以敢采用此法，原因是他掌握了消费者的心理："我今天不买，明天就会被他人买走，还是先下手为强。"事实上，许多商品往往未经降价就被顾客买走了。

四、折扣定价策略

大多数企业通常都酌情调整其基本价格，以鼓励顾客及早付清货款、大量购买或增加淡季购买，这种价格调整叫作价格折扣或折让。

（一）现金折扣

现金折扣是对约定日期付款或提前付款的客户和顾客给予一定的折扣。例如"2/10，n/30"，表示付款期是30天，如果在成交后10天内付款，给予2%的现金折扣。这有利于加速资金周转，减少坏账损失。

（二）数量折扣

数量折扣指按购买数量多少，给予顾客不同的折扣，购买数量越多，折扣越大，鼓励顾客购买更多的物品。数量折扣又分为累计数量折扣和非累计数量折扣。

（三）功能折扣

功能折扣又叫贸易折扣。功能折扣是指制造商给予某些批发商或零售商的一种额外折扣，促使他们执行某种市场营销功能（推销、储存、服务）。

（四）季节折扣

生产季节性商品的企业对那些销售淡季来购买商品的买主，给予折扣优待；零售企业对于购买过季商品或服务的顾客给予一定的折扣，均属季节折扣。

（五）价格折扣

价格折扣是另一种类型的价目表价格的减价。例如，一台冰箱标价为2 000元，顾客以旧冰箱折价200元购买，只需付出1 800元，这叫以旧换新折扣。

五、产品组合定价策略

大部分企业生产经营的产品都不是单一的，任何一种产品都只是企业整个产品组合中的一个组成部分。由于企业产品组合中各种产品的功能相近、市场定位相似，或者技术密切相关，其成本和需求相互影响，甚至相互竞争。其中一种产品价格定得合适与否，会对其他产品的销售产生巨大影响。因此，企业制定每一个产品的价格的时候也要考虑与其他产品之间的相互关系以及整个产品组合的具体状况，通过合理的组合定价达到最大的整体效益。

（一）产品线定价策略

在同一产品线中，由于各个产品项目有着非常密切的关系和相似性。如果产品项目

之间的价格差别不大，顾客就会倾向于购买功能和性能较先进的、价格高的产品，这时，如果产品之间的成本差别更小，即成本差别小于价格间的差别，价格高的产品项目利润大，则企业会获得较多的利润。而这时，如果成本差别大于价格间的差别，价格低的产品项目利润较大，对企业不利。相反，如果产品项目间的价格差别较大，顾客就会倾向于购买价格较低的产品。这时，整个产品组合的获利水平，同样取决于产品项目间成本差异与价格差异大小的比较，只不过结果相反。

所以，当企业对整个产品线进行定价时，首先，必须对产品线内推出的各个产品项目之间的特色，顾客对不同特色的评估，以及竞争对手的同类产品价格等方面的差别进行全面考虑。其次，以某一产品项目为基点定出基准价。然后，围绕这一基准价定出整个产品线的价格，使产品项目之间存在的差异，既能够通过价格差别明显地体现出来，又不至于使产品项目间的销售波动太大。

（二）附带产品定价策略

附带产品就是与主要产品配套使用的产品，它可以分为必须附带产品与任选附带产品两大类。

1. 必须附带产品

必须附带产品，如照相机与胶卷、计算机硬件与软件以及剃须刀架与刀片等。由于主导产品都可以多次反复使用，而附带产品属易耗品，顾客买了主导产品就必须不断地购买附带产品。一般情况下，同时生产主导产品和附带产品的大企业，往往把主导产品的价格定得较低，目的是以主导产品的大量销售带动附带产品的销售，例如，柯达公司照相机的价格就定得较低，为的是消费者更多地购买其胶卷。另外，在一些服务行业中，如邮电通信行业，以便捷的电话机初始安装服务和低廉的安装费，吸引顾客大量安装电话机，然后通过收取使用费带来利润。

2. 任选附带产品

任选附带产品，如汽车与汽车收录机、电冰箱与电源电压稳定器等。这类附带产品与主导产品的使用关系密切，但顾客在购买主导产品时可买可不买，并且这类产品的成本与价格远远低于主导产品。这类产品价格的确定，就需要认真分析市场环境、顾客偏好等因素。如果任选附带产品的有无会影响到顾客对主导产品的选择，就可把其价格定得很低，甚至免费赠送。如果顾客对主导产品的偏好十分强烈，顾客的选择比较固定，这时任选附带产品的价格反而会定得较高，如特色餐馆里的酒水价格就定得较高。

（三）产品包定价策略

为了促进产品组合中所有产品项目的销售，企业有时将有相关关系的产品打包成套销售。例如，防晒护肤组合套装、游乐园套票以及体育比赛的各个项目门票的整套出售等。由于顾客本来无意购买全部产品，企业通过将产品配套销售，使顾客感到成套购买比单独购买便宜和方便，从而带动整个产品群中某些不太畅销的产品的销售。但在采用这一策略时要注意避免硬性搭配。

第五节　价格调整

企业产品价格并非一成不变，必须随着市场环境的动态变化进行调整。企业进行产品价格调整有两种情况：一是根据市场需求变化或企业战略、策略实施的需要进行主动调整；二是当竞争对手产品价格变动后为应对竞争对手进行的应变调整。

一、主动调整价格

（一）企业进行产品价格调整的原因

企业在经营过程中，主动降低价格或提高价格的可能原因主要有以下几方面：

1. 降低价格的可能原因

（1）企业的生产能力过剩，需要增加销售，而通过其他营销策略，如促销等来扩展销售的余地很小。

（2）在企业面临强大的竞争压力的情况下，企业的市场占有率明显下降。

（3）企业的成本费用低于竞争者，降低价格可以扩大销售、提高市场占有率。

2. 提高价格的可能原因

（1）由于通货膨胀引起企业成本费用的提高，企业无法内部消化，因而不得不提高产品价格予以弥补。

（2）企业产品供不应求，无法满足市场旺盛的需求。

（二）企业进行产品价格调整前应对市场各方面的可能反应进行估计

企业主动调整产品价格，不可避免地对顾客、竞争对手等产生影响。因此，在调价前后，需要对各方面的可能反应进行调查与评估，以减少不利影响、实现调整价格的目标。

1. 顾客的可能反应

顾客对于产品价格调整的反应可能有利，也可能不利。顾客的理解有时也会与企业调整产品价格的初衷产生偏差，甚至还可能出现完全不同于企业调整价格目的的理解。如企业在经营成本降低情况下，为了进一步扩大市场销售采取的降低价格策略，可能被顾客理解为产品质量下降或属于淘汰的产品项目等。企业提高产品价格也可能会使顾客在某些心理预期下产生更加强烈的购买欲望。

2. 竞争者的可能反应

预先估计和及时了解竞争对手的反应关系到企业产品调价后市场竞争格局的变动。在异质市场上，企业调价的自由度和竞争者做出反应的自由度都很大。

如果竞争对手有完整的价格应对体系，用既定的模式做出反应，那么，企业就可以建立起竞争对手的“市场价格应对模型”来对竞争对手可能的反应进行预测。如果竞争对手是随机型的，对每次市场价格变动没有较为固定的反应模式，那么企业就必须确定自身利益，根据其当时的财务状况、生产和销售能力、顾客忠诚情况以及企业营销目标等因素，分析、预测其可能的反应（图 9-3）。

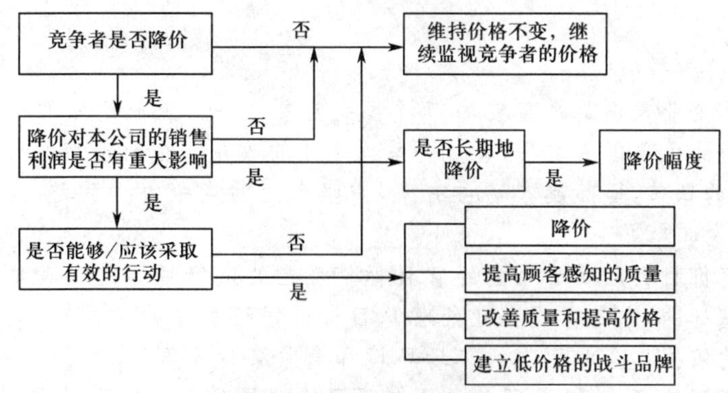

图 9-3　对竞争者调价的估计和反应

小思考

吉发公司在当地白酒市场中，属于营销出色的公司，他们生产的吉发牌白酒，在当地白酒市场的市场占有率为 46%。最近另一家公司推出另一种新型的酒，其质量不比吉发白酒低，但一瓶酒的价格比吉发酒低 3 元钱。面对这种市场状况，你认为吉发公司该怎么办？吉发公司该如何制定营销策略来对付竞争对手？

（三）企业提高产品价格的方式

企业提高产品价格除了提高基本价格之外，为了最大限度地减小顾客对提价的不满，还可以通过一些温和的变通方式达到提价的目的。如减少价格折扣的幅度或次数，减少某些产品附带的免费服务或改免费服务为收费服务，在产品线中增加价格较高产品项目的市场供应或减少价格较低产品项目的市场供应等。

二、被动调整价格

在竞争激烈的市场上，如果竞争对手率先调整了产品价格，企业不可避免地要采取相应的应对措施。由于这种被动应对的时间压力很大，为了减少仓促应变带来的不利影响，企业必须提高应变能力，在价格决策中准备适当的反应对策。

一般而言，如果产品的同质性程度高，竞争对手降低产品市场价格往往迫使其他企业不得不随之降低，而提高产品价格时其他企业跟随的可能性非常小，迫使其提价的图谋可能会流产。如果不同企业产品之间差异性较大（尤其是在顾客心目中的形象差异），各企业产品在市场上具有一定的垄断性，则应对竞争对手产品价格变动的自由度就比较高，可以在综合分析评估竞争对手产品价格变动意图、本企业的反应可能对市场竞争格局产生的影响以及竞争对手对本企业反应的再反应等问题后，决定应对策略。

通常企业应对竞争对手产品价格调整的策略主要考虑以下几点：

（1）如果竞争对手产品价格变动对本企业产品销售影响不大，或影响会很快消除，则维持原有产品价格不变。

（2）如果运用非价格手段能消除竞争对手价格变动的影响，或非价格手段对顾客更具吸引力，则在保持原产品市场价格不变的情况下，调整营销组合其他策略。

（3）在以上两点不能有效维持本企业产品正常的市场销售时，为了保证与竞争对手既有的竞争格局，企业需要进行价格调整以跟进竞争对手的价格变动。

本章小结

1.价格对于企业来说是最重要的市场营销要素之一。企业产品的价格是影响市场需求和购买行为的主要因素之一,直接关系到企业的收益。企业产品的价格策略运用得当,会促进产品的销售,提高其市场占有率,增强企业的竞争力。反之,则会制约企业的生存和发展。

2.企业的定价目标从属于企业经营目标。企业的定价目标是以满足市场需求和实现企业赢利为基础的,它是实现企业经营总目标的保证和手段。同时,又是企业定价策略和定价方法的依据。企业面临的市场环境和竞争条件不同,定价的目标就会有差别。不同的企业有不同的目标,就是同一企业在不同的发展时期也有不同的定价目标。通常企业的定价目标有:以利润为目标;以投资回报率为目标;以提高市场占有率为目标;以生存为目标等。

3.企业在为产品制定价格时,必须考虑影响定价的一些主要因素。这些因素包括:营销目标、产品成本、产品需求和供给的价格弹性、市场竞争、市场结构等。企业要通过对这些因素与产品价格之间相互作用关系的分析和研究,为产品确定恰当的定价方法,制定出产品的价格。

4.影响企业定价的因素很多,其中最基本的因素是:成本,它规定了价格的下限;市场需求或顾客对企业产品特点的评价,它规定了价格的上限;竞争者产品的价格和替代品的价格,它确定了企业产品在最高价格和最低价格之间的上下浮动程度。因此,产品定价方法可分为三类:成本导向定价法、需求导向定价法、竞争导向定价法。

5.企业定价策略主要有:新产品定价策略;地区定价策略等;心理定价策略;折扣定价策略及产品组合定价策略。常见的新产品定价策略有两种:①撇脂定价策略;②渗透定价策略。

6.企业产品价格并非一成不变,必须随着市场环境的动态变化进行调整。企业进行产品价格调整有两种情况:一是根据市场需求变化或企业战略、策略实施的需要进行主动调整;二是当竞争对手产品价格变动后为应付竞争对手进行的应变调整。企业价格调整可分为主动调整价格和被动调整价格。

一、复习思考题

1.企业的定价目标主要有哪些?

2.试述企业定价的主要方法。

3.试分析中国家用电器市场价格战的利弊。

4.撇脂定价策略和渗透定价策略各自适用于什么情况?

5.试述产品价格的制约条件及其与产品价格的关系。

6.论企业发动降价与提价策划的原因及影响。

二、单项选择题

1.在(　　)市场结构下,企业只是既定价格的接受者,而不是价格的制定者。

A.垄断竞争　　B.完全垄断　　C.寡头垄断　　D.完全竞争

2.(　　)的需求富有弹性。

A. 没有替代品　　B. 产品属于生活必需品

C. 产品在消费者支出中所占比重较大　　D. 因产品质量提高引起价格上涨

3. 企业要获得规模效益带来的低成本和实现长期利润最大化,宜选择(　　)。

A. 最大利润目标　　B. 避免竞争目标

C. 扩大市场份额目标　　D. 生存目标

4. 在强大竞争者的压力之下,企业的市场占有率(　　),在这种情况下,企业就需考虑降价。

A. 下降　　B. 上升　　C. 波动　　D. 不变

5. 某商场规定,顾客一次性购买其产品满 200 元,给予 10%的折扣,这种折扣属于(　　)。

A. 数量折扣　　B. 现金折扣　　C. 季节折扣　　D. 以旧换新折扣

6. 理解价值定价法运用的关键是(　　)。

A. 确定适当的目标利润　　B. 准确了解竞争者的价格

C. 正确计算产品的单位成本　　D. 找到比较准确的理解价值

7. 在农博会上,神山牌小樱桃以优异的品质定出了 80 元一斤的高价,这种定价策略属于(　　)。

A. 声望定价　　B. 基点定价　　C. 招徕定价　　D. 需求导向定价

8. 企业把创新产品的价格定得较低,以吸引大量顾客,提高市场占有率,这种定价策略叫作(　　)。

A. 撇脂定价　　B. 渗透定价　　C. 目标定价　　D. 加成定价

9. 中国服装设计师李艳萍设计的女士服装以典雅、高贵享誉中外,在国际市场上,一件"李艳萍"牌中式旗袍售价高达 1 000 美元,这种定价策略属于(　　)。

A. 声望定价　　B. 基点定价　　C. 招徕定价　　D. 需求导向定价

10. 饮用水厂向广大消费者免费赠送饮水机以扩大桶装饮用水的销售量是实施(　　)策略。

A. 招徕定价　　B. 俘虏产品定价　　C. 捆绑式销售　　D. 选择产品定价

三、多项选择题

1. 完全垄断性的市场具有(　　)等几个方面的特点。

A. 企业没有竞争者　　B. 企业可以定高价

C. 其他企业无法进入市场　　D. 少数企业可参与竞争

2. 企业的促销定价策略主要包括(　　)。

A. 折扣定价　　B. 招徕定价　　C. 零数定价

D. 俘虏产品定价　　E. 特殊事件定价

3. 主要的心理定价策略有(　　)。

A. 整数定价　　B. 招徕定价　　C. 运费定价　　D. 声望定价　　E. 俘虏产品定价

4. 声望定价通常适合于在(　　)时采用。

A. 产品本身价值较高　　B. 企业声誉较好

C. 产品声誉较好　　D. 消费者对价格较为敏感

5. 在(　　)情况下,企业会主动提高价格。

A. 产品成本上升　　B. 市场需求增加

C. 谋求更大的市场份额　　D. 争夺竞争者市场

6. 企业会主动降价的条件是(　　)。

A. 市场需求增加　　B. 产品成本下降　　C. 产品进入衰退期

D. 争取竞争者的阵地　　E. 产品形象调整

7. (　　)价格形式属于差别定价。

A. 对某些社会成员给予公园门票优惠

B. 在节假日或换季时机举行的"大甩卖""酬宾大减价"等活动

C. 对不同花色、不同款式的商品所定的不同价格

D. 对大量购买的顾客所给予的优惠

E. 剧院里不同位置座位的票价不同

8. 以下情况下,新产品可采取渐取定价策略的有(　　)。

A. 产品需求的价格弹性小

B. 生产和分销成本有可能随产量和销量的扩大而降低

C. 新产品无明显特色且市场已被他人领先

D. 企业生产能力强

E. 新产品竞争激烈

9. 影响产品需求价格弹性的因素很多,在以下哪种情况下产品的需求价格弹性最小?(　　)

A. 与生活关系密切的必需品

B. 缺少替代品且竞争产品也少的产品

C. 知名度高的名牌产品

D. 与生活关系不十分密切且竞争产品多的非必需品

E. 消费者认为价格变动是产品质量变化的必然结果

10. 企业运用组合定价策略的好处是(　　)。

A. 容易激发消费者的购买欲望　　B. 使顾客感觉产品价格低廉

C. 能促进多种产品即时成交　　D. 使顾客感觉价格过高

E. 不相信企业

四、判断题

1. 产品的最高价格取决于产品的成本费用。　　(　　)

2. 随行就市定价法是异质产品市场的常用定价方法。　　(　　)

3. 市场需求对价格极为敏感时应采用撇脂定价。　　(　　)

4. 市场需求缺乏弹性时应采用渗透定价。　　(　　)

5. 在完全竞争条件下，卖主是价格的决定者。（ ）

6. 一般来说，消费者对价格的接受程度是企业定价的最低限度。（ ）

7. 随行就市定价法就是将价格确定在与竞争对手完全相同的水平上。（ ）

8. 顾客对产品的降价既可能理解为这种产品有某些缺点，也可能认为这种产品很有价值。（ ）

9. 企业在难以估算成本而且打算和同行和平共处的情况下，往往采取随行就市定价法。（ ）

10. 当企业采取认知定价法时，如果过高地估计认知价值，便会定出偏低的价格。（ ）

五、案例分析题

奇怪的珠宝定价

位于美国加州的一家珠宝店专门经营由印第安人手工制成的珠宝首饰。

几个月前，珠宝店进了一批由珍珠质宝石和白银制成的手镯、耳环和项链。该宝石同商店以往销售的绿松石宝石不同，它的颜色更鲜艳，价格也更低。很多消费者还不了解它。对他们来说，珍珠质宝石是一种新的品种。副经理希拉十分欣赏这些造型独特、款式新颖的珠宝，她认为这个新品种将会引起顾客的兴趣，形成购买热潮。她以合理的价格购进了这批首饰，为了让顾客感觉物超所值，她在考虑进货成本和平均利润的基础上，为这些商品确定了销售价格。

一个月过去了，商品的销售情况令人失望。希拉决定尝试运用她本人熟知的几种营销策略。比如，希拉把这些珠宝装入玻璃展示箱，摆放在店铺入口醒目的地方。但是，陈列位置的变化并没有使销售情况好转。

在一周一次的见面会上，希拉向销售人员详细介绍了这批珠宝的特性，下发了书面材料，以便他们能更详尽、更准确地将信息传递给顾客。希拉要求销售员花更多的精力来推销这个产品系列。

不幸的是，这个方法也失败了。希拉对助手说，“看来顾客是不接受珍珠质宝石。”希拉准备另外选购商品了。在去外地采购前，希拉决定减少商品库存，她向下属发出把商品半价出售的指令后就匆忙起程了。

一周后，希拉从外地回来。店主贝克尔对她说：“将那批珠宝的价格在原价基础上提高两倍再进行销售，结果销售一空。”希拉很疑惑，“现价都卖不掉，提高两倍价格怎么就卖出去了呢？”

思考：

1. 希拉对这批珠宝采取了哪些营销策略？销售失败的关键原因是什么？

2. 贝克尔为什么提高售价？

3. 结合案例，说明影响定价的主要因素、基本的定价方法及定价策略。

六、实训练习题

（一）实训目的

熟悉影响企业定价的主要因素，掌握基本的定价方法，学习应用定价的技巧、变价的策略。

(二)实训项目

本市家电市场价格战利弊分析。

(三)实训步骤

1. 通过网络及实地调研掌握家电市场总体状况，特别是价格竞争现状的基本资料；

2. 学生以小组为单位在市场上搜集与该类产品中相近产品的不同企业的定价情报；

3. 分析手头掌握的资料，了解存在的问题，分析家电市场价格战的利与弊；

4. 写出调研报告，拟出相应的策划方案。

(四)实训组织

以小组为单位。

第十章 分销渠道策略

教学目标和要求:

1. 界定分销渠道的概念及分销渠道的基本模式
2. 认识分销渠道的重要性;熟悉分销渠道的组成成员
3. 掌握分销渠道的设计与管理
4. 了解分销渠道常见冲突的类型及解决方法

知识结构图

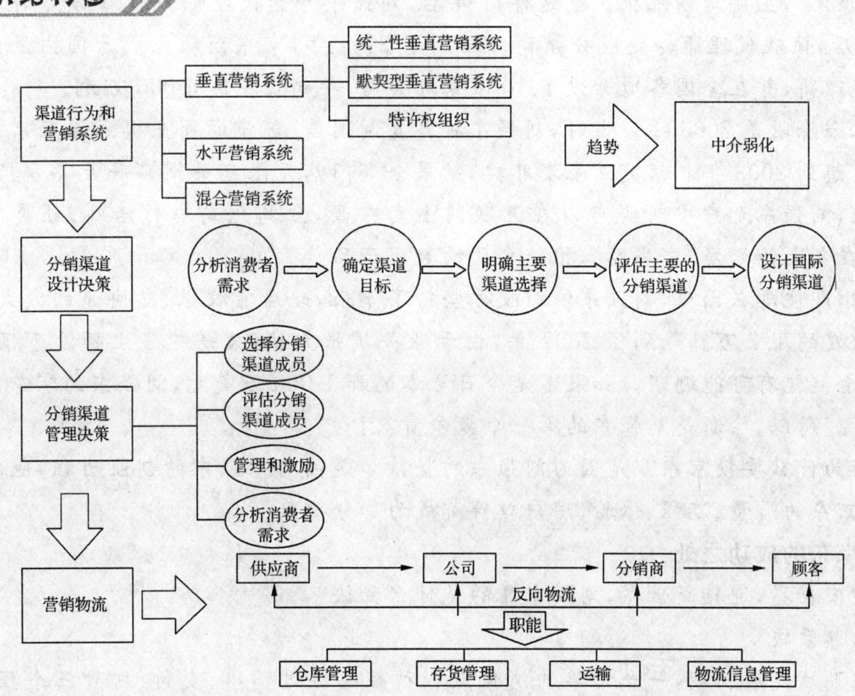

导入案例

刘强东和他的京东

他从江苏农村走到大都市北京，花了18年，而从北京走到华尔街，花了整整22年。他的企业连续17年亏损，最多的一年亏损17亿元，直到2016年营收突破2 600亿元，净利润才达到10个亿。他就是京东创始人刘强东。

1992年，来自江苏宿迁光明村的农村小伙刘强东，含着眼泪辞别外婆，揣着500元钱和76个鸡蛋，一个人从徐州坐了14个小时的火车到北京。那个时候，他七毛钱一斤的猪肉一年最多吃上两次，最大的梦想就是当村主任，天天吃猪肉。谁能想到，22年后，他会带领京东在美国纳斯达克上市，一举创造出市值超过3 500亿元的电子商务巨头呢。

一、刘强东的京东路

第一个阶段是上大学期间。自从跨入人大校门第一天起，刘强东就告诫自己，“以后的路都靠自己”。整个大学四年，他一刻都没有闲着。结果不但解决了学费，还成了班上的有钱人。到了大四，刘强东手里攒了十几万，刚好人大斜街的一家餐馆要转让，他就给盘了过来。没有想到人心隔肚皮。采购师傅吃里爬外，就为获取更多折扣，前台和大厨合伙不写对账单子，变着法子蒙刘强东。最后，饭店两个月就亏了26万元，相当于大学四年白干！

第二个阶段是1998年6月18日，刘强东在中关村苏州街租了一个摊位，摊位起名叫“京东多媒体”，主要卖刻录机。就这样，1年后，刘强东开始代理雅马哈、理光、NEC的产品。2年后，他从代理商转变成分销商。而到了2001年，京东商城已成为国内最大的光磁产品代理商，并在全国各地开设了10多家分公司，年销售额达6 000万元。

第三个阶段是2003年。当时，刘强东打算复制国美、苏宁的商业模式经营京东连锁店。没有想到2003年北京突然暴发非典，结果全部门店无限期关闭，“一天要亏掉15万元。”后来，刘强东无意中听说可以在互联网上卖东西，立马死马当作活马，让员工到处“灌水”，在各大论坛发“广告贴”，推销自己的数码产品。

不过，即使那么困难，刘强东依旧咬牙坚持了下来，此后靠收银、发快递的方式，挣到了重新出发的1.2万。等到了2007年，由于业务扩张太快，又是吃了上顿没下顿，稍不留神，资金链就有可能绷断。如果不是今日资本的那1 000万美元，刘强东的京东可能早就关门了。所以，徐新是刘强东的第一个救命贵人！

徐新为什么要投京东？是因为刘强东的坚持。是因为刘强东的创业历程，他的坚持与认真，京东的质量、流程、体验、用户口碑都成为加分项。

二、京东的成功之处

打破旧世界，迎接新世界，刘强东靠的是什么秘诀？

1. 信息系统

京东商城发展初期，一个订单的消化流程往往要经过下单、支付、发货三个程序，时间长达十天甚至半个月。随着订单量的与日俱增，京东渐渐难以消化。刘强东便主导了后端程序的更新升级，他把整个流程分解为34个环节，其中60%以上由京东控制，他认为“控制更多的环节，才能进一步提升供应链的效率和服务品质”。

当然，作为整个京东商城核心纽带的信息系统，刘强东一定不会外包给其他公司，“电子商务企业一定要做自己的IT系统。我们的系统软件百分之百都是自己开发的，到目前为止，我们还没有花钱买过别人一套代码。”技术在自己手里，系统就可以随着需求不断演进，这种灵活性，是京东发展的重要保证。

2. 产品渠道

电子商品很容易滞销，早在2001年，京东就成为国内最大的电子产品代理商，不过每年的滞销损失远远低于同行。刘强东认为，这与京东商城长期坚持不卖水货、假货有很大关系。“很多公司做3C，刚开业产品就非常全。很多人问我怎么办？我建议把99%的产品撤退，留下1%的产品。以什么为标准呢？就是把真正有竞争力的1%留下来，把没有竞争力的产品全部删掉。”刘强东说，所以在京东商城最初开张的时候，只有98个产品，虽然少，但这些都是京东最具竞争力的产品，有很好的客户基础。后来京东扩张渠道，都要与厂商进行深入沟通，了解品牌的信息、关心渠道管理，而不仅仅是考虑能不能赚钱。

经过几年的扩充，京东已经与众多品牌厂商达成了战略合作，与竞争对手参差不齐的产品种类相比，京东商品的质量更具号召力。不过，由于京东长期坚持低价策略，对供应商在线下的销量造成了剧烈冲击，在价格战期间，不少供应商被迫放弃了京东这个合作伙伴。今后随着电商野蛮竞争的终结，相信优质的供应商还是会看好京东这个平台的。

3. 物流系统

在北京南六环外的京东华北区仓储中心，每天车来车往，鸣笛声不断。平常，这里每天要处理近十万订单。遇到大型节假日，订单数量会猛增到二十万以上。这只是刘强东物流版图的一角。

2007年，京东的日订单量超过3 000个，月销售额达到3 000万元，第三方快递公司成为京东发展的瓶颈。同年8月，京东宣布在北京、上海、广州三地建立自己的配送队伍。几次融资的主要用途便是构筑物流体系。2011年，刘强东宣布，京东将会投资百亿用于物流建设，这也被称为是延缓IPO的原因。“京东要在中国再造一个类似于亚马逊的仓储体系，外加一支像UPS的优秀的物流配送队伍。”刘强东表示，上海正在建设“亚洲一号”仓储总部，“京东只有把‘亚洲一号’建好了，营业规模才能上去，否则规模就到天花板了。”

而作为物流的“最后一公里”，配送队伍的建立意义重大。现在，京东约有3万员工，配送人员占到1万多人，京东的配送人员每月工资高于行业平均水平。人员扩张虽然带来一定压力，但是同时销售规模也在扩大，所以运营成本随着人效的提高在降低。“京东现在的亏损在于投资性亏损，是建仓储的亏损，而不是经营性亏损。”刘强东表示，没有必要对物流的投入过分担心，现在他在摸索开放物流平台的细节，“以后竞争对手也可以购买、使用京东的物流服务。”

4. 用户体验

后台系统再先进，产品渠道再完善，物流配送再有体系，对消费者来说，都不是最重要的东西。“我们永远、每天、每年、任何时候都必须面临竞争，”刘强东不在乎竞争对手是谁，他觉得最大的障碍来自自身，“京东必须要有忧患意识，用户体验差一点点最后就可能会死掉。如果京东用户体验高于友商，那我们就能高枕无忧了。”

在京东，用户体验包括三个要素。首先是产品本身。“京东到今天为止，依然只卖正品行货。”而且单单都有发票，这一成本不小，但刘强东认为值得。其次是价格。因为走低价路线，京东与不少“友商”都打过仗，当然，经历过这些不大不小的战役之后，刘强东觉得低价要有理性，款款最低肯定不现实，但京东一定要尽量坚持这个方向；用户体验的第三个要素，是服务。为了提升服务质量，京东专门成立了一个部门——用户体验部，由刘强东直接负责。他们的工作就是针对京东的用户体验做评估、测试，结果直接汇报给刘强东。

“电子商务第一个十年抢市场份额的时代已经过去了，第二个十年拼创新和用户体验。”京东创始人刘强东认为，谁也打不败京东，京东只可能被自己打败。从中关村到西二旗，再到亦庄，刘强东也见证了中国顶尖互联网公司的变迁和进化。

第一节　分销渠道的概念与基本模式

分销渠道策略是市场营销组合策略中的四个基本要素之一，如果说产品是企业的立身之基，分销渠道和网络则是企业的发展之本。

在现代商品经济条件下，产品生产同产品消费之间在时间、地点、数量以及所有权等方面存在很多的差异和矛盾，建立和维护分销渠道的目的就是要克服这些差异和矛盾，在适当的时间、地点，按适当的数量和价格，把产品从生产者转移到消费者手中，通过满足购买者的需要来实现企业的营销目标，因此分销渠道决策是关系到企业持续、稳定发展的关键因素之一。

要实现产品从生产者到消费者的有效转移，一方面企业必须建立有效的产品销售渠道网络，使产品的所有权得以顺利转移；另一方面企业必须采取一定手段，对物流过程进行有效管理，实现产品实体向最终顾客的顺利转移。因此，分销策略包括分销渠道策略和物流管理策略两个部分。

一、分销渠道的概念

分销渠道，也称销售渠道或简称为渠道，是指产品从生产者转移给消费者或用户所经过的由企业和个人连接起来形成的通道。分销渠道的起点是生产者，终点是消费者或用户，中间环节为中间商，包括批发商、零售商、代理商和经纪人。他们都成为分销渠道的成员，共同构筑起分销渠道。

在市场经济中，企业的产品或服务必须通过交换过程才能进入消费领域，满足需求，实现价值。大部分生产企业并不直接把产品销售给最终用户或消费者，而要借助于一系列中间商的转卖活动。其中要完成的两项最主要的任务是商流和物流，即由商品交易活动完成的商品所有权转移过程和由储存、运输活动等完成的商品实体转移过程两个方面，商流和物流相结合，才能使产品从生产者到达消费者手中。当然物流的环节并不一定与商流的环节完全一致。例如,商品从生产者到零售商可能经过两道批发商与商品交易活动,但这些批发商很可能实际上并没有运送或保管过该商品;另一方面,即使有若干专业的运输公司或仓储公司参与了商品实体转移活动,但他们却从未介入任何商品的买卖交易活动,他们只是提供了服务。

(一)市场营销渠道

市场营销渠道和分销渠道常被人们混为一谈,其实它们是两个不同的概念,应加以区别。菲利普·科特勒指出:"市场营销渠道是指那些组合起来生产、分销和消费某一生产者的某些货物或服务的所有企业和个人"。也就是说,市场营销渠道包括某种产品的供、产、销过程中所有的企业和个人,如资源供应商、生产者、商人中间商、代理中间商、辅助商(包括运输企业、公共货栈、广告代理商、市场调研机构等)以及最后的消费者或用户等。

(二)营销渠道的流程

商品在完成由生产者到消费者的转移过程中,要经过不同的流程,这些流程将组成渠道的各类组织机构贯穿联系起来。其中最主要的有以下几种:

(1)实物流是指产品实体即物质形态由生产者流至最终消费者或工业用户的整个过程。

(2)所有权流是指商品所有权从一个营销机构向另一个机构转移,直至流向最终消费者或工业用户那里的整个过程。所有权的转移是产品交易的核心。

(3)资金流是指顾客在购买商品时所支付的现金、支票等货币的流通过程。

(4)促销流是指各种促销手段在整个分销渠道系统中由一方向另一方的顺向流通过程。

(5)信息资讯流是指信息资讯在分销渠道中各营销机构之间的流通过程。它不同于上述四个流程的地方在于它是双向性的,既包括信息传递,又包括信息反馈,是一种双向沟通,而上述四个流程一般都是单向的。

根据市场营销渠道和分销渠道的定义可以知道:第一,两者涉及的范围不同,市场营销渠道比分销渠道广,前者包括原材料或零部件供应商和辅助商,而后者却不包括;第二,两者的起点不同,前者的起点是供应商,而后者则是制造商。

二、分销渠道基本模式

由于产品的消费目的与购买特点等具有差异性,形成了消费品市场分销渠道和产业市场的分销渠道两种基本类型,每一种基本类型又可根据不同的营销渠道层级结构分为不同的具体分销渠道模式,分别如图 10-1、图 10-2 所示。营销渠道层级结构指的是一个渠道系统中包括的中间机构的层次数量,每个中间机构只要对产品拥有所有权或负有推销责任,就叫作一个渠道层次,就是一个渠道级。中间机构的级数常用来表示渠道的长度。

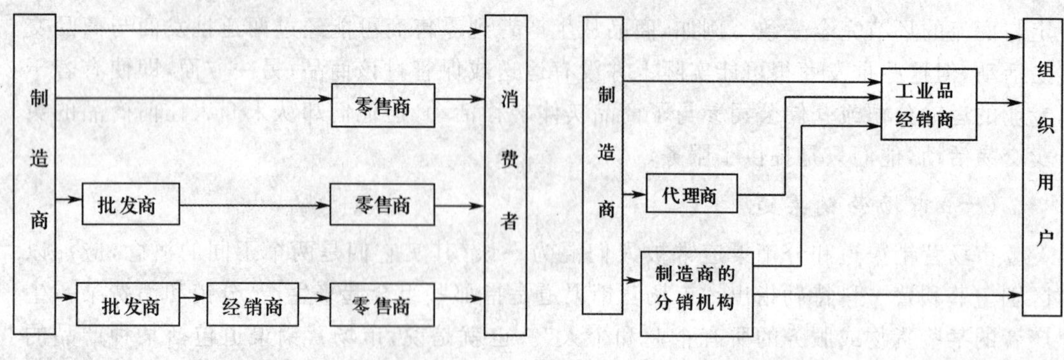

图 10-1　消费品市场分销渠道　　　　图 10-2　工业品市场分销渠道

(一)以商品流通过程中有无中间环节划分

以商品流通过程中有无中间环节划分,分销渠道可分为直接渠道与间接渠道两种。

1. 直接渠道

直接渠道,即"零层渠道",也就是产品从生产者直接流向消费者或产业用户,其间不经过任何中间商。这种渠道的主要优点是:

(1)不经过任何中间环节,可缩短商品流通时间,节约流通费用,有利于增强企业产品的竞争力。对于鲜活商品和体积重量较大的商品来说,由于减少了装卸搬运次数,有利于保证商品质量。

(2)有利于企业提供更多的售后服务,增强产品的整体观念,适应市场竞争的需要。

(3)由于环节少、通道短,有利于渠道的管理与控制。

(4)由于直接渠道与市场的"距离"近,便于企业及时了解市场动态,信息反馈快。直接渠道多用于分销产业用品,因为许多产业用品要按照用户的特殊要求制造,有高度的技术性,制造商要派遣专家去指导用户安装、操作、维护设备。而且,产业用品的用户数量少,某些行业的工厂往往集中在某一地区,产业用品的单价高,用户购买批量大。当然,一些消费品也可以通过直接分销渠道销售,如雅芳、安利等公司通过直接分销渠道销售化妆品。直接营销的主要方式有上门推销、邮购、电视直销等。

2. 间接渠道

间接渠道,即生产者在把产品转移到消费者或工业用户过程中需要经过一层或一层以上的中间环节或渠道层次。其中的中间环节就是指上面提到的批发商、代理商、零售商等。由于中间商的介入,可简化分销渠道,提高销售效率,节约流通费用,有利于整个社会劳动的节约。因此在现代社会中,以中间商为媒介的商品流通是商品流通的主要形式。间接渠道又可根据分销渠道层级结构的不同分为以下几种具体的分销渠道:

(1)零级渠道。零级渠道是指产品从制造商直接流向最终消费者的过程中不经过任何中间商转手的分销渠道,也就是直接分销渠道。

(2)一级渠道。一级渠道是指一个渠道系统中只包括一级销售中间机构的分销渠道。在消费品市场,这个中间机构通常是零售商;而在工业品市场,它通常是一个销售代理商或佣金商。

(3)二级渠道。二级渠道是指一个渠道系统中包括两级中间机构的分销渠道。在消

费品市场上，通常是批发商和零售商；在工业品市场上，它们可能是工业品批发商和销售代理。

(4)三级渠道。三级渠道是指一个渠道系统中包括三级中间机构的分销渠道。例如，在批发商和零售商之间通常还有中间商或专业批发商，服务于一些小型零售商，而这些小型零售商一般不是大型批发商的服务对象。

(二)以商品流通过程中相继通过中间环节数量的大小划分

长渠道是指商品由生产者向消费者转移过程中经过两个或两个以上中间环节的分销渠道；短渠道则是指其间经过一个中间环节或不经过中间环节的分销渠道，即上面结构中所列的零层渠道与一级渠道。

(三)以同一时期内同一层次的中间环节上中间商的多少划分

渠道中运用中间商愈多，则渠道愈宽；反之，则愈窄。这两种渠道的优缺点只需择一而述，下面以窄渠道为例。窄渠道的优点：产销关系明确，相互协作稳固，流通手段简便，费用节约，还有排斥竞争的专门渠道的约束力；其缺点是：生产者拥有的市场覆盖面和占有率都依赖于经销商的销售网络，不但留有较多的剩余市场难以占领，使有需求的消费者买不到本厂商品，而且一旦关系破裂，就有丧失原有市场的危险。

(四)以分销渠道系统发展的不同历史阶段划分

传统分销渠道由完全独立的渠道成员组成。工业品的分销渠道由制造商、代理商和批发商及工业用户组成；消费品分销渠道则由制造商、批发商、零售商和消费者组成。渠道成员之间是单纯的购销关系，各自追求自身利益最大化，因此具有易发生冲突、渠道不利于控制的缺点。

现代分销渠道的形式则较多，这里仅列三种：

1. 纵向分销系统

纵向分销系统是一种预先计划和集中管理的分配网络，它的特点是可以节省经营成本和提高销售量。按照渠道成员之间的关系不同，它又可以细分为以下三种：

(1)公司式纵向分销系统。它是由同一个所有者名下的相关的生产部门和分配部门组合而成的。如制造商也可以执行批发商和零售商的职能。公司式纵向分销系统往往需要较大的投资，但可减少管理费用，并能使各种职能的协调工作得到改善。同时，由于公司直接控制着各种资源，因而不必太担心货源短缺和中间商经营不当等问题。

(2)管理式纵向分销系统。它是由某一家规模大、实力强的企业出面组织的，建立在互相尊重和谅解基础上的自愿合作组织。一般适用于产品线广度较小的厂家。为了丰富产品种类，有时还销售其他产品。在这种产品系统中，生产者往往负责确定问题，提出目标和零售政策；零售商也信任制造商的能力。

(3)契约式纵向分销系统。它是由不同生产和分配水平上的各自独立的企业组成。契约式纵向分销系统的具体形式有：批发商倡办的自愿联合组织、零售商合作组织、特许代营组织、生产者合作组织和消费者合作组织等。

2. 横向分销系统

横向分销系统由两个或两个以上的公司联合组成，其目的是为了开发某个营销机会

的分销系统。因为它们缺乏资本、技术、生产和营销资源来独自开发营销机会，承担风险，又因为联合开发具有规模效应。这种系统中，公司间的联合可以是暂时的，也可以是永久性的，还可以创立一个专门公司，被称之为“共生营销”。

3. 多渠道分销系统

多渠道分销系统即一个生产厂家对同一种产品选择两种或两种以上的分销渠道系统进入相同的或不同的市场。其优越性在于它具有较强的市场渗透力，能提高商品流通效率，分散渠道风险。它对买方市场和竞争较为激烈的市场较为适用。

第二节　中间商

一、中间商的含义

分销渠道可以看作是由不同专业公司的合作而形成的一个关系系统。在这个系统中，根据各个企业在整个分销过程中的作用，可以把渠道成员分为两组：基本渠道成员和特殊渠道成员。相对于特殊渠道成员，基本渠道成员对整体销售所起的作用更为关键。

基本渠道成员是指拥有货物的所有权并相应地承担实质性风险的企业以及作为分销终点的消费者。营销渠道中承担转移货物所有权的基本成员包括制造商、批发商和零售商、消费者。基本渠道成员的关系如图 10-3 所示。

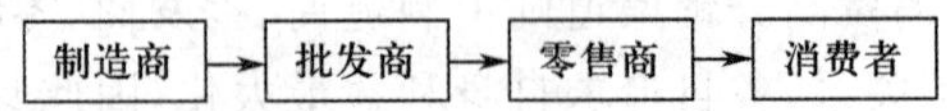

图 10-3　基本渠道成员的关系

特殊渠道成员也称专业渠道成员，是指为整个分销过程提供重要服务但不承担货物所有者风险的企业。它可以分成两种类型：(1)功能型的特殊渠道成员。(2)支持型的特殊渠道成员。前者包括运输业、仓储业、装配企业和提供促销支持的企业；后者包括金融业、信息业、广告业、保险业和咨询与调研业等。

中间商是指在分销渠道中，介于制造商与消费者之间专门从事商品流通活动的经济组织或个人。或者说，中间商是生产者向消费者出售产品时的中介机构。中间商可以按照不同的标准进行分类，按照中间商是否拥有商品所有权，可将其划分为经销商和代理商；按照销售对象的不同，中间商分为批发商和零售商。

二、中间商的主要类型

中间商是指在制造商与最终顾客(消费者或用户)之间参与交易业务、促使买卖行为发生和实现的组织或个人，包括商人中间商和代理中间商。

商人中间商也称为经销商，是指从事商品交易业务，在商品买卖过程中拥有产品所有权的中间商。正因为他们拥有产品所有权，所以在买卖过程中，他们要承担经营风险。商人中间商又可分为批发商和零售商。

代理中间商是指接受生产者委托从事销售业务，但不拥有商品所有权的中间商。代

理商的收益主要是从委托方获得佣金或者按销售收入的一定比例提成。代理商一般不承担经营风险。

(一)批发商

1. 批发商的内涵

批发是为转售或加工服务的大宗产品的交易行为,指一切销售为了转卖或商业用途而进行购买的活动。批发商出售的商品一般是供给零售商转卖或用于再生产;批发商在工商企业之间进行交易活动,批发交易结束后,商品仍留在流通领域。批发商销售的商品数量一般比较大,销售的频率相对较低,设点较少。批发商是指向制造商或经由批发商一头连接生产者,一头连接零售商或其他转卖者及用户。

2. 批发商的主要类型

(1)按服务范围可分为完全服务批发商和有限服务批发商。

完全服务批发商执行批发商业的全部功能,提供诸如存货、推销、顾客信贷、送货以及协助管理等服务。它包括批发中间商和工业分销商,前者主要是向零售商销售,并提供全面服务;后者是向生产者提供生产性消费的商品或服务。

有限服务批发商是指批发商为了减少费用,降低批发价格,因而只对其顾客提供有限的几项服务,如现货自运批发商、直运批发商、卡车批发商、货架批发商、邮购批发商等。

(2)依照经营业务内容划分,可以把批发商分为专业批发商、综合批发商和批发市场。专业批发商即专门经营某一类或某一种商品的批发商;综合批发商即经营多类商品的批发商;批发市场也称为批发交易市场,它是由多种批发组织组成的联合体,或以某类商品为中心集结多家批发商,共同开展批发业务。

(3)按分销地域划分,可分为地方批发商、区域批发商和全国批发商。

(4)按在流通领域的位置划分,可分为产地批发商、中转地批发商和销地批发商。

(二)零售商

零售商是指把商品直接销售给最终消费者,以供消费者个人或家庭消费的中间商。

零售商处在商品流通的最终环节,直接为广大消费者服务。零售商的交易对象是最终消费者,交易结束后,商品脱离流通领域,进入消费领域。零售商销售产品的数量比较小,但销售频率高;零售商数量多,分布广。

对零售商可做如下分类:

1. 商店零售商

商店零售商的经营特点是在固定的店面内经营,主要形式有:

(1)专业商店。专业商店是专门经营某一类商品,或专门经营具有连带性的几类商品,或专门为特殊消费对象经营特殊需要商品的商店,如钟表店、眼镜店、妇女用品商店、体育用品商店、文化用品商店等。

专业商店的经营要求具有较高的专业知识和操作技能,销售与服务密切结合,能提供周到的服务。

(2)百货公司或商场。百货公司或商场指大型零售商店,分门别类地销售品种繁多的商品。其特点是:经营范围广,商品类别多,花色品种齐全,能满足消费者多方面的购买需要。

(3)超级市场。超级市场也称自选商场,其特点是由顾客自取自选,自我服务,定量包装。预先标价,顾客出门时一次性交款,因而可以节省售货时间,节约商店人力和费用,避免或减少顾客与售货员的矛盾。

(4)方便商店。方便商店指设在居民区附近的小型商店,经营品种范围有限、周转率高的方便商品,营业时间长。

(5)折扣商店。折扣商店指经常以低价销售商品,并以自助服务为主的零售商。其所售商品多为制造商品牌,因此低价销售并不意味着产品质量低下,它主要通过降低成本、在租金低的地方选址等做法实现低价经营。

(6)购物中心。购物中心的占地与经营规模很大,涉及行业多,开设店铺多,服务功能多,是集购物、餐饮、休闲、娱乐、文化、艺术、体育、教育等多项消费服务功能于一体的商业形态。购物中心在欧、美、日、东南亚以及我国的香港和台湾地区蓬勃发展,并且正在逐步成为引领未来零售业发展的重要趋势。

2. 连锁店

20 世纪零售领域最突出的变化就是连锁店的发展。根据各个连锁分店在所有权、财务权、管理权等方面的集中程度的不同,可以分为三种形式:

(1)正规连锁。正规连锁指各分店由总店所有,并采取统一店面、统一标志、统一进货、统一配送、统一结算的最为正式和紧密的连锁经营形式。

(2)自愿连锁。自愿连锁是指由独立经营的企业通过合作契约的形式建立连锁关系的经营形式,在所有权与财务上一般各个分店是独立平等的,在管理方式与采购、配送上可自行协商,在合同中应明确。

(3)特许经营。特许经营也称合同连锁或契约连锁,是主导企业以独特的产品品牌、专利权、经营诀窍或商誉作为特许对象,与被特许方根据特许合同而建立合作关系的一种契约式联合。加盟店须交纳一定的营业权使用费并承担规定的义务。通常在餐饮、旅馆、娱乐、旅游等行业被广泛采用。

3. 无店铺零售商

无店铺零售商没有直接面向顾客的经营店铺,而是借助一定的技术手段、媒体、人员等来进行销售。主要的方式有:

(1)直接销售。直接销售是指由销售人员直接面向个人或小群体,展示产品、接受订单、开展销售的活动,如上门推销。

(2)自动售货机。自动售货机适合于便利品(如香烟、饮料、报纸等)的销售,可被放置在客流量较大的场所,24 小时提供服务。

(3)直复营销。直复营销是一种将广告活动和销售活动统一起来的销售方式,营销者通过一定的媒体把相关的商业广告信息传达给可能对其有兴趣的消费者,同时提供一种便利的回应工具(如免费电话、可直接邮寄的订单等)方便消费者的订货。直复营销是在没有中间行销商的情况下,利用消费者直接通路来接触及传送货品或服务给客户。其最大特色为“直接与消费者沟通或不经过分销商而进行”。20 世纪 80 年代以来,随着通信技术、网络技术及信用手段的快速发展,直复营销获得了空前的发展,现已被世界所有发达国家的几乎所有企业普遍采用,甚至被称为21世纪最具发展潜力的营销模式。主要的形式有直接邮寄、电话营销、电视营销、网络营销。

(三)代理商

代理商按其和生产者业务联系的特点,又可分为企业代理商、销售代理商、寄售商、经纪商和采购代理商。

1. 企业代理商

企业代理商指受生产企业委托签订销货协议,在一定区域内负责代理销售生产企业产品的中间商。企业代理商和生产企业之间是委托代理关系,企业代理商负责推销产品,履行销售商品业务手续,生产企业按销售额的一定比例付给企业代理商酬金。

2. 销售代理商

销售代理商指与许多生产企业签订长期合同,替这些生产企业代销产品的代理商。他们与企业代理商有显著不同:每一个生产企业只能使用一个销售代理商,而且生产企业将其全部销售工作委托给某一个销售代理商以后,不得再委托其他代理商代理其产品,甚至也不能再派推销员去推销产品;销售代理商替委托人代销全部产品,而且不限定在一定的地区内代销。它在规定销售价格和其他销售条件方面也有较大的权力,因此销售代理商实际上是委托人的独家全权企业代理商。

3. 寄售商

寄售商是经营现货代销业务的中间商。生产企业根据协议向寄售商交付产品,销售后所得货款扣除佣金及有关销售费用后,再支付给生产企业。寄售商要自设仓库或铺面,以便储存、陈列商品,使顾客能及时购得现货。

4. 经纪商

经纪商指既不拥有产品所有权,又不控制产品实物价格以及销售条件,只是在买卖双方交易洽谈中起媒介作用的中间商。经纪商的作用是沟通买卖双方,促成交易。其主要任务是安排买卖双方的接触与谈判,交易完成后,从交易额中提取佣金,他们与买卖双方没有固定的关系。

5. 采购代理商

采购代理商指与买主建有较长期的关系,为买主采购商品,并提供收货、验货、储存、送货等服务的机构,如大规模服装市场上有一种常驻买客,专门物色适合于小城镇的一些小零售商经营的服装。他们知识丰富,可向其委托人提供有益的市场情报,并为其采购适宜的优质商品。

第三节 分销渠道的设计与管理

一、分销渠道的设计

(一)分销渠道设计的五个阶段

分销渠道设计是指为实现分销目标,对各种备选渠道结构进行评估和选择,从而开发新型的分销渠道或改进现有分销渠道的过程。因此,分销渠道设计包括两方面:公司创立时设计的全新的渠道以及改变或再设计已存在的分销渠道。后者现在也被称为分销渠道再造,是市场营销者要经常做的事,相比之下,从一开始就设计全新的分销渠道的情况就少得多。分销渠道设计过程的重点在于渠道的结构而非渠道成员。

分销渠道设计是开发新渠道和调整现有渠道的动态过程,不管企业是开发新渠道还是修改现有渠道,分销渠道设计都是一项主动的而非被动的工作,有效的分销渠道不仅仅是发展,而且是在管理中不断完善。没有任何一种渠道可以适应所有的企业、所有的产品,即使是性质相近,甚至是同一种产品,有时也不得不采用迥然不同的分销渠道。

分销渠道设计可以定义为一系列必须完成的工作环节,通过这些环节,企业制定出高效的、能实现企业目标的渠道结构。分销渠道设计一般包括以下五个工作阶段:

1. 确定渠道目标

企业构建他们的营销战略主要是为了吸引精选过的细分市场、达到预期的利润水平、维持资料来源、扩大销售额和市场占有率以及在资源有限的条件下实现所有这些目标。营销战略的每一个要素都有其特定的目标。因此,无论从事企业市场营销的企业是设计全新的分销渠道还是修改现存的分销渠道,首先要做的都是全面了解市场目标,然后制定相应的渠道目标。

案例10-1

位于佛罗伦萨的Gucci集团是当今意大利最大的时装集团,创立于1923年。Gucci集团除时装外也经营皮包、皮鞋、手表、家饰品、宠物用品、丝巾、领带、香水等。Gucci产品由于其时尚的设计、高贵的品质而风靡世界,并逐渐形成了高档、时尚的品牌形象,Gucci集团也获得了快速的发展。但公司一度忽视分销渠道战略的作用,对渠道成员不加选择,有些零售商的档次、规模、知名度等根本不能与Gucci的形象相配,但公司仍然对它们的加盟敞开大门。到1980年,Gucci在全球的经销商竟发展至几千家。从数量上讲,公司的零售队伍得到了扩大,但鱼龙混杂的零售队伍非但没有给公司带来利润的增加,反而给Gucci的品牌形象造成负面冲击。对客户而言,Gucci这个品牌失去了光环,致使许多老顾客"移情别恋",引起销售量的急剧滑坡。痛定思痛,公司重新思考了分销渠道的重要性,制订了新的渠道设计方案,大刀阔斧地将那些整体形象与Gucci形象不相称的零售商从分销队伍中去除,大幅度地削减了它的分销渠道,以提供额外服务的500个高品质商店替代了数以千计的品质千差万别的店面。这一举措在实施的当年就产生了可观的成绩——Gucci利润上升了50%。

营销和分销目标指导着渠道设计的过程,而且还可以有效控制渠道结构的规模。渠道结构既要反映战略目标(如市场占有率),也要反映效率目标(如降低营运费用)。一般说来,管理决策模型强调效率标准(战略问题),然后根据其实现特定目标的能力对渠道进行评估。在评估候选渠道结构之前,企业必须考虑选择某一个渠道的限制性因素。

2. 细化分销任务

确定分销目标后,分销渠道设计者必须根据这些目标分解分销任务,详细、具体地说

明每一层级的分销任务或责任，以利于不同中间商职能的发挥；此外还要明确各个渠道层级的不同中间商的销售区域，特别是要明确规定各批发商的销售区域，避免批发商的销售区域交叉或重叠，以防止因销售区域不明确而导致的渠道冲突。

3. 明确分销渠道设计的限制因素

在大多数情况下，受交易、竞争、公司以及环境因素的影响，分销渠道结构选择的灵活性受到很大限制。

4. 制订候选渠道方案

渠道方案应包括以下四个方面：

(1)渠道中所包含的层次数量（销售的"直接"程度），也就是关于产品是直销给客户还是经过中间商销售给客户的问题。

(2)雇用的中间商的类型。

(3)渠道每一层次上中间商的数量。

(4)运用的销售渠道数量。

5. 评估候选渠道方案

评估标准有三个，即经济性、控制性和适应性。

(1)经济性标准。在这三项标准中，经济性标准最为重要。因为企业是追求利润而不是追求渠道的控制性与适应性。

(2)控制性标准。使用代理商无疑会增加控制上的问题。一个不容忽视的事实是，代理商是一个独立的企业，它所关心的是自己如何取得最大利润。它可能不愿与相邻地区同一委托人的代理商合作。它可能只注重访问那些与其推销产品有关的顾客，而忽略对委托人来说很重要的顾客。代理商的推销员可能没有耐心去了解与委托人产品相关的技术细节，也很难正确、认真对待委托人的促销资料。

(3)适应性标准。在评估各渠道选择方案时，还有一项需要考虑的标准，那就是生产者适应环境变化的能力，即应变力。每个分销渠道方案都会因某些固定期间的承诺而失去弹性。

(二)分销渠道设计的影响因素分析

分销渠道的选择策略决策是营销商为实现产品的有效营销所必须做出的决策，分销渠道选择往往受多种因素的影响。主要的影响因素包括公司营销所处的市场、营销的产品以及公司的组织结构。

1. 市场因素与分销渠道选择

分销渠道结构反映了一种产品的目标市场是消费者还是公司用户。除非是常规供货或是少量的附件，公司购买者通常更喜欢与制造商直接打交道，但绝大多数消费者则通过零售商来购买商品。营销商往往是通过多种分销渠道，把商品既销售给消费者，又销售给公司用户。其他的市场因素也会对分销渠道的选择产生影响，包括市场需求、市场的地理位置以及市场的平均订单规模。对于一个在地理上比较集中、购买者数量较少的潜在市场，直接销售渠道是一个合理的选择。对于那些在地理上较为分散、消费者以独自交易的方式购买少量商品的市场，通过营销中介渠道进行分销就比较合理。

2. 产品因素与分销渠道选择

产品特征也会影响最优分销渠道策略的选择。易腐烂的商品，如产品生命周期较短的新鲜制品、饮料和时尚商品，通常都通过短分销渠道进行销售。一般而言，标准化程度较高的产品通过相对较长的渠道流动，而一些体积较小的产品，如一包绿箭牌口香糖，则需要通过短分销渠道流动。

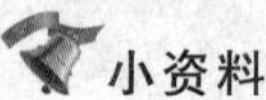

小资料

可口可乐公司早已开始通过饮料机这样相对较短的渠道来销售其饮料。现在，即便顾客没有合适的零钱，可口可乐公司也希望顾客通过该渠道购买饮料。公司目前正在芬兰的赫尔辛基试验一种新的饮料机。一位口渴难耐的顾客只要拨打显示在投币售货机上的电话号码，就可以从饮料机中得到冷饮，而这笔交易会计在顾客的手机账单上。

3. 组织结构因素与分销渠道选择

拥有足够资金、营销资源和管理能力的公司认为不需要从营销中介那里寻求帮助。一个财力雄厚的制造商可以雇用自己的销售力量仓储其货物，以及向零售商和消费者进行赊销；而一个财力较弱的公司则必须依靠营销中介来提供这些服务（有一种情况例外，大型的连锁型零售公司可以买断某个制造商所生产的全部产品从而绕过独立的批发商）。一家主要从事生产的公司可能会需要中介在营销方面的特长来弥补自身的不足。产品线很宽的公司凭借自己的销售力量就可以提供不同种类的产品，所以通常会直接把产品销售给零售商或公司用户。巨大的销量使平均销售成本大大降低，从而使公司可以从直销中得到不错的利润。单一产品的公司通常将直销看作是一种承受不起的奢侈。

4. 制造商想要控制其产品分销全过程的愿望也会影响渠道的选择

为了使零售商积极推销产品，生产商通常选择可供选择的最短的分销渠道。为了销售一种新产品，在独立批发商同意为该产品进行广告宣传之前，生产商将不得不先进行产品信息的广告发布活动。公司在开辟新的分销渠道时必须十分谨慎，以避免同已有的分销渠道产生矛盾。

小资料

以惠普公司为例，它在过去很长的一段时间里通过零售商销售其个人计算机。现在，惠普公司则通过因特网直接将产品卖给消费者并由其地区代理商负责售后的安装和服务。这一策略有助于惠普公司同仍然为公司创造了占公司销售额80%的营销中介保持融洽的合作关系。

二、分销渠道的管理

选定了分销渠道结构之后，就该挑选分销渠道成员并做出部署以保证其完成所有的职责。接下来，首先是激励分销渠道成员去执行所要求的任务以实现分销渠道目标。其次还要解决分销渠道出现的各种冲突，最后要控制和评估分销渠道效果。

（一）选择分销渠道成员

分销渠道成员（这里所说的分销渠道成员是具体的公司）的选择是分销渠道管理的一部分，而不是分销渠道设计的一部分，主要原因就是分销渠道成员的选择是一个不间

断的过程,一些分销渠道成员会选择离开分销渠道,而另一些则被终止使用。因此,分销渠道成员的选择或多或少带有一些连续性,必须不断地评估个别分销渠道成员的业绩。

制造商应行动迅速,用更有潜力的、更好的分销渠道成员来代替那些业绩不佳的分销渠道成员。在不间断的分销渠道管理中采用这种挑选过程,将有利于公司的发展。一般来讲,生产者要评估分销渠道成员经营时间的长短及其成长记录、清偿能力、合作态度、声望等。当分销渠道成员是销售代理商时,生产者还需评估其经销的其他产品大类的数量与性质、推销人员的素质与数量。当分销渠道成员打算授予某家百货公司独家分销时,生产者还需评估商店的位置、未来发展潜力以及经常光顾的顾客类型。

(二)激励分销渠道成员

生产者不仅要选择分销渠道成员,还要经常激励分销渠道成员使之尽职。促使分销渠道成员进入分销渠道的因素和条件已构成部分的激励因素,但仍需生产者不断地对其监督、指导与鼓励。

生产者不仅利用分销渠道成员销售产品,而且还会把产品销售给分销渠道成员。这就使得激励分销渠道成员这一工作十分必要又非常复杂。

生产者必须尽量避免激励过分与激励不足两种情况。当生产者给予分销渠道成员的优惠条件超过应取得合作所需提供的条件时,就会出现激励过分的情况,其结果是销售量提高,而利润量下降。当生产者给予分销渠道成员的条件过于苛刻,以致不能激励分销渠道成员努力时,则会出现激励不足的情况,其结果是销售降低,利润减少。所以,生产者必须确定应花费多少力量,以及花费何种力量来鼓励分销渠道成员。

生产者在确立与分销渠道成员的关系时,可以有三种选择:合作、合伙和分销规划。

(三)评估分销渠道成员

生产者对分销渠道成员的评估主要内容有:销售计划、库存、交货时间、服务、货款回收等。

测量分销渠道成员绩效主要有两种方法可供使用:

(1)将每一分销渠道成员的销售绩效与上期的绩效进行比较,并以整个群体的升降百分比作为评价标准。对低于该群体平均水平的分销渠道成员,必须加强评估与激励措施。

(2)将每一个分销渠道成员的绩效与该地区基于销售潜量分析所设立的配额相比较。根据分销渠道成员的实际销售额与其潜在销售额相比较,将各分销渠道成员按先后名次进行排列。

三、分销渠道冲突的解决

由于分销渠道成员具有不同的目标,企业对他们在分销渠道中的角色有不同的理解,对他们的影响范围有着不同的估计,这就有可能引发渠道冲突。渠道冲突是指某渠道成员从事的活动阻碍或者不利于本组织实现自身的目标,进而发生的种种矛盾和纠纷。

(一)渠道冲突的基本类型

1. 水平冲突

水平冲突指的是在同一渠道中,同一渠道层次成员间之间的冲突。例如,同一渠道中一家木材批发商和另一家木材批发商,或者一家超市和另一家超市之间的竞争冲突。

产生水平冲突的原因大多是生产企业没有对目标市场的分销渠道成员分管区域做出合理的规划,使分销渠道成员为各自的利益互相倾轧。这是因为在生产企业开拓了一定的目标市场后,分销渠道成员为了获取更多的利益必然要争取更多的市场份额,在目标市场上展开“圈地运动”。例如,某一地区经营 A 公司产品的中间商,可能认为同一地区经营 A 公司产品的另一家中间商在定价、促销和售后服务等方面过于进取,抢了他们的生意。如果发生了这类矛盾,生产企业应及时采取有效措施,缓和并调解这些矛盾,否则,就会影响分销渠道成员的合作及产品的销售。另外,生产企业应未雨绸缪,采取相应措施防止这些情况的出现。

2. 垂直冲突

垂直冲突指在同一渠道中,不同层次渠道成员之间的冲突,这种冲突比水平渠道冲突更常见。例如,某些批发商可能会抱怨生产企业在价格方面控制太紧,留给自己的利润空间太小,而提供的服务(如广告、推销等)太少;零售商对批发商或生产企业,可能也存在类似的不满。

垂直渠道冲突也称为渠道上下游冲突。一方面,生产商从自身利益出发,采取直销与分销相结合的方式销售商品,这就不可避免地同下游经销商争夺客户,大大挫伤了下游渠道成员的积极性;另一方面,当下游经销商的实力增强以后,不满意目前所处的地位,希望在渠道系统中获取更大的权利,向上游渠道成员发起挑战。在某些情况下,生产企业为了推广自己的产品,越过一级经销商直接向二级经销商供货,会使上下游渠道间成员产生矛盾。

3. 分销渠道系统冲突

分销渠道系统冲突指一个完整的分销渠道与另一个完整的分销渠道之间的冲突,即一个系统与另一系统之间,发生了利益上的冲突。分销渠道成员必须是有组织的、密切关联的机构,这样他们才能作为整体组织参与冲突。

案例 10-2

隆润公司的姜总一直在苦恼这样一个问题:随着产品销售市场的地域性扩张,一些区域出现了区域经理截留销售收入,并将收入挪作他用的情况。产品销售上去了,知名度提高了,本是件再好不过的事,可个别区域经理和在他把持下的财务人员合谋欺骗公司总部,货款迟迟不交,这可是件不容忽视的大事。千里之堤,溃于蚁穴,必须赶快采取措施。

(二)解决渠道冲突

解决渠道冲突有如下方法：

1. 超级目标法

当企业面临对手竞争时，树立超级目标是团结渠道各成员的根本。超级目标是指渠道成员共同努力，以达到单个成员所不能实现的目标。渠道成员有时会以某种方式签订一个他们共同寻求的基本目标的协议，其内容包括渠道生存、市场份额、高品质和顾客满意。从根本上讲，超级目标单个公司不能承担，只能通过合作实现。一般只有当渠道一直受到威胁时，共同实现超级目标才会有助于冲突的解决，才有建立超级目标的必要。

对于垂直性冲突，一种有效的处理方法是在两个或两个以上的渠道层次上实行人员互换。例如，让制造商的一些销售主管去部分经销商处工作一段时间，有些经销商负责人可以在制造商制定有关经销商政策的领域内工作。经过互换人员，可以提供一个设身处地为对方考虑问题的位置，便于在确定共同目标的基础上处理一些冲突。

2. 沟通

通过劝说来解决冲突其实就是在利用领导力。从本质上说，劝说是为存在冲突的渠道成员提供沟通机会，强调通过劝说来影响其行为而非信息共享，也是为了减少有关职能分工引起的冲突。

3. 协商谈判

谈判的目标在于停止成员间的冲突。妥协也许会避免冲突爆发，但不能解决导致冲突的根本原因。只要压力继续存在，终究会导致冲突产生。谈判是渠道成员讨价还价的一个方法。在谈判过程中，每个成员会放弃一些东西，从而避免冲突发生，但利用谈判或劝说要看成员的沟通能力。事实上，用上述方法解决冲突时，需要每一位成员形成一种独立的战略方法以确保能解决问题。

4. 法律手段

冲突有时要通过政府来解决，诉诸法律也是借助外力来解决问题的方法。对于这种方法的采用也意味着渠道中的领导力不起作用，即通过谈判、劝说等途径已没有效果。一旦采用了法律手段，另一方可能会完全遵守诉讼方意愿改变其行为，但是会对诉讼方产生不满，这样的结果可能使双方的冲突增加而非减少。从长远来看，双方可能会不断发生法律的纠纷问题而使渠道关系不断恶化。

5. 退出

解决冲突的最后一种方法就是退出该分销渠道。事实上，退出某一分销渠道是解决冲突的普遍方法。一个企图退出分销渠道的企业应该为自己留条后路，或者改变其根本不能实现的业务目标。若一个公司想继续从事原行业，必须有其他可供选择的渠道。对于该公司而言，可供选择的渠道成本至少不应比现在大，或者它愿意花更大的成本避免现有矛盾。当水平性或垂直性冲突处在不可调和的情况下时，退出是一种可取的办法。从现有分销渠道中退出可能意味着中断与某个或某些分销渠道成员的合同关系。

案例 10-3

某家电名牌企业在全国市场拥有较高的占有率，主要靠遍布全国的百货商店作为其经销商。由于家电行业激烈的市场竞争，生产厂家利润很低，且资金占用严重。受某些大型家电专卖店成功经营的启发，该企业决定自己建立专卖店，以低于百货商店的价格直销本企业的产品。由于低价的吸引，本省已经建立的几个专卖店，销售异常火爆。但意想不到的是，专卖店的低价销售影响了原有经销商的销售，在几个地区出现了大零售商联合抵制该品牌的现象。该企业有关人士称，建立直销店的策略不会改变。

第四节　物流管理

一、物流的概念

物流，又叫实体分配，译自英文 Physical Distribution，源于美国。

所谓物流，是指按照顾客需要有效地计划、实行和控制产品从生产地转移到消费地的实体转移过程的业务。从物流的概念来讲，其任务应该包括原料及最终产品从起点到最终使用点或消费点的实体转移，这里主要研究最终产品的实体转移。

物流活动与分销渠道的决策紧密相关，在整个市场营销中发挥着不可估量的作用，它对产品的成本影响很大，物流的总成本约占销售额的 8%～10%，削减物流成本已成为企业的重要经营课题。一方面，因为物流是降低产品成本并使其合理化的“最后的可开发领域”；另一方面，物流还会很大程度地影响企业的市场营销服务水平和竞争力，因为产品的地点效用和时间效用的体现取决于有效、快速的实体转移。

传统的物流观念认为，物流从工厂出发来考虑如何有效地以低成本将产品送达使用地或消费地；而现代物流观念即市场后勤学观念则认为，物流系统及其规划都应从市场出发，首先是充分研究和了解市场，根据市场需要来研究如何以适当的成本、在适当的时间、以适当的方式将适当的产品送到适当的地点，从而及时有效地满足顾客的需要，并使其获得满意，同时也能使企业满意，并获得较好的经济效益。

二、物流的职能

物流的职能，是将产品由其生产地转移到最终使用地或消费地，从而创造时间效用和地点效用，提高其产品的价值。物流作为渠道构成成员，承担着订单处理、产品处理、保管、库存管理、运输等重要职能。

（一）订单处理

物流系统最初阶段的订单处理就是接收和发送销售及订货信息。订单处理的一系列活动看似简单，容易被忽视，高效率的订单处理却能使产品顺利流通，并增加再订货订单和利益。

一般来说，订单处理包括订货的受理、订购品的出货和订购品的配送等三项业务。

这些业务的开展涉及企业的许多相关部门，所以需要企业各部门予以高度重视，积极协作，迅速做出反应。当企业订单受理部门接到顾客订单后，一旦受理其订单，就要将其订货信息传达给仓库，由仓库确认是否有其产品。接下来就由订单受理部门检验和确认价格及交易条件、顾客的信用度。如果订购品没有库存，就必须将制造指令书传送至工厂或征求顾客意见，是否可用替代品取而代之。

订单处理可以反映一个企业对市场信息的反应能力和管理效率。现在计算机广泛运用于订单受理、订单处理和配送等业务，大大缩短了处理时间，降低了成本，提高了效率。

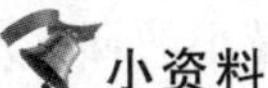小资料

美国通用电气公司(GE)在接到顾客订单后，可以立即确认顾客的资信，查到企业是否有存货和存货的地点，发出发货指令，给顾客开出账单，更新存货记录，发出生产指令，向推销人员反馈有关订货的处理信息等。这一系列工作可以在15秒内完成。

(二)产品处理

产品处理对有效的仓库运营极为重要。产品自身的特征往往决定其被如何处理，如量多的液体和气体，其独特的性质决定了如何移动和储藏它们。

产品的科学有序处理，可以提高仓库的容纳能力，减少产品的处理次数，改善企业对顾客的服务，提高顾客对产品的满意度。因此必须调整有关包装、装货、移动的系统，以期最大限度地降低成本和提高顾客的满意程度。适当的包装既可以保护产品，又可以方便搬运、装卸和储存。

(三)保管

保管是重要的物流职能，通过保管，企业可以克服生产和消费在时间上的差异，即能产生时间效用。保管并不是单纯的产品储藏，它还承担着将产品小批量化或收集货物的职能。下面介绍八种仓库业的基本流通职能：(1)接收所送产品；(2)确认产品；(3)区分产品；(4)调整产品储藏；(5)保管产品；(6)检索和选择产品；(7)运送的准备；(8)开始装运。

(四)库存管理

库存管理是足以满足顾客需求的产品配备的计划和维持。库存管理的目的在于，一方面要保持足够数量的产品；另一方面要将库存费控制到最小限度。由此可见，库存管理至关重要，是物流的中心课题。

1.库存管理的方法

(1)建立起使用计算机、电子机器的现代化库存管理系统，将现场库存、出货电子计数器直接与中央计算机系统相连接，即时掌握库存和销售额等情况，并做出补充货物或下达生产指令等相应的反应。

(2)将 Just In Time (丰田的看板方式)用于库存管理，做到只保持必要的、最低限度的库存，这样可以避免浪费，大幅度减少库存费用。

(3)运用20/80法则。该法则认为，一般企业所经营品种的20%占了销售额的80%。

因此，在库存管理上必须对经营品种差别对待，即周转率高的20%的品种要保持充足的库存，以免发生缺货现象，但对周转缓慢的品种，其库存量应控制在最小限度。

2. 订货点的决定

订货点的决定是库存管理者要做的两个重要决定之一。所谓订货点，就是指重新开始订货时的库存水平，即库存达到何种水平时开始订货。决定订货时库存水平因素有三：一是从订货到产品入库所需天数；二是每天的平均销量；三是防止断货的最低保有量。

3. 最佳订货量(或经济订货量)的决定

最佳订货量是库存管理者的另一重要决定，它是指库存订货总费用最小的订货量。

（五）运输

运输是使商品发生空间移动、创造商品空间效用的活动。它是实体分配中最主要的活动，它有地区之间、城市之间的长途运输，也有市内和市郊之间的运输，一般称配送。针对我国批发商业现在存在的严重困难，在理论和实践中，都有人积极倡导发展现代配送中心这种新型的营销方式，以改革我国的批发商业。主要运输手段有铁路、汽车、水运、航空、管道，各种手段都有其优点，许多企业将两种或两种以上运输手段组合起来使用。

运输手段的选择不仅会关系到顾客需求的满足，而且对物流成本的影响也较大。因此，在运输手段选择中，必须充分考虑对顾客需求的满足程度、对产品和市场的适应性、速度、成本、可靠性、运输能力、便利性、配货能力、安全性等因素。

三、销售物流管理

销售物流管理是指产品从生产者向消费者转移过程中的运输和储存以及有关组织和管理的活动。它包括运输、储存、装卸、搬运、流通加工、包装和情报等。

销售物流管理是指为了使商品有效地从生产地移送到消费地而进行的计划、执行和控制活动，包括顾客服务、需求预测、流通通信、库存控制、物料搬运、订货处理、售后服务、库址选择、采购包装、物资回收、废物处理、储存运输等。

销售物流管理合理化是指实现实体分配低成本的管理。提出销售物流管理合理化是生产和销售领域竞争加剧的结果，也是企业重视实体分配及其管理的结果。主要措施有：

（一）销售物流管理系统化

销售物流管理系统化就是把运输、储存、包装、装卸等各种活动作为一个系统来考虑，在此基础上首先描述系统的实体分配组合形式，以做到实体分配系统的最优化。

（二）销售物流管理计划化

销售物流管理计划化对需求波动大且不容易储存的商品，事先同买主商定进货的时间和数量，制订配送计划。这样，各种物流活动可按计划进行，既可简化订货手续，又可节约费用，但只有当商品有良好的市场信誉时才可采用。

(三)商流与物流分离化

商流与物流分离化分三种情况:

(1)订货活动与配送活动相分离,可以利用委托运输及共同运输的优势,节省运输费用,提高运输效率。

(2)同一企业内销售设施与物流设施在功能方面的商物分离,即把分散在各商流机构的物流设施集中起来,这样既可以压缩流通库存,解决交叉运输等问题,又有利于货物运输的大批量化。

(3)交易对象之间销售设施与物流设施的分离,即合并中间物流环节的物流设施,以减少中间物流环节,提高物流效率。

(四)销售物流管理差别化

根据商品周转的快慢和销售对象的规模和大小,把保管场所和配送方式区别开来,即周转较快的商品分散保管,周转较慢的商品尽量集中保管,以压缩流通阶段的库存,有效利用保管面积。或根据对象决定物流方法,如销售量大的商品每天直接送货,供应量分散的商品通过流通中心一周配送一次。

(五)销售物流管理标准化

销售物流管理标准化即规定订货起点标准,可以明显提高配送效率和库存管理效率。

(六)销售物流管理一体化

销售物流管理一体化分为垂直一体化和水平一体化两种。

(1)垂直一体化,即企业与本行业企业一起共同组织物流作业,以实现本行业内各企业物流的一体化,提高物流活动效率。

(2)水平一体化,即企业与其他行业企业之间联合而形成的一体化,大体上分为以单一企业为主导的一体化和以行业为中心的一体化。以单一企业为主导的一体化,要求配送地点一致,配送的产品不是同行其他企业与之竞争的产品,对外地送货时返程车还可与其他企业搭伙,以解决长途运输车辆跑空车和运费上升的问题,这种一体化的目标是解决两个以上产地和销地相距较远,从而交错运输的企业共同送货的问题;以行业为中心的一体化,即以整个行业为中心,实行共同配送。如唱片行业的共同配送、共同保管,百货商店的共同送货上门和代理送货上门等。

销售物流管理合理化还与供应、生产活动有关。因此,在供应、生产上也可采取改进产品设计、选择供应路线、采用合理的生产供应组织方式等措施,在不同程度上促进实体分配管理合理化。

四、物流的发展

(一)JIT(Just In Time)在物流中的运用

1. JIT的基本原理

JIT为“及时”或“正好赶上”之义,即在需要时按所需数量提供所需部件、原材料或产品。这里有三层含义：一是在需要时生产所需数量的零部件供应给组装线；二是在必要时从外部购进必要数量的零部件和原材料；三是在必要时向顾客提供其所需要数量的产品。

2. JIT在物流中的运用

JIT在物流中的运用，即按顾客要求，在其需要时将所需数量的产品运送到需要的地点。

（二）物流系统的新构想——DRP

DRP（Distribution Requirements Planning，按需配送计划）是指根据市场需求将生产管理和销售管理有机地结合起来，实行连动复合式管理的管理系统。通过这种连动复合式管理，一方面消除流通过程中不必要的产品库存，降低成本，提高效率；另一方面，又可以更好地满足顾客需求，即做到在顾客需要时将其所需数量的产品及时有效地送达其需要的地点。

（三）第三方物流的兴起

1. 国外的第三方物流

第三方物流是指由第三方全面负责物流体系的设计和维护、调货、库存管理、装卸、配送等全部物流业务。第三方物流在日本、美国、欧洲等发达国家都比较普遍。据有关资料显示，日本的商业企业和工业企业以及第三方物流企业之间的社会化配送是世界上最好的，第三方物流在全物流中所占比例是最高的，达到80%左右。美国有57%的物流量通过第三方物流业完成。欧洲一些主要国家虽比日本和美国所占比例要小一些，但也占到20%以上。英国为34.48%，法国为26.9%，荷兰占25%，比利时占24.99%，德国占23.33%。

2. 我国第三方物流现状

物流被看成是“除生产、销售外获得利润的源泉”，是“降低成本的最后处女地”。要使物流成为降低成本、获取利润的源泉，就需要物流专业化、系统化、网络化、信息化和规模化。因此，发展第三方物流迫在眉睫，尤其是随着网络营销、电子商务的发展，越来越需要有庞大的配送网络系统和专门从事配送的第三方物流。目前网上购物面临的最大瓶颈就是如何把货物及时且低成本地送达用户手上。如果由网络商家自己经营配送，不仅不能降低成本，反而会提高成本。另外受地域的限制，也难以将货物及时送达，从而导致顾客不满。无论是B2B也好，还是B2C也好，都少不了第三方物流。现在我国已处在一个最需要第三方物流又最缺乏第三方物流的时代。

近几年，我国的第三方物流市场以每年16%～25%的速度增长。虽然我国物流行业发展很快，但目前我国第三方物流信息化应用的水平还比较低。据统计，大量第三方物流企业的信息化水平还停留于GPS、RFID等初级阶段，有的企业甚至连办公套件、企业邮箱都还不具备。这类企业占第三方物流企业总数的50%以上。我国的物流企业中，中小企业占了大部分。绝大多数中小物流企业尚不具备运用信息技术处理物流信息的能力。拥有信息系统的企业，其信息化需求也多数属于底层需求，基础信息系统建设是现信息化建设的主要内容。同时，中小企业在选购物流信息化系统时，虽然最主要考虑的是成本问题，但还要考虑企业未来的需求。大多数物流信息系统的成本较高，很多功能又用不上，但企业发展壮大之后有可能就非常需要，这就要求产品拥有全生命周期的特性，可以随着企业自身的发展和业务拓展而进化。当今市场上，除了博科资讯，其他物流供应链管理软件厂商还不具备提供此类产品的能力，缺少适合中小物流企业的信息系统严重制约了这类企业信息化的普及。

目前，中国第三方物流的服务对象主要集中在外资企业，其次是民营企业和少数改制后的国有企业。如中海物流的客户主要有美能达、诺基亚、三洋、东芝、三星、华为、联想等企业；宝供物流公司服务的对象是宝洁、飞利浦、雀巢、沃尔玛、联想等。

3. 第三方物流的发展趋势

从国外第三方物流的发展来看，其趋势可概括为三个方面：

(1)第三方物流要扮演物流集成商的角色，它提供一个计算机接口、一个接触点、一份合同、一份集单。买卖双方把所有的与物流有关的业务交给第三方物流全权代理，不管它是自己运作，还是转包给他人。

(2)第三方物流有很大的利润空间，第三方物流不但给第一方和第二方带来利润，而且也能使自己赚到钱。如果第三方物流更好地使用信息技术，严格内部管理，进行有效成本控制，并提供一些增值服务，就能赚取更多的利润。

(3)构成“第三方物流—客户”供应链关系，客户将更加依赖于第三方物流。因为实践证明第三方物流有现成的比客户自己做要好得多的物流解决方案，所以，客户都非常愿意把这项工作外包出去。从而，第三方物流和客户之间就构成了一种不可分割的供应链关系。

第五节　分销渠道的新变化

随着互联网的出现、经济全球化态势的形成，消费购买行为的日趋个性化等诸多因素的影响，企业的分销渠道出现了许多变化，基于这些变化，企业要想很好地生存和发展，必须不断地适应新形势，进行分销渠道管理的创新与完善。

当前企业对分销渠道进行了许多变革和创新。主要从渠道的长度与宽度、渠道类型、渠道成员的合作方式、渠道的运作方式和渠道的地理影响力等方面入手。

一、从渠道长度与宽度来看

渠道系统由“金字塔”式转向扁平化。传统的销售渠道呈金字塔式的体制，金字塔式的渠道采用“生产者——一级批发商—多层次级批发商—零售商”的模式，因其广大的辐射能力，为厂家产品占领市场发挥了巨大的作用。但是，在供过于求、竞争激烈的市场营销环境下，传统的渠道存在着许多不可克服的缺点：一是厂家难以有效地控制销售渠道；二是多层结构有碍于效率的提高，且臃肿的渠道不利于形成产品的价格竞争优势；三是单项式、多层次的流通使得信息不能准确、及时反馈，这样不但会错失商机，而且还会造成人员和时间上的资源浪费；四是厂家的销售政策不能得到有效的执行落实。企业要打破传统的“金字塔”式的销售渠道，摆脱传统的层次分明的模式，开展直接面向终端经销商和最终消费者销售的营销策略，采取“扁平型渠道”。“扁平型渠道”采取“生产商—批发商或零售店(厂商零售店)—消费者”模式。这样，生产企业对市场更了解，产品价格更具有竞争能力，服务更及时。

二、从渠道类型选择来看

由单一渠道转向多元化组合，直接销售与间接销售结合，大型超市、百货商店、仓储式商店、便利店和连锁专卖店等综合运用。渠道类型选择要根据不同地区情况和产品情况选择。对于某一产品的某一区域市场而言，传统上多数制造商只通过一个渠道进入，而如今，随着细分市场和潜在渠道的增加，越来越多的公司采用多元化市场营销渠道系统。增加渠道方式及发展多元化渠道组合，可以弥补单一渠道形式的不足，提高市场覆盖率，使渠道成本降低，从而更好地满足顾客的需求。

三、从渠道成员合作方式看

传统渠道的形式是“交易型”，现代的企业要转向“伙伴型”“关系型”渠道，并采取“垂直型”营销系统。渠道内各成员之间应发展和保持密切的、固定的合作关系，从“交易型”向“伙伴型”转变，最终实现双赢乃至多赢。

四、从渠道运作方式来看

以总经销商为中心的推进模式逐渐衰落，以终端建设为中心的拉动模式渐渐发展，从而提出了“逆向渠道”的概念。在传统的渠道构建中，一般以正向模式选择各级经销商，以厂家为出发点选择一级经销商、次级经销商，逐级控制治理；但企业对终端几乎没有控制能力，使渠道的功能大打折扣。而逆向模式从营销渠道的末端开始，向上考虑整条渠道的选择，根据消费需求、消费行为和产品特性选择销售终端，充分考虑终端的特性和利益，弱化一级经销商，加强二级经销商，决胜终端零售商，通过加强各环节的协作来达到企业的战略意图。

五、从渠道的地理影响力来看

虚拟市场将越来越重要，电子商务条件下的分销渠道设计方案成为有待解决的重要领域。传统的分销渠道都有自己或大或小的商圈范围，但受到时间和空间的限制。企业必须跳出渠道所处地理位置的狭小空间，建立以网络为载体的分销渠道，使商圈范围不受时空的约束，向更大的范围扩展。

分销渠道是建立和发展企业核心能力的重要源泉，而生产商通过分销渠道向消费者提供服务正是企业建立并保持长久竞争优势的根本。分销渠道中多种形式应该并存，各种观点应为互补而非替代；任何一种渠道都无法解决所有问题，要根据具体环境，针对分销渠道出现的各种变化，正确选择基本的渠道模式。现代渠道的改革和发展的重心在于服务，其根本目的就是通过提供优质的渠道服务来赢取顾客。我国企业渠道治理的最重要任务是运用现代信息技术构建客户、市场信息处理系统，建立健全以经销商为主体的客户关系管理系统，并在此基础上逐步建立真正意义上的客户关系管理体系。

案例10-4

乐百氏桶装水新型分销渠道

乐百氏进入桶装水市场之初，行业内最普遍的渠道模式是：供应厂商—水站—消费者。这些水站同时经营几种品牌的桶装水，还经营各种杂货。送水服务和管理混乱无序、形象不佳，极其不利于表现出乐百氏高品质的全国性品牌核心价值。其营销总监何宏远审时度势，全力推出大大区别于上述水站的新分销渠道——乐百氏加盟专卖水站。他们提出在让水站赢利的基础上，对加盟专卖水站进行系统、先进的营销管理。他们所合作的每个水站有效半径是1公里，水站的顾客数量保持在1 000户以上。桶装水需要上门推销送货，因此分销模式与其他水饮料的差别很大，服务的内涵显得更丰富、复杂和重要。乐百氏饮用水公司要求加盟专卖店有统一的招牌、店面形象，对所有送水工人进行专业的培训，对专卖店的行为规范、服务流程、用语、动作都有详细的规定。例如，送水员进入客户家庭，衣着整洁、穿上鞋套、定期为客户清洗饮水机等。这种做法操作起来非常艰难，一家家反复指导说明，成本相对其他桶装水商也高。但这一系列的服务品质保证，又反过来维护和提升了乐百氏的品牌价值。乐百氏开业之初，由于成本压力和对桶装水市场的不熟悉，使用“通用桶”灌装饮用水。但他们马上就意识到，这样很难区分不同厂家的桶装水。对乐百氏来说，既无法显示出品牌具有的高品质和全国性品牌价值，又将使分销手段和总量无法达到更高层次，是致命的缺陷。于是他们很快就花巨资引进制桶生产线，生产具有充分反映乐百氏品牌形象和CI标识识别系统的水桶。此举使乐百氏桶装水的产品品牌形象明显区别并领先于其他的地方品牌，从而开拓和确立了乐百氏高品质的市场形象，而其他一些小品牌即使降价也无法维持原有的市场。乐百氏还根据各地市场差异化，定位经营乐百氏桶装水。由于中国地广人多，各区域市场的差异有时显得非常大，因此必须根据不同的市场情况，制订合乎分销规律和当地市场的分销方案。在北方的大部分市场，由于当地桶装水市场形成较晚，没有规模化企业。乐百氏根据这种群龙无首的状况，义不容辞地担当起桶装水领跑者的角色，以价高质优区别于其他低层次的水商，当地品牌桶装水价格是8～10元/桶，乐百氏则为10～12元/桶，努力追求内容和品牌的性价相符。不到两年时间，在以北京为首的整个北方市场，乐百氏桶装水的市场覆盖率和销售额均取得了第一的好成绩。

本章小结

1. 分销渠道策略是企业市场营销中一个刺激而富有挑战的方面。刺激来源于不断变化的市场环境、客户需求以及竞争对手，挑战来源于制造商在分销企业产品时面临的多种可能的选择。分销渠道策略包括两个主要的管理任务：设计总体结构和渠道的运作管理。分销渠道设计包括对分销目标、活动和潜在中间商的评估。

2. 分销渠道结构包括渠道中所选用的中间商的数量、类型和层次。企业市场分销渠道中的主要成员是分销商和代理商，分销商为他们的供应商提供全方位的营销服务，其中客户联系和产品交付是他们最基本的职能。制造商的代理商擅长营销中的销售职能，在市场中为他们的供应商宣传产品并且具备关于产品和市场的广博知识。代理商不负责分销，分销由制造商自己负责。

3. 分销渠道管理是一个不间断的工作，要对渠道的结构进行管理以实现分销目标。通过营销物流管理的方法维持渠道成员之间高效的合作关系，这是实现渠道管理成功的一个关键因素。对于成功的分销渠道管理，还有两项重要的工作，即挑选和激励中间商。企业市场营销经理需要运用跨职能的管理技巧来解决渠道纠纷。

4. 企业的分销环境在不断变化，企业的营销目标、分销渠道也必须相应地发生变化。目前，我国企业的分销渠道主要发生了如下的变化：分销渠道系统由“金字塔”式转向扁平化，由单一渠道转向多元化组合；传统渠道的形式是“交易型”，现代的企业要转向“伙伴型”“关系型”渠道，并采取“垂直型”营销系统；提出了“逆向渠道”的概念，电子商务条件下的分销渠道设计还应该建立以网络为载体的分销渠道，使商圈范围不受时空的约束。

一、复习思考题

1. 分销渠道设计应考虑哪些因素？分销渠道决策包括哪些内容？

2. 简述分销渠道的发展趋势。

3. 如何选择中间商？

4. 什么是物流？物流具有哪些职能？

5. 什么是第三方物流？为什么我国迫切需要发展第三方物流？我国如何发展第三方物流？

二、单选题

1. 厂商设想对分销渠道进行高强度控制，一般采取较（　　）渠道的做法。

A. 窄　　B. 宽　　C. 长　　D. 短

2. 区分经销和代销最主要是看中间商是否参与了商品的（　　）。

A. 经营活动　　B. 所有权转移　　C. 促销活动　　D. 流通

3. 产品处于生命周期的不同阶段采用的渠道政策也不一样，（　　）更适合采用短渠道。

A. 导入期　　B. 成长期　　C. 成熟期　　D. 衰退期

4. 某公司生产适合青年男女需要的休闲服装，该公司采取的是一级渠道，下列渠道成品中，（　　）不会在渠道中出现。

A. 百货商店　　B. 大型综合百货超市

C. 服装专卖店　　D. 销售代理商

5. 下列情况中，（　　）宜采用最短的分销渠道。

A. 单价低、体积小的日常用品　　B. 处在成熟期的产品

C. 技术性强、价格高的产品　　D. 生产集中、消费分散的产品

6. 制造商与分销商之间、总代理与批发商之间所发生的冲突属于( )。

A. 水平渠道冲突 B. 垂直渠道冲突 C. 多渠道冲突 D. 集中渠道冲突

7. 批发分销商的选择要考虑它所处的位置是否利于产品的批量储存与运输,通常以( )为宜。

A. 交通枢纽 B. 生产基地 C. 市场集中地 D. 顾客集中地

8. 某企业在评估自己的分销商时,主要看过去一年中,该分销商是否十分成功地为其创造了很高的收入,则该评估的内容属于( )。

A. 分销商的忠诚 B. 销售绩效 C. 分销商的增长 D. 财务绩效

9. 在对渠道成员进行素质调整时,企业可以用( )的方法永久提高分销渠道成员的素质水平。

A. 帮助 B. 管理 C. 培训 D. 管教

10. 企业分销渠道中中间环节的数目构成了( )。

A. 分销渠道系统 B. 分销渠道长度 C. 分销渠道宽度 D. 分销渠道深度

三、多项选择题

1. 分销渠道包括( )。

A. 生产者 B. 商人中间商 C. 代理商 D. 供应商 E. 消费者

2. 影响分销渠道设计的因素有( )。

A. 顾客特性 B. 产品特性 C. 竞争特性 D. 企业特性 E. 环境特性

3. 下列商品中,适宜选择短渠道分销的有( )。

A. 鲜活商品 B. 建筑材料 C. 机器设备 D. 日用百货 E. 通用材料

4. 当企业生产经营的是( )的产品时,宜采用短渠道分销。

A. 单价高 B. 耐久性强 C. 技术性强 D. 市场集中 E. 潜在顾客多

5. 制约分销渠道决策的主要因素有( )。

A. 商品条件 B. 自然条件 C. 经济条件 D. 市场条件 E. 企业条件

6. 无门市零售的主要形式是( )。

A. 直复市场营销 B. 直接销售 C. 自动售货

D. 购货服务公司 E. 传销

7. 经纪人或代理商主要分为( )。

A. 产品经纪人 B. 制造商代表 C. 销售代理商 D. 采购代理商 E. 佣金商

8. 渠道决策时,可以设计宽渠道,也可以采用窄渠道,一个企业选择渠道的宽窄,取决于( )。

A. 企业战略目标 B. 利润空间 C. 产品特点

D. 顾客分散度 E. 中间商特性

9. 为了激励中间商,制造商对中间商进行支持性服务,面对中间商的支持服务,应包括( )。

A. 推广津贴 B. 交易折扣 C. 促销协作 D. 展销会 E. 现场装饰补贴

10. 分销渠道包括(　　)。

A. 生产者　　B. 商人中间商　C. 代理商　　D. 供应商　　E. 消费者

四、判断题

1. 营销渠道的流程由交换、物流、所有权流等构成。　　(　　)

2. 功能性特殊渠道成员包括运输业、仓储业、金融业、广告业。　　(　　)

3. 直复营销使用广告媒体与普通广告一样,其目的都是为了刺激顾客的偏好和树立品牌形象。　　(　　)

4. 某企业选择本埠市场为目标市场应相应采用短渠道策略。　　(　　)

5. 某公司是一家小家电代理商,在江苏省内代理几种互补性产品的销售,其主要任务是将订单传给制造商以进行生产和运输,该公司是代理销售商。　　(　　)

6. 管理式分销系统是指一家公司通过建立自己的销售公司、办事处或通过实施产供销一体化及横向战略而形成的分销系统,是渠道关系中最紧密的一种。　　(　　)

7. 商品在分销中经过的环节越多,分销渠道就越长,反之越短。　　(　　)

8. 某企业在设计渠道广度时,采用了选择型组合方式,在个人消费者和小公司的现货、大规模市场采取了无差异的人员推销、电话营销、网上分销三种渠道形式。　　(　　)

9. 自己进货,并取得产品所有权后再出售的商业企业是经纪人或代理商。　　(　　)

10. 佣金商对生产者委托代销的物品没有经营权。　　(　　)

五、案例分析题

作为国内乳制品业的龙头企业,A 企业在全面发展的基础上,突出重点,针对乳制品市场的具体情况,逐渐形成了冷饮制品、奶粉以及液态奶三大支柱产品。在过硬的产品质量基础上,该企业将工作的重点放在了如何将其产品送到销售者手上。为了争夺市场和不断扩大消费者群,该企业在渠道建设上取得了惊人的成绩。

从 2011 年开始,该企业在原来的市场基础上,进一步整合,从代理商、批发商到消费者各个层面仔细研究分析其业务拓展政策,并且企业的从业人员从中帮助中间商进行业务拓展,以提高企业掌控网络的能力。目前该企业正在做市场分销库存管理系统和进一步尝试电子商务,如 B2B、B2C,其目的是拉近企业与代理商、批发商、消费者的距离,真正服务于消费者。该企业还特别重视与经销商的关系,因为经销商是维系企业与消费者的桥梁,其眼界和素质的提高,可以使企业更加深入了解消费者需求,有利于企业战略的调整和提高。2013 年,该企业送部分优秀经销商进清华、北大等著名学府进修学习,下大力气从根本上提高经销商的素质。

思考:

(1)企业应该对经销商建立怎样的正确认识?

(2)该企业想进一步尝试电子商务,那么企业建立网络分销渠道的基本思想是什么?利用商务中介站点的优势有哪些?

六、实训练习题

面对保健品市场这块巨大的蛋糕，保健品生产企业如雨后春笋般出现。中国的保健品市场在经历了20世纪90年代的狂飙突进之后，如今正在行业协会和生产企业的共同努力下，探索品牌时代的产业标准。重点整顿市场经济秩序，加强市场秩序的“法治”；恢复社会商业信用，严厉打击假冒伪劣产品，提高市场的管理水平，使市场进入有序的竞争状态。中国的保健品市场在已经萎缩了三年之后，现在终于露出了一线“曙光”。保健品业无疑将迎来一次全新的洗牌。

（一）实训目标

通过对企业产品分销策略的评析，让学生在营销活动的实践中亲身体验营销，加深对产品分销策略的理解；懂得如何把产品渠道策略的理论知识运用到实践中去，掌握营销渠道网络模式，培养学生初步具备销售渠道策划的能力，使学生对所学知识有进一步的了解与提高。

（二）实训项目

试以你熟悉的某一保健品生产厂家为例，调查了解并分析该产品的销售渠道模式，该公司选择了哪些中间商以及与中间商建立怎样的分销合作关系等。

（三）实训步骤

1. 搜集资料

小组通过网络、刊物、访问等途径搜集某一企业产品的销售渠道模式，了解掌握该公司选择了哪些中间商以及与中间商建立怎样的分销合作关系等。

2. 分析整理

小组根据所搜集的资料进行分析、归纳、总结，为该企业初步拟订产品的销售渠道模式方案。

3. 交流讨论

小组相互交流，讨论拟订的方案。

（四）实训组织

由学生自由组合成研究性学习项目小组，5～6人为一小组，每小组进行三种及以上方法的调查，在课前做出分析报告。

第十二章 促销策略

教学目标和要求：

1. 理解促销的含义，认识促销对企业营销的重要作用
2. 掌握促销组合策略的主要内容
3. 正确制定企业的促销组合决策
4. 理解人员推销、广告、营业推广和宣传报道等主要促销方式的特点、策略和方法
5. 培养一定的促销技能

知识结构图

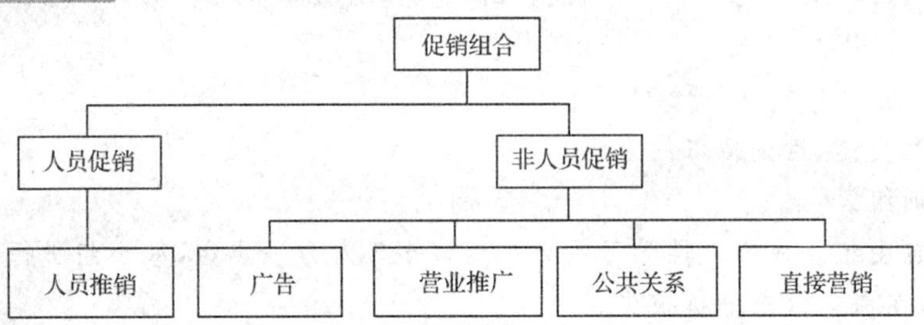

导入案例

中国广告下半场，时间是真正的战场，场景才是竞争的本质

中国广告行业走过了一条全球广告史上从未有过的神奇之路。近乎空白的极低起点的中国广告行业，其市场规模从1979年的0.1亿元狂奔到2017年的6 896亿元。从发展阶段来看，上半场从1979年至2014年的35年高速增长，广告行业的增长率年均超过15%。2015年中国广告行业进入了下半场。2015到2016年经历两年负增长，直到2017年才重拾4%的增长。

2016—2017 年各媒介广告刊例花费变化如图 11-1 所示。

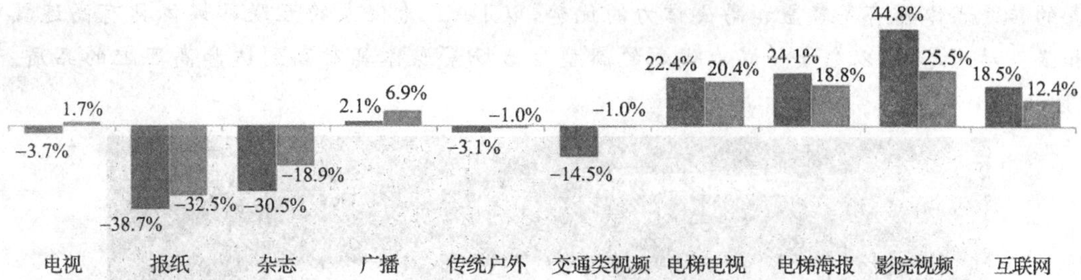

图 11-1　2016—2017 年各媒介广告刊例花费变化

下半场的概念，其实是从互联网行业出现的。互联网行业对用户和流量有着超凡的敏感，当快速跑马圈地的用户红利逐渐消失，用户规模快速增长近乎停滞时，包括互联网在内的所有产业都需要用另外一种新的逻辑来思考新的问题了。

从某种程度上来说，下半场代表着中国广告行业进入了另一个时代，在这个时代，一切广告的价值直接与个人的时间及其专注力相关联，因为每个人一天的时间是有限的，用来娱乐、消遣、工作、生活等碎片时间是一个恒定量。你去打了游戏，就可能不能看球赛。不管用户有多少个身份，他如何自由地切换线上与线下的世界，说到底，他只有 24 个小时的时间。时间才是真正的战场，注意力争夺才是一切广告竞争的本质，而当时间和注意力的增长的空间逐渐减小时，广告的下半场自然也就到来了。

那么进入更重要的主题，在中国广告的下半场，企业和品牌如何追求以最小的代价赢得最大的胜利呢？

1. 中国广告的下半场，要看清优质人口与时间红利的流向

不同的媒体形态占据着不同的时间与注意力。尼尔森的数据显示：人们每天看广告的总时长约 24 分钟，其中 26％来自互联网广告，21％来自电视广告，19％来自电梯广告。（图 11-2）

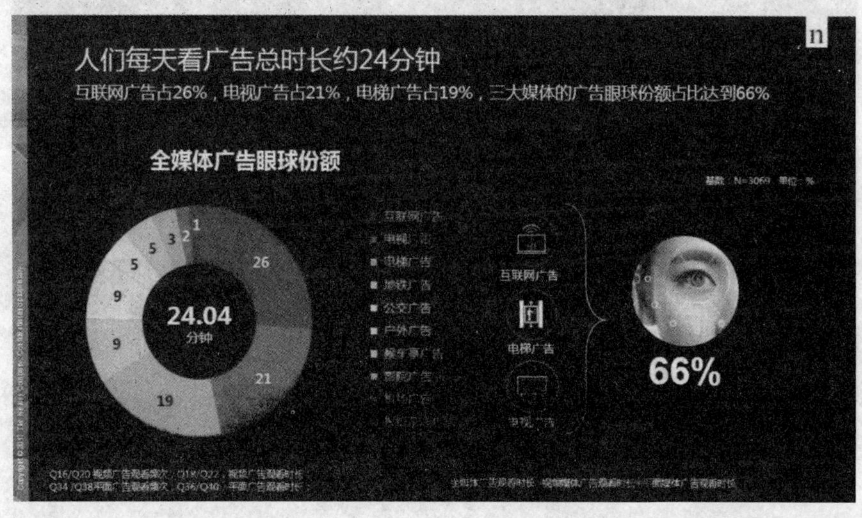

图 11-2　人们每天看广告总时长约 24 分钟

CTR 央视研究认为当前的媒体生态圈基本上呈现三足鼎立的格局，以 CCTV 为代表的传统媒体具有高覆盖和高公信力的优势，以 BAT 为代表的互联网媒体具有高连接和强互动的属性，以分众传媒为代表的新型生活场景媒体具有高到达和高匹配的品质。(图 11-3)

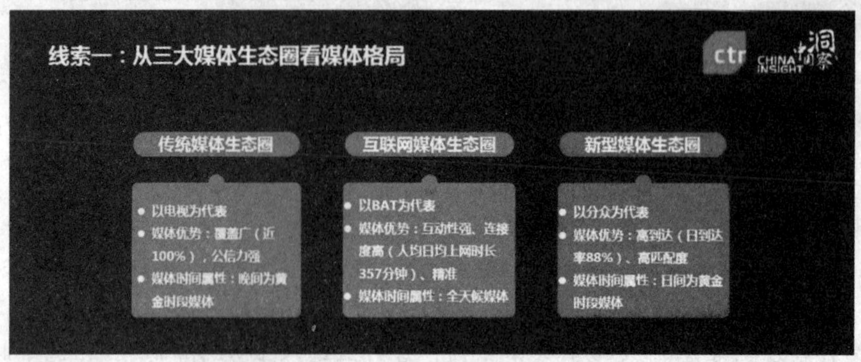

图 11-3　从三大媒体生态图看媒体格局

如江南春所言，“现在分众覆盖 2 亿城市主流人口，这是消费升级新产品、新服务、新模式最可能的接受者，是品牌的风向标人群；5 年之后我们完全有可能覆盖 5 亿增长上来的中产阶级，覆盖量也翻一番，这是完全可以期待的。相反，现在中国的互联网用户已经快 8 亿了。未来 5 年里，你觉得有可能出现互联网用户再增长一倍，然后关注互联网广告的时间再翻一番的情况吗?”

2. 从整体上要采用跨屏协同战略来建构品牌自身的广告预算

全球最大的研究公司 KANTAR 集团旗下的研究公司华通明略最早对跨屏投放进行研究，根据该公司 2017 年最新数据显示，目前最优的组合是 40％传统电视、30％互联网视频和 30％电梯电视，可以大幅提升广告片传播的到达率和回报率。(图 11-4)

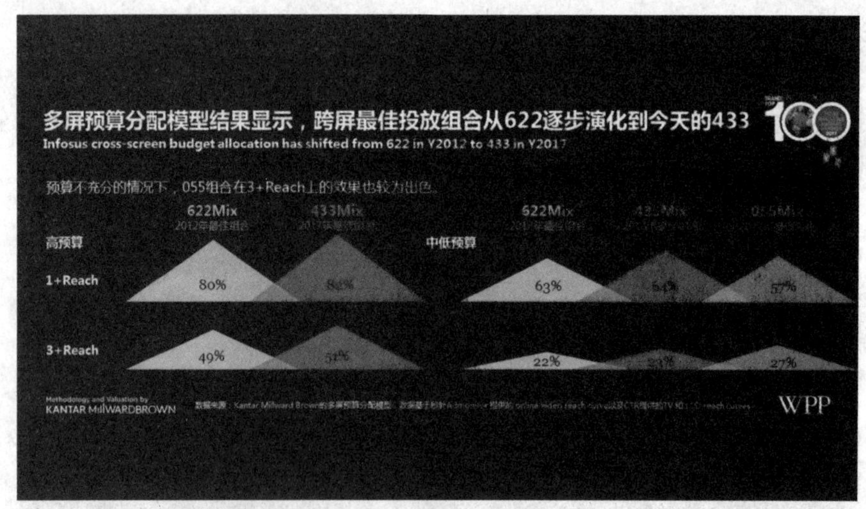

图 11-4　多屏预算分配模型

过去三年，坚持传统电视、互联网视频和电梯电视三屏组合投放的品牌价值成长高

达 44.6%，远高于非三屏投放的品牌价值成长 24.6%的表现。

相较于互联网上线上媒体的主动去寻找目标用户群体的形式，线下利用用户每天最日常的生活环境下的媒体消费空隙，实现植入广告的高频传播和有效到达，这种生活场景媒体长期稳定的存在于主流人群的生活工作场景之中，最能够实现主流人群的集中影响。

3. 广告不应该是打扰，而应该存在于那些特殊的场景中，让消费者主动去看

移动互联网时代，消费者主动接触媒体，也在主动回避广告。聚集流量不等于聚集广告注意力。人与媒介的关系不等于人与广告的关系：人与媒介的关系越来越紧密，人与广告的关系却越来越疏离。人们尽管每天触碰手机上百次，但却很难记住过去一个月到底看了哪些广告。

事实上大家在看电视时主要在看节目，看互联网时主要在看内容，大多数情况下消费者并不想看广告，穿插其中的广告成为打断收看的干扰因素。但是，为什么很多消费者会主动看分众电梯广告，因为等电梯和坐电梯的时间，消费者没有太多选择，看广告成了打发无聊的很好方式。尼尔森的《中国广告关注度研究》显示，影院映前广告、电梯广告是消费者主动关注度最高的广告。

在电梯这种场景中广告不再是一种打扰，而是自然存在，所以在等电梯或乘电梯时，许多消费者就会主动看分众的电梯广告。

广告是有社会价值的，广告是一种商品资讯和销售指引，可以帮助用户和品牌商降低交易成本，提升交易效率，但广告由于出现在精彩的内容中，绝大部分消费者不太愿意看，所以广告效率下降，更多地成为一种成本。

第一节　促销组合策略

一、促销概述

(一)促销的概念

所谓促销，是指企业运用人员或者非人员的方法，向用户提供商品或服务的信息，引导、启发、刺激用户产生购买的兴趣，帮助和促进消费者熟悉某种产品或服务，促使消费者对产品或服务产生好感与信任并做出购买决策，采取购买行动。

(二)促销的主要任务

从核心和实质上来看，促销就是一种信息沟通，通过各种各样的手段和方式，实现企业与中间商、企业与最终用户之间各种各样的信息沟通。另一方面，通过信息沟通又能够传递最终用户和中间商对生产者及有关产品的各种各样的评价。

(三)促销的目的

促销的目的就是通过各种形式的信息沟通来引发、刺激消费者产生购买欲望直至发生购买行为，实现企业产品的销售。

(四)促销的方式

促销的方式主要有人员促销和非人员促销两类(图 11-1)。人员促销就是企业派出推销人员,与消费者进行面对面的直接沟通,说服顾客购买;非人员促销主要是指企业借助广告、公关和各种各样的销售促进方式进行信息沟通,达到引发、刺激消费者产生购买欲望直至发生购买行为、实现企业产品销售的目的。

一般来说,人员促销针对性较强,但影响面较窄;非人员促销影响面较宽,针对性较差。企业促销时,只有将二者有机结合并加以运用,才能发挥其理想的促销作用。

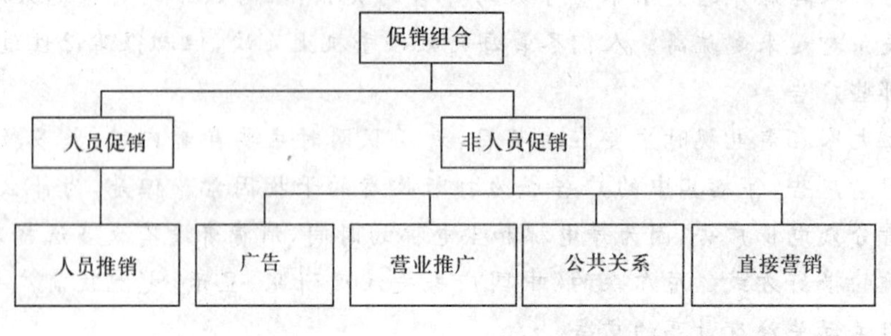

图 11-1　促销的方式

(五)促销的作用

在产品同质化日益明显的今天,促销作为一种非价格竞争策略,对产品的销售起着非常重要的作用。促销的作用主要表现在以下几个方面:

1. 提供商业信息

促销宣传可以使用户知道企业生产经营什么产品,产品有什么特点,到什么地方购买,购买的条件是什么等,从而引起顾客注意,激发并强化顾客的购买欲望,为实现和扩大销售做好舆论准备。

2. 突出产品特点,提高竞争力

促销活动通过宣传企业的产品特点,提高企业的知名度,加深顾客对产品的了解和喜爱,增强信任感,也就提高了企业和产品的竞争力。通过各种促销形式,将产品优于竞争对手之处揭示出来并让消费者知晓,进而产生拉动市场的作用,从而达到诱导需求的目的。

3. 强化企业的形象,巩固市场地位

恰当的促销活动可以树立良好的企业形象和产品形象,能使顾客对企业及其产品产生好感,从而培养和提高用户的忠诚度,形成稳定的用户群,可以不断地巩固和提高市场占有率。不断地促销还可以强化消费者对某个品牌、某个产品的认识、理解和认同,从而产生对某个品牌、某个产品的信任感,这对稳定市场至关重要。

4. 刺激需求,影响用户的购买倾向,开拓市场

企业通过促销活动诱导需求,有利于将新产品打入市场和建立声誉。促销也有利于培育潜在需求,为企业持久地挖掘潜在市场提供了可能性。

二、促销策略

（一）促销策略的内涵

促销策略是市场营销组合的基本策略之一。促销策略是指企业如何通过人员推销、广告、公共关系和营业推广等各种促销方式，向消费者或用户传递产品信息，引起他们的注意和兴趣，激发他们的购买欲望和购买行为，以达到扩大销售的目的。企业将合适的产品，在适当的地点，以适当的价格出售的信息传递到目标市场，一般是通过两种方式：一是人员推销，即推销员和顾客面对面地进行推销；另一种是非人员推销，即通过大众传播媒介在同一时间向大量顾客传递信息，主要包括广告、公共关系和营业推广等多种方式。这两种推销方式各有利弊，起着相互补充的作用。此外，目录、通告、赠品、店标、陈列、示范、展销等也都属于促销策略范围。一个好的促销策略，往往能起到多方面的作用，如提供信息，及时引导采购；激发购买欲望，扩大产品需求；突出产品特点，树立产品形象；维持市场份额，巩固市场地位等。

（二）促销基本策略

根据促销手段的出发点与作用的不同，促销基本策略可分为两种：

1. 推式策略

厂商以人员推销为主要手段，首先争取中间商的合作，利用中间商的力量把新的商品或者服务推向市场，推向消费者。推式策略是企业以直接方式，运用人员推销手段，把产品推向销售渠道的策略，即利用推销人员和中间商把产品推销给顾客。其作用过程为，企业的推销人员把产品或服务推荐给批发商，再由批发商推荐给零售商，最后由零售商推荐给最终消费者。该策略适用于以下几种情况：

（1）企业经营规模小或无足够资金用以执行完善的广告计划。

（2）市场较集中，分销渠道短，销售队伍大。

（3）产品具有很高的单位价值，如特殊品、选购品等。

（4）产品的使用、维修、保养方法需要进行示范。

2. 拉式策略

拉式策略是企业先通过广告等直接面向最终消费者的强大促销攻势，把新的产品或服务介绍给最终市场的消费者，使之产生强烈的购买欲望，形成急切的市场需求，然后“拉引”中间商纷纷经销这种产品。拉式策略是企业采取间接方式，针对最终顾客，利用广告、公共关系等促销方式，激发消费需求，经过反复强烈的刺激，顾客将向零售商指名购买这一产品，零售商则向批发商指名采购这种产品，而批发商必然要向生产企业要货。生产企业就这样把自己的产品拉进销售渠道。其作用过程为：企业将消费者引向零售商，将零售商引向批发商，将批发商引向生产企业，这种策略适用于以下几种情况：

（1）市场广大，产品多属于便利品。

（2）产品信息必须以最快速度告知广大消费者。

（3）对产品的初始需求已呈现出有利的趋势，市场需求日渐上升。

（4）产品具有独特性能，与其他产品的区别显而易见。

(5)能引起消费者某种特殊情感的产品。

(6)有充分的资金用于广告。

企业无论采用推式策略还是拉式策略进行促销，对促销组合都有较大的影响。如图11-2所示。

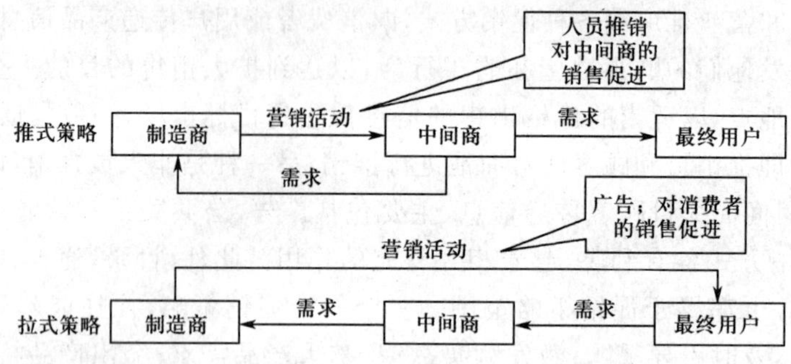

图 11-2　推式与拉式策略的区别示意图

(三)促销组合策略

现代市场营销将促销方式归为四种类型：广告、人员推销、营业推广、公共关系。将这四种方式的运用搭配称为促销组合。促销组合策略就是对这四种促销方式组合搭配和如何运用的决策。企业根据促销的需要，对各种促销手段有计划、有目的地综合运用，充分利用各种促销手段的优势，避免各促销手段间作用的互相抵消，使各种促销手段相辅相成，取长补短，以便实现整体效果最佳的促销方式。各种促销手段各有其优缺点。表11-1是四种主要促销方式优缺点的比较。

表 11-1　　四种主要促销方式优缺点的比较

促销方式	优点	缺点
广告	传播面广，速度快；形象生动，信息艺术化，吸引力强；可选择多种媒体；可重复多次使用	说服力较小；购买行为滞后；信息量有限
人员推销	信息双向沟通，能及时反馈；信息传递的针对性较强；尤其适用于某些贵重品和特殊产品	成本高；受推销人员素质的制约；接触面太窄
营业推广	刺激快，吸引力大；在改变消费行为方面非常有效；与其他促销工具有很好的协同作用	只能短期刺激；可能使顾客有顾虑和怀疑；可能损坏品牌形象；竞争对手容易模仿
公共关系	可提高企业知名度、美誉度和信赖度；可信度高；绝对成本低	见效较慢；难以取得媒体的合作；效果难以控制

人员推销是企业派推销人员直接向用户(包括直接和间接用户)推销产品或服务的一种销售方式。它具有直接联系、机动灵活、现场洽谈、及时反馈、选择性强、有利于建立良好的人际关系等优点。但是它的绝对费用较高，在发达国家是广告费用的2～3倍，而且企业较难得到优秀的推销人员。

营业推广是指企业在特定的目标市场中，为迅速地刺激需求和激发消费而采取的一种促销手段。其具体形式有三类：一是针对消费者的营业推广，这是为了激发消费者的

购买欲望，提高重复购买率，推动新产品销售，扩大市场占有率等，如进行有奖销售、举办展销、现场表演等。二是针对中间商的营业推广，这是为了鼓励中间商大量进货、代销、加速货款回收等，如购货折扣、经销竞赛等。三是针对经销人员的营业推广，这是为了鼓励推销人员积极工作，努力开拓市场，增加计划期内的销售量，如开展竞赛和奖励活动。

广告是公司用付费的方式，把有关产品或服务的信息通过一定的媒体，有计划地传递给消费者，以沟通供需之间的联系，直到达到促成消费、扩大销售的目的。在现代社会中，可供选择的广告媒介越来越多，除了报纸、杂志、广播、电视四大媒体之外，企业还可以利用邮寄、电影、招贴、橱窗、路牌等多种手段进行广告宣传。尤其值得一提的是在互联网日益发达的今天，利用网络进行广告宣传是一个重要的手段。

公共关系是指一个公司为了谋求社会各方面的信任和支持、树立企业信誉、创造良好的社会环境，而采取的一系列措施和行动。从销售角度看，它是企业为获取公众的信赖，加深用户印象而用非直接付费方式进行的一种促销活动。

促销组合是有计划、有目的地把人员推销、营业推广、广告和公共关系四种促销形式配合起来综合运用，形成一个有机的促销策略。或者说，企业的促销策略，就是对促销方式的选择、组合和运用。

三、确定促销组合应考虑的因素

（一）促销目标

确定最佳促销组合，需考虑促销目标。相同的促销工具在实现不同的促销目标上，其成本效益会有所不同。也就是说，促销目标不同，应有不同的促销组合。如企业新品上市，吸引新消费者和鼓励老顾客重复购买，其促销组合就不同。

（二）市场性质

不同的市场，由于其规模、类型、潜在顾客数量的不同，应采用不同的促销组合。如在地理位置上比较集中、交易额大或者顾客比较集中的市场上，应该以人员推销为主。反之，在顾客分散、购买次数少、地理位置广泛的市场上，应该以广告为主，当然可以辅之以向大型用户和重要中间商的人员促销。

（三）产品性质

不同性质的产品，应采取不同的促销组合策略。例如，在消费品市场和产业用品市场上应采取不同的促销组合策略。一般来说，消费品因为销售面广，应该多利用非人员促销，多采取广告形式；而产业用品应该充分利用人员推销和加强服务工作等手段。至于营业推广和公共关系，对于消费品和工业品则起辅助作用。

如果把价格因素加入产品中去，促销因素的效果和选择还可以进一步细分，一般来讲，低价消费品使用广告多，人员推销少；高价消费品使用广告多，人员推销也多；低价工业品使用广告中等，人员推销多；高价工业品使用广告少，人员推销多。

（四）产品生命周期

针对处于不同生命周期阶段的产品，企业应该采用不同的促销策略。一般来讲，产品在投入期应该多做广告和其他宣传工作，例如，采取现场表演、样品、奖券等营业推广工作，诱导中间商进货和消费者试用；成长期的重点是宣传产品牌号，充分调动推销人员和中间商的积极性，以迅速扩大产品的销路；成熟期以广告为主，注重竞销，利用公共关系，突出企业声誉，力创名牌；衰退期以营业推广为主，结合提示性广告和减价等，维持尽可能多的销售量，还可以采用一些特殊促销措施，如附带赠品、推销奖励等。

（五）购买者的准备阶段

在不同的购买者准备阶段，促销因素也有不同的成本收益。

在消费者知晓阶段，广告与公共关系扮演了最重要的角色，此时由销售代表从事推销或者利用营业推广时，效果都会比较差；在消费者了解阶段，主要影响因素来自广告与人员推销；在消费者信服阶段，则主要受人员推销与营业推广的影响；最后，在后续再订购阶段，也依赖于人员推销与营业推广，以及某些程度的提醒性广告。很显然，在购买者决策的早期阶段，广告与公共关系最具成本效益，而人员推销与营业推广则在后面的几个阶段中较具有成本收益。

（六）促销预算

企业在制定促销组合策略时，还要考虑促销费用的限制。根据促销预算安排促销组合。促销预算费用就是企业用于促销活动的费用开支，由于不同的销售方式所需的费用不同，应该力求以尽可能少的促销费用达到预期的促销效果。制定促销预算的方法很多，较常用的方法主要有量力支出法、销售额比例法、竞争对等法和目标任务法。

1. 量力支出法

量力支出法是指企业确定促销预算的依据是他们所能拿得出的资金数额。企业根据其财力情况来决定促销支出，方法简单易行，但它完全忽略了促销与销售之间的因果关系，忽略了促销对销售的影响。所以，严格说来，量力支出法在某种程度上存在着片面性，不利于企业制订长期的市场开拓计划。

2. 销售额比例法

销售额比例法是指企业按照销售额（销售实绩或预计销售额）或单位产品售价的一定百分比来计算和决定促销支出。例如，企业按照每完成 100 元销售额（或每卖 1 单位产品）需要多少促销费用来计算和决定促销支出。

3. 竞争对等法

竞争对等法是指企业通过比照竞争者的促销支出来决定本企业促销支出多少，以保持竞争上的优势。在市场营销管理实践中，不少企业都喜欢根据竞争者的促销预算来确定自己的促销预算，形成与竞争者旗鼓相当、势均力敌的对等局势。

4. 目标任务法

目标任务法的具体步骤是：

（1）明确确定促销目标；

（2）决定为达到这个目标而必须执行的工作任务；

（3）估算执行这个工作任务所需的各种费用，这些费用的总和就是计划促销预算。

企业在编制总的促销预算时，先要求每个经理按照下述步骤准备一份促销预算申请书：

（1）尽可能制定详细的促销目标，该目标最好能用数字表示。

(2)列出为实现该目标所必须完成的工作任务。

(3)估计完成这些任务所需要的全部成本。

第二节 人员推销

一、推销的含义

推销就是创造出人们的需求,换言之,推销也就是运用一切可能的方法把产品或服务提供给顾客,使其接受或购买。

(一)广义的推销

从广义上讲,推销是指一个活动主体,试图通过一定的方法和技巧,使特定对象接受某种事物和思想的行为过程。

(二)狭义的推销

从狭义上讲,推销是指产品交换范畴的推销,即产品推销。它是指推销人员运用一定的方法和技巧,帮助顾客购买某种产品或服务,以使双方的需要得到满足的行为过程。

二、推销的程序

根据应用较为广泛的"程序化推销"理论,推销的程序包括以下七个步骤:

(一)寻找顾客

推销程序的第一步是寻找顾客,识别潜在顾客。寻找顾客线索可以通过以下方法进行:

(1)向现有顾客询问潜在顾客的姓名。

(2)培养其他能提供线索的来源,如供应商、非竞争性的推销人员、银行和有关协会负责人。

(3)加入潜在顾客所在的组织。

(4)从事能引人注意的演讲和写作活动。

(5)通过细阅各种资料如报纸、指南等寻找名字。

(6)通过电话和邮件寻找线索。

推销人员必须懂得如何淘汰那些没有价值的线索。对潜在的顾客,可以通过研究他们的财务能力、业务量、具体的需求、地理位置和连续进行业务的可能性,来衡量他们的资格。推销人员应当给潜在的顾客打电话或写信,以便确定是否访问他们。

(二)访问准备

推销人员在访问顾客之前必须做好充分的访问准备工作。

(1)本企业及其产品的详细情况、资料或样品等。

(2)竞争者的相关产品的特点、价格、竞争能力和市场定位等。

(3)顾客情况,推销人员应尽可能多地了解潜在顾客的情况(顾客需要什么、谁参与购买决策)和采购人员的情况(性格特征、购买风格)。可以向熟人或其他人询问该顾客的情况。

(4)推销人员应确定访问目标,如确定潜在的顾客是否够资格,或是搜集信息,或是马上达成交易;决定采用哪种最好的访问方法,它可以是一种私人拜访、电话访问或者信函访问;决定最佳访问时机,因为许多潜在顾客在一定的时间内十分繁忙;考虑好对顾客的全面推销策略。

(三)访问顾客

推销人员应该知道初次与客户交往时如何会见和向客户问候,使双方的关系有一个良好的开端,这包括推销人员的仪表、开场白和随后谈论的内容。推销人员的衣着应得体或尽量与顾客的衣着相类似;对待顾客要殷勤而有礼貌;开场白要明确,如“李经理(或李总),我是 AB 公司的张勇,我们公司和本人都非常感谢您对我的接见,我将尽力使这次访问对您和贵公司都有裨益。”接下来便可讨论某些主要问题和洗耳恭听,以了解顾客和其进一步的需要。

(四)推销洽谈

推销人员可以按照 AIDA 模式(Attention 注意,Interest 兴趣,Desire 欲望,Action 行动)向顾客推销产品,争取顾客关注产品→引起兴趣→激发欲望→采取行动。推销人员在该过程中应以产品性能为依据,着重说明产品能给顾客带来的利益。

(五)应付异议

推销人员在推销产品或洽谈过程中,顾客可能会表现出一些抵触情绪或提出一些异议。推销人员要采取积极的方法对此一一予以应付,如请顾客说明他反对的理由,或者将对方的异议转变成购买的理由。

(六)达成交易

推销人员必须懂得如何从顾客那里发现可以达成交易的信号,包括顾客的动作、语言、评论和提出的问题。达成交易有几种方法:推销人员可以要求顾客订货,重新强调一下协议的要点,帮助秘书填写订单,询问顾客是要产品 A 还是产品 B,让顾客对颜色、尺寸等次要内容进行选择,或者告诉顾客如果现在不订货将会遭到什么损失。推销人员也可以给予顾客以特定的成交劝诱,如特价、免费赠送额外数量,或是赠送一件礼物。

(七)跟踪服务

如果推销人员想保证顾客感到满意并能继续订购,这最后一步必不可少。交易达成之后,推销人员就应着手履约各项具体工作:交货时间、购买条件及其他事项。推销人员接到第一张订单后,就应制定一个后续工作访问日程表,及时提供指导和服务。这种访问还可以发现可能存在的问题,使顾客相信推销人员,并减少可能出现的任何认识上的不一致。推销人员还应该制订一个客户维持计划,以确保客户不会被遗忘或丢失。

案例11-1

某丝绸厂生产的丝绸服装不仅质量上乘,而且花色繁多、款式各异,虽然在电视、广播、报纸上做了大量广告,推销人员也花费了很多时间进行推销,但是买者甚少,产品积压越来越严重,以致工厂处于瘫痪状态。危难之际,公关专家李新应聘上任,组建了公关部,并建立起一支颇有水平的舞蹈队,队员们穿上本厂生产的丝质西服与丝质旗袍在公

共场合进行演出。一段时间之后，奇迹发生了，男士西服的笔挺气派、女士旗袍的风韵神采以及男女服装的相配相宜，为丝绸面料的独特之处和丝绸厂精良的制工做了精彩的说明，与此同时，丝绸厂的宣传车一边广播，一边免费赠送《新款式旗袍、西装裁剪法》和《不同肤色、不同形体选用面料的艺术》等材料，于是形成了一股购买风，市内及外地各服装厂、商场等纷纷来电或来人洽谈订货，许多长期合同被签订，厂内积压的各种丝绸服装及面料很快被抢购一空。

三、推销人员的管理

（一）推销人员的选拔方式

推销人员的选拔一般有两种方式：从企业内部有关部门选拔和向社会公开招聘。

1. 企业内部选拔

在企业内部选拔招聘具有推销素质的人员，可先进行自荐或部门推荐，然后进行笔试、口试，最后根据该职工的平时表现（是否具有推销素质），结合笔试口试成绩决定是否聘任。企业内部人员对企业的生产经营情况及产品了解，有利于开展推销工作。

2. 向社会公开招聘

若企业扩大规模或因其他原因急需推销人员时，可公开向社会招聘，采用面试、笔试、口试等形式层层选拔，至于考核的内容与方法则可结合企业实际情况进行。最后根据他们的综合表现由企业领导商定选用。

（二）推销人员的培训

无论是企业内部选拔还是公开向社会招聘人员，也无论是刚进入销售队伍的新人，还是有多年工作经验的老推销人员，都需要进行岗前培训及实践中的定期培训。培训的目的是使其不断接受新知识与技能，了解市场新状况，增强责任感，提高业务水平。一般来说，只有不断锻炼才能更快地成为一名优秀的推销人员。

1. 培训的内容

培训的内容主要包括以下几点：

（1）本企业的具体情况，包括企业的历史、战略目标、职能机构、财务状况和主要产品的销售地区及企业的主要设施。

（2）所销售的产品情况，包括主要工艺过程、生产情况、技术指标、产品质量、性能、用途。

（3）目标顾客的知识。了解不同类型的顾客的需求特点、购买动机、购买习惯等。

（4）有关竞争者的综合情况和产品的市场地位、特色、交易方式、营销措施等。

（5）关于本企业的各种规定和销售人员的岗位职责。

（6）销售技巧、公共关系和人际关系等方面的训练，包括判断能力、应变能力、良好表达能力、社交能力等。

（7）签订合同的知识。推销员经常要和客户签订合同，因此要了解合同签订的程序、合同的履行及违约的处理等情况。

（8）交往礼仪的知识。礼节是人们相互交往时的行为规范，也是尊重他人的表现。

(9)心理素质的培训。成功的推销技巧在具有良好心理素质的推销人员身上能发挥巨大的功效。

2. 培训的方法

推销人员的培训经常采用的方法有三种：

(1)讲授培训。一般是通过举办培训班或进修等形式，由营销专家或成功的推销人员或企业领导人，以课堂讲授的方式传授知识，培养推销人员的营销思想，提高其综合素质。这种方式的优点是时间集中、费用较低。

(2)模拟培训。组织推销人员参加各种推销实习，使其尽快熟悉业务，增加销售体验，进入工作状态，或由受训人员分析推销实例等。

(3)实践培训。推销人员直接上岗，与有经验的推销人员建立师徒关系，通过传、帮、带，使受训人员逐渐熟悉业务，成为合格的推销人员。

(三)推销队伍组织结构的确定

推销人员如何组织起来才能最有效率，也是人员推销决策的一个重要问题。企业在设计推销队伍的组织结构时，可在下述四种类型中选择：

1. 地区型结构

地区型结构是一种最简单的组织结构，即每一个推销人员分管一个地区，负责在该地区推销企业的所有产品。这种结构适用于产品和市场都较单纯的企业。它的优点是：第一，推销人员的责任明确，可对所管地区销售额的增长情况负责；第二，可鼓励推销人员与当地的企业和个人建立固定联系，从而有利于提高推销效率；第三，差旅费用较少。

2. 产品型结构

产品型结构就是让每个推销人员负责一类或几类产品在各地的推销。当企业产品种类繁多，而且产品的技术性较强时，采用产品型结构较为合适，因为推销人员只有熟悉他所推销的产品，才能提高推销效率。

3. 顾客型结构

不少企业还按顾客类别来组织推销队伍，如按不同行业的顾客、新顾客、老顾客、大顾客、小顾客，分别安排不同的推销人员。顾客型结构的主要优点是，推销人员可以更加熟悉和了解自己的顾客，更能掌握其需求特点及决策过程。

4. 复式推销结构

复式推销结构即把上述几种结构混合起来使用。当企业在产品种类多、销售地区覆盖范围广、顾客类型复杂的市场上推销时可采用这种结构，可以采用地区与产品结合、地区与顾客结合、产品与顾客结合等形式。

第三节 营业推广

一、营业推广的概念

营业推广又称销售促进，是指那些不同于人员推销、广告和公共关系的销售活动，它旨在激发消费者购买和促进经销商的效率，诸如陈列、展出与展览表演和许多非常规的、

非经常性的销售尝试。也有人称之为促销或营业促进。它指企业运用各种短期诱因鼓励消费者或中间商购买的活动。

在一定时期、有一定任务目标的短期销售活动中，如果能够选择运用合理的营业推广手段，可以收到立竿见影的效果，商业广告、人员推销、公共关系都是常规的、长期的促销方式，而大多数营业推广的方式都是非正规的和非正常性的，一般作为一种补充促销方式，与其他方式相互配合使用。

营业推广方法使用得当，可以使消费者产生“机不可失”的紧迫感，从而突破消费者需求动机的衰变和购买行为的惰性；使用不当的话，容易使消费者怀疑企业有急于抛售的企图，从而对产品的质量、价格、公司的库存或经营产生疑虑。因此，采用营业推广方法要选择适宜的方式和时机。

二、营业推广的特点

营业推广具有强烈的刺激性，常能引起顾客的快速反应。因此，营业推广的特点主要有以下几个方面：

（一）营业推广的优点

1. 促销效果显著

营业推广作为补充性推广活动，可以援助或协调人员推销及广告活动，使其发挥更好的效果。

2. 灵活多样，适应性强

可根据顾客心理和市场营销环境等因素，采取针对性很强的营业推广方法，向消费者提供特殊的购买机会，具有强烈的吸引力和诱惑力，能够唤起顾客的广泛关注，立即促成购买行为，在较大范围内收到立竿见影的功效。

3. 形式多样

营业推广具有直观的表现形式、形式多样化、规模大型化、应用普及化的特性。许多营业推广工具具有吸引注意力的性质，可以打破顾客购买某一特殊产品的惰性。

（二）营业推广的缺点

营业推广活动总是伴随着各种优惠条件和强大的宣传攻势，这虽然有利于企业尽快地批量推销产品，获得短期经济效益，但攻势过强，容易使顾客产生逆反心理，误认为企业急于推销的产品，在质量、价格或使用寿命等方面存在问题，从而有损产品或企业的形象。

三、营业推广的方式

营业推广的具体方式有三类：

（一）针对消费者的营业推广

针对消费者的营业推广是为了激发消费者的购买欲望，提高重复购买率，推动新产品销售，扩大市场占有率等的推广。如进行赠送样品、赠送代金券、包装兑现、提供赠品、商品展销、有奖销售、举办展销、现场表演、优惠券、特价包装、降价促销、会员制促销、联合促销、积点促销。

案例11-2

春节前的某一天,南京商贸百货购物满300元送80元购物券的活动刚开始,相邻的非常鞋城就将1万多份"钱能生钱"的广告送到居民家中。这个在南京从未出现过的"变钱"促销内容是:顾客拿150元现金可在鞋城换200元购物券,凭券在鞋城内自由购买。

(二)针对中间商的营业推广

针对中间商的营业推广是为了鼓励中间商大量进货、代销、加速货款回收等的推广形式,如购买折扣、经销奖励、经销竞赛、现金折扣、销售店赠品、广告援助、推广津贴、交易会或博览会和业务会议、工商联营。

(三)针对经销人员的营业推广

针对经销人员的营业推广是为了鼓励推销人员积极工作,努力开拓市场,增加计划期内的销售量的推广形式,如开展竞赛、提成、培训和奖励活动。

四、营业推广的实施过程

一个公司在运用营业推广时,必须确定目标、选择工具、制订方案、实施和控制方案及评价结果。

(一)确定营业推广目标

就消费者而言,营业推广目标包括鼓励消费者更多地使用商品和促进其大批量购买;争取未使用者试用,吸引竞争者品牌的使用者。就零售商而言,其目标包括吸引零售商们经营新的商品品目和维持较高水平的存货,鼓励他们购买落令商品,贮存相关品目,抵消各种竞争性的促销影响,建立零售商的品牌忠诚和获得进入新的零售网点的机会。就销售队伍而言,目标包括鼓励他们支持一种新产品或新型号,激励他们寻找更多的潜在顾客和刺激他们推销落令商品。

(二)选择营业推广工具

可以在上述的各种方式中,灵活有效地选择使用推广工具。

(三)制订营业推广方案

营业推广方案应该包括这样几个因素:

(1)费用。营销人员必须决定准备拿出多少费用进行刺激。

(2)参加者的条件。刺激可以提供给任何人,或选择出来的一部分人。

(3)营业推广措施的分配途径。营销人员必须确定怎样去促销和分发促销方案。

(4)营业推广时间。调查表示,最佳的频率是每季有三周的促销活动,最佳持续时间是产品平均购买周期的长度。

(5)营业推广的总预算。

(四)方案试验

面向消费者市场的营业推广能轻易地进行预试,可邀请消费者对几种不同的、可能

的优惠办法做出评价和分析等，也可以在有限的地区进行试用性测试。

（五）实施和控制营业推广方案

实施的期限包括前置时间和销售延续时间。前置时间是实施方案前所必需的准备时间，它包括最初的计划工作、设计工作，以及包装修改的批准、材料的邮寄或者分送到家等工作；配合广告的准备工作和销售点宣传材料的准备工作；通知现场推销人员，为个别的分店建立地区的配额；购买或印刷特别赠品或包装材料；预期存货的生产并存放到分配中心准备在特定的日期发放。销售延续时间是指从开始实施到大约95%的采取此促销办法的商品已经在消费者手里所经历的时间。

（六）评价营业推广结果

营业推广方案的评价很少受到注意，以盈利率加以评价的方法不多见。最普通的一种方法是把推广前、推广中和推广后的销售进行比较。

第四节 广告策略

一、广告的含义

广告是以付费的方式，通过报纸、杂志、广播、电视、广告牌等广告传播媒体形式向目标顾客传递信息，以沟通供需之间的联系，达到促成消费、扩大销售的目的。

这里有几个问题需要明确：

(1)广告的主体，包括制作者和传播者必须是独立的经济实体（企业），对发布的各种信息负有法律责任，其广告行为受《广告法》和其他相关法律法规的约束。产生广告行为的企业被称为广告主，任何广告均有明确的广告主。

(2)商业广告内容分为两类形式，一是商品或劳务的信息；二是企业观念和形象的信息。

(3)广告是非人员的促销活动，通过大众传播媒体进行信息沟通，以目标群体作为传播对象。

(4)广告有计划性、目的性、针对性。广告的对象是目标顾客，其目的是提高企业知名度和美誉度，促进商品的销售，扩大市场份额，最终增加企业赢利。

二、广告的类型

（一）按广告目标分类

按广告目标分类，广告可分为信息性广告、说服性广告、提醒性广告三类：

(1)信息性广告也叫原始需求广告，主要在新产品开拓阶段向消费者提供新产品的质量、特性、用途、服务等方面的介绍。

(2)说服性广告主要用于进入竞争阶段的产品。通过劝说、引导使消费者建立起对本企业产品的偏爱。

(3)提醒性广告主要用于进入成熟期和衰退期的产品。目的是提醒消费者产生回忆

性需求。

(二)按直接目的分类

按直接目的分类,广告分为以下三类:

(1)商品广告。

(2)企业形象广告。

(3)企业观念广告。

(三)按传播范围不同分类

按传播范围不同分类,广告分为以下五类:

(1)区域性广告。

(2)地区性广告。

(3)全国性广告。

(4)国际性广告。

(5)行业性广告。

三、广告媒体选择

(一)广告媒体分类和特性

随着经济的发展和科技的进步,广告媒体日趋复杂。广告媒体按媒体的物质自然属性可分为以下五类:

1. 印刷品广告

印刷品广告包括报纸广告、杂志广告、电话簿广告、画册广告、火车时刻表广告等。

2. 电子媒体广告

电子媒体广告又称电波广告、电气广告,包括电视广告、电影广告、电台广播广告、电子显示大屏幕广告以及幻灯机广告、扩音机广告、国际互联网广告等。

3. 户外广告

户外广告主要包括路牌广告(或称广告牌,它是户外广告的主要形式,除在铁皮、木板、铁板等耐用材料上绘制、张贴外,还包括广告柱、广告商亭、公路上的拱形广告牌等)、霓虹灯广告和灯箱广告、交通车厢广告、招贴广告(或称海报)、旗帜广告、气球广告等。

4. 邮寄广告

邮寄广告是广告主采用邮寄售货的方式,供应给消费者或用户广告中所推销的商品,它包括商品目录、商品说明书、宣传小册子、明信片、挂历广告以及样本、通知函、征订单、订货卡、定期或不定期的业务通信等。邮寄广告是广告媒体中最灵活的一种,也是最不稳定的一种。

5. POP 广告

POP 是英文 Point of Purchasing Advertising 的大写字母缩写,译为售点广告,即售货点和购物场所的广告。世界各国广告业都把 POP 视为一切购物场所(商场、百货公司、超级市场、零售店、专卖店、专业商店等)场内、场外所做广告的总和。

广告媒体按接受者感受角度分为:视觉广告媒体、听觉广告媒体、视听觉媒体。

不同媒体的市场覆盖面、市场反应程度、可信性等均有不同的特点，具体见表 11-2。

表 11-2　　不同媒体的特性

媒体种类	覆盖面	反应程度	可信性	寿命	保存价值	信息量	制作费用	吸引力
报纸	广	好、快	好	较短	较好	大而全	较低	一般
杂志	较窄	差、慢	好	长	好	大而全	较低	好
广播	广	好、快	较好	很短	差	较小	低廉	较差
电视	广	好、快	好	很短	差	较小	很高	好
邮政	很窄	较慢	较差	较长	较好	大而全	高	一般
户外	较窄	较快	较差	较长	较好	较小	低	较好
因特网	广	较快	较好	短	差	一般	高	一般

（二）广告媒体选择的考虑因素

一般来讲，选择广告媒体要从企业或商品特点和促销目标出发，选择覆盖面广、传播速度快，直接接触目标市场，节省广告成本，能获得最佳促销效益的广告媒体。不同的广告媒体有不同的特点，运用时要考虑以下几点：

1. 目标市场

广告的目的就是对目标市场的潜在顾客产生影响，从而促进购买。因而，选择广告媒体要考虑消费者易于接触，并乐于接受的媒体。并且要根据目标市场范围，选择覆盖面与之适应的媒体。如开拓区域市场，可选择地方报纸、电台、电视台；如果想提高在全国的知名度，则宜选择全国性的媒体。

2. 商品的特性

由于商品的性质、性能、用途不同，宜选择不同的广告媒体。例如，对于生活用品，可用电视、广播或进行家庭走访；对于专业技术性强的机械设备等，则宜利用专业性报纸杂志或邮寄等广告形式，以便更直接地接触广告对象。

3. 媒体性质

主要是考虑媒体本身的流通性、时间性、覆盖面和表现力等。

4. 媒体的成本

不同媒体费用不同，同一媒体在不同时间、不同位置，费用也会不同。企业在选择时要根据自身财力和对广告效果预期选择适宜的媒体。

四、广告促销方案的制订

制订广告促销方案一般包括四个主要步骤：

（一）确定广告目标

广告目标是企业通过广告活动要达到的目的，其实质就是要在特定的时间对特定的受众（包括听众、观众和读者）完成特定内容的信息沟通任务。

可以根据广告目标特点的不同，把广告目标分为告知、劝说和提示三大类。

（二）确定广告预算

通常可供企业选择的确定广告预算的方法有四种.量力支出法、销售额比例法、竞争平衡法和目标任务法。

在确定广告预算时，要考虑以下五个因素：产品的生命周期、市场份额、消费者群体规模、竞争和市场秩序、广告频率。

(三)确定广告信息

一项有创造性的广告活动包括广告信息的产生、广告信息的评价和选择以及广告的制作。

(四)评价广告效果

广告的传播效果是指广告活动对广告受众在意识、知识和偏好方面的影响。评价广告的传播效果主要有三种方法，即直接评分法、组合测试法和实验测试法。

五、广告效率度量

广告效率的度量包括广告传播效果评估、广告销售效果评估和广告效果综合分析。

(一)广告传播效果评估

广告传播效果评估实质上是对广告制作本身的评估。根据赖氏层级效果模式，可把广告传播效果分为四个等级，反映传播效果由低到高的发展，即知名度了解、记忆、态度、偏好。通常采用以下方法：询问法、回忆法、问卷调查法、消费者追踪调查法、统计测算法等。常用指标有：

$$\text{知名度发展速度}=\frac{\text{广告后单位人数中知晓某商品人数/单位人数}}{\text{广告前单位人数中知晓某商品人数/单位人数}}\times 100\%$$

$$\text{记忆度}=\frac{\text{对广告有记忆的人数}}{\text{接触广告人数}}\times 100\%$$

$$\text{读者率}=\frac{\text{读过广告人数}}{\text{读报刊总人数}}\times 100\%$$

$$\text{视听率}=\frac{\text{视听过广告的人数}}{\text{所有视听人数}}\times 100\%$$

(二)广告销售效果评估

商品销售情况受多种因素的影响，虽然有许多数字指标和方法可以评估，但很难分离出广告单独作用的结果。一般使用的是广告效果指数和广告商品购买率，这两个指标几乎全部可以看成广告因素的作用。

(三)广告效果综合分析

对广告效果综合分析，可以把广告各环节、各测评方向设计评价指标，列出聘请专家的名单，应用德尔菲法得出结论。此外，还有市场占有率指标和广告投入产出指标。这里只简单列举以下几个指标：

$$\text{市场占有率变化}=\frac{\text{广告后销售量(额)}-\text{广告前销售量(额)}}{\text{同行业同类产品销售量(额)}}\times 100\%$$

$$\text{广告费用率}=\frac{\text{广告费用额}}{\text{销售额}}\times 100\%$$

$$单位费用销售率=\frac{销售总额}{广告费用额}\times 100\%$$

$$单位费用销售增加额=\frac{广告销售增加额}{广告费用额}\times 100\%$$

案例 11-3

牛肉在哪里

美国有一家卖牛肉的食品店叫“温蒂”，想跟世界闻名的“麦当劳”汉堡牛肉饼店打对台，特别拍摄了一部一分钟长的电视广告片。这个广告片的故事和画面都非常简单：三位年逾 80 岁的老太太坐在又高又大的柜台边吃午餐，她们要的是面包夹牛肉，送上来的是三个又大又厚的圆面包，找来找去也找不到应该夹在面包里的牛肉，甚至爬到桌子底下去找，也找不到。于是其中一位老太太对着镜头喊：“牛肉在哪里？”接着幕后的声音告诉观众：“如果这三位老太太去‘温蒂’吃午餐，就不会发生找不到牛肉的情形了。”

这则广告播出后令人意想不到的是，“牛肉在哪里”这句话，很快变成了美国流行的口头禅，甚至连竞选总统的政治家也引用它。同时，在电视广告说这句话的老太太也一下子成了名人，大家向她要照片，电视台请她去表演节目，报纸派人去采访她，简直把她捧上了天。制作这部电视广告片的莫生须广告公司，也由此声名大振，业务应接不暇，许多商人都找他们做广告，平均每天收到的来信达 50 多件。

第五节　公共关系策略

一、公共关系的概念

公共关系又称公众关系，是指一个公司为了谋求社会各方面的信任和支持，树立企业信誉，创造良好的社会环境，而采取的一系列措施和行动。为了使公众理解企业的经营活动符合公众利益，并有计划地加强与公众的联系，建立和谐的关系，树立企业信誉的一系列活动，即属于公共关系。其特点是不以短期促销效果为目标，通过公共关系使公众对企业及其产品产生好感，并树立良好企业形象。企业公共关系的目的不仅在于促销，还具有为企业的生产经营创造更为和谐的营销环境的特点。

二、公共关系的活动方式和工作程序

（一）公共关系的活动方式

（1）宣传性公关。

（2）征询性公关。

（3）交际性公关。

（4）服务性公关。

(5)社会性公关。

(二)公共关系的工作程序

(1)企业公共关系形象调查;
(2)企业公共关系形象计划;
(3)企业公共关系形象的实施;
(4)企业公共关系形象的评估。

三、企业公共关系工作的内容

企业公共关系主要是企业正确处理与公关对象的关系。主要包括内部公共关系的处理与外部公共关系的处理两个方面。

(一)处理好内部公共关系

内部公共关系即企业内部员工关系、各部门之间关系及企业与股东的关系等。企业要获得成功并且长足发展,首要任务是使内部员工团结一致,并使企业的经营目标、理念以及企业的规章制度能够在员工中得到支持、理解,并充分贯彻。处理好企业内部关系决定着企业的凝聚力,企业的素质是企业竞争力的重要保证。

(二)处理好外部公共关系

企业针对不同的外部公众,有不同的外部公共关系。主要包括以下四个方面:

(1)处理好企业与顾客(客户)的关系。

(2)处理好企业与政府的关系。社会主义市场经济是法制经济,要在政府宏观调控下发挥市场机制的作用。企业必须及时掌握国家方针政策的情况,服从政府的监督和指导,主动与各有关政府机构沟通信息、赢得政府的信赖与支持。

(3)处理好与新闻媒介的关系。新闻媒介面向社会,涉及范围广、影响大,能够引导社会舆论和公众意向,起到社会监督的作用。因此,企业要广泛接触新闻媒体,经常联系,主动合作,利用其权威性,提高企业知名度,扩大在社会中的影响力,建立良好的企业形象。

(4)处理好与社区的关系。社区关系,主要指企业和与其相邻的厂矿、学校、医院等单位,以及居民等社会群体的关系。

四、企业的公共关系策略

企业的公共关系策略分三个层次:

(一)公共关系宣传

公共关系宣传即通过各种传播手段向社会公众进行宣传,以扩大影响,提高企业的知名度。

(二)公共关系活动

公共关系活动即通过举办各种类型的公关专题活动来赢得公众的好感,提高企业的美誉度。

(三)公共关系意识

公共关系意识即企业员工在日常的生产经营活动中所具有的树立和维护企业整体

形象的思想意识。

五、企业形象设计

企业形象设计 CIS(Corporation Identification System)原意是企业识别系统，意为一个企业或公司用以区别于其竞争对手甚至其他企业、团体、机关的各种形象、文字、风格等的综合体，其目的是展露产品特色、突出企业风格、宣传企业文化。它不仅仅是短期的促销工具，而且是企业营销发展战略的长远工具。

CIS 具体内容包括三个方面，或者更确切地说，是由低向高三个层次的综合。

(1)视觉识别(Visual Identification，VI)。其目的在于从视觉上使本企业的产品、服务、形象区别于其他竞争者。

(2)行为识别(Behavior Identification，BI)。其目的在于从行为举止、行为方式上使本企业员工、服务方式区别于其他竞争者。

(3)理念识别(Mind Identification，MI)。其目的在于从理想信念、企业文化、价值观念等出发，在思想上、精神上使本企业区别于其他竞争者。

案例 11-4

从 NOTE 7 燃爆事件，看三星危机公关的得与失

自 2016 年 8 月 19 日发售后，接连发生起火或爆炸事故的 Galaxy Note 7 手机(以下简称 Note 7)成了三星的噩梦，其召回过程一波三折，三星一度认为是电池供应商的工程瑕疵导致 Note 7 事故频发。但更换电池后的“安全版”Note 7 仍然发生了数起自燃事故，之后欧美各大运营商和航空公司纷纷宣布抵制 Note 7。此后三星在全球范围紧急召回了 250 多万部 Note 7 手机，并于 11 月 7 日在《纽约时报》《华尔街日报》和《华盛顿邮报》等美国三大主流报纸上刊登了整版道歉声明，为爆炸的 Note 7 道歉。

而 Note 7 在中国却成为例外，8 月末的时候，关于三星 Note 7 电池爆炸的消息开始蔓延，那个时候欧洲就开始召回，9 月中旬，美国开始召回，但此时，三星依旧将中国市场排除在外。针对中国曝出的三星 Note 7 的爆炸案，三星电子的回应是与电池无关，因为大陆版 Note 7 采用的是香港 Amperex 而非 Samsung SDI 供应的电池，中国的电池供应商没有问题，因此没有必要在中国进行大规模召回。

针对中国最早发生的两起 Note 7 爆炸事件，三星曾回收手机，并于 9 月 19 日与电池供应商发布了调查结论，称手机爆炸与电池无关，是外部热源导致。并声明说是国人加热骗取赔偿，仍然坚持手机安全，拒绝召回。但因为这个结论由三星自己得出，其真实性遭外界质疑。9 月 29 日，三星再次发声明，称第三方权威机构对燃损手机的检测显示，系外部热冲击导致的手机燃损。而据美国《纽约时报》网站 10 月 19 日报道，三星曾向中国曝光 note 7 爆炸的当事人提出送一部新的 Note 7 手机，以及 6 000 元人民币的赔偿，条件是他不公开视频，但被当事人拒绝了。12 月 2 日，第三方机构 Instrumental 发布了关于 Note 7 电池爆炸的调查报告，表示电池爆炸是由手机本身的“激进设计”所导致的；认

为 Note 7 手机内部的空间十分拥挤，电池与主板之间的距离非常窄，最窄处仅0.1mm；这使得 Note 7 的电池即使在日常使用中也会受到挤压，而压力会使电池正、负极的“分离装置”很容易损坏，正负接触会引发电池发热起火。三星的工程师在设计过程中极力加大电池体积，以此换取更大的电池容量。

9 月中旬，在国家质检总局约谈三星之后，三星开始召回在中国大陆地区销售的全部 Note 7。而具体的召回方式中，消费者可以免费更换其他型号三星手机，会退还两个产品之间的差价，获赠 300 元购物券；而选择同样方式的美国消费者享受的优惠相当于 670 元人民币，韩国消费者可享受的优惠约合人民币 595 元。中国消费者也可以选择按购买价格全额退款，没有其他补偿；而同样的方式，美国消费者除了全额退款外，还可以获得约 168 元人民币的补偿，韩国消费者则可获得价值约 198 元人民币的优惠券。

另据《消费主张》记者调查发现，在宣布召回和停止销售之后，Note 7 在北京市场仍然有售，三星虽然宣布了召回，但对召回细则迟迟不予出台，导致消费者仍然无法顺利退换。

在经历了两个多月的纷纷扰扰后，三星终于在 10 月 11 日发布声明，在全球范围内停产、停售 Note 7。10 月 13 日，韩国技术标准局确认 Note 7 手机可能存在新的缺陷。这是三星 note 7 手机风波后来自韩国政企两界最明确的回应，也宣告了 note 7 这款手机的彻底失败。

到目前为止，中国消费者方面看到三星的道歉态度似乎只停留在 9 月底到 10 月初的官网弹窗的几封“道歉信”，还有 10 月底爆出的三星中国高管集体下跪的画面。三星中国公司的最新声明表示：对于给中国消费者带来的不便，再次表示真诚的歉意，三星电子坚守“做中国人民喜爱的企业，贡献于中国社会的企业”的承诺，秉持质量和服务第一的信念，力求为中国消费者带来最佳的产品和体验。央视曾就此发表评论，称贡献需要靠诚意，而不是傲慢。在全球召回近一个月后，才向中国消费者道歉的做法，缺乏诚意。

作为世界最大智能手机制造商，这一事件给三星带来的品牌影响也不可估量，三星正在经历近几年来最大的危机。据数据统计，因本次事件已有超过 50%的被调查消费者显示出对 Note 系手机开始产生坏印象的倾向。10 月 11 日，三星电子股价再次暴跌 8%，创 2008 年 10 月 24 日以来最大单日跌幅。

本章小结

1. 促销策略是市场营销组合的基本策略之一。促销策略是指企业通过人员推销、广告、公共关系和营业推广等各种促销方式，向消费者或用户传递产品信息，引起他们的注意和兴趣，激发他们的购买欲望和购买行为，以达到扩大销售的目的。

2. 企业将合适的产品在适当地点、以适当的价格出售的信息传递到目标市场，一般是通过两种方式：一是人员推销；另一种是非人员推销，主要包括广告、公共关系和营业推广等多种方式。这两种推销方式各有利弊，起着相互补充的作用。

3. 根据促销手段的出发点与作用的不同，促销策略可分为两种：①推式策略，即以直接方式，运用人员推销手段，把产品推向销售渠道；②拉式策略，采取间接方式，通过广告

和公共宣传等措施吸引最终消费者，使消费者对企业的产品或劳务产生兴趣，从而引起需求，主动去购买商品。

4.促销是企业市场营销中不可缺少的组成部分，尤其是在供大于求的市场态势中，促销策略和促销组合越发重要。人员推销以其特有的优势，在促销组合中起着不可替代的作用，加强对推销人员的培养和管理已变得越来越重要；广告策略包括确定广告目标、广告预算、选择广告媒体、广告效果评价等内容，它们既是相对独立的环节，又是总系统中的一个有机组成部分；销售促进以其形式多样、短期效果明显而受到众多企业的重视；企业公共关系主要是正确处理与公关对象的关系，其特点是不以短期促销效果为目标，通过公共关系使公众对企业及其产品产生好感，并树立良好的企业形象。

一、复习思考题

1.企业选择广告媒体时，应综合考虑哪些因素？

2.为迎接“十一”黄金周的销售旺季，针对消费者策划何种形式的营业推广最有效？

3.企业常用的公关促销方式有哪些？

4.人员推销有什么特点，什么情况适宜采用人员推销？

5.在促销活动中针对消费者、中间商和推销人员的策略有哪些？

二、单项选择题

1.日用消费品在市场导入阶段，促销效果最佳的方式是（　　）。

A.广告促销　　B.人员推销　　C.营业推广　　D.会议推销

2.“拉式”策略的主要促销对象是（　　）。

A.批发商　　B.零售商　　C.消费者　　D.中间商

3.针对市场成熟阶段的产品，最宜采用的广告形式是（　　）。

A.介绍性广告　　B.提示性广告

C.特色性广告　　D.竞争性广告

4.下列公共关系促销的方式中，影响力最大，作用最重要的方式是（　　）。

A.创造和利用新闻　　B.举办各种会议

C.建设企业文化　　D.赞助公益事业

5.下列四种促销手段中，受权持有者在购买某种产品时可免付一定金额的单据是（　　）。

A.免费样品　　B.优惠券　　C.现金折扣　　D.赠券

6.企业安排促销组合时考虑的因素不包括（　　）。

A.产品类型　　B.促销战略

C.产品生命周期阶段　　D.竞争对手状况

7.营业推广的特点不包括（　　）。

A.针对性强　　B.立足长期目标　　C.形式灵活多样　　D.阶段性推销

8.以下关于促销与营销的关系说法正确的是（　　）。

A.促销就是营销　　B.促销是营销策略中的一个部分

C. 促销是营销的发展　　D. 营销的重点是促销

9. 促销的主要任务是(　　)。

A. 宣传与说服　　B. 引起消费者的注意与兴趣

C. 传递与组织有关的信息　　D. 促进消费者购买

10. 人员推销的组织结构中,(　　)适宜于产品或目标市场类似的企业采用。

A. 产品结构式　　B. 顾客结构式　　C. 综合式结构　　D. 区域结构式

三、多项选择题

1. 在现代市场营销活动中,企业制定促销组合时要考虑的因素主要有(　　)。

A. 产品的性质　　B. 产品生命周期阶段　　C. 促销预算

D. 推销人员的素质　　E. 市场的特点

2. 企业促销活动的基本策略或总策略是(　　)。

A. 试探性策略　　B. 针对性策略　　C. 诱导性策略

D. “拉式”策略　　E. “推式”策略

3. 人员推销与非人员推销相比,具有如下特点(　　)。

A. 信息传递的广泛性　　B. 推销过程的灵活性　　C. 推销目的的双重性

D. 满足需求的多样性　　E. 信息传递的双向性

4. 下列营业推广形式中,适合针对中间商的有(　　)。

A. 批量折扣　　B. 现金折扣　　C. 折扣优惠

D. 现场演示　　E. 订货会或展销会

5. 在广告促销中,常用的媒体广告是(　　)。

A. 电视广告　　B 互联网络广告　　C. 广播广告

D. 报纸广告　　E. 杂志广告

6. 正确选择广告媒体,一般应考虑以下因素(　　)。

A. 广告商品的特性　　B. 广告媒体的性质　　C. 广告频率的大小

D. 广告受众的差异　　E. 广告费用的多少

7. (　　)比较适合现阶段我国彩电行业的广告目标。

A. 培养品牌的偏好　　B. 描述可提供的服务　　C. 鼓励消费者改用本企业的品牌

D. 强化或改变对消费者产品的信念　　E. 树立企业的形象

8. 与其他促销工具相比,宣传具有下列特点(　　)。

A. 高度可信　　B. 没有防御　　C. 戏剧化表现

D. 成本比较高　　E. 能够快速建立知名度

9. 以下属于营业推广的促销方式是哪几种(　　)。

A. 订货会与展销会　　B. 优惠券　　B. 赠品促销

D. 为残疾人举行义演　　E. 上门推销

10. 产品进入成熟期后,可同时采用以下促销手段(　　)。

A. 人员推销　　B. 广告宣传　　C. 公共关系

D. 营业推广　　E. 季节折扣

四、判断题

1. 促销的实质是企业与消费者或潜在消费者之间的信息沟通，这种沟通是循环和双向式的。（　）

2. 在促销组合的四种方式中，企业的广告宣传对树立企业及产品形象是最为有效的。（　）

3. 营业推广的方式能有效地激发需求，因而长期效益也非常明显。（　）

4. 公共关系促销从某种意义上说，就是企业的形象和信誉促销。（　）

5. 推销人员运用试探性策略的关键是真正为顾客服务，使顾客产生强烈的信任感。（　）

6. 对需求比较集中、产品技术含量高、销售批量大的商品，宜采用以推销为主的“推式”策略。（　）

7. 企业可通过长期使用营业推广或人员推销培养顾客忠诚度。（　）

8. 企业在促销活动中，在方式的选用上只能在人员促销和非人员促销中选择其中一种加以应用。（　）

9. 因为促销有自身统一的规律性，所以不同企业的促销组合和促销策略也应该是相同的。（　）

五、案例分析题

亚都超声波加湿器于20世纪90年代初在北京拥有很高的知名度与市场占有率，但在天津市市场上却受到冷遇。北京亚都人工环境科技公司市场部人员认为：京津两地纬度基本相同，气候条件也差不多，同样是大都市，居民收入水平与消费水平也差不太多，两地传媒对新生事物同样敏感，该产品在天津应该很有市场。为此市场部人员借阅了大量描述天津市市民生活的通俗读物，派人去天津各主要商场了解其购买意向及同类产品的销售情况，听取天津商界有关人士的意见和建议，与天津新闻记者座谈，比较天津地区发行量在前10位的报纸的编排风格、发行范围、广告价格等。一个个促销方案经过形成—被否定—又形成新方案的多次反复后，最终形成了一个“亚都加湿器向天津市市民有偿请教”的活动方案。活动开始10天内，亚都收到天津市市民1 200多封来信，获得4 000余条各种建设性意见。亚都随即向这些消费者回复了“感谢函”，并随函寄出“感恩卡”，消费者凭卡可特价购买“亚都”加湿器一台。加上其他配套措施，天津市市场终于被打开了。活动开展两个月内公司卖出了4 000台加湿器，相当于过去3年在天津市市场销量的10倍。

思考：

(1)亚都公司在制订此项活动计划之前做了哪些方面的营销环境分析与市场分析？

(2)亚都公司在此次活动中主要选择的是何种销售促进工具？还可以通过零售商采用哪些销售促进工具来吸引消费者？

(3)结合案例谈谈企业的销售促进决策应包括哪些内容？

六、实训练习题

(一)实训目标

通过对企业产品进行促销策划,加深对各种促销策划理论与方法的理解,培养各种促销策划的能力。

(二)实训项目

现代市场营销不仅要求企业开发适销对路的产品、塑造良好的形象、制定吸引人的价格,使目标顾客易于取得他们所需要的产品,还要通过各种方式和目标市场之间双向传递有关信息,进行必要的促销活动。

根据你所熟悉的家电品牌,分析一下它们在节假日期间如何进行促销,促销方式有哪些?

(三)实训步骤

1.搜集资料。小组通过网络、刊物等途径搜集某一家电企业的产品促销情况的资料。

2.分析整理。小组根据所搜集的资料进行分析、归纳、总结,为该企业初步拟订产品促销方案。

3.交流讨论。小组相互交流、讨论拟订的方案。

(四)实训组织

由学生自由组合成研究性学习项目小组,5～6人为一小组,每小组进行三种及三种以上方法的调查。

第十二章 服务营销

教学目标和要求：

1. 了解服务的含义、分类以及服务市场营销组合的要素
2. 了解服务质量的内涵、测量模式以及提高服务质量的策略
3. 理解服务有形展示的意义、类型及管理方法

知识结构图

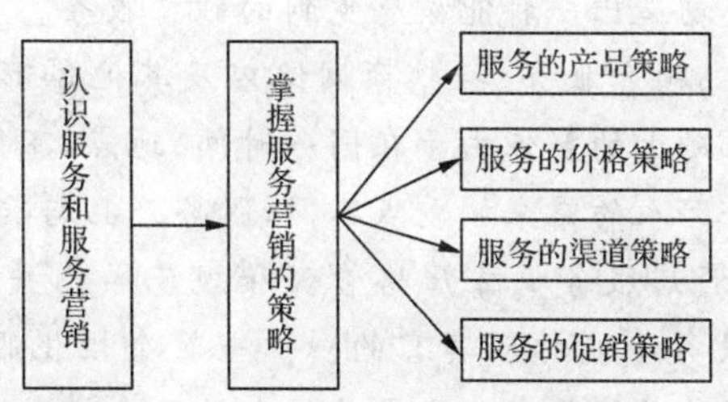

导入案例

香格里拉酒店集团的服务营销

香格里拉酒店集团以其标准化的管理及个性化的服务赢得了国际社会的认同，在亚洲的主要城市得以迅速发展。其总部设在香港，是亚洲最大的豪华酒店集团，并被许多权威机构评为世界最好的酒店集团之一，它所拥有的豪华酒店和度假村已成为最受人们欢迎的休闲度假目的地。香格里拉酒店集团始终如一地把顾客满意当成企业经营思想的核心，并围绕它把其经营哲学浓缩于一句话“由体贴入微的员工提供的亚洲式接待”。

一、香格里拉酒店集团服务营销管理策略

酒店以服务营销为手段，就是从满足宾客需要出发，以服务特色制胜。有人将服务概括为“SERVICE”，这个单词的每个字母所代表的含义是：S—Smile（微笑，即服务是对每一位宾客提供微笑服务）；E—Excellent（出色，即服务提供者要将每一项微小的工作都做得很出色）；R—Ready（准备好，即服务提供者要随时准备好为宾客服务）；V—Viewing（看待，即服务提供者要把每一位顾客都看作是需要提供特殊照顾的贵宾）；I—Inviting（邀请，即服务提供者在每一次服务结束时，都要邀请宾客再次光临）；C—Creating（创造，即每一位服务提供者要精心创造出使宾客能享受其热情服务的气氛）；E—Eye（眼光，即每一位服务提供者始终要用热情好客的眼光关注宾客，预测宾客需求，并及时提供服务，使宾客时刻感受到被关心）。

二、超值酒店产品与服务

香格里拉酒店集团赢得业界和顾客赞誉的一个关键是：超值的酒店产品与服务。集团长期坚持以优质的酒店产品与服务来塑造集团豪华酒店品牌形象，提高顾客忠诚。香格里拉酒店集团的经营思想是以“殷勤好客亚洲情”为基石，以“为客人提供物有所值的特色服务和创新产品，令客人喜出望外”为指导原则，让员工在与客人的接触中表现出尊重备至、彬彬有礼、真诚质朴、乐于助人、善解人意的待客之道；对于管理人员，香格里拉酒店集团要求其具有追求经营业绩的魄力，同时强调行政管理人员要与客人保持直接接触，强调和奖励那些能够令客人喜出望外的言行举止。香格里拉酒店集团标准化的管理及个性化的服务赢得了国际社会的高度赞誉。正是由于香格里拉酒店集团长期坚持以超值的酒店产品与服务增强顾客的忠诚度，为其赢得了良好的市场声誉，塑造了豪华酒店品牌形象。

三、服务差异化策略

差异化策略的实质是创造出一种能被感觉到的独特服务。实现差异化有许多形式，包括品牌形象、技术、特性、顾客服务、经销商网络以及其他等形式。酒店把服务当作产品是建立在顾客观念的基础上的。但由于在同一时间、地点，不同的客人有不同的需求，而在不同时间、地点，同一客人的需求侧重点不同，服务产品与宾客需求之间的关系也并不是一成不变的。因此，酒店服务仅靠严格管理和规范操作并不能获得宾客的普遍满意。唯有针对性的个性服务才能打动宾客的心。当然个性化服务意味着成本的增加。这就需要在宾客满意和效益之间寻求一个最佳结合的服务模式：以满足多数宾客的共同需求的规范服务为主，辅之以满足宾客的个性化需求的非规范服务，从而显示酒店的服务特色。

香格里拉酒店集团每个员工时刻提醒自己多为客人着想，不仅在服务的具体功能上，而且在服务的心理效果上满足顾客。香格里拉酒店集团重视来自世界不同地区，不同国家客人的生活习惯和文化传统的差异，有针对性地提供不同的服务。香格里拉酒店集团为客人设立个人档案长期保存，作为为客人提供个性化服务的依据。

四、香格里拉酒店集团的8项指导原则

1.我们将在所有关系中表现真诚与体贴；

2.我们将在每次与顾客接触中尽可能为其提供更多的服务；

3.我们将保持服务的一致性；

4.我们确保我们的服务过程能使顾客感到友好，员工感到轻松；

5.我们希望每一位高层管理人员都尽可能地多与顾客接触；

6.我们确保决策点就在与顾客接触的现场；

7. 我们将为员工创造一个能使他们的个人、事业目标均得以实现的环境；

8. 客人的满意是我们事业的动力。

第一节 服务营销概述

现代经济发展的一个显著特征是服务业的蓬勃兴起，其在国民经济中的地位愈来愈重要，服务营销的重要性日益突出，中国已经加入WTO，外资企业纷纷抢滩中国，中外服务市场营销大战将出现白热化的态势。

一、服务

（一）服务的含义

作为服务市场营销学基石的"服务"的概念，营销学者一般从区别于有形的实物产品的角度来进行研究和界定。1960年美国市场营销学会（AMA）给服务下的定义是"用于出售或者是同产品捆绑在一起进行出售的活动、利益或满足感"。

菲利普·科特勒把服务定义为"一方提供给另一方的不可感知且不导致任何所有权转移的活动或利益"。

AMA最终对服务的定义做了进一步补充，该定义认为服务可被区分界定，主要为不可感知，却可使欲望获得满足的活动，而这种活动并不需要和其他产品或服务的出售联系在一起。生产服务时不一定需要利用实物，而且即使需要借助某些实物协助生产服务，这些实物的所有权将不涉及转移问题。

在综合各种不同服务定义和分析服务的真正本质的基础上，我们认为，服务是一种涉及某些无形因素的活动、过程和结果，它包括与顾客或他们拥有的财产间的互动过程和结果，并且不会造成所有权的转移。在我们的定义中，服务不仅是一种活动，而且是一个过程，还是某种结果。例如，个人电脑的维修服务，它既包括维修人员检查和修理计算机的活动过程，又包括这一活动过程的结果——顾客得到完全或部分恢复正常的计算机。

现实经济生活中的服务可以分为两大类。一类是服务产品，产品为顾客创造和提供的核心利益主要来自无形的服务；另一类是功能服务，产品的核心利益主要来自有形的成分，无形的服务只是满足顾客的非主要需求。

（二）服务的特征

与有形产品相比，服务具有以下共同特征：

1. 不可感知性

不可感知性是服务最为显著的一个特征，它可以从三个不同的层次来理解：首先，服务的很多元素看不见，摸不着，无形无质；其次，顾客在购买服务之前，往往不能肯定他能得到什么样的服务。因为大多数服务都非常抽象，很难描述；第三，顾客在接受服务后通常很难察觉或立即感受到服务的利益，也难以对服务的质量做出客观的评价。

当然，服务的不可感知性也不是绝对的。相反，在现实生活中，大多数服务都具有某种有形的特点。例如,餐饮业的服务中,不仅有厨师的烹饪过程,还有菜肴的物质加工过程。另一方面,随着企业服务水平的日益提高,很多消费品和工业品是与附加的顾客服务一起出售的,而且在多数情况下,顾客之所以购买某些有形商品如汽车、录音磁带、录像带等,只不过因为它们是一些有效载体。对顾客来说,更重要的是这些载体所承载的服务或效用。此外,“不可感知性”并不是指所有的服务产品都完完全全不可感知,它的意义在于提供了一个视角将服务产品同有形的消费品或工业品区分开来。并强调服务产品愈是接近“不可感知性”的一极,愈需要营销人员运用“4P”之外的技巧,才能有效地在市场竞争中确保顾客获得最大的满足感。

2. 不可分离性

有形的工业品或消费品在从生产、流通到最终消费的过程中,往往要经过一系列的中间环节,生产和消费过程具有一定的时间间隔。而服务则与之不同,它具有不可分离性的特点,即服务的生产过程与消费过程同时进行,也就是说服务人员向顾客提供服务时,也正是顾客消费服务的时刻,二者在时间上不可分离。服务的这一特性表明,顾客只有而且必须加入到服务的生产过程才能最终消费到服务。例如,只有在顾客在场时,理发师才能完成理发的服务过程。

3. 差异性

差异性是指服务无法像有形产品那样实现标准化,每次服务带给顾客的效用、顾客感知的服务质量都可能存在差异。这主要体现在三个方面:第一,由于服务人员的原因,如心理状态、服务技能、努力程度等,即使同一服务人员提供的服务在质量上也可能会有差异。第二,由于顾客的原因,如知识水平、爱好等,也直接影响服务的质量和效果。例如,同是去旅游,有人乐而忘返,有人败兴而归;同听一堂课,有人津津有味,有人昏昏欲睡。这正如福克斯所言,消费者的知识、经验、诚实和动机,影响着服务业的生产力。第三,由于服务人员与顾客间相互作用的原因,在服务的不同次数的购买和消费过程中,即使是同一服务人员向同一顾客提供的服务也可能会存在差异。

4. 不可贮存性

服务与有形产品之间的第四个重要差别是贮存能力。产品是有形的,因而可以贮存,而且有较长的使用寿命;而服务则无法贮存。

5. 缺乏所有权

缺乏所有权是指在服务的生产和消费过程中不涉及任何东西的所有权转移。既然服务是无形的又不可贮存,服务产品在交易完成后便消失了,消费者并没有实质性地拥有服务产品。缺乏所有权会使消费者在购买服务时感受到较大的风险。如何克服此种消费心理,促进服务销售,是营销管理人员所要面对的一个严峻挑战。

6. 服务产品通路的多样性

大多数制成品的分销通路是有形的:从工厂到仓库、仓库到配送中心、配送中心到销售终端、销售终端到用户。许多服务行业使用电子通路,如广播电视、电子汇兑,这些服务行业也可选择将服务产品的生产车间、零售网点与消费地点组合在一起,设计成一个场所来满足顾客需求。如银行提供给客户销售通路选择,从银行柜台当面办理业务到电话自助办理直至网上银行。

由于通信及互联网技术的飞速发展,可以说,任何以信息为基础的服务领域都具有运用电子商务技术构建虚拟通路的潜力,甚至很小的服务企业也具有低成本向全球拓展业务的可能。服务营销管理者面临前所未有的机会与威胁。

案例12-1

新加坡东方大酒店的咖啡厅,一天来了四个客人,他们拿着资料认真地讨论。人越来越多,咖啡厅中越来越嘈杂。那四位客人大声讨论着,“什么?听不清楚,吵死了!”“怎么这么乱啊?”一位服务员看到后,拿起电话向客房部询问有没有空房间,客房部经理得知她的用意后,立即为四位客人提供了空房间,请他们在房里讨论。两天后,酒店收到客人的感谢信:“……我们体会到什么是世界上最好的服务,我们及我们的公司除了永远是你们的忠实顾客外,还将永远为你们宣传。”

评析:有一种对服务的描述是,顾客所购买的绝不是一件简单的服务,而是他们需要解决某种问题的方案。案例中的客人需要解决的问题是,在一个安静舒适的环境里讨论工作。服务人员排除困难,为顾客很好地提供解决问题的方案。

二、服务与营销

服务竞争的基本形式分为追加服务和核心服务两大类。追加服务是技术和产品的依附物;而核心服务是消费者所要购买的对象,服务本身为购买者提供其所寻求的效用。由此关于服务的营销也形成两大领域,即服务产品营销和顾客服务营销。

服务产品营销的本质是研究如何促进作为产品的服务的交换;顾客服务营销的本质则是研究如何利用服务作为一种营销工具促进有形产品的交换。

无论是服务产品营销还是顾客服务营销,服务营销的核心理念都是顾客满意和忠诚,通过取得顾客满意和忠诚来促进相互有利的交换,最终实现营销绩效的改进和企业的长期成长。

案例12-2

友良是一家以组装电脑、卖配件、维护维修为主要经营方向的科技公司。在电脑市场竞争白热化的时代,要想在同行业中做出点成绩来并不容易,为此,友良的经营者想了不少的营销策略,但最终效果却不尽如人意。虽然没什么效果,但是友良的经营者却从中悟出一个不变的准则,那就是要保持与客户之间的联系,经常沟通,掌握市场动向,控制成本,降低成本压力。

为此,友良加入了倾城卡联盟,凡是持有此卡者到友良来都可以享受一定的优惠。首先,持有倾城卡的会员享受9.8折优惠,其次让顾客刷卡积分兑换丰富礼品,并且通过精准分析每日进出的顾客数据,发送短信与目标客户随时互动,有效地吸引回头客继续前来光顾,维护了长期友好关系,也带来了一大批新顾客。并充分地将反馈得到的信息与软件的进销存后台管理系统结合起来,控制自己的成本,根据客户需求来决定进货的版本和数量,将自己的成本压力大大减少,成本降低了,友良就用省下的资金通过一定的方式返还给客户，使客户与友良形成良好的互惠关系，促进公司的发展。

就这样，友良通过与客户之间的紧密的联系，掌握了市场的每一步动态，及时地更新自己的产品，走在科技的最前沿，并将最新资讯发送给自己的会员，让会员从购机到售后享受一条龙服务，完全轻松地享受科技发达带来的生活舒适感。这也让友良成为行业中的佼佼者。

三、服务营销的特征

由于服务与产品的特征不同，服务营销具有一系列不同于产品营销的特征：

（一）有形展示是服务营销的主要工具

由于服务是无形的，顾客很难感知和判断其质量和效果。他们将更多地根据服务设施和环境等有形线索来进行判断。因此，有形展示成了服务营销的一个重要工具。

（二）顾客直接参与服务的生产过程

服务过程中服务人员与顾客的沟通和互动行为向传统的营销理论和产品质量管理理论提出了挑战：

(1)服务行业中，顾客参与服务过程的事实迫使服务企业的管理人员正视如何有效引导顾客正确扮演他们的角色，如何鼓励和支持他们参与生产过程，如何确保他们获得足够的服务知识并达成生产和消费过程的和谐并行。

(2)服务人员与顾客的互动行为也严重影响着服务的质量及企业与顾客的关系。由于服务的生产过程与消费过程同时进行，工业企业在生产车间进行质量管理的方法无法适用于服务企业。要保证实际提供的服务达到每一位顾客预期的质量水平，就必须保证服务人员与顾客间充分的沟通，同时，服务人员必须针对不同顾客的需求差异保持足够的应变能力。所以，服务产品的质量管理应当扩展至对服务过程及顾客的管理。

（三）服务的不可贮存性

虽然生产服务的设备、劳动力等能够以实物的形态存在，但它们只代表生产能力而非服务本身。如果顾客不需要提供服务，就意味着生产能力的浪费；这种过剩的能力是闲置的，只会增加成本而不会增加利润。如果服务需求超过供给能力，又会因为缺乏存货而使顾客的需求得不到满足。因此，虽然制造企业与服务企业都不愿有生产能力过剩或不足情况的发生，但与制造企业相比，供给与需求间的“同步营销”对确保服务企业经济地使用其生产能力更加重要。如何使波动的需求同企业的生产能力相匹配，便成为管理中的一个难题。

（四）差异性易使服务质量难以控制

同一个企业通过两家不同的分支机构享受服务，可能出现一个分支机构的服务水平明显优于另一个的情形。前者的顾客确实会认为该企业的服务质量很好，而另一分支机构的顾客则可能认为整个企业的服务质量都很低劣。这种“企业形象”和“服务产品形象”的混淆将对服务产品的推广产生严重的负面影响。

（五）分销渠道不同于有形产品

由于服务不具有实体特征，因而不能运输，从而使服务的分销具有不同于有形产品

的特点。有形产品可以在一地或多地生产，然后运送到中间商或最终用户所在地进行销售；但大多数服务却不能这样做。对这些服务来说，要么顾客必须到生产设施所在地，要么生产设施必须运到顾客所在地。

四、服务营销的地位和作用

服务营销是企业为充分满足消费者需求，在营销过程中所采取的一系列活动。服务作为一种营销组合要素，真正引起人们重视是在20世纪80年代后期。这时期，由于科学技术的进步和社会生产力的显著提高，产业升级和生产的专业化发展日益加速，一方面使产品的服务含量，即产品的服务密集度日益增大；另一方面，随着劳动生产率的提高，市场转向买方市场，消费者随着收入水平的提高，他们的消费需求也逐渐发生变化，需求层次也相应提高，并向多样化方向拓展。

而从服务营销观念理解，消费者购买了产品仅仅意味着销售工作的开始而不是结束，企业关心的不仅是产品的成功售出，更注重的是消费者在享受企业通过产品所提供的服务的全过程的感受。这一点也可以从马斯洛的需求层次理论上理解：人最高的需求是尊重需求和自我实现需求，服务营销正是为消费者（或者人）提供了这种需求。

随着社会的进步、人们收入的提高，消费者需要的不仅仅是一个产品，更需要的是这种产品带来的特定或个性化的服务，从而有一种被尊重和自我价值实现的感觉，而这种感觉所带来的就是顾客的忠诚度。服务营销不仅仅是某个行业发展的一种新趋势，更是社会进步的必然产物。

案例 12-3

海尔的星级服务

海尔的五个一规范：一张服务卡、一副鞋套、一块垫布、一块抹布、一件小礼物。这种“星级服务”细致到上门服务时，先套上一副鞋套，干活时先在地上铺一块垫布，以免弄脏地面，服务完毕后，再用抹布把电器擦干净。

海尔的“星级服务”目标是：用户有多少要求，海尔的服务内容就有多少；市场有多大，海尔的服务范围就有多大。

美国通用公司前总裁杰克·韦尔奇这样评价，海尔通过真诚的服务，不断满足用户对产品服务方面的一个又一个新的希望，使消费者在得到物质享受的同时，还得到精神上的满足。

海尔的总裁张瑞敏认为，不建立完美的服务体系和服务手段，就无法让消费者满意，占领市场就会成为一个苍白的目标，企业也就无法良性经营和持续发展。

第二节　服务营销组合

服务营销观念以服务为导向。企业营销的是服务，服务是企业从产品设计、生产、广告宣传、销售安装、售后服务等各个部门的事，甚至是每一位员工的事。售后服务也不是成本消耗部门，企业的产品经过每一个部门时都被赋予了新的增值。在服务营销观念下，企业关心的不仅是产品是否成功售出，更注重的是用户在享受企业通过有形或无形的产品所提供的服务全过程的感受。因此企业应更积极主动地关注售后维修保养，收集用户对产品的意见和建议并及时反馈给产品设计开发部门，以便不断推出能满足甚至超出用户预期的新产品。因此服务营销组合在原有的市场营销组合的基础上又增加了新的元素。

20 世纪 80 年代初，BOOMS 和 BITNER 将服务企业营销组合定为七个要素，即产品(Product)、定价(Price)、地点或渠道(Place)、促销(Promotion)、人员(People)、有形展示(Physical Evidence)、过程(Process)，即在原有 4P 的基础上多了人员、有形展示和过程，简称 7P。在制定营销战略时，服务营销人员需要考虑这些组合要素之间的关系。

这七项要素可以说是许多服务营销方案的核心，任何一个要素都会关系到整体方案的成败。现将这七个要素，即服务市场营销组合中七大营销策略简要分析如下：

一、产品

服务产品所必须考虑的是提供服务的范围、服务质量和服务水准，同时还要注意的事项有品牌、保证以及售后服务等。服务产品中，这些要素的组合变化相当大，如一家供应数样小菜的小餐厅和一家供应各色大餐的五星级大饭店的要素组合就存在着明显差异。

二、定价

价格方面要考虑的因素包括：价格水平、折扣、折让、佣金、付款方式和信用。在区别一种服务和另一种服务时，价格是一种识别方式，顾客可从一种服务的价格感受到其价值的高低。价格和质量之间的相互关系，也是服务定价的重要考虑因素。

三、地点

提供服务者的所在地以及地缘的可达性在服务营销上都是重要因素。地缘的可达性不仅是指实物上的，还包括传导和接触的其他方式，所以分销渠道的形式以及其涵盖的地区都与服务可达性有密切关联。

四、促销

促销包括广告、人员推销、销售促进和其他宣传方式的各种市场沟通方式，以及一些间接的沟通方式，如公关等。

以上四项是传统的营销组合要素，但是服务营销组合则有必要增添更多的要素，如人员、有形展示和过程。

五、人员

人员指在服务企业担任生产或操作角色的人，在顾客看来其实就是服务产品的一部

分，其贡献也和其他销售人员相同。大多数服务企业的特点是操作人员可能担任服务表现和服务销售的双重工作。因此，市场营销管理必须和作业管理者协调合作。企业工作人员的任务极为重要，尤其是那些经验“高度重要”的服务企业。所以，市场营销管理者还必须重视人员的筛选、训练、激励和控制。

此外，对某些服务业务而言，顾客和顾客之间的关系也应引起重视。因为，一位顾客对一项服务产品质量的认知，很可能是受到其他顾客的影响。在这种情况下，管理者应面对的问题是在顾客与顾客之间相互影响方面的质量控制。

六、有形展示

有形展示会影响消费者和客户对一家服务企业的评价。有形展示包括的要素有实体环境（装潢、颜色、陈设、声音）以及提供服务时所需要的装备实物（比如汽车租赁公司所需要的汽车），还有其他的实体性线索，如航空公司所使用的标志或干洗店为洗好的衣物加上的“包装”。

七、过程

人的行为对服务企业很重要，而过程（即服务的递送过程）也同样重要。表情愉悦、专注和关切的工作人员，可以减轻顾客因必须排队等待服务而产生的不耐烦的感觉，或者平息顾客在技术上出问题时的怨言或不满。整个体系的运作政策和程序方法的采用、服务供应中的机械化程度、员工裁断权的适用范围、顾客参与服务操作过程的程度、咨询与服务的流动、定约与等待制度等，都是市场营销管理者要特别注意的事情。

案例 12-4

美国波音公司可谓是当今世界最有财力的大企业之一，它不仅以制造质地精良的飞机赢得了世界各国用户的欢迎，而且它对顾客竭诚周到的服务也博得了人们的交口称赞。

一次，阿拉斯加航空公司急需特殊降落装置，以便飞机因故降落在泥泞的临时跑道上时平稳安全。波音公司知道后，毫不迟疑地把这种装置送到阿拉斯加航空公司，为该公司解决了急迫的困难，这不但感动了这家航空公司，还感动了众多的乘客。还有一次，加拿大航空公司的飞机因排气管结冰阻塞，发生故障。波音公司立即派工程师乘机飞到温哥华，不分昼夜地从事维修工作，最后把故障排除了，减少了航空班机的误点时间，这也成为众人传颂的事例。

1978 年 12 月，意大利航空公司 DCX 型客机在地中海坠毁，航空公司急需一架替代客机。意航总裁诺狄奥向波音公司董事长威尔逊提出一项特殊要求：“波音公司能不能迅速送来一架波音 727 客机？”当时订购这种型号飞机的单子较多，至少要等两年，但波音公司考虑到意航的特殊情况，在发货表上稍微作了一下调整，并要求工厂把生产排紧一点。这样，意大利航空公司在一个月内就得到了这个型号的飞机，解了燃眉之急。为了感谢波音公司的优良服务，意航决定取消购买道格拉斯公司DC-O飞机的计划，而转向波音公司，一下子订购了9架波音747超大型客机。可见，周到的服务是扩大销售和赢得客户的极佳通道。

第三节　服务质量管理

一、服务质量的含义和内容

(一)服务质量的含义

服务质量是指服务能够满足规定和潜在需求的特征和特性的总和，是指服务工作能够满足被服务者需求的程度。它是企业为使目标顾客满意而提供的最低服务水平，也是企业保持这一预定服务水平的连贯性程度。要全面理解服务质量的概念必须注意以下三个方面：

1. 优良的服务水平

好的服务质量不一定是最高水平，管理人员首先要识别公司所要追求的服务水平。当一项服务满足其目标顾客的期望时，服务质量就可认为是达到了优良水平。

2. 有选择的服务对象

服务对象即目标顾客，是指那些由于他们的期望或需要而要求得到一定水平服务的人。随着经济的发展和市场的日益成熟，市场的划分越来越细，导致每项服务都要面对不同的需求。企业应当根据每一项产品或服务选择不同的目标顾客。

3. 服务标准的连贯性

连贯性是服务质量的基本要求之一。它要求服务提供者在任何时候、任何地点都保持同样的优良服务水平。服务标准的执行是最难管理的服务质量问题之一。对于一个企业而言，服务的分销网络越分散，中间环节越多，保持服务水平的一致性就越难；服务质量越依赖于员工的行为，服务水平不一致的可能性就越大。

案例12-5

1971年4月，美国内华达州举行的“年度最佳中小企业经营者”评比选拔会上，体重150公斤的南希女士一举获得三项荣誉。她开了一家以肥胖女子为服务对象的服装店，根据自己的感受，她的店在维护和尊重肥胖女性的自尊心上下了很多工夫。她取了一些很好听的名字代替服装的型号，例如，玛丽是16～20英寸，玛格丽特是21～26英寸，伊丽莎白是26.5～32.5英寸，格丽诗是32.5英寸以上等。一个个经过挑选的比顾客更加肥胖的店员，使顾客产生安全感和认同感。南希和店员抱着对顾客负责的态度，关爱这些特殊的群体，帮她们挑选着“格丽诗”“伊丽莎白”。

评析：优质的服务让顾客满意，但有时规范化的服务并不适用于某些特殊的群体。

案例中南希女士掌握了肥胖女性的心理特征，并有效地运用服务艺术，从而为这个特殊群体营造出了优质的服务环境。

（二）服务质量的内容

服务质量与服务过程、服务水平有关，服务质量可以分为技术质量和功能质量。这两个质量也是顾客感知的服务质量。所谓服务质量就是指服务过程的产出，即顾客在服务中所得到的内容，如超市的环境服务为顾客提供安全、舒适、愉快的购物体验；商品服务使顾客得到质优价低的商品；维修服务使顾客重新获得商品的使用价值等。技术质量可以通过比较直观的方式加以评估，顾客也容易感知，从而成为顾客评价服务好坏的重要依据。所谓功能质量，就是指服务的技术性要素是如何传递的，即服务的生产过程，包括服务人员的态度和行为、企业的内部关系、服务人员的外貌仪表、员工与顾客的接触等。

二、服务质量的测定

（一）服务质量的测定标准

服务质量的测定是服务企业对顾客感知服务质量的调研、测算和认定。从管理角度出发，优质的服务必须符合以下标准：

1. 规范化和技能化

顾客相信服务供应方，职员具有必要的知识和技能，能够规范作业，解决顾客的疑难问题。

2. 态度和行为

让顾客感到服务人员用友好的方式主动关心和照顾他们，并以实际行动为顾客排忧解难。

3. 可亲近性和灵活性

顾客认为服务供应者的位置、营业时间、职员和营运系统的设计及操作便于服务，并能灵活地根据顾客要求随时加以调整。

4. 可靠性和忠诚感

顾客确信，无论发生什么情况，他们能够依赖服务供应者和营运系统。服务供应者能够遵守承诺，尽心竭力满足顾客的最大利益。

5. 自我修复

顾客知道，无论何时出现意外，服务供应者都将迅速有效地采取行动，控制局势，寻找新的、可行的补救措施（有关过程标准）。

6. 名誉和可信性

顾客相信，服务供应者的经营活动可以依赖，物有所值，相信它的优良业绩和价值可与顾客共同分享。

（二）服务质量的测定内容

（1）可靠性。包括公司的服务绩效与可信度的一致。

（2）响应。雇员愿意随时提供服务。

（3）能力。掌握所需技能和知识的努力。

（4）接近顾客。包括易于接触和方便地联系。

(5)礼貌。包括客气、尊重、周到和友善。

(6)交流。用消费者听得懂的语言表达和耐心倾听消费者的陈述。

(7)可信度。真实、信任、诚实和心中想着消费者的利益。

(8)安全性。摆脱危险、冒险、疑惑的自由度。

(9)理解。尽量去理解消费者的需求。

(10)有形的东西。包括服务的实物方面。

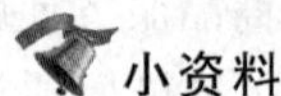

白瑞等学者提出的服务质量 Servqual 模型

1. 可感知性。
2. 可靠性。
3. 反应性。
4. 保证性(包括服务人员的友好态度和胜任能力)。
5. 移情性("人情味")。

三、提高服务质量的方法

提高企业服务质量的方法有两种:定点超越和流程分析。

(一)定点超越

定点超越就是以找出竞争者在管理和营销方面的最好做法作为基准,然后加以模仿、组合和改进,力争超过竞争者。

企业提高服务质量的目的是获得竞争优势,而获得竞争优势的方法就是向自己的竞争对手学习。在定点超越中,企业必须确定定点超越的对象,即评价最好的企业。方法是调查客户、供应商和分销商,也可询问咨询公司。公司定点超越应当集中在影响顾客满意和成本的关键项目上。

企业运用定点超越法可以从战略、经营和业务管理等方面入手。

1. 战略方面

企业应该将自身的市场战略同竞争对手成功的战略进行比较,寻找它们的相关之处。如竞争对手产品集中的子市场、成本战略、如何投资、如何进行设备和市场开发等,通过这一系列的研究,企业将会发现过去可能被忽略的成功战略,可以此为契机制定出新的、符合市场条件和自身资源水平的战略。

2. 经营方面

企业主要从降低竞争成本和增强竞争差异化的角度了解竞争对手的做法,并制定自己的经营战略。

3. 业务管理方面

企业应该根据竞争对手的做法,重新评估那些支持性职能部门对整个企业的作用。例如,在一些服务企业中,与顾客相脱离的后勤部门,无法与前台的质量管理相适应。学习竞争对手的经验,让二者步调一致,无疑是企业提高服务质量的重要保证。

定点超越的步骤为：

(1)确定定点超越项目；

(2)确定衡量关键绩效的变量；

(3)确定最佳级别的竞争者；

(4)衡量最佳级别竞争者的绩效；

(5)衡量公司绩效；

(6)制订缩小差距的计划和行动；

(7)执行和监测结果。

(二)流程分析

流程分析是借助流程图来分析服务传递过程的各个方面，包括从前台服务到后勤服务的全过程，它涉及四个步骤：

(1)把服务的各项内容用流程图的方式画出来，使服务过程能够清楚、客观地展现出来；

(2)把那些容易导致服务失败的点找出来；

(3)确立执行标准和规范，这些标准和规范应在企业的服务质量标准中得以体现；

(4)找出顾客能够看得见的服务展示，每一个展示将被视为企业与顾客的服务接触点。

在运用流程分析的过程中，识别和管理这些服务接触点具有重要意义，因为在每一个接触点，服务人员都要向顾客提供不同的职能质量和技术质量。而在这一点上，顾客对服务质量的感知情况将影响其对企业服务质量的整体印象。

案例12-6

迪士尼十分重视对业务流程的设计，把握顾客与服务人员接触的每一个真实瞬间，实现迪士尼服务质量的真实体现。东京迪士尼乐园的全体员工有一条共同的工作基准，即“SCSE”基本行动准则，它包含了游乐园营运工作中最重要的内容，是东京迪士尼乐园营运工作中最基本的价值基准。S代表安全(Security)；C代表礼仪(Courtesy)；S指迪士尼的核心产品主题秀(Show)；E代表服务的效率(Efficiency)。看似平淡无奇的四个单词，实际上却包含着极其丰富的内涵与价值。因其简明扼要，从而最大限度地保证了这一基本行动准则在全体员工中的有效落实。同时，这四个单词的排列也代表着其中的价值顺序。首先是保证安全，其次是注重礼仪，第三是贯穿主题秀的表演性，最后在满足以上三项基本行动准则的前提下提高工作效率。

案例12-7

深圳人寿保险公司业务代理人徐丹庆是一位很出色的保险代理人。在他的客户群体中，有不少家庭乃至家庭的全体成员都接纳了他所建议的险种，同时还介绍朋友来购买他们公司的险种。徐丹庆谈到发展业务心得时说：“要成功地拓展保险业务，必须具备熟练的专业技能,针对不同客户设计适合的险种相当重要。另外,对被保险人以一种亲和的方式提供良好的售后服务,亦是日后发展业务不可缺少的重要环节。”

他最语出惊人的说法是:“成功的保险代理人不仅要懂得如何正确推广保险,更要学会如何拒绝某些不适合该客户的保险险种。”当某些客户提出购买对他们并不适合的险种时,即使这笔业务数额巨大,作为一位资深的寿险业务员也应该婉转地给予解释,真正做到把客户的利益放在一个非常重要的位置,才能使保险业务达到一种良性循环的市场状态。

本章小结

1. 服务是一种涉及某些无形因素的活动、过程和结果,它包括与顾客或他们拥有的财产间的互动过程和结果,并且不会造成所有权的转移。

2. 服务具有不可感知性、不可分离性、差异性、不可贮存性、缺乏所有权等特征。

3. 服务竞争的基本形式有追加服务和核心服务两大类,关于服务营销也形成两大领域,即顾客服务营销和服务产品营销。服务产品营销的本质是研究如何促进作为产品的服务的交换;顾客服务营销的本质则是研究如何利用服务作为一种营销工具促进有形产品的交换。

4. 服务营销的特征:顾客很难感知和判断其质量和效果;顾客直接参与服务的生产过程;服务的不可贮存性、差异性易使服务质量难以控制;分销渠道不同于有形产品。

5. 服务企业营销组合定为七个要素,即产品、定价、地点或渠道、促销、人员、有形展示、过程,简称7P。在制定营销战略时,服务营销人员需要考虑这些组合要素之间的关系。

6. 服务质量是指服务能够满足规定和潜在需求的特征及特性的总和,是指服务工作能够满足被服务者需求的程度。此概念包含三方面:优良的服务水平;有选择的服务对象;服务标准的连贯性。服务质量可以分为技术质量和功能质量。服务质量的测定标准:规范化和技能化;态度和行为;可亲近性和灵活性;可靠性和忠诚感;自我修复;名誉和可信性。

7. 提高企业服务质量的方法有两种:定点超越和流程分析。企业运用定点超越法可以从战略、经营和业务管理等方面入手。流程分析是借助流程图来分析服务传递过程的各个方面,包括从前台服务到后勤服务的全过程。

一、复习思考题

1. 服务营销与产品营销有什么区别?

2. 选择一家你所熟悉的服务企业,并说明它是如何运用整合服务营销的7P策略的。

3. 如何理解服务质量的内涵。

二、单项选择题

1. 现实生活中的服务有不同类型,其中,律师服务属于(　　),产品维修属于(　　)。

A. 服务产品　　B. 功能服务　　C. 有形产品　　D. 形式产品

2.服务很抽象，既难描述，又难评价，说明服务具有(　　)。

A.不可感知性　B.差异性　C.不可分离性　D.不可贮存性

3.只有游客在场，导游的解说才有意义，说明服务具有(　　)。

A.不可感知性　B.差异性　C.不可分离性　D.不可贮存性

4.服务不可能像有形产品那样标准化，说明服务具有(　　)。

A.不可感知性　B.差异性　C.不可分离性　D.不可贮存性

5.影响服务质量的因素是可信性、责任心、同情心和(　　)。

A.保证　B.差异性　C.价格　D.灵活性

6.服务水准属于服务营销组合中的(　　)。

A.产品　B.价格　C.分销　D.促销

7.环境属于服务营销组合中的(　　)。

A.产品　B.有形展示　C.过程　D.分销

8.服务供应中机械化的程度属于服务营销组合中的(　　)。

A.产品　B.有形展示　C.过程　D.分销

9.服务人员的态度和行为属于(　　)。

A.技术质量　B.功能质量　C.效率质量　D.安全质量

10.无论何时出现意外，服务供应者都将迅速有效地采取行动，控制局势，寻找新的、可行的补救措施，体现了服务质量测定标准的(　　)。

A.规范化和技能化　B.态度和行为

C.可亲近性和灵活性　D.自我修复

三、多项选择题

1.服务营销为消费者提供(　　)需求。

A.安全　B.生理　C.尊重　D.自我实现

2.服务营销组合在原市场营销组合的基础上多了(　　)要素。

A.公共关系　B.人员　C.过程　D.有形展示

3.服务质量的内容包括(　　)。

A.技术质量　B.功能质量　C.环境质量　D.价格质量

4.下列属于服务质量测定标准的是(　　)。

A.规范化和技能化　B.态度和行为

C.可亲近性和灵活性　D.可靠性和忠诚感

5.企业运用定点超越法可以从战略、经营和(　　)方面入手。

A.战略　B.经营　C.服务　D.业务管理

四、判断题

1.海尔企业的售后服务是服务产品。(　　)

2.差异性是服务最基本的特征。(　　)

3.服务就是指一方向另一方提供纯粹是无形的任何活动或利益，并且不导致任何所有权的产生。(　　)

4.在服务行业中参与者既有企业员工，也有顾客。(　　)

5. 服务行业有设备和店面，因此，服务是可以贮存的。 （ ）

6. 消费者购买了服务，就意味着销售的终结。 （ ）

7. 在服务营销观念的指导下，企业应该关心的是用户在享受企业通过有形或无形的产品所提供的服务的全过程的感受。 （ ）

8. 价格和质量之间的相互关系，也是服务定价的重要考虑因素。 （ ）

9. 服务质量越依赖于员工的行为，服务水平一致的可能性就越大。 （ ）

10. 如果顾客感到企业内部所有员工都能认识到质量的重要性，并竭力提供优质服务，则质量风险就会逐渐消除。 （ ）

五、案例分析题

国美，先做中国的最美

在竞争日益激烈的背景下，"服务是影响顾客购买的关键因素""服务是降低经营成本的有效途径"已经成为很多服务型企业的一种共识。

国美电器集团是中国最大的以家电及消费电子产品零售为主的全国性连锁企业。2017 年国美在全国近 300 个大中型城市拥有直营门店 1 600 家、1.8 个亿会员，旗下拥有国美、永乐、大中、黑天鹅等全国性和区域性家电零售品牌，年销售能力 1 000 亿元。

服务之于国美已迫在眉睫，国美也不希望消费者的品牌联想是低价的国美，而不是服务的国美。

第一，强化正确的商业销售服务思想。只有在思想中稳固良好服务的意识，这种服务才是发自内心的服务。可以通过培育企业质量文化来实现。国美可以把职业道德、敬业精神作为培育本企业质量文化的重要内容，普遍开展质量教育，注重建设企业质量信誉，形成广大员工重视服务质量的环境和气氛，这样，员工素质提高了，高素质的领导人员、管理人员、营业人员不仅有利于方针的制定和理解，而且有利于方针的贯彻和实施。这是商业服务质量提高的核心和灵魂。

第二，继续提升服务质量体系。建立服务质量体系可以将服务思想制度化、标准化、程序化，服务质量体系是服务思想的具体贯彻和实施，是服务水平得以不断提高的保障。可以收集顾客的意见以及工作人员的看法，整理后从科学、实用、适应等方面进行分析，得出一套符合本企业的服务宝典，通过不断的信息反馈使之提升和完善，这对于国美来说，还远远没有到尽头。

2017 年 11 月，国美控股集团"家·生活"战略发布会在京举行。国美围绕"家·生活"，着力发展互联网能力，结合线下运营能力，构造线上交易、线下体验的双平台共享零售模式：线上打造产品、连接和数据能力，线下注重场景化，主题化、专业化、一体化、及时性的落地运营服务能力。

国美借助资源优势，围绕"家·生活"进行场景延伸，通过线上线下融合和社交分享模式激发更深层次消费需求。国美金融紧跟国美"家·生活"战略，提出了"家·金融"理念。通过其综合性金融控股集团定位，发挥旗下消费金融、财富管理、企业融资、支付业务等多业务优势，打造多元化家庭金融服务体系。

第三，深度挖掘服务技能与艺术。可以在售前、售后下功夫，如在售前为消费者提供实地咨询、采用分期付款等；在售后做好跟踪服务，定期进行上门查询，反馈客户使用信息。服务技巧是零售企业员工提供服务的性能和艺术，它包括很多方面的内容，如准备、

招呼技巧，出样、展示、介绍技巧，递交、送别技巧，退货、换货技巧等。提高服务技巧，不仅是企业竞争的需要，也是满足顾客消费品位变化的需要。当技巧变成一种艺术，对顾客来说就是一种享受，让销售变成服务，国美还有很长的路要走。

“千里之行，始于足下。”对于国美来说，进不进世界500强并不重要，重要的是走好眼前的路，踏踏实实地做一个中国最“美”的企业。

思考：

(1)国美为什么要做中国最“美”？

(2)国美如何做中国最“美”？

(3)服务企业可从中得到什么启示？

六、实训练习题

服务不能是事后的考虑，它必须是市场营销计划的一个重要组成部分，且贯穿于产品开发过程中。一个新产品绝不应该在服务工作未考虑好和尚未通过检验之前介绍给用户。

在IBM公司，服务人员活跃在新产品开发的第一线。他们设计维修技术并解决这样一些问题：为该产品服务要进行哪些培训？在设备内部能建立什么样的诊断手段？什么是适当的供应交货系统？产品的哪个部分需要备件？备件需要的数量是多少？

在初始计划中，一个联合方案将工程、制造、市场营销和服务形成一体。为使产品能够不断地向前发展，要求上述四个职能中的每一个都有能力完成它的任务。

(一)实训目标

通过对本市典型的服务企业的调研与实习，让学生在营销活动的实践中亲身体验服务营销，从而加深对服务营销的理解；懂得产品营销与服务营销的差异性，初步掌握服务的基本技能。

(二)实训项目

以你熟悉的某一服务企业(电信、银行)为例，调查了解并分析该企业的服务产品及其特色。

(三)实训步骤

1.搜集资料。小组通过网络、访问等途径搜集该公司有关服务营销的资料。

2.分析整理。小组根据所搜集的资料进行分析、归纳、总结，为该公司初步拟订服务营销策略方案。

3.交流讨论。小组相互交流、讨论拟订的方案。

(四)实训组织

由学生自由组合成研究性学习项目小组，7～8人为一小组。

第十三章 营销新理论简介

教学目标和要求：

1. 了解市场营销理论的新领域与新发展
2. 了解整合营销传播兴起的缘由，整合营销传播的内涵、层次及方法
3. 理解绿色营销提出的背景、基本内涵、功能和实施策略
4. 了解关系营销的内涵、本质特征、遵循的原则和实施策略
5. 理解网络营销的概念、特点、实施要点和策略

知识结构图

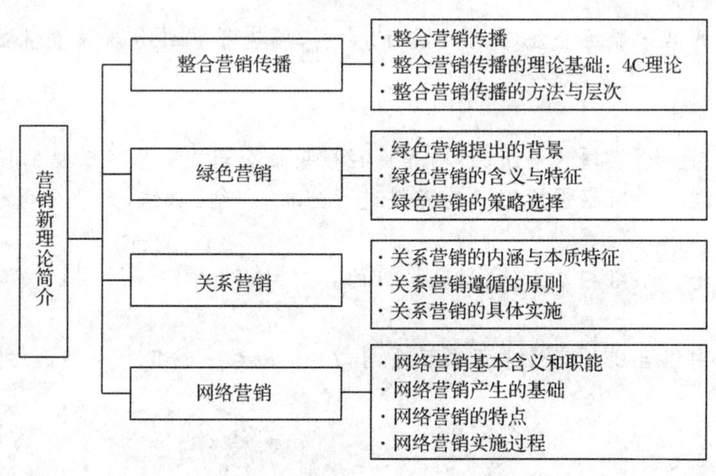

导入案例

2017年中国跨境电商市场现状分析

一、中国跨境电商整体交易概况

根据iiMedia Research(艾媒咨询)数据显示,2016年中国跨境电商整体交易规模(含零售及B2B)高达6.3万亿元人民币,较2015年增长23.5%。2017年中国跨境电商交易规模仍以较高增速发展,增至7.5万亿元。

二、海淘用户概况

经济的发展使得国内跨境电商平台对高品质商品和商品品类的覆盖度不断扩大,技术进步也助力跨境电商服务质量的提高,目前国内跨境电商平台在满足消费者升级方面表现良好,数据显示中国近七成海淘用户过去半年有过海淘经历,2016年中国海淘用户规模以高达78.3%的增长率升至0.41亿人,海淘用户市场未呈现饱和状态,未来预计仍能维持较高增速。海淘已逐渐成为消费者购物的一个重要渠道。海淘用户倾向高频率消费,商品质量成消费者选择的首要因素。

为何消费者如此青睐海淘购物呢?iiMedia Research(艾媒咨询)数据显示,57.7%的海淘用户选择海淘的原因是出于对高质量商品的需求,同时各有三成以上用户出于对商品性价比、品牌丰富度及正品保障度的考虑而选择海淘。

三、日韩、欧美成最热海淘原产地

日韩、欧美等发达地区的优质商品更受消费者青睐。其中选择日本地区商品的用户比例高达43.9%,消费者在日韩地区海淘洗护用品较多,这是因为日韩地区时尚潮流更符合消费者偏好;而在欧美地区海淘用户则倾向于购买营养保健品及母婴用品,主要是欧美地区母婴及保健品品牌更具知名度。

四、跨境电商平台的战略合作

跨境电商平台包罗万象,与国际品牌合作成为战略必需。随着海淘消费群体不断壮大,消费者海淘个性化需求不断增强,对商品品牌和品类的选择也正在拓宽,巨头化趋势逐渐明显,当下跨境电商扩展与国际品牌的合作已成为战略必需。

2017上半年,各大电商平台,特别是巨头平台如网易考拉海购、天猫、京东等都抓紧与国际品牌商合作,圈占供应商,升级打造上游供应链,扩大与国际品牌的合作并扩充商品品类。

像网易考拉海购、天猫国际等跨境电商平台由于背靠资源丰富的企业网易、阿里,在扩展平台商品品类和国际商家合作方面占有优势,同时也能依靠强供应链打造提供优质物流服务。而其他细分垂直平台则主要依靠平台运营和用户体验方面吸引海淘消费者,未来针对自身平台主要消费群体继续精化业务是重要发展方向。

五、2013—2018年跨境电商交易规模及预测(图13-1)、2014—2018年中国海淘用户规模及预测(图13-2)

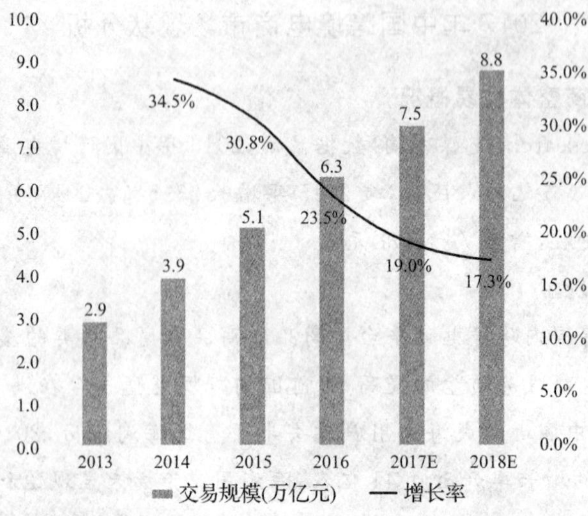

图13-1　2013—2018年跨境电商交易规模及预测

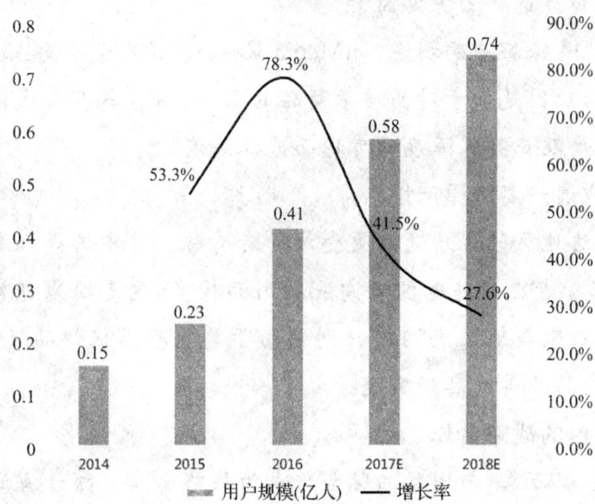

图13-2　2014—2018年中国海淘用户规模及预测

资料来源:雨果网,2017。

第一节　整合营销传播网站

一、整合营销传播的内涵

(一)整合营销传播(Integrated Marketing Communications,IMC)

整合营销传播指将一个企业的各种传播方式加以综合集成,其中包括一般的广告、

与客户的直接沟通、促销、公关等，对分散的传播信息进行无缝接合，从而使得企业及其产品或服务的总体传播效果达到明确、连续、一致和提升。

整合营销传播是20世纪90年代以来在西方盛行的营销新观念和方法，由整合营销传播理论的先驱、全球第一本整合营销传播专著的第一作者、美国营销大师唐·E.舒尔茨教授倡导。它与传统营销"以产品为中心"相比，更强调"以客户为中心"。它强调营销即是传播，即和客户多渠道沟通并建立起品牌关系。这种理论是制造商和经销商营销思想上的整合，两者共同面向市场，协调使用各种不同的传播手段，发挥不同传播工具的优势，联合向消费者开展营销活动，寻找调动消费者购买积极性的因素，达到刺激消费者购买的目的。

IMC的核心思想是：以整合企业内外部所有资源为手段，再造企业的生产行为与市场行为，充分调动一切积极因素以实现企业统一的传播目标。

（二）唐·E.舒尔茨给IMC的定义

"整合营销传播是一个业务战略过程，它是指制订、优化、执行并评价可协调的、可测度的、有说服力的品牌传播计划，这些活动的受众包括消费者、顾客、潜在顾客、内部和外部受众及其他目标。"

舒尔茨教授还分别对内容整合与资源整合进行了表述。他认为内容整合包括以下四个方面：

(1)精确区隔消费者——根据消费者的行为及其对产品的需求来区分。

(2)提供一个具有竞争力的利益点——消费者的购买诱因。

(3)确认目前消费者如何在心中进行品牌定位。

(4)建立一个突出的、整体的品牌个性，以便消费者能够区别本品牌与竞争品牌的不同。关键是"用一个声音来说话"。

他认为资源整合应该发掘关键"接触点"，了解如何才能更有效地接触消费者。传播手段包括广告、直销、公关、包装、商品展示、店面促销等，关键是"在什么时候使用什么传播手段"。

无论是内容整合还是资源整合，两者都要统一到建立良好的"品牌—顾客"关系上来。内容整合是资源整合的基础，资源整合推动内容整合的实现。

小资料

奥美"360度品牌管家"和智威汤逊"品牌全行销计划"把品牌创建的焦点放到了资源整合上；而电通蜂窝模型则把焦点放到了内容的整合上。

二、整合营销传播的理论基础：4C理论

整合营销理论主张重视消费者导向，其精髓是由消费者定位产品，以4C为理论基础，取代经典的4P理论。

(1)不要卖你所能制造的产品(Product)，而是卖那些顾客想购买的产品。真正重视

消费者，关注客户的需求和欲望(Consumer Wants and Needs)。

(2)暂不考虑定价策略(Price)，要求关注客户为了满足自己需求和欲望所可能接受的支付成本(Cost)。

(3)暂不考虑通路策略(Place)，应当思考如何给消费者购买带来便利性(Convenience)。

(4)暂不考虑怎样促销(Promotion)，而应当考虑怎样沟通(Communication)。

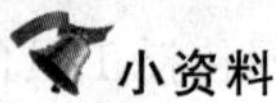

建立在单纯促销基础上的营销沟通从传播学角度看是早期传播理论中的“子弹论”(Bullet Theory)或者“皮下注射器”(Hypodermic Needle)理论的一种折射。按照这种理论，促销对象也就是信息的目标受众被看成是一个个孤立的个体，很容易受到大众传播信息的影响乃至成为传播者的靶子。

目前整合营销传播理论已在国内营销界引起了一股“研究热”和“应用热”，对提高企业竞争力和核心能力，保证企业的可持续发展发挥着巨大的作用。运用整合营销的原则是为了控制消费者的心理转变过程，目标是使消费者对企业产品产生信任的感觉而购买企业的产品，这种营销有效地克服了制造商和经销商各行其是、各自为战的弊端。如英特尔公司非常注重其产品的经销商——电脑企业及软硬件商的密切合作，IBM、微软公司都是其合作伙伴。

整合营销观念改变了把营销活动作为企业经营管理的一项职能的观点，它要求把所有活动都整合和协调起来，努力为顾客的利益服务。同时强调企业与市场之间互动的关系和影响，努力发现潜在市场和创造新市场。以企业、顾客、社会三方共同利益为中心的整合营销，具有整体性与动态性的特征，把与消费者之间的交流、对话、沟通放在特别重要的地位，是营销观念的变革和发展。

营销是企业经营活动的中心，企业的成功首先来自营销的成功。21 世纪是一个以发展与创新为特征的时代，传统的营销观念早已落伍。因此，企业必须跟上时代步伐，不断适应营销发展的新趋势、更新观念，才能步步领先，并最终获胜。

三、整合营销传播的七个层次

(一)认知的整合

认知的整合是实现整合营销传播的第一个层次，要求营销人员认识和明确营销传播的需要。

(二)形象的整合

形象的整合是第二个层次，牵涉到确保信息与媒体一致性的决策。信息与媒体一致性，一是指广告的文字与其他视觉要素之间要达到的一致性；二是指在不同媒体上投放广告的一致性。

(三)功能的整合

功能的整合是把不同的营销传播方案编制出来，作为服务于营销目标(如销售额与

市场份额)的直接功能,也就是说每个营销传播要素的优势、劣势都经过详尽的分析,并与特定的营销目标紧密结合起来。

(四)协调的整合

协调的整合是第四个层次,是人员推销功能与其他营销传播要素(广告公关促销和直销)等被直接整合在一起,这意味着各种手段都用来确保人际营销传播与非人际形式的营销传播的高度一致。如推销人员所说的内容必须与其他媒体上的广告内容协调一致。

(五)基于消费者的整合

营销策略必须在了解消费者的需求的基础上锁定目标消费者,在给产品以明确的定位以后才能开始营销策划,换句话说,营销策略的整合使得战略定位的信息直接到达目标消费者的心中。

(六)基于风险共担者的整合

基于风险共担者的整合是营销人员认识到目标消费者不是本机构应该传播的唯一群体,其他共担风险的经营者也应该包含在整体的整合营销传播战术之内。如本机构的员工、供应商、配销商以及股东等。

(七)关系管理的整合

关系管理的整合被认为是整合营销的最高阶段。关系管理的整合就是要向不同的关系单位做出有效的传播,企业必须发展有效的战略。这些战略不只是营销战略,还有制造战略、工程战略、财务战略、人力资源战略以及会计战略等,也就是说,企业必须在每个功能环节内(如制造、工程、研发、营销等环节)发展营销战略,以达成不同功能部门的有效协调,同时对社会资源也要做出战略整合。

四、整合营销传播的六种方法

(一)建立消费者资料库

建立消费者资料库的起点是建立消费者和潜在消费者的资料库。资料库的内容至少应包括人员统计资料、心理统计资料、消费者态度的信息和购买记录等。整合营销传播和传播营销沟通的最大不同在于整合营销传播是将整个焦点置于消费者、潜在消费者身上,因为所有的厂商、营销组织,无论是在销售量还是在利润上的成果,最终都依赖消费者的购买行为。

(二)研究消费者

研究消费者是第二个重要的步骤,就是要尽可能使用消费者及潜在消费者的行为方面的资料作为市场划分的依据,相信消费者“行为”资讯比其他资料如“态度与意向”测量结果更能够清楚地显现消费者在未来将会采取什么行动,因为用过去的行为推论未来的行为更为直接有效。在整合营销传播中,可以将消费者分为三类:对本品牌的忠诚消费者、其他品牌的忠诚消费者和游离不定的消费者。很明显这三类消费者有着各自不同的“品牌网络”,而要想了解消费者的“品牌网络”就必须借助消费者“行为”资讯才行。

（三）接触管理

所谓接触管理就是企业可以在某一时间、某一地点或某一场合与消费者进行沟通，这是20世纪90年代市场营销中一个非常重要的课题。在消费者自己会主动找寻产品信息的年代里，决定“说什么”要比“什么时候与消费者接触”重要。然而，现在的市场由于资讯超载、媒体繁多，干扰的噪声大为增加，目前最重要的是决定如何、何时与消费者接触，以及采用什么样的方式与消费者接触。

（四）发展传播沟通策略

发展传播沟通策略意味着在什么样的接触管理之下，该传播什么样的信息，然后为整合营销传播计划制定明确的营销目标。对大多数的企业来说，营销目标必须非常正确，同时在本质上也必须是数字化的目标。例如，对一个擅长竞争的品牌来说，营销目标就可能是以下三个方面：激励消费者试用本品牌产品；消费者试用过后积极鼓励其继续使用并增加用量；促使其他品牌的忠诚者转换品牌并建立起本品牌的忠诚度。

（五）营销工具的创新

营销目标一旦确定之后，下一步就是决定要用什么样的营销工具来完成此目标，显而易见，如果我们将产品、价格、通路都视为是和消费者沟通的要素，整合营销传播企划人将拥有更多样、更广泛的营销工具来完成企划，其关键在于采用哪些工具、哪种结合最能够协助企业完成传播目标。

（六）传播手段的组合

传播手段的组合是选择有助于达成营销目标的传播手段，这里所用的传播手段可以无限宽广，可以是除了广告、直销、公关及事件营销以外的任何传播手段。事实上产品包装、商品展示、店面促销活动等，只要能协助完成营销及传播目标的方法，都是整合营销传播中的有力手段。整合营销传播是指企业在经营过程中，以由外而内的战略观点为基础，为了与利害关系者进行有效的沟通，以营销传播管理者为主体所展开的传播战略。

案例 13-1

麦斯威尔是一个运用整合营销传播策略的成功者。麦斯威尔咖啡自1982年在台湾市场发售以来，一直以“分享”的广告策略塑造品牌，1986年到1988年，麦斯威尔通过“随身包”咖啡的上市，延伸“分享”的概念，并运用广告、公共关系、促销活动等手段，由形象代言人孙越发起“爱、分享、行动”的街头义卖活动，1988年麦斯威尔“随身包”咖啡销量同上年相比增长50%。麦斯威尔通过不同的传播媒体传达“分享”这一核心概念，运用的就是典型的整合营销传播策略。

第二节　绿色营销

绿色营销是指企业以环境保护观念作为其经营哲学思想，以绿色文化为其价值观念，以消费者的绿色消费为中心和出发点，力求满足消费者绿色消费需求的营销策略。通过绿色营销活动，协调了企业利益与保护环境的关系，使经济的发展既能满足当代人

的需求，又不至于对后代生存和发展构成危害和威胁，即实现社会经济的可持续发展。绿色营销的主体归根到底是企业，绿色营销是企业的营销活动，绿色营销的策略主要是由企业的一系列营销策略和方法构成的。21世纪将是绿色文明的世纪和绿色经济的时代，绿色营销必将成为21世纪的营销理念。

一、提出绿色营销的背景

在环境不断恶化的今天，人们对环境和资源的忧虑逐渐转化为消费过程中的一种自律行为，更加倾向于适度、无污染、保护环境的消费，绿色需求在世界范围内已经或正被逐渐唤起。这一点在经济发达国家表现得尤为突出，并且已形成了绿色需求—绿色设计—绿色生产—绿色产品—绿色价格—绿色市场开发—绿色消费这种以“绿色”为主线的消费链条。因此，从根本上讲，是绿色需求决定了绿色营销的产生、规模、运作模式和发展趋势。同时，由于经济发展程度不同而导致的绿色需求和绿色技术水平的差异，正越来越多地被发达国家利用来作为遏制他国对外贸易的壁垒，从而形成了一种新型的非关税壁垒——绿色贸易壁垒。绿色贸易壁垒主要包括课征环境进口附加税、限制或禁止进口、绿色贸易制裁、绿色标志制度、绿色卫生检疫制度等。由于其隐蔽性强、技术要求高、灵活多变的特点，在今后相当长一段时期内将会被越来越多的发达国家利用。由此可见，我国企业要想冲破绿色壁垒，进行绿色突围必须加强绿色营销，舍此别无他途。

二、绿色营销的含义

绿色营销是在绿色消费的驱动下产生的。所谓绿色消费，是指消费者意识到环境恶化已经影响其生活质量及生活方式，要求企业生产、销售对环境影响最小的绿色产品，以减少危害环境的消费。所谓绿色营销，是指企业以环境保护观念作为其经营哲学思想，以绿色文化为其价值观念，以消费者的绿色消费为中心和出发点，力求满足消费者绿色消费需求的营销策略。

三、绿色营销的特征

（一）绿色消费是开展绿色营销的前提

消费需求由低层次向高层次发展，是不可逆转的客观规律，绿色消费是较高层次的消费观念。人们的温饱等生理需要基本满足后，便会产生提高生活综合质量的要求，产生对清洁环境与产品的需要。满足绿色需求是绿色营销的出发点。

（二）绿色观念是绿色营销的指导思想

绿色营销以满足绿色需求为中心，为消费者提供生产、流通、消费过程中能有效防止资源浪费、环境污染及损害健康的产品。绿色营销所追求的是人类的长远利益与可持续发展，重视协调企业经营与自然环境的关系，力求实现人类行为与自然环境的融合发展。

（三）绿色体制是绿色营销的法制保障

绿色营销是着眼于社会层面的新观念，所要实现的是人类社会的协调持续发展。在竞争性的市场上，必须有完善的政治与经济管理体制，制定并实施环境保护与绿色营销的方针、政策，制约地方政府、部门和企业的短期行为，以全社会和全人类的共同努力，维护全社会和全人类的长远利益。

(四)绿色科技是绿色营销的物质保证

技术进步是产业变革和进化的决定因素,新兴产业的形成必然要求技术进步;但技术进步如果背离绿色观念,就有可能加快环境污染的进程。只有以绿色科技促进绿色产品的发展,促进节约能源和资源可再生、无公害的绿色产品的开发,才是绿色营销的物质保证。

四、绿色营销的策略选择

(一)树立绿色营销的理念

企业理念是指导企业营销活动的哲学思想。首先,企业要认识到随着物质产品的丰富,消费者的环保意识在日益增强,绿色产品的市场潜力极其广阔。企业应注意到这一历史机遇,及早转变经营观念,尽快实施相应的经营战略,把环境保护因素纳入企业的决策因素之中。其次,企业在从事营销活动时,要理顺经济效益、环境效益和社会效益三者之间的关系,使三者达到统一,树立长远发展和自然环境协调发展的观念。最后,企业要教育全体员工意识到环保事业与企业息息相关,环保目标与企业的经营管理目标融为一体,使绿色营销成为企业的自觉行为。

(二)制订绿色计划

实施绿色营销战略和生产真正绿色产品的先决条件是要有一个适宜的绿色计划。在企业绿色计划中,应明确企业环境事务的方针和方向,不仅要阐明企业自身应当承担的研制和营销绿色产品的义务,还要具体说明环保的努力方向以及如何尝试,并用以指导日常决策。

(三)研发和生产绿色产品

绿色产品是绿色营销的基础和关键。所谓绿色产品是指在生产、使用及处理过程中符合环境要求,对环境无害或危害极小,有利于资源再生和回收利用的产品。绿色产品的研发和生产包括绿色设计和清洁生产。绿色设计就是努力在设计阶段就将产品对环境的影响降至最低,包括设计产品时,应以节省材料、减少污染为目标,最好选用无毒、无公害、易分解、易处理的材料。清洁生产就是将综合预防的环境策略持续地应用于生产过程和产品中,以便减少对人类和环境的风险性。对生产过程而言,清洁生产包括节约原材料和能源,淘汰有毒原材料并在全部排放物和废物离开生产过程以前即减少它们的数量和毒性。此外,要高度重视绿色产品的认证工作,尽早获得绿色身份,提高产品竞争能力。

(四)制定绿色价格

绿色产品由于投入成本大,研发困难,对生产和销售过程要求严格,在“污染者付费”和“环境有偿使用”的原则下,绿色产品的价格要高于普通产品。一是绿色产品属于高档品,消费者对它的价格敏感度小;二是绿色产品也满足了消费者求新、求异、崇尚自然的消费心理;三是随着市场经济的发展,消费者收入不断提高,人们的健康意识、环保意识、绿色消费意识不断增强。在事关健康、安全、环保等方面,消费者乐于接受价格偏高但对环境有益的绿色产品。所以,企业生产绿色产品不仅能增加利润,而且更能提高企业竞争力。企业在制定绿色价格的时候可以考虑心理定价策略、新产品定价策略、目标价格定价策略和差异化定价策略。另外，企业还要综合考虑市场的发育程度和政府的政策法规等因素。

(五)选择绿色渠道

由于绿色渠道必须保证产品的绿色品质不在流通渠道中“流失”，因此，企业在选择绿色渠道时，要尽量选择短渠道或采取直销形式。在使用中间商的时候，要选择有信誉的中间商，重点选择与本企业有相同绿色意识和有良好形象的中间商，加强渠道成员的绿色观念教育。同时，也要考虑他们的经济实力、管理水平等综合因素。

(六)开展绿色促销组合

企业在制定绿色促销组合策略时，可综合运用人员推销、广告、营业推广和公共关系方式，宣传企业的绿色形象和产品，表达绿色产品寄托消费者消除环境污染、回归大自然的美好愿望及本企业实施绿色营销的决心和实际行动，为企业谋求更多的便利和竞争优势。另外，通过绿色促销组合，可激发引导消费者的绿色需求。具体的办法是既可以运用展销会等形式增加与消费者的接触，也可以借助政府、新闻媒体或环保研究机构的力量来宣传和树立企业形象。

五、绿色营销——21 世纪的营销

绿色营销将成为 21 世纪营销的主流，这是因为：

(一)社会可持续发展战略呼唤绿色营销

可持续发展战略是指社会经济发展必须同自然环境及社会环境相联系，使经济建设与资源、环境相协调，使人口增长与社会生产力发展相适应，以保证社会实现良性循环发展的长远战略。然而，社会经济的长足发展，在为社会创造巨大财富、给广大消费者提供物质福利及给企业带来巨额商业利益的同时，却严重地浪费了自然资源，破坏了自然生态平衡，污染了环境，并造成恶劣的社会环境，严重地威胁着人类生存环境的良性循环。因此，保护自然环境，治理环境污染，解决恶劣的社会环境，实施可持续发展战略已势在必行。20 世纪 70 年代，西方国家提出了可持续发展问题。20 世纪 80 年代是逐步树立环保意识的年代，被称为“环保崛起的十年”。20 世纪 90 年代则将环保付诸行动，称为“环境保护行动的十年”。至今，世界各国，尤其是经济发达国家掀起了制定“环保标志”，实施“环保意识”的战略及方针。可持续发展战略的实施，从宏观方面，要求政府重视制定及实施可持续发展战略的总体目标、方针及具体办法；从微观方面，要求各类企业将营销活动同自然环境、社会环境的发展相联系，使企业营销活动有利于环境的良性循环发展，也就是说，要求企业从实施可持续发展战略的高度来开展绿色营销。

(二)21 世纪的消费者趋向于绿色消费

消费者趋向于绿色消费主要源于两方面的原因：一是社会经济发展在为社会及广大消费者谋福利的同时，造成恶劣的自然环境及社会环境，已直接威胁着人们的身体健康，因此，人们迫切要求治理环境污染，要求企业停止生产有害环境及人们身体健康的产品；二是社会经济的发展使广大居民个人收入迅速提高，他们迫切要求高质量的生活环境及高质量的消费，即要求绿色消费。

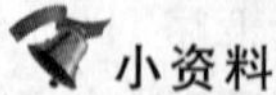

随着全球生态环境的恶化和环保呼声的日益高涨,外界对企业界的压力越来越大。产品绿色化已成为产品参与未来市场竞争的一个必要途径。企业界从中看到了危机与机遇。因此不遗余力地大搞产品绿色化。要使产品真正实现绿色化,企业一方面要掌握先进的绿色技术,用它来改造现有的生产技术、工艺,开发新产品、新工艺;另一方面要从内部管理入手,使环保意识深入企业所有职工的思想中,从而保证产品绿色化的顺利实现。由此,一种新型的管理思想——“绿色管理”在西方悄然兴起,并从发达国家向发展中国家传播。在“绿色管理”思想的指导下,企业变过去对环保问题消极回避为积极主动地参与合作,环保投入不再被企业视为多余的负担,而成为推动企业节能降耗、开拓市场、实现利润的前瞻性投资。企业与环境正在形成一种新型关系。

(三)政府更加重视制定和严格实施规范企业营销行为的立法

政府对企业立法调控行为日趋严厉,是迫于保护消费者利益运动及保护生态平衡运动的压力。同时,市场经济日益发展,市场经济体制日趋成熟,亦促使政府宏观调控手段更加成熟。

(四)绿色营销是21世纪企业兴衰的根本

21世纪的企业面临着一系列的挑战。首先是宏观环境的压力,诸如保护消费者利益运动和保护生态平衡运动的压力,以及政府规范化立法的压力,从而驱使企业必须树立环保观念,开展绿色营销;其次是广大消费者对绿色消费的需求剧增,企业必须顺应消费者的绿色消费需求,开展绿色营销,才能赢得顾客;最后是市场竞争优胜劣汰规律的作用,迫使企业改变营销观念,开展绿色营销,才能有力地对付竞争对手,不断地提高市场占有率。

(五)传统经济为现代经济所替代

众所周知,传统经济只重视劳动力和资本在经营活动中的作用,而忽略了土地等自然资源的重要作用。过去,人们认为自然资源是无价值的,例如,认为在种植业中唯一的成本是开发及耕种,而土地是无价格的。在这种观念的支配下,对自然资源的过度开采,甚至掠夺式开发也就不足为奇了。如今,现代经济已取代传统经济,现代经济不仅重视劳动力、资本,而且同样重视自然资源在经营活动中的作用,强调社会经济发展必须同环境相协调,从而为企业从传统营销转化为绿色营销提供了理论基础。

绿色营销是指企业在整个营销过程中,充分体现环保意识和社会意识向消费者提供科学的、无污染的、有利于节约资源和符合良好社会道德准则的商品和服务。其主要目标是通过营销实现生态环境和社会环境的保护及改善,保护和节约自然资源,实行养护式经营,确保消费者使用产品的安全、卫生、方便,提高人们的生活质量,优化人类的生存空间。

绿色营销和传统的社会营销都是兼顾社会利益的营销理念,但绿色营销比社会营销从更长远的生态环保角度来考虑社会可持续发展,强调企业在营销中要重视保护地球生态环境,努力消除和减少生产经营对生态环境的破坏和影响,带有更强烈的绿色色彩。

知识经济的发展使可持续发展成为可能,它将使人类经济发展从主要依赖自然资源转向主要依赖智力资源,从依赖消耗物资转向依靠消费知识,从以牺牲环境为代价转向实现人与自然环境的相互协调。

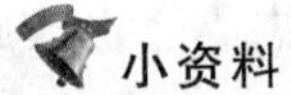

小资料

"5R"管理原则

实施绿色营销战略，需要贯彻"5R"管理原则。即研究(Research)：重视研究企业对环境污染的对策；减少(Reduce)：减少或消除有害废弃物的排放；循环(Recycle)：对旧物进行回收处理和再利用；再开发(Rediscover)：变普通产品为绿色产品；保护(Reserve)：积极参与社会的环保活动，树立环保意识。环保意识不是昙花一现的事情，只要企业缺乏环境保护的意识，就会面临破产的威胁。现在的消费者都很关心可持续发展及环境保护问题。同时政府也更注重将贸易与环境问题结合起来制定相关政策。现代企业只有树立起一种全新的可持续发展营销的经营理念努力开展绿色营销，开发绿色产品，进行绿色生产，才能和可持续发展潮流相适应。同时，企业还可进一步促成可持续消费模式的全面建立和实现，承担起促进社会发展和生态环境发展的责任和义务，使企业的经济效益、社会效益和环境效益相统一。

案例 13-2

红海家电的"绿色营销"——格兰仕绿色回收废旧家电案例解析

2006年7月5日，格兰仕在北京推出"绿色回收废旧家电——光波升级，以旧换新"活动，消费者手中任何品牌的废旧家电，均可折换30～100元，用于购买格兰仕部分型号微波炉和小家电，同时格兰仕联合专业环保公司对回收的废旧小家电进行环保处理，为绿色奥运做出了自己的贡献。活动推出后，北京市场连续3日单日销售突破1 000台，高端光波炉的销售同比增长69.6%。北京电视台、北京晚报、北京青年报、中国青年报、京华时报、北京娱乐信报、中国经营报等都对活动进行了追踪报道。随后活动向山东、福建、辽宁、云南、吉林、重庆等10多个省市蔓延。格兰仕"绿色回收废旧家电"的活动成为2006年淡季小家电市场一道靓丽的风景。

第三节　关系营销

一、关系营销的内涵及本质特征

(一)关系营销的内涵

所谓关系营销，是把营销活动看成是一个企业与消费者、供应商、分销商、竞争者、政府机构及其他公众发生互动作用的过程，其核心是建立和发展与这些公众的良好关系。

1985年，巴巴拉·本德·杰克逊提出了关系营销的概念，使人们对市场营销理论的研究又迈上了一个新的台阶。关系营销理论一经提出，迅速风靡全球，杰克逊也因此成了美国营销界备受瞩目的人物。巴巴拉·本德·杰克逊为美国著名学者、营销学专家。他对经济和文化都有很深入的研究。菲利普·科特勒评价说，“杰克逊的贡献在于，他使我们了解到关系营销将使公司获得的较之其在交易营销中所得到的更多。”

（二）关系营销的本质特征

关系营销的本质特征可以概括为以下几个方面：

1. 双向沟通

在关系营销中，沟通应该是双向而非单向的。只有广泛的信息交流和信息共享，才可能使企业赢得各个利益相关者的支持与合作。

2. 合作

一般而言，关系有两种基本状态，即对立和合作。只有通过合作才能实现协同，因此合作是“双赢”的基础。

3. 双赢

双赢即关系营销旨在通过合作增加关系各方的利益，而不是通过损害其中一方或多方的利益来增加其他各方的利益。

4. 亲密

关系能否得到稳定发展，情感因素也起着重要作用。因此关系营销不只是要实现物质利益的互惠，还必须让参与各方能从关系中获得情感的需求和满足。

5. 控制

关系营销要求企业建立专门的部门，用以跟踪顾客、分销商、供应商及营销系统中其他参与者的态度，由此了解关系的动态变化，及时采取措施消除关系中的不稳定因素和不利于关系各方利益共同增长的因素。

此外，通过有效的信息反馈，也有利于企业及时改进产品和服务，更好地满足市场的需求。

二、关系营销遵循的原则

关系营销的实质是在市场营销中与各关系方建立长期稳定的相互依存的营销关系，以求彼此协调发展，因而必须遵循以下原则：

（一）主动沟通原则

在关系营销中，各关系方都应主动与其他关系方接触和联系，相互沟通信息、了解情况、形成制度或以合同形式定期或不定期碰头，相互交流各关系方需求变化情况，主动为关系方服务或为关系方解决困难和问题，增强伙伴合作关系。

（二）承诺信任原则

在关系营销中各关系方相互之间都应做出一系列书面或口头承诺，并以自己的行为

履行诺言,才能赢得关系方的信任。承诺的实质是一种自信的表现,履行承诺就是将誓言变成行动,是维护和尊重关系方利益的体现,也是获得关系方信任的关键,是公司(企业)与关系方保持融洽伙伴关系的基础。

(三)互惠原则

在与关系方交往过程中必须做到相互满足关系方的经济利益,并通过在公平、公正、公开的条件下进行成熟、高质量的产品或价值交换使关系方都能得到实惠。

三、关系营销的具体实施

(一)关系营销的组织设计

关系营销的管理必须设置相应的机构,对内协调部门之间、员工之间的关系,对外向公众发布消息、处理意见等,通过有效的关系营销活动,使企业目标顺利实现。企业必须根据正规性原则、适应性原则、针对性原则、整体性原则、协调性原则和效益性原则建立企业关系管理机构。该机构除协调内外部关系外,还将担负着搜集信息资料、充当企业决策参谋的责任。

(二)关系营销的资源配置

面对当代的顾客、变革和外部竞争,企业的全体人员必须通过有效的资源配置和利用,同心协力地实现企业的经营目标。企业资源配置主要包括人力资源调配和信息资源共享。

(1)人力资源调配主要是通过部门间的人员转化、内部提升和跨业务单元的论坛和会议等进行。

(2)信息资源共享方式主要是利用电脑网络、制定政策或提供帮助削减信息超载、建立“知识库”或“回复网络”以及组建“虚拟小组”。

(三)文化整合

文化整合是企业市场营销中处理各种关系的高级形式。关系各方环境的差异会影响关系的建立以及双方的交流。跨文化间的人们在交流时,必须克服文化所带来的障碍。对于具有不同企业文化的企业来说,文化的整合对于双方能否真正协调运作有重要的影响。

关系营销是在传统营销的基础上,融合多个社会学科的思想发展起来的。吸收了系统论、协同学、传播学等思想。关系营销学认为,对于一个现代企业来说,除了要处理好企业内部关系,还要尽可能与其他企业结成联盟,企业营销过程的核心是建立并发展与消费者、供应商、分销商、竞争者、政府机构及其他公众的良好关系。无论在哪一个市场上,关系都具有很重要的作用,甚至成为企业市场营销活动成败的关键。所以,关系营销日益受到企业的关注和重视。

案例13-3

灿坤关系营销失败

忽视员工上岗前培训

灿坤在大力扩张门店的时候，忽视了内部营销的重要性，员工培训的严重滞后致使顾客服务质量一直无法提高，影响了关系营销的顺利开展。同交易营销不同，在关系营销中，优质的服务比低廉的价格更为重要，提高服务质量可以增强顾客的满意度，进而增强顾客的忠诚度，最终提高企业的利润水平。所以说，顾客服务也是关系营销能否成功的一个关键。灿坤3C经营的品种大部分属于消费者眼中的高科技产品，顾客在购买决策、安装调试、使用维护以及报废处置阶段都希望得到专业人士的优质服务。在灿坤开设门市的地区，企业对人才的争夺十分激烈，灿坤很难迅速招募到所需要的3C领域的合格技术和服务人才。在灿坤招募到的新员工中，有许多人对3C产品并不是非常了解，在这种情况下，灿坤不对新员工进行必要的岗前培训就让他们仓促上岗，使得大量员工没有向顾客提供满意服务的热情和能力。因此，在灿坤3C零售业务经营的过程中，顾客对服务质量的投诉从没间断过，这对灿坤关系营销的成功是一个致命的问题。

危机公关处理不当

灿坤不能有效利用公共关系的手段对顾客的疑问做出及时的反应，这使顾客逐步失去了对灿坤的信任，最终导致了灿坤关系营销的彻底失败。一个像灿坤这样的大企业，在迅速扩张的过程中，偶尔出现一些问题完全可以理解，重要的是，当不利于公司的突发事件发生时，企业应该及时采取措施去挽回颓势，这对于关系导向的企业尤为关键。但灿坤在危机公关方面反应迟缓，导致公司形象一再受损，最后失去了顾客的信任。最严重的一次事件就是2005年年初的吴灿坤涉嫌操纵股票案，灿坤公司的创始人兼董事长吴灿坤涉嫌以高买低卖打压竞争对手顺发公司股票，被我国台湾高雄地方法院以“操纵股票、违反证券交易法”之名判刑1年零6个月。这一严重事件的曝光使顾客对灿坤的诚信产生了怀疑，甚至开始怀疑灿坤持续经营的能力。很显然，灿坤如果不出面对此事的真相以及该事件对灿坤未来发展的影响做出说明，将会严重削弱消费者对灿坤品牌的信心，然而，灿坤却在媒体对该事件炒作得沸沸扬扬时，选择了低调的处理方式，结果使自己失去了挽回消费者信心的机会，这将本来已经元气大伤的内地灿坤的3C零售业务彻底送上了绝路。

对灿坤3C零售业失败原因的反思

在反思灿坤失败的原因时，我们不能因为灿坤3C零售业务在内地的失败，就全盘否定灿坤在营销方面所做的一切。业界有人批评灿坤在选择门市地址上违背了在繁华商业区选址的原则，也有人批评灿坤在广告方面的投入不足是灿坤门市客流量不够的原因，实际上，这些批评都是套用交易营销的标准来评判关系营销。从关系营销的观点看，门市选址只是一个次要因素，将灿坤连锁店中有75%的无效店归结为选址问题是一种简单化的看问题方式。至于广告投入的问题，我们说，大量使用大众媒体做广告宣传本来就是交易营销的特色，关系营销倾向于使用直复营销这样的比较个性化的传播方式，所以，灿坤广告投入低是无可指责的，而灿坤在不做广告的同时也没有进行有效的个性化传播才是问题的关键。当然，灿坤3C零售业务在内地的失败确实还存在其他方面的原因，有些原因甚至还相当重要，如灿坤在内地开展3C零售业务导致灿坤自己的小家电经营出现了渠道冲突的问题。

2005年10月，灿坤公司管理层向外界透露，灿坤准备在适当时候以崭新的经营方式重新进入内地的3C销售市场，这暗示着灿坤在今后很可能会放弃此前使用的会员制营销方法。但是，从以上的分析我们可以看到，会员制营销本身并没有错，关系营销更没有错，放弃会员制营销并非解决问题的关键，最重要的是要把握关系营销思想的精髓，不再使关系营销流于形式。

从灿坤的案例可以看到，虽然关系营销相对交易营销而言被认为是营销模式上的一场革命，交易营销同关系营销其实各有所长，而且关系营销的实施也必须讲究科学的方法，采用关系营销的企业只有在精心控制关系营销成本的同时充分发挥关系营销的优势才能在竞争中占据主动。

反思灿坤的教训能加深我们对关系营销的理解，也能对我国流通行业的企业更好地开展关系营销有所启发，使这些企业少走弯路，提高关系营销的成功率。

第四节 网络营销

一、网络营销的基本含义和职能

(1)网络营销就是以国际互联网为基础，利用数字化的信息和网络媒体的交互性来辅助营销目标实现的一种新型市场营销方式。网络营销最直观的认识就是以客户为中心，以网络为导向，为实现企业目标而进行的一系列企业活动。网络营销是企业整体营销战略的一个组成部分，是为实现企业总体经营目标所进行的，以互联网为基本手段营造网上经营环境的各种活动。

(2)网络营销的职能包括网站推广、网络品牌、信息发布、在线调研、顾客关系、顾客服务、销售渠道、销售促进八个方面。

二、网络营销产生的基础

网络营销借助联机网络、电脑通信、数字交互式媒体来实现营销目标。网络营销产生的基础包括以下三个方面：

(一)观念基础——商家的价值观发生转变

消费者的心理、价值观发生变化(消费追求个性化和购物的方便性，消费主动性增强)。消费者价值观的变革是网络营销产生的观念基础。尽量满足消费者的需求历来是企业的经营核心，随着互联网在商业领域应用的发展，世界各地企业纷纷上网为消费者提供各种类型的信息服务，并把抢占这一科技制高点视为获取未来竞争优势的重要途径。

1. 网络社会消费者心理变化的趋势和特征

当今企业正面临前所未有的激烈竞争，市场正进行着从卖方垄断向买方垄断的演变，消费者主导的营销时代已经来临。在买方市场上，消费者将面对更为纷繁复杂的商品和品牌选择，这一变化使当代消费者心理与以往相比呈现出以下特点和趋势：

(1)个性化消费的回归

在很长一段时期，工业化和标准化的生产方式使大量低成本、单一化的产品淹没了消费者的个性化需求。另外，在经济短缺或近乎垄断的市场中，可供消费者挑选的产品很少，使消费者的个性不得不被压抑。而在市场经济充分发展的今天，多数产品无论在数量还是品种上都已极为丰富，消费者完全能够以个人的心理愿望为基础挑选和购买商品或服务。在市场经济的条件下，消费者需求多了，而且有许多需求变化，他们不仅能对商品的购买做出选择，而且十分希望选择。消费者会制定自己的消费准则，也不惧怕向商家提出挑战。从理论上看，没有一个消费者的心理是完全一样的，每一个消费者都是一个细分市场，个性化消费正在也必将再度成为消费的主流。

(2)消费主动性增强

在社会分工日益细分化和专业化的趋势下，消费者对购买的风险感随选择的增多而上升，而且对传统营销单向的"填鸭式"沟通感到厌倦和不信任。网络时代商品信息获取的方便性，促使消费者主动通过各种可能的途径获取与商品有关的信息并进行分析比较。通过分析比较，消费者获得心理上的平衡和满足感，增加了对所购产品的信任，也减轻了风险感，减少了在购买后产生后悔感的可能。

(3)购物的方便性和趣味性的追求

信息社会的高效率产生了一批工作压力大、生活节奏紧张的消费者，他们会以购物的方便性为目标，追求时间和劳动成本的尽量节省；而另一些消费者则由于劳动生产率的提高，可供支配的时间增加，如自由职业者或家庭主妇，希望通过购物来打发时间和寻找生活乐趣，而网络消费正好能使他们保持与社会的联系，减少心理孤独感，能满足他们的心理需求。

(4)价格是影响消费心理的重要因素

营销活动的组织者总是通过各种营销手段以各种差别化来减弱消费者对价格的敏感度，但价格始终对消费心理有重要影响。即使在先进的营销技术面前，价格的作用仍旧不可忽视，当价格降幅超过消费者的心理界限，消费者难免会改变既定的购物原则。

2. 网络营销的优势和吸引力

(1)网络营销强调个性化的营销方式

网络营销的特点之一是以消费者为主导。网络消费者拥有比任何时候都更大的选择自由，他们可以根据自己的个性特点和需求在全球范围内找寻满意的商品和服务，不受时域和地域的限制。消费者进入自己感兴趣的企业网址或虚拟商店，随意获取产品的相关信息，决定购买与否，使网络购物更显个性化。例如，海尔集团允许用户自己设计空调和电冰箱的功能组合。这种个性消费的发展将促使企业必须重新考虑其营销战略，以消费者的个性需求作为企业提供产品及服务的出发点，并且企业也要具有以较低成本进行多品种小批量生产的能力，为个性化营销打好基础。

(2)网络营销可以实现全程营销的互动性

传统的营销管理强调4P(产品、价格、渠道和促销)组合,现代营销管理则追求4C(顾客、成本、方便和沟通),然而无论哪一种观念都必须基于这样一个前提:企业必须实行全程营销,即必须由产品的设计阶段就开始充分考虑消费者的需求和意愿。传统营销由于消费者与企业之间缺乏合适的沟通渠道或沟通成本过高,消费者一般只能针对现有产品提出建议或批评,大多数企业也缺乏足够的资本用于了解消费者的各种潜在需求。在网络环境下,企业可通过电子公告栏和电子邮件等方式,以极低的成本在营销的全过程中对消费者进行即时的信息搜集,消费者则有机会对产品从设计到定价和服务等一系列问题发表意见。这种双向互动的沟通方式提高了消费者的参与性和积极性,更重要的是它能使企业的营销决策有的放矢,从根本上提高消费者满意度。

(3)网络营销可提高消费者购物效率

信息社会生活的快节奏使消费者用于在商店购物的时间越来越短,因为人们越来越珍惜闲暇时间,越来越希望把闲暇时间用在一些有益于身心的活动中,并充分地享受生活。在传统的购物方式下,一个买卖过程的完成短则几分钟,长则数个小时。加上为购买商品的往返路途和逗留时间,使消费者为购买商品必须在时间和精力上付出很多。

(4)网络营销的价格优势

网络营销能为企业节省巨额的促销和流通费用,使产品成本和价格的降低成为可能。而消费者则可在全球范围内找寻最优惠的价格,甚至可绕过中间商直接向生产者订货,因而能以更低的价格实现购买。

综上所述,在网络时代,消费者迫切需要新的快速方便的购物方式和服务,并最大限度地满足自身的需求。消费者价值观的这种改变自然地产生了网络营销,而网络营销的特征也正好在很大程度上满足了消费者的新需求。

(二)技术基础——电子通信技术的拥有和发展

网络营销的技术基础主要是以计算机网络技术为代表的信息技术。计算机网络是现代通信技术与计算机技术相结合的产物,它把分布在不同地理区域的计算机与专门的外部设备用通信线路互联成一个规模大、功能强的网络,从而使众多的计算机可以方便地互相传递信息,共享硬件、软件、数据信息等资源。与网络营销密切相关的计算机网络主要有三种:互联网、外联网以及内联网。

(三)现实基础——商业竞争的白热化

当今社会市场的竞争日益激烈化,企业为了取得竞争优势,想方设法使用各种招数来吸引顾客,传统的营销方法已经很难有新颖独特的地方能帮助企业在竞争中出奇制胜了。市场竞争已不再依靠表层的营销手段的竞争,必须在更深层次的经营组织形式上进行竞争。企业的经营者迫切地去寻找变革方式,以尽可能地降低商品在从生产到销售的整个供应链上所占用的成本和费用比例,缩短运作周期。

三、网络营销的特点

随着互联网技术的成熟以及成本的降低,互联网好比是万能胶,将企业、团体、组织以及个人跨时空联结在一起，使他们之间信息的交换变得“唾手可得”。市场营销中最重要也最本质的是组织和个人之间进行信息传播和交换。如果没有信息交换，那么交易也就是无本之源。正因如此，互联网具有营销所要求的某些特性，使网络营销呈现出以下一些特点：

（一）跨时空

营销的最终目的是占有市场份额，由于互联网可以超越时间约束和空间限制进行信息交换，因此使脱离时空限制达成交易成为可能，企业可以有更多的时间和更广阔的空间进行营销，每周7天、每天24小时随时随地提供全球性营销服务。

（二）多媒体

互联网以传输多种媒体的信息，如文字、声音、图像等，使为达成交易进行的信息交换能以多种形式存在和交换，可以充分发挥营销人员的创造性和能动性。

（三）交互式

互联网通过展示商品图像、商品信息资料库提供有关的查询，来实现供需互动与双向沟通。还可以进行产品测试与消费者满意调查等活动。互联网为产品联合设计、商品信息发布以及各项技术服务提供了最佳工具。

（四）个性化

互联网上的促销是一对一的、理性的、消费者主导的、非强迫性的、循序渐进式的，而且是一种低成本与人性化的促销，避免推销人员强势推销的干扰，并通过信息提供与交互式交谈，与消费者建立长期良好的关系。

（五）成长性

互联网使用者数量快速增长并遍及全球，使用者多属年轻、中产阶级、高教育水准的人，由于这部分群体购买力强而且具有很强的市场影响力，因此网络营销是一项极具开发潜力的市场渠道。

（六）整合性

互联网上的营销可由商品信息至收款、售后服务一气呵成，因此也是一种全程的营销渠道。另一方面，企业可以借助互联网将不同的传播营销活动进行统一设计规划和协调实施，以统一的传播资讯向消费者传达信息，避免不同传播中不一致性产生的消极影响。

（七）超前性

互联网是一种功能强大的营销工具，它同时兼具渠道、促销、电子交易、互动顾客服务以及市场信息分析与提供的多种功能。它所具备的一对一营销能力，正是符合定制营销与直复营销的未来趋势。

（八）高效性

计算机可储存大量的信息供消费者查询，可传送的信息数量与精确度远超过其他媒体，并能应市场需求，及时更新产品或调整价格，因此能及时有效地了解并满足顾客的需求。

（九）经济性

通过互联网进行信息交换，代替以前的实物交换，一方面可以减少印刷与邮递成本，可以无店面销售，免交租金，节约水电与人工成本；另一方面可以减少反复多次交换带来的损耗。

（十）技术性

网络营销是建立在高技术作为支撑的互联网的基础上的，企业实施网络营销必须有一定的技术投入和技术支持，改变传统的组织形态，提升信息管理部门的功能，引进懂营销与计算机技术的复合型人才，才能具备市场的竞争优势。

四、网络营销的服务内容

（一）网上市场调查

网上市场调查主要利用互联网交互式的信息沟通渠道来实施调查活动。它包括直接在网上通过问卷进行调查，还可以通过网络来搜集市场调查中需要的一些二手资料。

（二）网上消费者行为分析

互联网用户作为一个特殊群体有着与传统市场群体截然不同的特性，因此要开展有效的网络营销活动必须深入了解网上用户群体的需求特征、购买动机和购买行为模式。了解群体特征和偏好是网上消费者行为分析的关键。

（三）网络营销策略制定

不同企业在市场中处于不同地位，在采取网络营销实现企业营销目标时，必须采取与企业相适应的营销策略。同时企业在制定网络营销策略时，还应该考虑到产品周期对网络营销策略制定的影响。

（四）网上产品和服务策略

作为网上产品和服务营销，必须结合网络特点重新考虑产品的设计、开发、包装和品牌的传统产品策略。

（五）网站推广

网站推广的实施是通过各种具体的方法来实现的，所有的网站推广方法实际上都是对网站推广工具和资源的合理利用。根据可以利用的常用的网站推广工具和资源，可以将网站推广的基本方法归纳为八种：搜索引擎推广方法、电子邮件推广方法、资源合作推广方法、信息发布推广方法、病毒性营销方法、BBS宣传方法、网络广告推广方法、综合网站推广方法。

五、网络营销实施过程

（一）市场调研

通过市场调研的手段，对市场做一个真正的了解，主要是了解客户群体，以及客户群体的日常行为和思维方式。知道了自己的客户是谁，客户会在哪儿，客户的需求量等情况，才可能真正地利用网络资源成交业务。

（二）市场定位

市场定位就是根据已做的市场调研判断是否能通过网络进行营销，网络空间虽然很大，但也并不是所有的公司都适合通过网络来成交业务，所以企业一定要根据自身的情况去考虑。

（三）方案形成

根据市场定位，找到目标客户群在网上主要集中的地点，有些客户群主要通过搜索的方式，也有的主要集中在行业网。还有就是怎样一步步去推进，怎样把自己的商品传递给客户等。

（四）方案的执行

根据以上制订的方案，逐渐地去推进完成，把客户最想要的以客户最希望的方式展示给他们，并且要联系方便。

（五）效果评估及策略调整

对方案执行情况进行一个科学的定位，以及时调整方案，评估的主要标准是客户关注度和客户咨询量、客户咨询量和客户成交量的对比，从而找出在网络营销中的不足之处并加以改进。

案例13-4

通用汽车公司的网络营销

通用汽车公司是世界上最大的汽车公司，居《财富》全球500强企业之首。它是由威廉·杜兰特于1908年9月在别克汽车公司的基础上发展起来的，成立于美国的汽车城——底特律。通用汽车公司在美国本土共有六个轿车分部，分别为别克部、奥兹莫比部、卡迪拉克部、雪佛莱部、旁蒂克部及GMC部，另外在世界各地还有不少分公司。一直以来，通用汽车公司的产品始终在用户心目中享有盛誉。

通用汽车公司以巨大的人力、资金投入全力建设自己的网站(www.gm.com)。通用汽车公司将网站视为客户信息、客户联系技术以及客户经济状况的采集窗口，又是企业与客户联系的纽带，同时作为企业“客户信息管理”系统的外延。其站点是技术、艺术与营销策略的有机组合体。它以渗透性的表现手法，成功地将企业的市场定位、品牌树立、服务承诺、产品优势、竞争力等各种信息体现在各层页面上，具备很强的商业感召力。

1. 以人为本的营销理念

企业成功最基本的原则就是市场和客户。通用汽车在其品牌优势的基础上，致力于建立和强化与公众的关系，利用互联网的辐射力开展关系营销。在首页的醒目位置，设计者没有将各款超豪华汽车作为主角，而是以一些来自世界各地、风情各异的日常生活中的平民形象来替代。这种“抑汽车帝王之尊，扬平民百姓之贵”的看似错位的设计，恰恰准确地表达了通用汽车的“关系唯上，客户至尊”的营销主题，同时寓有通用的客户遍及全球、通用的产品适合不同人群的含义。通用汽车公司的网站设计，始终体现了这一营销主题。这种以人为本的营销理念，明显起到网络营销中化解客户戒备心理、消除企业与客户距离、引起客户内心共鸣的作用。

2. 丰富的信息内容

在信息组织脉络上，分为产品介绍、企业介绍和汽车导购。网站上，不但有通用汽车公司的一般介绍，而且还有经销商的评价。通过通用汽车公司的网站，客户不仅可以了解到公司的发展、起源、历史、产品的特点，通用汽车公司的产品跟其他产品的性能、价格比较，通用汽车各种产品的报价单，以及通用汽车公司在销售和服务过程中对社会和客户所做出的承诺等内容，还可以了解到很多跟汽车相关的其他知识。如在通用汽车中国网站上就有面向内地及香港市场销售的别克、欧宝、凯迪拉克及雪佛兰等产品的相关信息以及客户服务信息。客户可以查寻最近的通用汽车授权服务中心或零部件供应商，还可以查询某一特定产品的信息。此外客户还可查询通用汽车中国合资厂的背景资料及通用汽车在中国发布的最新消息。通过"网上车展"栏目，客户可以从网上参观汽车展，内容包括新闻中心、虚拟展厅、在线服务等内容。网上车展不仅让客户欣赏汽车的外观，也为客户提供了详尽的相关资料，使客户能详细了解汽车的性能等各个要素。客户还可以将汽车的重要资料在线打印下来。

3. 便捷的购物环境

通用汽车网站不仅为客户提供企业、产品和服务信息，重要的是还向客户提供购物时的决策信息和服务。网站提供快速订购、跟踪、估价功能，帮助客户确定、挑选和采购适合其需要的最有效的购物方案。可以说，通用汽车公司建立了一个跨行业的网络超市。在这个超市中，商家可以下单、储运、追踪商品，而且还可以查看商品名录、提供拍卖服务。在"选车"栏目中，依照客户的购车流程来细化每一个页面。公司推荐产品的流程是"虚拟展示厅→选择车型→选择支付方案→选择汽车供应商"。客户购车时，只要输入自己的日常收入和花费，系统会自动显示在此支付范围内的所有汽车，可由客户自己浏览选择。如果输入期望的车价范围、首付款额和预备贷款的年数，"购车计算器"会自动计算出客户购车后每月需还款的数额。为避免客户在选车时陷入困境，网站设计了一系列简单的问答。如"我想买辆车，但不知道购车流程，那该怎么办"；"那么多车，我该选哪种呢"；"我只想买辆二手车，该上哪儿去找"等。只要客户回答理想中的车型，说明是运动型还是传统型、是发烧型还是休闲型，并回答希望座位的数量、行李空间的尺寸等问题，提交后，导购系统就会以此为条件自动帮助客户选出最中意的车型。

网上汽车导购成为站点不变的主题。凭借页面上部的"产品导航器"，客户可便捷地在各个栏目之间浏览切换，快速地找到通用汽车的各种服务和产品。更有多渠道、多选择的产品查询服务。对各类牌号的通用汽车产品都建有独立网站目录，使通用汽车公司产品成为网上永不谢幕的汽车博览会。客户不但可以查询到遍布世界的汽车经销商、零售商和各种型号汽车制造分厂的目录，还可以查阅到通用汽车的历史、新闻及汽车求职等信息。要想查询经销商分布信息，只要在全国地图上选择某个区域，便会显示该区域内的所有经销商名录、地址和联系方式。客户也可以输入车型和邮编找到该地区各主要经销商提供的报价，包括售价、保险金、预付款等信息，供客户选择最优的购买策略。

4. 个性化的服务方案

个性化的产品和服务是提升网站吸引力的关键。通用汽车公司在利用互联网的众多特性开展营销时，特别强调了以交互性和个性化信息服务来联系客户大众。通用汽车公司可以向不同客户展现完全不同的网页，使每个客户都能够享受到根据其行业特点和需求信息定制的服务。对于各款汽车展示页，随着访问国家的不同，页面也不相同。如别克轿车主页，又有加拿大、美国、以色列和中国四个不同的页面。从首页开始至其第三层的每页左部，都有一个"建立您自己的信息频道"，其中有"公司简介、GM 新闻、GM 做生意、世界民众、投资信息、职位供求"，以及从北美、亚太、拉美至西欧的各地汽车供应商的站点信息供客户选择。客户的选择提交后，系统就会自动将最新信息整理出来供客户查阅。客户选定车型后，要决定支付方案时，通用汽车为客户提供了"精明租车方案""精明购车方案"和"传统购车方案"，供客户选择。客户可根据自己实际能力选择付款额度与次数，公司软件系统则根据价格的限定显示满足要求式样的汽车，客户可从中进行理智选择。

通用汽车公司为了更好地满足客户的个性化购车要求，甚至还允许客户自己设计组装汽车，或对公司汽车做适当的修改。如通用汽车公司别克牌汽车制造厂设计了一种客户服务系统，客户坐在汽车销售商的陈列厅里的计算机终端前，参考厂家提供的大量可供选择的设计方案，亲自设计自己所喜欢的汽车结构。客户可以看到自己选择的零部件组装出来的汽车立体形状，如果不满意，可以不断更换其中的部件。利用网站提供的软件，客户可进行模拟驾驶实验。客户每设计出一种结构，车子的价格也同步计算出来。对自己设计结果满意的客户如果填写订单，电子信用分析系统还可帮助客户制订付款计划。通过在线订购系统，订单可直接输入通用汽车的生产计划表中。从客户填写订单到工厂按客户设计的结构要求生产出汽车并交货，前后只需 8 周时间。从费用上看，按顾客要求订制的汽车，并不比批量生产的标准汽车贵。而且对整个汽车行业来说，在顾客提出要求后制造和在顾客要求提出前制造，前者可节约世界各地价值约 500 亿美元的成品库存。

通用汽车公司还为客户提供了一条规范的维修服务流程，包括客户接待、诊断、入维修车间，经过严格的质量检验，直到交车准备、结账交车、跟踪服务等。

作为世界上最大的汽车生产商，通用汽车公司计划推出一个新项目，即让消费者通过互联网观看所购汽车的生产过程，这将使通用成为采取此项活动的第一家公司。这种个性化的信息服务方案使通用汽车公司获得了较强的竞争力。

5. 富有成效的信息收集渠道

通用汽车公司的网站还给许多爱好汽车人士提供了一个相互切磋和探讨汽车话题的场所。到目前为止，该网站已经成为世界上众多的汽车爱好者谈论和了解汽车的一个中心，相当于一个小型的网络俱乐部。这种俱乐部性质的中心的形成，吸引了众多消费者的目光和注意力，吸引了众多的网民到通用汽车公司的网站上来切磋探讨和交流。通用汽车公司利用网站来了解公众兴趣、了解市场消费趋势和引导市场消费及消费者关注的焦点，为开发新产品和制定强有力的营销策略提供资料。

6. 全球信息交换系统

通用汽车公司与微软合作，成为微软"汽车销售点"上最大的广告客户，通用汽车公

司又在雅虎网站建立了广告机构。网络广告使通用汽车公司在市场营销方面获得巨大回报，远胜于广播电视的30秒广告。短短两个月中，通用汽车成功地吸引了5 000名汽车买主。

本章小结

1. 整合营销传播是20世纪90年代以来在西方盛行的营销新观念和方法，由美国的舒尔兹教授倡导。它与传统营销“以产品为中心”相比，更强调“以客户为中心”。它强调营销即是传播，即与客户多渠道沟通并和客户建立起品牌关系。这种理论是制造商和经销商营销思想上的整合，两者共同面向市场，协调使用各种不同的传播手段，发挥不同传播工具的优势，联合向消费者开展营销活动，寻找调动消费者购买积极性的因素，达到刺激消费者购买的目的。

2. 所谓绿色营销是指企业以环境保护观念作为其经营哲学思想，以绿色文化为其价值观念，以消费者的绿色消费为中心和出发点，力求满足消费者绿色消费需求的营销策略。绿色营销观念要求企业在营销中，要以可持续发展为目标，注重经济与生态的协调发展，注重可再生资源的开发利用，减少资源浪费，防止环境污染。绿色营销强调消费者利益、企业利益、社会利益和生态环境利益的统一。

3. 关系营销是指企业在盈利的基础上，建立、维持和促进与顾客及其他伙伴之间的关系，以实现参与各方的目标，从而形成一种兼顾各方利益的长期关系，并把营销活动看成是一个企业与消费者、供应商、分销商、竞争者、政府机构及其他公众发生互动作用的过程。正确处理企业与这些组织及个人的关系是企业营销的核心，是企业经营成败的关键。

4. 网络营销是以现代电子技术和通信技术的应用与发展为基础，与市场的变革、市场竞争以及营销观念的转变密切相关的一门新学科。网络营销相对于传统的市场营销，在许多方面存在着明显的优势，带来了一场营销观念的革命，更重要的是它对企业改善销售环境、提高产品竞争能力和市场占有率具有非常重要的现实意义。

参考文献

[1] 方光罗.市场营销学.3版.大连:东北财经大学出版社,2008
[2] 吴健安.市场营销学.3版.北京:高等教育出版社,2007
[3] 郭国庆.市场营销学通论.3版.北京:中国人民大学出版社,2007
[4] 李光明.市场营销学.北京:清华大学出版社,2007
[5] 冯英健.网络营销与实践.3版.北京:清华大学出版社,2007.2
[6] 何永祺,张传忠,蔡新春.市场营销学.大连:东北财经大学出版社,2006
[7] 李穗豫,陈玮.中国本土市场营销精选案例与分析.广州:广东经济出版社,2006
[8] 杨勇.市场营销:理论、案例与实训.北京:中国人民大学出版社,2006
[9] 梁东,刘建堤.市场营销学.北京:清华大学出版社,2006
[10] 杨琼.市场营销学.北京:科学出版社,2006
[11] 闫毅.市场营销理论与实务.北京:科学出版社,2007
[12] [美]小查尔斯·兰姆,小约瑟夫·海尔,卡尔·麦克丹尼尔.时启亮,朱洪兴,译.市场营销学.上海:上海人民出版社,2005.
[13] 文腊梅.市场营销实务.长沙:湖南大学出版社,2005
[14] 吴勇,邵国良.市场营销.北京:高等教育出版社,2007
[15] 魏贤君.市场营销学教程.徐州:中国矿业大学出版社,2005
[16] 迈克尔·D.赫特,托马斯·W.斯潘.企业营销管理.7版.北京:中信出版社,2004
[17] 林昌杰,李国才.市场营销.北京:科学出版社,2004
[18] 朱玉童.渠道冲突.北京:企业管理出版社,2004
[19] 胡建绩.企业经营战略管理.上海:复旦大学出版社,2004
[20] 纪宝成.市场营销学教程.北京:中国人民大学出版社,2004
[21] 万后芬,应斌,宁昌会.市场营销教学案例.北京:高等教育出版社,2003
[22] 王霆,卢爽.关系营销.北京:中国纺织出版社,2003
[23] [美]菲利普·科特勒.营销管理.11版.上海:上海人民出版社,2003
[24] 柳思维,邹乐群.营销学原理.长沙:湖南人民出版社,2002
[25] 张文贤.市场营销创新.上海:复旦大学出版社,2002
[26] 郭毅,梅清豪.营销渠道管理.北京:电子工业出版社,2001
[27] 王方华.市场营销学.上海:复旦大学出版社,2001
[28] 梅清豪.21世纪新营销.上海:世界图书出版公司,2000
[29] 李琪.网络营销.长春:长春出版社,2000
[30] 王方华.服务营销.太原:山西经济出版社,1998
[31] 王方华.网络营销.太原:山西经济出版社,1998
[32] 吴健安.市场营销学.合肥:安徽人民出版社,1994
[33] 苏亚民.市场营销学.北京:中央广播电视大学出版社,1993

[34] 李中梅. 浅谈现代市场营销观念创新. 现代商业. 2008. 11
[35] 李海琼. 现代推销技术. 杭州:浙江大学出版社,2004
[36] http://www.ecm.com.cn 中国市场学会(Chinese Association of Market Development)
[37] http://www.emkt.com.cn 中国营销传播网
[38] https://www.globrand.com/marketing 全球品牌网
[39] https://www.cmmo.cn 第一营销网
[40] http://course.jingpinke.com 精品课网站